四维培育

孩子18岁前的必备好素养

罗小华◎编著

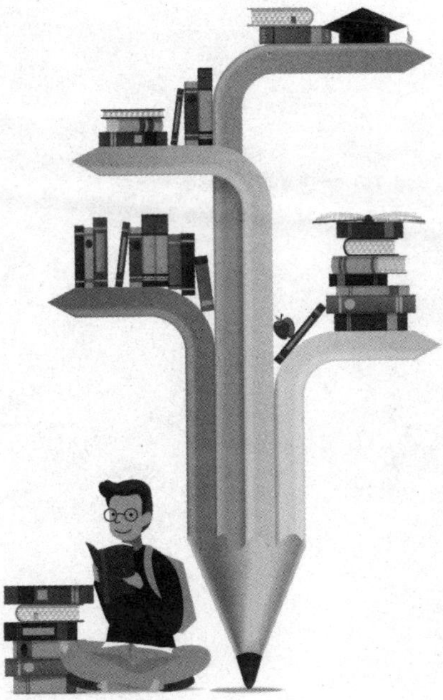

中国工人出版社

参与本书撰稿的单位及人员（排名不分先后）

副主编

郭传金　董鹏钦　冯　健　陈永斌　陈俊义　邹　芳　张　梅　黄　萍
陈建超　杨　达　刘　凯　胡艺凡　罗晓航　李霄羽

编委会成员

罗　杰　王　蓉　施俊峰　甘雪涛　秦　莉　刘家明　涂小芳　魏鳞懿
杨　艳　彭　建　刘　英　宋欣阳

撰稿人员

中国石油西南油气田公司	赵　培
四川省成都医学院马克思主义学院	李辉源
四川省社会科学院	侯　蔺
四川省幼儿师范高等专科学校	张竹香　李　姚　卢　瑶　陈心蕾　杨欣洁
邹芳名校长（名师）工作室	刘应娜　邓　嘉　李勇进　潘　宇　钟宏燕
四川省成都市盐道街小学	刘星颖　吴　蕾　罗　珊　韦雅萍　巫韵佳
四川省成都市武侯区西川实验学校	崔良晓　熊丽捷　李　杰　唐　俊　罗　琪
四川省成都市第六幼儿园文庙园区	罗　柯　杨　艳　陈维娜　张　梅　石　玲
四川省成都市第十三幼儿园	杜星梅　洪　悦　王兴艳　饶　颖　安　慧
四川省绵阳市南街小学附属幼儿园	唐　静　赵　琦　李佳霓　陈　钰　肖薛佚
四川省树德中学都江堰外国语实验学校	涂小芳　邓志平　胡耘学　羊　霞
四川省成都市双流区棠湖中学	李　玲　彭　粒　吴　英　李红梅　王　芳
四川省简阳中学	马　杰　段　昕　王玲玲　梁仙杨　何学琼
四川省成都市高新三岔中学	王存丽　伍　蓉　郭春燕　王伟才　曾　旭
四川省射洪市第二小学校	陈建新　杨俊熙
四川省都江堰市八一聚源高级中学	邓莉娟
四川省射洪市教育和体育局	黄　三
四川省射洪市城西学校	何　勇
四川省射洪市第六小学校	胥光茂
四川省射洪市第四小学校	李祥武

序

庚子年春，新冠肺炎疫情突如其来，让全国人民投入前所未有的疫情防控阻击战中。为了阻断疫情向校园蔓延，确保师生生命安全和身体健康，教育部于 2020 年 1 月 27 日下发通知，要求学校 2020 年春季学期延期开学，学生在家不外出、不聚会，不举办和参加集体性活动。

这样的特殊时期，这样的特殊境遇，不由地让我们开始再度思考“少年强则国强”的庄严话题。

学前儿童是家庭的希望、民族的未来。随着全球化、信息化、智能化时代来临，我们到底应该培养怎样的人？学前儿童成长期应该具有哪些核心素养？施教者与受教者如何形成良性互动？这些都是困扰每个家庭的大问题。

培养，在中国文字中大有深意。所谓“培”，系指栽种树苗后于周边培土，既稳定根茎、矫正方向，又充实营养、冀其速成。所以，《礼记 · 中庸》说：“栽者培之。”王阳明借此比德引申，在《传习录》中主张：“种树者必培其根，种德者必养其心……学者一念为善之志，如树之种，但勿助勿忘，只管培植将去。自然日夜滋长，生气日完，枝叶日茂。"所谓"养"，古人执鞭驱羊为"养"，执鞭驱牛为"牧"，是指在"放养"状态下，为防止羊群散乱奔走，以条或鞭驱之归于正道；后来引申为在圈养状态下，以饲料喂养羊群。

简单归纳，传统教育中最重要的一环是矫性正心。《说文解字》释"育"为"养子使作善也"，道出了千百年来中华民族对于教育的不懈追求和至诚心愿。2016年，我国发布《中国学生发展核心素养》，力图改变"重智轻德"的现状，倡导全面发展的教育理念，但其在目标、内容和作用等方面与孩子的全面发展实现"内在契合与情境交融"尚有较大差距。

成都师范学院罗小华副教授从事学前儿童发展心理学、学前儿童教育学和人口社会学研究多年，兢兢业业，孜孜矻矻。《四维培育——孩子18岁前的必备好素养》一书从"育心明理之吾尽吾心、终以无悔，育心明格之充盈自我、洗练品格，育心明德之立德树人、仁行天下，育心动情之家国情怀、大写人生"四个维度阐明了孩子18岁前的必备好素养的培育方向，立足以孩子内在涵养培育为核心的价值立场，关注孩子内心世界的丰盈与全面发展、循序渐进等特点，聚焦"育人先育心"的教育理念，搭建了"四维培育"之体系架构。站位高远、立意深刻、内容丰赡，具有鲜明的理论价值与现实意义，是一部极具现实借鉴意义的应时之作。

本书汇聚长期从事一线教育和科研工作之广大同仁的经验智慧，针对幼儿园到中学不同年龄段孩子的不同培育问题，围绕培育孩子的批判性思维、创造性思维和问题解决能力策略予以梳理，提倡孩子自主学习、探究学习与合作学习能力的"育心培育"。全书从不同视角、不同层次、不同侧面出发，通过鲜活的案例、游戏、活动方案设计等，提出了一系列个性化、趣味性、多维面、深层次的参与策略与实施方案，智慧照人，可亲可感，不愧为蒙养通乎圣功的育儿宝典。

小华博士属才女一枚，英气勃发、博学多识，且勤谨谦和、诚挚有爱，对传统蒙学及现代心理学、教育学均有全方位的知识积淀和极深极高的专业素养。相信本书的出版、发行不仅能造福千万人家，亦可为未来教育改革提供强劲的精神动力！

是为序。

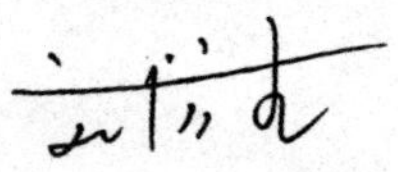

刘云生：广州大学法学院教授，博士生导师，中央电视台社会与法频道（CCTV12）《法律讲堂（文史版）》主讲人。

2020 年 6 月

前言

本书完稿之时，正值中国的新冠肺炎疫情刚刚缓解，而许多国家仍在与这一世界性的疫情进行着顽强和艰苦斗争之际。在与新冠肺炎疫情战斗的数月中，我们深感整个人类作为命运共同体的息息相关，家庭、孩子和社区在疫情中相互支持、团结一致的重要性，更感受到了我们需要再次思考我们的生活和交流方式问题，思考我们对孩子的培育方式问题。因为世界已经面临新的变化，唯有我们的思维与时俱进、随之改变才有出路。

为此，在举国上下众志成城防控疫情之际，我们汇聚长期从事一线教育和科研工作同仁的经验智慧，以“四维培育——孩子 18 岁前的必备好素养”为主题，与时间赛跑，共赴此抗疫时作。

全书分为四个部分，分别从**“育心明事、育心明格、育心明德、育心动情”**四个维度，阐明孩子 18 岁前的必备好素养的培育方向（如图 1 所示）。

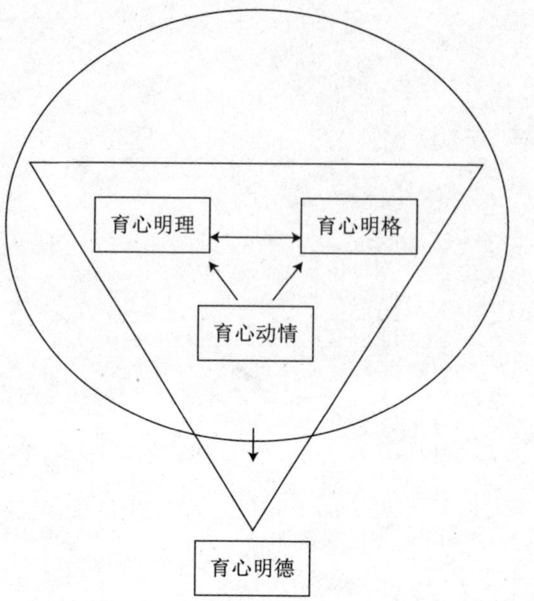

图1 四维培育

第一部分为第一章，聚焦孩子“四维培育”的第一个维度：**育心明理之吾尽吾心、终以无悔**。本章把“充实快乐、健康阳光、惜时进取、善良智慧、珍爱生命”五个孩子18岁前的必备好素养，通过一个个鲜活的案例呈现出来，从问题解析、现状阐释和策略建议等方面，探讨“培育孩子的同理心、正确面对空虚、为假期制定计划、对存在学业失败风险的孩子进行正确引导、正确面对死亡、珍爱生命，远离毒品、科学管理周末时间、正确进行网络社交、正确认识抗疫烈士们的时代壮举”等话题，全面立足孩子“自我理解”智慧的能量增长，倡导构建高质量互动的师生关系和亲子关系；倡导开卷有益，动手动脑以开智明理。

第二部分为第二章，聚焦孩子“四维培育”的第二个维度：**育心明格之充盈自我、洗练品格**。本章把“乐学会学、人文底蕴、艺术审美、科学精神、劳动分享”五个孩子18岁前的必备好素养，通过一个个鲜活的案例呈现出来，从问题解析、现状阐释和策略建议等方面，探讨“孩子物质方面的需求应对、通过时间管理提升学习效率、自我驱动式学习培育、阅读习惯养成、传统文化与君子内涵渗透、审美情趣与艺术修养熏陶、好奇心与逻辑思维能力呵护、劳动分享与协作能力锻炼”等话题，全面立足家庭教育、学校教育与社会教育的关联互动，关注生活教育的材料和机会，倡导在生活中把握品格教育的契机，适时引导孩子学思并重，充盈自我。

第三部分为第三章，聚焦孩子“四维培育”的第三个维度：**育心明德之立德树人、仁行天下**。本章把“ 仁爱有礼、诚实守信、包容豁达、自信坚韧、自立自律”五个孩子 18 岁前的必备好素养，通过一个个鲜活的案例呈现出来，从问题解析、现状阐释和策略建议等方面，全面探讨“怎样培养孩子的仁爱之心、感恩父母之爱、正确面对犯错、在朋辈关系中做到以诚待人、正确应对被冤枉、在受了委屈后积极调整自身情绪、引导孩子使用电子产品可控且有效”等话题，力求阐释仁爱传文明、厚德动人心，以传统文化为载体，进行经典诵读、学科渗透、活动引领、家庭教育与社区教育等，深刻关注生活教育材料与引导契机，搭建认知脚手架，适时引导孩子自信自律，成己成物。

第四部分为第四章，聚焦孩子“四维培育”的第四个维度：**育心动情之家国情怀、大写人生**。本章把“孝亲睦邻、爱国爱家、奉献担当、居安思危、遵纪守法”五个孩子 18 岁前的必备好素养，通过一个个鲜活的案例呈现出来，从问题解析、现状阐释和策略建议等方面，全面探讨“引导孩子学习《网络安全法》提升自我防范意识、培养利他行为、面对校园霸凌、培养留守中学生孝亲敬老的行为习惯、建立和睦的邻里关系、体谅家长、增强家庭观念与储备家庭抗风险的应对技能、通过营造家庭和睦的氛围使孩子平稳过渡‘青春叛逆期’”，以及“培育中学生的爱国品质、民族自豪感与热爱家乡的情感”等话题，力求阐释、继承祖国优秀的传统文化，振奋国家民族精神和时代精神，为中华民族伟大复兴的中国梦而生命不息，奋斗不止；力求浸润心灵、开启智慧、言行导引，于美文经典中内外兼修。

概括而言，古往今来，对孩子好素养培育的探讨始终是一个永恒的话题。本书以教师和家长的视角，以中华优良传统品德和国际公共道德的相生相融，坚持“以人为本”的成长理念，以多角度、多层面和多种文体的表达形式，对孩子好素养的形成展开探究交流，较好、较全面地回答了“怎样培养健康、快乐、善良和有责任心的孩子，并成就他们的喜意人生”这一现实话题。

本书的最大特点在于：参与本书编撰的数十位同仁，有来自学前教育的教师，有高校教授，也有社会工作经历丰富的高知从业人员，聚焦幼儿园、小学乃至中学孩子必备好素养培育方向的深入探讨与全面分析，使本书集思想性、实操性和可读性于一身。

目录

第一章　育心明理之吾尽吾心、终以无悔

第二章　育心明格之充盈自我、洗练品格

第一章

育心明理之
吾尽吾心、终以无悔

编者按

培育孩子宛如栽花植树，除尽心尽力外，还要因势利导地顺应环境与节气规律。陪伴孩子经历幼儿园、小学和中学的洗礼，目送孩子步入18岁的成人殿堂，作为教育者和养育者的我们，对这一切越来越坦然。但坦然并非所谓的“佛系”，而是尽心无悔！本章把“充实快乐、健康阳光、惜时进取、善良智慧、珍爱生命”五个孩子18岁前的必备好素养，通过一个个鲜活的案例呈现出来，从问题解析、现状阐释和策略建议等方面，探讨“培育孩子的同理心、正确面对空虚、为假期制订计划、对存在学业失败风险的孩子进行正确引导、正确面对死亡、珍爱生命，远离毒品、科学管理周末时间、正确进行网络社交、正确认识抗疫烈士们的时代壮举”等话题，全面立足孩子“自我理解”智慧的能量增长，倡导构建高质量互动的师生关系和亲子关系；倡导开卷有益，动手动脑以开智明理。

本章聚焦孩子“四维培育”的第一个维度：**育心明理之吾尽吾心、终以无悔。**

第一节 充实快乐

张竹香：

四川省幼儿师范高等专科学校讲师，教育学硕士，西南大学学前教育学专业毕业；主要研究方向：学前儿童游戏；先后主持、参与多项省级课题，发表多篇学术论文。

在疫情背景下，让学前儿童的居家生活更充实

突如其来的疫情及社会连锁反应，打乱了学前儿童的正常生活模式，对学前儿童和家长来说都充满挑战。学前儿童在居家生活中，生活空间相对封闭，缺乏玩伴，家长作为学前儿童的第一任也是最重要的教师，要担负起责任，积极为学前儿童营造温馨适宜的生活环境，力求使自己和学前儿童的居家生活充实。我们能做的是为学前儿童和家长的居家生活提供必要的引导与活动资源支持。

一、理念引领：树立“生活即教育”的理念

陶行知认为“生活是教育的中心”，即教育离不开生活，没有现实生活就没有生活教育，就没有实际意义的教育。[1]《幼儿园教育指导纲要（试行）》中明确要求“引导幼儿在生活和活动中生动、活泼、主动地学习”。家长应意识到实际生活对于学前儿童发展的重要作用，立足于3—6岁学前儿童生活环境中的有价值的情境和事件，引导学前儿童学习，学前儿童在积累感性经验的基础上积极发展理性经验、体验生命意义、展现主体性。[2] 在居家生活中，家长应选取学前儿童生活中有意义的事件，从学前儿童关心的人、事、物出发，通过人与环境的交互作用，组织学前儿童进行经验活动和开展亲子经验交流，让学前儿童主动获得经验，让学前儿童的居家生活更加充实。家长要善于抓住生活中的教育契机与学前儿童进行互动，比如在做面食烘焙时，可以给学前儿童一小块面，让学前儿童进行创作。在居家生活中，家长还可以与学前儿童开展“水宝宝搬家”活动，让学前儿童自己用各种工具（小桶、布、泡沫、海绵、纸盒、漏斗、针管

等）进行尝试，根据自己的实际操作感受什么样的材料吸水比较多，什么样的材料不吸水。通过这个活动，学前儿童可以感受到不同材质的物品其吸水能力有所不同。

二、方法适宜：采用游戏化的互动方式

家长在与学前儿童互动的过程中，应采用游戏的方式，设计并选择合适的学习工具，利用游戏的情境性、趣味性、竞争性等特点将教育内容融入亲子互动中，引起学前儿童参与活动的兴趣。例如，我们在引导学前儿童洗手的时候，可以通过讲故事来营造假想的情境，从而让学前儿童知道手上有很多细菌，需要“泡沫战士”来消灭细菌，引导学前儿童养成勤洗手的好习惯。

游戏1：棉签拼拼乐

游戏材料：一张白纸、水彩笔若干、棉签若干。

游戏玩法：

第一步，为棉签两头涂色，并制作拼拼乐的任务卡片。

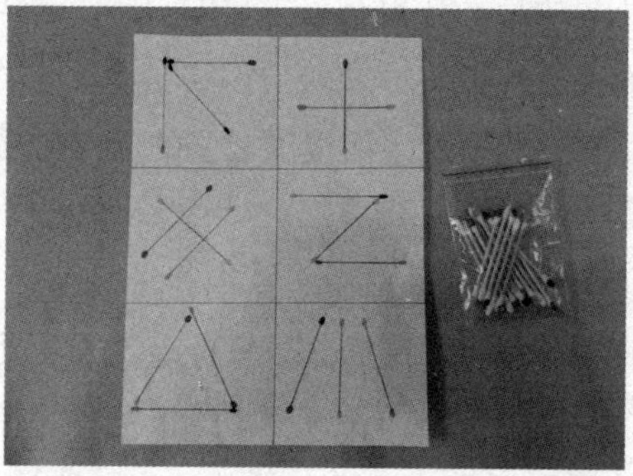

第二步，观察任务卡片上棉签的数量及棉签两头的颜色，选择合适的棉签，在相应位置进行摆放。

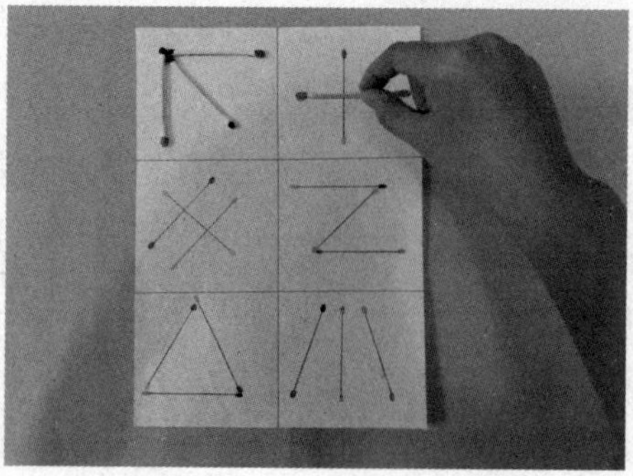

第三步，全部摆放完毕，家长和学前儿童一起检查棉签两头的颜色是否和任务卡片上的一一对应，引导学前儿童数一数、说一说每一个小方格里用了几根棉签。

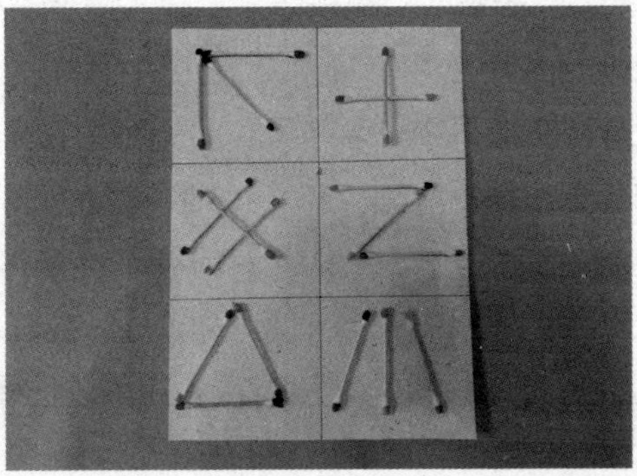

互动指导策略：

家长还可以鼓励学前儿童用棉签拼一拼自己认识的图形或数字，并尝试命名。

三、取材简单：内容适合居家生活，易操作

互动内容要适合居家生活，取材简单。家长可以参考一些网络资源，如中国学前教育研究会、奕阳教育、抖音短视频中的一些优质、操作简单的亲子互动资源，与学前儿童进行互动。

游戏 2：纸杯弹球

游戏材料：剪掉杯底的纸杯；吹气处打结、剪掉底部的气球；两个并排、倒立摆放的空矿泉水瓶。

游戏玩法：把气球套在纸杯底部，然后把乒乓球放在纸杯里，将纸杯水平放置，瞄准水瓶将气球向外拉，松开气球后看谁弹出的乒乓球能打倒倒立的空矿泉水瓶。比赛分数以乒乓球打倒瓶子的次数来评定，谁打倒的次数最多，谁就获胜。

互动指导策略：如果没有乒乓球，家长也可用纸团来代替。纸杯与水瓶的距离可根据游戏熟练程度适当调节。

在以家庭教育为主的非常时期，我们相信：有着良好心态的家长，充实、健康的家庭生活本身就是最重要的教育资源。而“生活化”和“游戏化”是学前儿童教育所倡导的主流模式，其在家庭里亦可由家长自主开展。

在游戏中寓教于乐，促进学前儿童成长

“寓教于乐”理念最早是亚里士多德在其著作《诗学》中提到的，后来由古罗马文艺理论家贺拉斯在《诗艺》中明确提出。[3]“寓教于乐”教育理念提倡激发学前儿童的兴趣爱好，在游戏中快乐学习和成长，把教育内容与日常生活相结合，有助于激发学前儿童的好奇心和求知欲。“游戏是幼儿的工作”，古往今来的学前儿童都着迷于游戏，游戏代表着学前儿童的自由、天真无邪、自然的天性和潜在的能力。学前儿童在游戏中表现出来的全神贯注、超凡的想象和无法估量的创造性令家长和教师为之惊叹！游戏是学前儿童注重过程体验、展现已有经验、获得积极情感的自主活动。对于家长和教师而言，我们要善于利用学前儿童喜欢游戏的这一特点寓教于乐。作为家长和教师，只要在学前儿童游戏时给予支持，为学前儿童创设游戏环境，给予学前儿童游戏的时间和空间以及材料，让他们在游戏中潜移默化地获得发展。

一、提供适宜的游戏材料，适时调整材料投放方式

游戏材料是学前儿童与外界互动的媒介，家长在理解游戏材料时不要把材料狭隘化，学前儿童的游戏材料有时可以是自己身体的某一部位，比如“黑白配”“剪刀包袱锤”等游戏。家长在提供游戏材料时，应根据学前儿童的年龄特点提供适时、适量的游戏材料。有这样一个案例：一名学前儿童平时注意力不集中，做事情时坚持性差，究其原因是家长给学前儿童提供了太多的游戏材料，每天起床后，学前儿童的周围全是他可以玩的游戏材料，家里他能骑的车子都有五六辆。学前儿童的选择性太多，就形成一会儿玩这个，一会儿玩那个的不良习惯，导致注意力不集中。这个案例告诉我们，游戏材料的提供要符合学前儿童的年龄特点，并不是越多越好。

家长和幼儿园教师在为学前儿童提供材料时，应注意分类摆放。以积木游戏为例，积木的不同投放对学前儿童的积木建构行为影响较大。其中，材料分类有利于促进小班学前儿童提升作品命名一致度，提高中班学前儿童的基本结构造型等级、促进对称规则的使用、提高积木用量，促进大班学前儿童使用复杂形状进行组合，促进女孩提高基本结构造型等级、男孩提高积木用量以及对称建构等。由此建议家长、幼儿园教师应该重视积木的投放，将材料进行分类，创设多样宽敞的建构环境[4]。

游戏：图形变变变

游戏材料：彩泥若干、牙签若干、彩色笔若干、记录纸（可用 A4 打印纸）。

游戏准备：

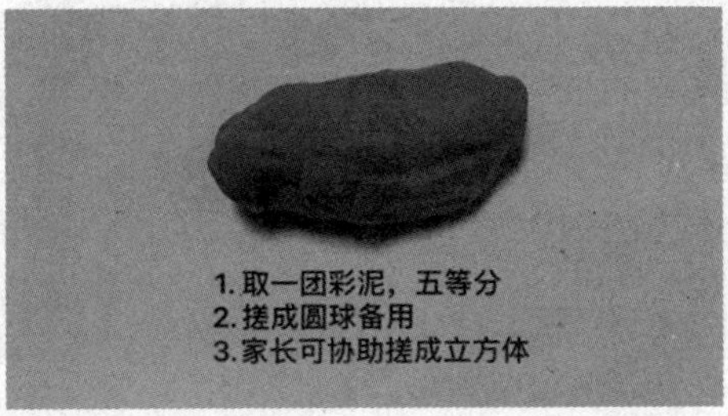

游戏玩法：

第一步，家长可事先如图准备记录单（左半部分绘制出图形，并标上彩泥和牙签图案，右半部分画一个 2×2 的表格）。

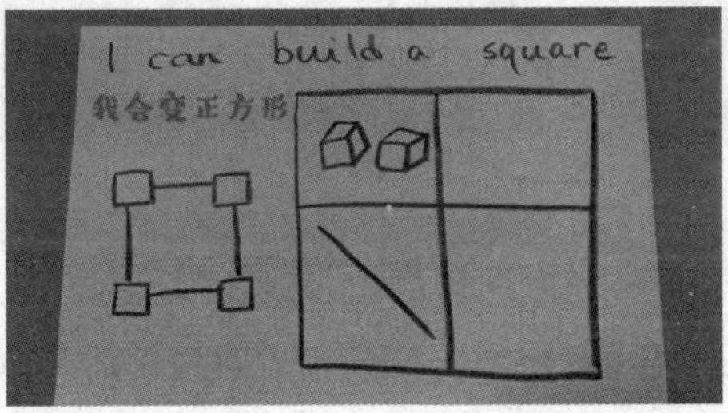

第二步，学前儿童利用彩泥作为连接装置，根据图示，取所需数量的牙签，插入彩泥，尝试制作出图示中的图形。

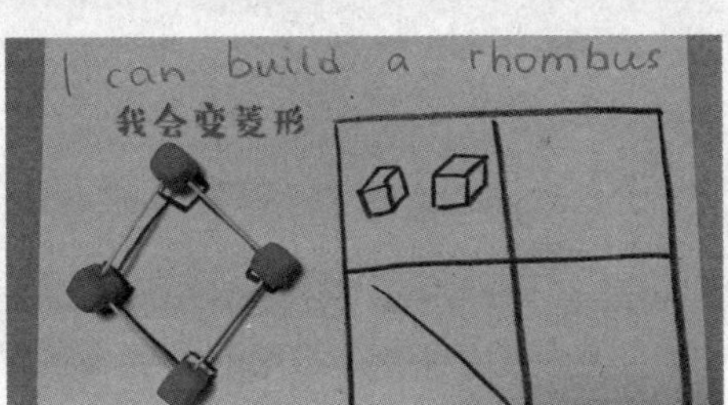

第三步，数一数对应图形用到了多少块彩泥、多少根牙签，并记录在右半部分的表格内。

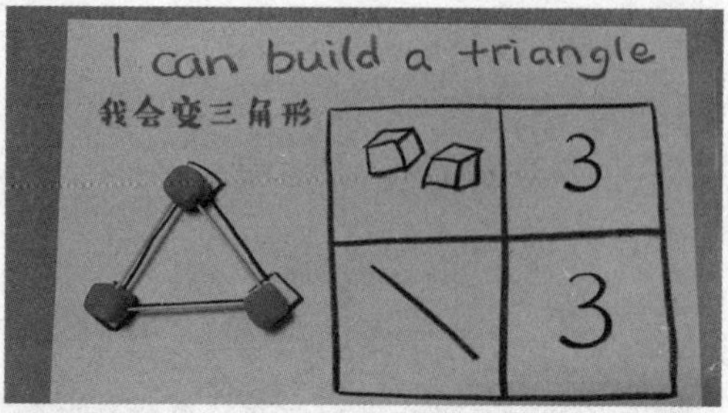

互动指导策略：

在完成记录后，家长可以纵向排列记录纸，鼓励学前儿童去比较、发现不同平面图形个体以及相互之间的一些简单关系，鼓励学前儿童试着用自己的话来说一说游戏中的发现（例如，图形有几条边就会用到几块彩泥等）。

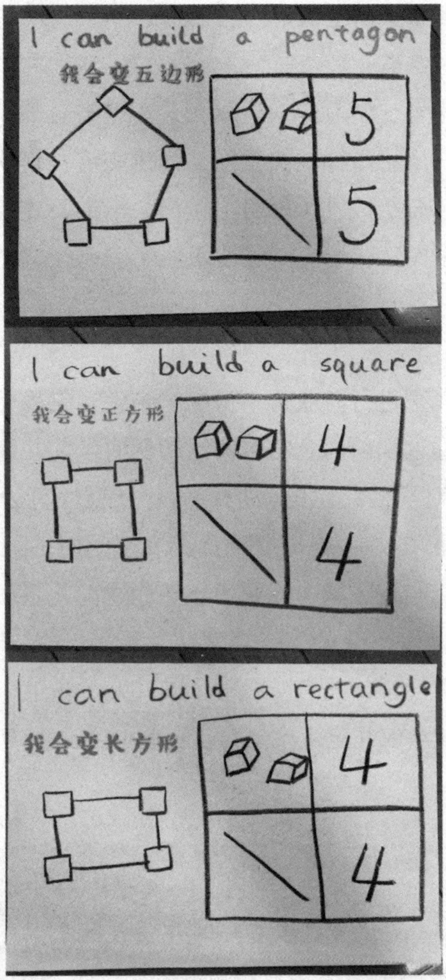

二、选择适宜的游戏内容，丰富学前儿童的生活经验

学前儿童是以直接经验为基础来认识客观世界的，在生活中学习和发展是学前儿童的一个显著特点。以角色游戏为例，不同年龄阶段的学前儿童，他们喜欢的游戏主题也是不一样的，比如从学前儿童的家庭生活（娃娃家和医院游戏），逐渐延伸到社会生活（快递站和汽车工厂）等。因此，家长应丰富学前儿童的生活经验，可以在逛超市的时候多引导学前儿童观察超市物品的摆放，超市工作人员是如何工作和分工的，如此一来，学前儿童在玩超市游戏时内容就会更加丰富。在建构游戏中，家长可根据不同的搭建内容，分别对游戏中的材料使用、建构技能、各设施的布局规划（搭建场所的分布）等主要问题进行指导，与学前儿童进行有针对性的探讨，以得出解决问题的办法：

1. 回顾与游戏主题相关的经验；

2. 归纳建构物体的结构；

3. 启发学前儿童探索、学习建构技能。

例如，滑滑梯——出示滑梯的实景图，师生交流：喜欢滑滑梯吗？哪里有滑梯？——滑梯由哪些部分组成？（梯身、楼梯、滑道、支架等）——怎样搭建滑梯？由此引发学前儿童探索、学习搭建技能。

三、提供充足的游戏空间

游戏空间是学前儿童进行游戏必不可少的条件。它虽然不能直接决定学前儿童的发展，但是可以通过学前儿童的游戏活动，对学前儿童产生巨大的影响。游戏空间密度的大小会对学前儿童的争抢行为、社会性行为、情感体验、认知性行为等产生影响。家长在为学前儿童布置游戏空间时，最好开辟专门的游戏区域，提供适宜的游戏空间且区域功能要明显，让学前儿童一进入就能进行相应的游戏。

家长和教师只要重视学前儿童游戏对学前儿童的价值，担任起学前儿童游戏的支持者和引导者，让学前儿童爱玩、会玩，就能做到寓教于乐。

李祥武：

四川省射洪市第四小学副校长，本科学历，高级职称，中国美术教育研究会会员，四川省中小学教学名师；曾荣获四川省美术优质课大赛特等奖；参与编写的小学美术教材，由四川教育出版社出版发行；公开发表或荣获各级奖励的教学论文达30余篇，著作《美术课堂问道》（合著）由西南师范大学出版社出版发行。

通过课外活动培养小学生的快乐情绪

情绪是对一系列主观认知经验的通称，是多种感觉、思想和行为综合产生的心理和生理状态[5]。现代心理学把情绪分为快乐、愤怒、悲哀、恐惧四种。四种情绪中，只有快乐是正面积极情绪，其他三种都是负面消极情绪。快乐是精神上感受到的一种愉悦，是心灵上的一种满足，拥有快乐的情绪会让我们变得更加积极，更加向上。

然而，在现实生活中，教师和家长对孩子问的最多的是“今天的学习怎么样”，很少有人问“你今天快乐吗”，他们更多在关心孩子的学习，很少关注孩子的情绪。心理学研究表明：情绪对孩子的健康成长有十分重要的作用。

古代阿拉伯学者阿维森纳曾把一胎所生的两只羊羔置于不同的外界环境中生活：一只小羊羔随羊群在水草地上快乐地生活，而另一只羊羔的旁边则拴了一只狼。后者总是看到自己面前那只野兽的威胁，在极度惊恐的状态下，根本吃不下东西，不久就因恐慌而死去。情绪对动物的影响尚且如此，对头脑高度发达的人类来说，其影响力可想而知。有人说，人一生的历史就是一部同消极情绪作斗争的历史，这话有一定的道理。它也从一个侧面说明了克服消极情绪对人生成功和幸福所具有的重要意义[6]。

人们常说：“少年不识愁滋味。”其实不然。如同成人面对工作和生活的压力时会有很多负面情绪一样，小学生面对繁重的学习任务也会产生一些负面情绪。小学生的身心都处于成长发育的关键时期，由于心智的极端不成熟，同负面情绪作斗争的能力很弱，更需要教师和家长的正确梳理和引导。

在小学生的课堂学习之余，开展丰富多彩的课外活动，让学生参与其中，可以帮助学生释放课堂学习的压力，宣泄因繁重的学习任务而产生的负面情绪。因此，通过课外活动培养学生的快乐情绪，是行之有效的方法。

一、让小学生乐在其“好”

兴趣是最好的教师。要使小学生对活动有兴趣，一定要充分照顾他们的兴趣和爱好，在活动的选择上投其所好，只有这样才符合他们的需要和特点，使他们具有参与活动的积极性，发展他们的爱好和特长。参加自己喜欢的课外活动，会让小学生压抑的情感迸发出来，让心灵得到充分的慰藉，这是培养快乐情绪的第一步。

（一）活动具有丰富多样性

一般可以从思想教育活动、科技实践活动、文学艺术活动、体育锻炼活动、社会公益活动等方面设计小学课外活动的内容，从集体活动、小组活动、个人活动等方面设计小学课外活动的形式。

（二）活动具有自愿选择性

小学课外活动的基本特点是自愿性，课外活动基本上是个别化、个性化的，要尊重学生根据个人的爱好自愿选择、自愿参加。教师可以向小学生介绍各种课外活动，诱发学生的参与动机，并给予其指导，但参加与否不具有强制性。

（三）活动具有较强自主性

课外活动是小学生自己的活动，小学生是课外活动的主体。部分活动由小学生自己设计、自己组织，由教师指导，可以充分发挥其主观能动性。

（四）活动具有很大灵活性

课外活动的内容不受课程计划、课程标准的限制，这和课堂教学的标准化、同步化相比是一个显著的不同点。它的内容深度、广度及学习的进度、速度、强度，要根据参加者的愿望、爱好、特长和接受水平来确定。

二、让小学生乐在其"染"

情绪具有极强的弥散性和感染性，人的情绪可以由自身扩张到周围的其他事物，活动组织者的情绪可以有效感染学生，学生之间的情绪也能相互感染。活动组织者在活动前准备好快乐情绪，以情激情；在活动中保持快乐，以乐育乐。充分调动学生的快乐情绪，这是培养快乐情绪的基础。

（一）良情准备

带着良好情绪，站在小学生的角度，精心设计活动方案，方案力求目的清晰明确、计划严谨周密，内容和形式要适合小学生的年龄特征和个性特点，活动过程能充分发挥学生的主动性和创造性。

（二）激情导入

激情是指个体一种强烈的、爆发式的而时间相对短暂的情绪状态，积极的激情使人迸发出巨大的能量、振奋人心、行为果断、自我激励、富有效率[7]。组织者设计引人入情入趣的开端，带着激情开始组织活动，可以迅速调动小学生的积极情绪，激发其参与活动的热情。

（三）热情组织

在活动过程中，组织者要充满热情，用自己的热情去带动学生的热情，用自己的快乐情绪去感染学生，把快乐传递给学生。

（四）温情调节

成人的自我觉察能力强，可以在情绪产生时马上觉察到情绪，能根据现实情况应对情绪[8]。课外活动中有突发事件或发生不尽人意的情况时，组织者首先要调节好自己的情绪，温情处理。小学生喜形于色，情绪往往都写在脸上，教师要善于察言观色，当学生在活动中受挫或因其他原因产生消极情绪时，要及时调节学生的情绪，尽量使其保持快乐情绪。

三、让小学生乐在其中

（一）感受快乐

各种活动本身具有一定的游戏性、趣味性、娱乐性、竞技性、挑战性等，小学生参与活动，尤其是参与自己喜欢的活动，更能让他们感受到愉悦、体验到快乐。例如，文学类活动可以净化心灵、陶冶情操；书画类活动可以静心、静气、静神；音乐、舞蹈类活动可以悦耳、悦身、悦心；体育类活动可以点燃激情、激发进取心；等等。我们要充分引导学生感受活动本身带来的快乐，让他们乐在其中，甚至“乐不思蜀”。

（二）宣泄不快

真正快乐的人不是没有负面情绪，而是懂得宣泄。课外活动可以让小学生在心灵成长的旅程中，通过直接宣泄、间接释放、暂时安顿等实现能量转化。在活动中，教师可以给学生创设“高声朗读、加油呐喊、激情奔跑、奋笔疾书、淋漓涂鸦、斗智斗勇”等情境，让学生的负面情绪得到充分宣泄和释放，并转化为乐观向上的正能量。

（三）增强自信

真正快乐的人，他们的快乐其实本质上来自自信，只要自信就无所畏惧。悲观者说：“蔷薇有刺。”而乐观者则说：“刺里有蔷薇。”一个小小的语序之差，道出了忧愁和快乐的本质所在[9]。我们要通过活动引导小学生用美好的心灵看世界，发现美、欣赏美、追求美。活动中，教师要对小学生进行适时的表扬肯定、点赞鼓励；活动后，进行总结表彰、展示成果，让学生获得更多的成功喜悦，不断增强自信。

四、让小学生乐在其外

（一）将快乐情绪转化为快乐心境

心境又叫心情，是指个体一种微弱、平静、持续时间较长且带有感染作用的情绪状态。心境体验会使人的情绪在相当一段时间内，染上同样的情绪色彩，它具有长期性、弥散性的特点[10]。活动是短暂的，快乐情绪是一时的，要引导小学生用活动中的快乐情绪感染自己的言行，保持一种长时间的快乐心境，以愉悦的心情投入学习和生活中。

（二）将快乐心境转化为人生态度

心境会在一定时间内主导人的情绪，且持续的时间比较长，可能是几个小时、几周甚至更长的时间[11]。人的心境可以由自身扩张到周围的其他事物，反之，周围的其他事物也会影响人的心境。引导小学生把参与活动的快乐分享给家人和朋友，以分享快乐为快乐，快乐的心境将保持得更加长久，并逐渐养成豁达开朗的人生态度。

总之，课外活动和课堂教学具有本质的不同，不受课程计划、课程标准的限制，但对于缓解学业压力、培养快乐情绪和兴趣特长具有非常重要的作用，是人生教育的重要组成部分。学校要高度重视课外活动的开展，切忌片面追求教学质量而挤压学生的课外活动时间。学校课外活动的开展，一是要充分考虑教师的兴趣特长，二是要充分尊重学生的兴趣爱好，三是要精心策划和组织，这样才能充分发挥其育人功能，培养小学生的快乐情绪，还他们一个快乐的童年。

引导小学生正确应对寂寞、空虚

寂寞指冷清孤单、清静、寂静[12]，空虚指空无、不充实。寂寞、空虚是一种百无聊赖、闲散寂寞的消极心态，即人们常说的“没劲”，是心理不充实的表现[13]。由此可见，寂寞与空虚常常紧密地联系在一起，寂寞常因孤单而起，空虚常因寂寞而生，空虚会让人倍感寂寞。

现在的小学生大多是独生子女，在学校里因为有集体生活和同学陪伴，很少会感到孤单、寂寞。但是，在家里因为缺少同龄玩伴，加之家长工作繁忙，留守学前儿童较多，随之就出现了部分小学生在家里感到寂寞、空虚的情况。长时间的寂寞、空虚对小学生的成长十分有害，如何引导小学生正确应对寂寞、空虚具有很强的现实意义。

一、尝试让小学生学会享受独处

心理学家和保健学家们从科学的角度进行研究，表明：独自静处之时，人的生理机能处于有序状态，可以“宁神除烦”[14]。适当的独处没什么不好，它可以让我们浮躁的心情平静下来，也可以使我们模糊的思想变得清晰起来。所以，独处也是生活中不可缺少的要素。只有让孩子学会认识孤独、享受孤独，才能在孤独到来时平和面对，正确应对孤独带来的空虚、寂寞。

（一）多给小学生讲讲独处的好处

德国著名哲学家叔本华曾说过：“一个人只有在独处时才能成为自己。”没有与自己独处的经验，不会懂得和别人相处。谁要是不爱独处，那他就不爱自由，因为一个人只有在独处时才是真正自由的。真正快乐的人是喜欢和自我独处、自我相处的。告诉孩子，独处并不是丢下一切躲起来，而是要回到最纯粹的自己，看到内在最真实的自我，做自己喜欢的事情，这是独处的魅力来源[15]。

（二）尝试留给小学生独处的空间

在各种适宜的环境中，尝试留给孩子独处的空间，尽量不打扰。但并不是放任不管，要保证孩子的独处在成人的监控范围内，一旦发现有安全隐患、不良行为、寂寞空虚等现象，要及时处理。

（三）帮助小学生调整独处的心态

积极的心态可以帮助我们应对各种生活挑战，发现小学生因独处而心态不佳时要实施心理干预，适时调整。一是帮助孩子排遣寂寞感，告诉他们这只是暂时的，要调整心态，克服困难。二是帮助孩子转移注意力，让他们暂时忘记烦恼、忧愁。三是告诉孩子，摆脱孤独要从自我做起。

二、带领小学生学会融入群体

每个孩子都从内心渴望得到他人的关注，而群体生活最能得到别人的关注，融入群体是帮助小学生摆脱寂寞、空虚的有效方法。

（一）融入家庭群，享受天伦

俗话说："陪伴是最长情的告白。"孩子生命中那些温暖的岁月大多来自亲情的支撑，尽量陪伴孩子一起学习、游戏、玩耍，让孩子获得更多的关爱。和孩子聊聊家常是一种很好的排遣寂寞的方法；如果不在孩子身边，要经常与孩子通电话、视频聊天等，让孩子从小懂得包容与理解，懂得珍惜亲情。

（二）融入朋友群，增进友情

培根说过："没有真挚朋友的人，是真正孤独的人。"孩子有了知心朋友，高兴时有人分享快乐，悲伤时有人陪伴和安慰，既排遣了孤独感，又增进了友情，也就会变得越来越开朗和乐观。

1. 师长要做孩子的大朋友，甘做孩子善解人意的倾听者。2. 提倡"同伴教育"[16]，为孩子提供与同龄人沟通交流、社会实践的机会。鼓励孩子多和同学、同伴在一起学习、交流、做游戏，参加各种集体活动。例如，鼓励孩子找同学或朋友谈心，排遣孤独心情；在孩子的生日或传统节日时，鼓励或代为邀请孩子的同班同学来家里做客，以帮助孩子获得来自同龄人的温暖和友谊；鼓励孩子和同龄人一起参加社会实践活动。3. 要让孩子明白，要想真正摆脱孤独、拥有知心朋友，可以从两个方向努力：一个方向是自己积极主动地去接近他人，积极主动地接近他人的最好方法便是关心、帮助他人；另一个方向是通过改变自我，使他人愿意接近自己，没有谁会喜欢整天愁眉苦脸的人，也没有人会喜欢一脸孤傲清高的人。

（三）融入社团群，净化心灵

社团群是一种非常好的结交新朋友的途径，同时也是学习新技能、体验新生活的方式。带着孩子去参加一个社团或者俱乐部，要选择孩子喜欢的项目。如果孩子喜欢阅读，那么可以参加读书交流群；如果喜欢大自然和户外运动，那么可以参加徒步或野游协会；如果热心公益，那么可以加入志愿者组织，例如“环保小卫士”“小小交通员”“小手拉大手”等活动。这样既让孩子排遣了孤独感，又得到了情感上的补偿，起到了净化心灵的作用。

三、引导小学生学会充实自己

小学生感到寂寞、空虚的主要原因是无所事事，如果能引导他们合理安排自己的闲暇时间，用丰富多彩的活动充实生活，就能让他们从寂寞、空虚的状态中解脱出来。

（一）崇尚自我奋斗，用学习充实自己

一个人如果没有理想和追求，可能会迷失自己，生活变得空虚迷茫。引导小学生从小树立人生奋斗目标，崇尚为目标而奋斗的精神，尽自己最大的努力去实现目标。小学阶段实现目标的主要途径就是学习，尽管学习的路上有汗水，可能还有眼泪，但一定能从学习中获得成功的喜悦。学习的途径多种多样，建议小学生完成课程学习任务后，利用闲暇时间多读书、多看报纸、多关注新闻，上网学习对自己有用的知识，坚持写日记或随笔，时常给自己的大脑“充电”，摆脱空虚的情绪，遣散孤独感。

（二）培养兴趣爱好，用特长丰富自己

当一个人有了新的乐趣之后，就会产生新的追求；有了新的追求之后，就会逐渐完成生活内容的调整，并从空虚的状态中解脱出来，迎接丰富多彩的新生活。可能有少数学生缺乏甚至没有有益的兴趣爱好，那么，怎么帮助这类孩子找到自己的爱好呢？一个字，“做”。任何一件事情，“想”都是问题，“做”才是答案。我们一定要鼓励孩子尝试着去做，在不断尝试的过程中，或许逐渐就有了兴趣而沉醉其中。

阅读，读感兴趣的书，读使人轻松愉快的书，读书时漫不经心，随便翻翻，烦恼也许就能抛到脑后。听音乐，音乐是人类美好的语言，听轻松愉快的音乐会使人心旷神怡，沉浸在幸福愉快之中而忘记烦恼。唱好歌，放声唱歌既是一种潇洒解脱，也是一种气度。求雅趣，包括棋、琴、书、画等。好运动，散步、慢跑、打球、跳绳、兜风、郊游等，投入运动和自然的怀抱，有利于促进机体健康，心中也越容易平静。

（三）提高生活技能，用劳动锻炼自己

劳动是摆脱空虚极好的措施，既能提高生活技能，又能锻炼身体。小学生感觉无聊时，找点事情做，如整理屋子、洗衣做饭、重新布置家具等，劳动后的成功感和满足感会让人心情舒适。

（四）关心社会生活，用给予幸福自己

人生最大的幸福不是获得了多少，而是付出了多少。在别人需要帮助时，伸出你的手，给予一份关爱，可以让自己的内心得到安慰，获得快乐。

（五）寻找生活情趣，用娱乐放松自己

适当、适量的娱乐生活，同样是消除寂寞、空虚的良方。可以看看电影、电视，玩玩有利于自己身心健康的游戏。

一般来讲，小学生天真无邪、无忧无虑，感到寂寞、空虚的时间相对较少而且短暂。教师和家长要及时发现，教会学生独处的方法，带领学生融入集体，引导学生充实自己，正确应对寂寞、空虚。让学生明白充实和快乐是战胜寂寞、空虚的法宝，更是一个自我奋斗与自我独处的过程。

李玲：

四川省成都市双流区棠湖中学教师，毕业于西华师范大学，中学二级教师；担任语文教师兼班主任 8 年；多次在区级、市级、全国比赛中获奖；发表论文多篇。

引导中学生为假期制订充实而有意义的计划

很多中学生都很盼望假期的到来，尤其是寒暑假。在这样一个相对较长的假期中，会呈现出不太和谐的情景：焦头烂额的家长，带着负面情绪、背着书包、带着画夹，奔走于各个学科补习班或特长班之间的孩子们……假期里，家长和子女之间的接触变多，很多家庭“母慈子孝”的画面灰飞烟灭，随之而来的是不断的矛盾和争吵。当然，也有另外的现象：一些家长完全对孩子“放任自流”，由着孩子肆意玩耍。因此，打游戏、追剧等现象层出不穷。一个假期下来，他们不仅没有完成教师布置的假期作业，甚至生物钟也乱了，还将之前良好的学习习惯丢失了……其实，要让孩子度过一个充实而有意义的假期，方式有很多种。《礼记·中庸》中说：“凡事预则立，不预则废。”教师和家长完全可以引导孩子结合自身实际，为自己的假期制订计划，让假期变得充实而有意义。为此，笔者提出以下建议：

一、要对假期生活有正确的认识和合理的定位

中学生的学业负担相对较重，因此，对于中学生而言，假期是一个难得的自我调整、放松和休息的好时机。不管是对知识储备还是行为习惯来说，放假一定不是放任自流。很多教师都给孩子们提过“弯道超车”的概念。如图所示：

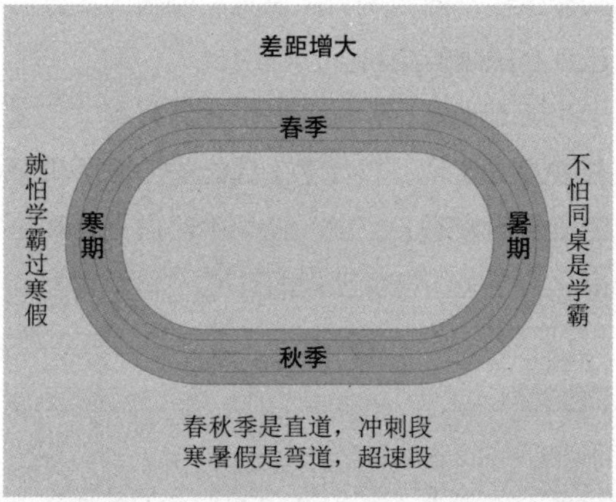

弯道超车示意图

如果把学习过程比作400米跑道，那么上学期间就是直线跑道，假期就是弯线跑道。在直线跑道上，大家都在学习，不一定会拉开差距，只有在弯线跑道上才能赶超，而长假正是难得的追赶与超越的机会！有人利用弯道超车，有人却在弯道被人超越！

这里的“超越”，包括知识、视野、经验、习惯等方面的超越。因此，中学生的假期生活过得充实而有意义是十分重要的。

二、明确目标，做好计划

这个目标可以涉及孩子的各科学习、身体素质、行为习惯、精神品质、人际

交往、特长爱好等各个方面。那么，在制订计划之前，一定要和孩子做好深入的沟通，了解孩子的想法和打算，然后再结合自己的经验提出自己的建议，得到相互的理解和支持。这样，不仅可以让孩子充实地度过一个有意义的假期，同时也学会安排自己的生活。

三、制订计划的原则

英国教育哲学家皮德思提出：教育应符合价值性、认知性及自愿性的规准，才是对学生有意义的学习。因此，中学生的假期计划也同样需要符合教育价值，其原则如下：

（一）符合教育目标

假期生活的计划制订，如学习内容、活动内容及实施方式的确定，应具有正面教育价值，这样才有益于学生身心发展。

（二）适合学生的需求与兴趣

每个孩子都是特殊的个体，他们在不同成长阶段的发展需求不同，兴趣也有差异。假期生活的规划，需要考虑学习动机的不同需求，并据此做出规划。

（三）重视学生自主学习

培养学生自动自发的学习精神，“授人以鱼，不如授人以渔”。因此，让学生学会自主管理假期生活，做好时间管理与规划，才能发挥出假期生活的最大成效。

（四）家长的参与和陪伴

假期其实是很好的亲子沟通时间，学生也需要通过家长的参与、陪伴和督促，让他们的假期过得既充实又有意义。

（五）兼顾活动的不同特性

假期生活的安排，需要丰富多样，具有弹性，不能一成不变，这样学生才不会失去对假期生活的兴趣。例如，可考虑学习性、休闲性、活动性的不同特性，各种活动配合并轮流实施，让学生巩固学习动机，充实学习乐趣。

四、计划的内容建议

中学生假期生活的规划，影响着他们的身心发展。有益的假期生活规划，能让他们弥补平时课程学习中欠缺的知识或技能。针对假期生活，我们与孩子们一起讨论规划假期生活的内容时，可参考以下活动：

（一）课业学习

除完成教师布置的假期作业以外，中学生可以对之前所学的知识进行温习和巩固，也可以自主预习新知识。当然，也可以对自己的薄弱知识或学科进行补救学习。

（二）健康规划

“身体是革命的本钱”。假期里，学生们可以进行有益身心健康的活动，如游泳、打篮球、跑步、跳绳、爬山等。若能“打卡”进行，既可以锻炼身体，又能培养自己持之以恒的精神。

（三）生活实践

平时中学生忙于学习，很少做家务，在假期规划作息时间，学习做各种家务，学过物理的学生甚至还能利用自己所学的知识，进行简易的水电维修（保证安全的前提下）等。

（四）社会实践

中学生还可以参加一些社会实践，如兼职锻炼、组团到福利院帮忙等，不仅可以锻炼自我适应能力，还可以让自己学到一些知识或技能，增强社会意识和责任感。

（五）主题营队

许多学校和教育培训机构都组织了各种主题的夏令营、冬令营活动供学生选择。例如，英语营、计算机营、科学营等。这些不但给学生提供学习成长的机会，也能让学生通过营队认识自己，学习人际互动，以便能更好地发展自我。

（六）亲子旅游

“读万卷书，不如行万里路。”“休息是为了走更长远的路。”家长通过假期生活带孩子旅游，不论是国内还是国外旅游，不仅可以让孩子看到更精彩的世界，拓宽他们的视野，还能培养亲子感情。

（七）游学课程

参加游学课程，比如前往国外游学以学习外国的语言文字，还可以体验当地的历史、人文、景观，拓宽学习视野。

（八）大量阅读

多读几本好书，一本好书就是一个高尚的人，看几本书就等于和几个高尚的人交朋友。当然，这些书宜精读则精读，宜泛读则泛读，读书时不要忘了做笔记，写一点读后感。

（九）其他活动

配合寒暑假作业规划进行其他活动，如写读书心得、写一封家书、写日记、整理旅游简报等。

当然，计划的制订没有固定的模板参照，更没有好坏之分。这需要根据家长自身和学生的实际情况来制订，适合的才是最好的。

引导中学生去捕捉学习中的快乐

中学生群体是一个处于青春期的特殊群体。他们在学习生活中面临着来自学校、家庭、社会以及自身的种种压力。由于他们缺乏自我缓解的能力，大多数又不愿意与教师、家长沟通并寻求帮助，因此容易产生困扰。这会给中学生带来身体和精神上不同程度的伤害。轻者出现忧心、恐惧、焦虑不安的情绪表现，如果长时间得不到有效的疏导，严重的还会引发各种心理疾病，同时也使家长困扰和担忧。那么作为教师和家长，我们该如何引导学生去捕捉学习的快乐呢?

一、引导学生减压

（一）正确认识学习

学生学习是为自己而学，既不是为了完成学校的任务，也不是为了跟同学竞争，更不是迫于家长的威严。中学生学习课程是为了获取更多的知识，为自己的将来打下扎实的基础。

（二）为自己设定目标

每个学生的情况不一样，学生根据自己的学习情况来制订学习目标与学习进度并按照自己的进度落实即可。

（三）学会劳逸结合

学习之余可以培养一些爱好，比如弹奏乐器、饲养动物、体育运动等。紧张的学习之后，应该适度放松身心，以便有更多的精力投入到学习当中。

（四）学会倾诉

当压力过大导致抑郁情绪无法排解时，学生要及时找朋友、教师或家长进行倾诉，听取他们的意见。

二、激发中学生的好奇心和学习兴趣

（一）抓住孩子的求知欲

例如，学长和孩子一起看国学节目，看到一句古话，“行有不得，反求诸己”。孩子可能会问这句话的意思，家长可以很诚恳地反过来“请教”孩子：“我也不知道啊，你能帮我解释这句话的意思吗？”这个时候，孩子一定会很乐意地去查阅资料，将知识内化，化被动为主动，讲述给家长听。

（二）角色互换

自己扮演学生，让孩子扮演教师，把当天的课程凭自己的理解讲述出来，这样是为了增强孩子的自信心，也能从侧面提高孩子的记忆力。

（三）适当奖励

奖励一定不是金钱和物质的奖励，而是愉悦身心的奖励。例如，当孩子完成一个短期目标之后，家长可以在假期带他到一个期盼已久的地方旅游，这样不仅有利于亲子关系的建立，也可以拓宽孩子的视野，愉悦孩子的身心，从而让他更有动力去实现下一个学习目标。

三、教师和家长从自身情况出发设计或营造轻松气氛

为人师者，应该设计更多活泼有趣的课堂。现在的教师，除了“传道授业解惑”外，还应该结合时代特色、学生的特点来设计有趣的课堂，让学生参与到课堂中来，真正成为学习的主人。

为父母者，应该尽力为孩子营造一个和谐有爱的家庭氛围。父母是孩子的第一任教师，家庭氛围的融洽、轻松、和谐，也会给孩子带来很多愉悦而有趣的体验。“咏絮之才”的谢道韫正是在和谐、轻松的环境中咏出了流传千古的“未若柳絮因风起”。

家长采用以上方法，将孩子从重压中释放出来，让他们对学习产生兴趣，孩子自然而然会感到学习是一件令人快乐的事情。

第二节 健康阳光

李姚：

四川幼儿师范高等专科学校教师，学前教育专业硕士，教育心理学研究组成员，早期教育专业建设组成员；主要研究方向：学前儿童游戏理论，0-3岁婴幼儿早期教育发展、婴幼儿游戏理论等；先后主持、主研多项省级、市级课题，发表多篇学术论文。

通过开展体育游戏增强学前儿童体质

不少人认为，人的健康主要来自身体、心理和社会适应三个方面。其中，身体健康当属三项中的首位。随着生活水平的提高，学前儿童的饮食也逐渐丰富起来，但由于吃得太多、太好，加上运动量不足，导致很多学前儿童的身体素质处于“亚健康”状态。面对这样的情况，家长很容易因为焦虑而手足无措。我们提倡通过开展体育游戏来改善学前儿童的“亚健康”状态。体育游戏是以发展幼儿基本动作，增强幼儿体质，促进幼儿身体健康为主的游戏[17]，不仅是锻炼身体的主要活动方式，使学前儿童通过运动得到满足，还能发展学前儿童的智力。对于如何通过开展体育游戏增强学前儿童体质，我们可以这样做：

一、观念上，家长需明确体育游戏对增强学前儿童体质的重要性

首先，家长需要明确体育游戏对增强学前儿童身体素质有着非常重要的作用。除此之外，适当进行体育游戏不仅可以帮助学前儿童树立科学的运动观念、养成遵守规则的好习惯，还可以培养学前儿童思考问题、解决问题的能力，增进家长和学前儿童之间的感情。

其次，家长的榜样作用是必不可少的。家长还应该营造良好的家庭运动氛围，把家庭成员都动员起来，家长和学前儿童一起运动，这样既可以帮助学前儿童养成运动的好习惯，也可以帮助学前儿童树立坚持运动的信心。

二、时间上，家长需要科学合理地安排体育游戏时间

不同的体育游戏类型，对学前儿童的体力要求不一样。因此，家长还需要根据学前儿童的一日作息时间和体育游戏的内容来科学合理地进行安排。例如，早餐后需要进行运动量小的游戏，家长可以带学前儿童进行散步；午睡起床后，学前儿童的精力得到了补充，家长可以带学前儿童进行跳跃、钻爬、攀登等运动量大的游戏。

三、材料上，家长应提供安全、多样的游戏材料

在为学前儿童提供适宜的游戏材料时，首先应根据游戏场地的空间大小进行有针对性的选择。例如，室内游戏空间小，家长可以提供玩法多样的玩具，像皮球、报纸、纸杯等适合在空间较小的场地进行游戏的材料；室外游戏空间大，家长可以提供铁环、篮球、沙包等适合在空间较大的场地进行游戏的材料。

此外，家长还可以带领学前儿童利用废旧物品一起制作玩具材料。例如，将家里的空易拉罐装上大米，用胶布将罐口密封，配合皮球一起玩“打保龄球”的游戏。

四、内容上，家长需要根据学前儿童的年龄特点选择适宜的游戏内容

学前儿童处于不同的年龄阶段，其身体动作的发展水平也各不相同。因此，家长需要为学前儿童选择适合该年龄阶段进行的体育游戏内容。例如，顶报纸、牵手走这类运动量小、对身体动作发展要求较低的游戏内容，适合3—4岁的学前儿童进行；而篮球、接力赛这类运动量大，对身体协调性、灵活性要求较高的游戏内容，则适合5—6岁的学前儿童进行。

下面介绍一些适合不同年龄阶段的学前儿童的体育游戏。

游戏1：踩尾巴

游戏材料：卫生纸、音乐

游戏方法：将家里的卷纸撕下一段，拧成绳索的形状，分别系在家长和学前儿童的后腰上，当作“尾巴”。当音乐响起时，家长和学前儿童随着音乐的节奏变化，或走或跑；当音乐停下时，要快速地去抓或踩其他人的“尾巴”。学前儿童在抓“尾巴”的同时，还需要躲避家长、保护自己的“尾巴”，最后谁的“尾巴”没有被踩掉则获胜。

游戏建议：天气晴朗时，家长还可以带着学前儿童到户外进行此类游戏。例

如，玩“踩影子”的游戏，比一比看谁先踩到别人的影子，先踩到者为胜。

适合年龄阶段： 3—4 岁

游戏 2： 小小神投手

游戏材料： 废旧纸盒、皮球 / 篮球

游戏方法： 将纸盒放在沙发上，家长和学前儿童规定好距离后，站在指定位置向纸盒里投球。每个人分别可以投 3 次球，投得越准、时间越短者为胜。

游戏建议： 在晴天时，家长可带着学前儿童到户外玩投球、扔石头等游戏。

适合年龄阶段： 4—5 岁

游戏 3： 丢沙包

游戏材料： 沙包

游戏方法： 由两人分别站在两端负责丢沙包，其余的人站在中间负责躲避沙包。被沙包打到的人即被淘汰，需要替换丢沙包的人。

游戏建议： 丢沙包时，需注意不要往学前儿童易受伤的部位丢，如眼睛、鼻子等部位。

适合年龄阶段： 5—6 岁

引导学前儿童形成自信、乐观的性格

现代心理学把性格看作个性心理特征（或人格）的核心，是指一个人在个体生活中所形成的对现实稳固的态度，以及与之相适应的习惯性的行为方式[18]。学前儿童在面对困难时持有的自信、乐观的态度，是其良好性格的重要组成部分，因此培养学前儿童自信、乐观的性格对其后续的发展起着非常重要的作用。为了引导学前儿童形成自信、乐观的性格，我们可以这样做：

一、营造充满爱和温暖的家庭环境

家庭是学前儿童从出生开始面对的第一个社会环境。因此，家庭环境的好坏对其性格的形成有着很重要的影响。要想让学前儿童形成自信、乐观的性格，家庭成员在遇到困难时也要保持自信、乐观的好心态。如此，学前儿童才会在潜移默化中充满信心，敢于迎接遇到的困难和挑战。

二、发挥家长的榜样作用

俗话说“有什么样的家长，就有什么样的孩子”，家长的处事方式会影响学前儿童性格的形成。在日常生活中，家长一定要注意保持乐观、积极的心态，同时不要让消极情绪影响到学前儿童。如果学前儿童看到家长遇到困难时表现出烦躁、不安的情绪，那么，当他自己遇到问题时首先想到的也是消极情绪。

三、鼓励学前儿童大胆尝试

学前儿童在成长过程中会不可避免地遇到很多困难。这时候，家长需要给予学前儿童鼓励，让其大胆地去尝试。所谓的“鼓励”，并不仅仅指在口头上为学前儿童“加油”，而是有选择地和学前儿童一起讨论解决困难的方法。同时，哪怕最后以失败告终，家长也要注意帮助学前儿童调整心态，告诉他们不要害怕失败，要敢于承担后果。

四、及时给予学前儿童鼓励和肯定

如果学前儿童通过自己的努力完成了某些任务或解决了一些困难的话，家长一定要及时给予学前儿童鼓励和肯定，这样有助于帮助学前儿童建立自信心。当他再次遇到难题时，就更愿意以乐观、积极的态度去应对。例如，学前儿童反复尝试搭建大桥，但是大桥频频倒塌，经过不断的尝试，终于拼搭成功。这时，家长首先需要肯定他的坚持和不断尝试的态度，同时也可以考虑通过这件事奖励他一本渴望已久的绘本。

五、利用绘本故事引导

家长可以在网上寻找一些关于自信、乐观性格培养的绘本或者故事讲给学前儿童听。例如，《我喜欢自己》，这是一本关于自我肯定的绘本，故事主角是一只充满快乐和自信的小猪，叫作“猪小妹”。“猪小妹”有一位最好的朋友，就是她自己，因为她懂得自己照顾自己、爱自己，即使身边没有其他朋友，她也可以找到让自己快乐的事，并让自己开心起来。当“猪小妹”犯了错或者遇到困难时，她会告诉自己“再给我一次机会去尝试”。讲绘本故事时，家长可以先请学前儿童自己翻看一遍绘本内容，接着询问学前儿童故事中发生了什么。在了解学前儿童对绘本内容的理解后讲述绘本，再次询问故事的主要内容是什么。“猪小妹”是怎么做的？如果是你，你又会怎么办？通过不断地提问，学前儿童会明白，当他遇到问题和困难时，需要想办法去尝试解决问题、战胜困难。

六、养成记录的好习惯

学前儿童由于年龄较小，自我总结能力较低，因此他们的经验无法使自己得到提升。对此，家长可以和学前儿童一起制作解决问题记录表，帮助学前儿童记录每一次解决问题的情况，积累成功的经验，让学前儿童在一次次战胜困难、解决问题的记录中，逐渐形成乐观、自信的性格。

附：学前儿童解决问题记录表（家长可以和学前儿童一起画图表现内容）

XX 解决问题记录表

遇到的问题	做法	结果
（尿裤子）	（及时上厕所）	（已解决）
（和好朋友抢玩具）	（单独玩）	（未解决）

何勇：

四川省射洪市城西学校党总支书记、校长，本科学历，高级教师，遂宁市“优秀教育工作者”，曾在《教学改革创新与研究》总课题组“万里行之香格里拉”课题研究指导培训会、红城课题研究成果交流会上作主题发言；论文《创新师培机制 提升教师素养》获市一等奖，《合作学习：让数学课堂更有魅力》《培养核心素养 渗透数学文化》《推动党建工作制度化规范化科学化》分别在《教育》《四川教育》《语言文字报》发表；主持国家级“十三五”规划科研重点课题子课题“优秀校长治校个案及治校规律的研究”，获全国一等奖。

对存在学业失败风险的小学生进行正确引导

学业失败是相对于学习结果而言的，指学习者在某个学习阶段或某项学习任务终结评价中，未能达到学校规定的合格水准的现象，是对学习的一种否定的价值判断。2010年，周邦荣先生在《教师·上》发布的一组数据显示，导致小学生学业失败的原因有五：教育环境差、智力因素的不良影响、行为习惯不好、心理因素的制约以及评价不当[19]。虽然造成学生学业失败的原因存在个体差异，但总体上可以涵盖在以上五大原因之内。其中，教育环境和智力因素是学校教育难以把控的外部因素，其他因素则可以通过学校教育介入和干预，得到一定程度的控制。所以，学生学业失败并非无从着手的顽疾。

小学生若学业失败，将对其身心发展、人格形成有潜在而持久的影响，教育者应该加以研究并展开正确的引导。近几年来，我们非常欣喜地看到，随着党和国家对教育事业的重视程度加深，教育硬件设施有了极大的改善；加上从2017年开始，大班额在起始年级得到有效控制，教育环境正朝着积极向好的趋势发展。而随着“优生优育”在全国的普及，智力因素对学业的不良影响已经降到了最低。因此，我们更应该对控制学生学业失败风险的产生充满信心。

作为一名小学教师，笔者在教育学生的过程中，有喜有忧，有笑有泪，可以说经常和存在学业失败风险的学生打交道。下面，笔者就和大家分享一下与存在学业失败风险的学生相处的两点启发。

一、小表扬，大惊喜

有一个孩子叫李权，他上课完全无法融入课堂，总是游离在课堂以外。书写糟糕，好动易怒，一天可以打架三次。笔者愤怒、无奈，甚至开始使用冷暴力，完全对他无视。可是，这些办法都没有对他产生丝毫的影响，甚至我们的师生关系也一度紧张了起来。笔者反思自己还是没有找到这个孩子的心灵密码。但有一次，一个偶然的表扬彻底改变了笔者对这个孩子的看法。那天教室里正在上自习课，突然，一个女孩因为感冒吐了一地，在她附近的孩子东躲西藏唯恐避之不及。笔者正想叫人去打扫的时候，突然一个人影冲出教室，拿来了拖布，并开始清理呕吐物。那一瞬间笔者震惊、感动，因为那个人就是李权。笔者上前拉着李权，拥着他站在讲台上，声情并茂地感叹：我特别喜欢李权，因为他善良、热情，在同学急需帮助的时候伸出援手，这是非常珍贵的品质。被表扬的李权在那一瞬间露出了笔者完全陌生的神情。笔者知道，这个孩子内心向好的一面被激发了。原来，一句表扬对一个孩子真的很重要。从此以后，李权对班集体的事情更加积极，对同学也更加热情了。在学习上也更能接受笔者的建议，尤其是书写进步很大。这个故事让笔者坚信表扬具有强大的力量。用放大镜去发现孩子的闪光点，并牢记于心，然后找准机会不经意地赞扬他，你一定会收获惊喜。

二、小故事，大道理

我们当班主任的都知道，每学期的期末就是“没有硝烟的战场”。孩子们轮番接受各科教师的“轰炸”，显得力不从心。这时，学困生就更显得精疲力竭了。这种时候，疏导尤其重要，不能一味地说教，抱怨、指责更是火上浇油。这种时候，笔者会果断叫停，通过给孩子们分享一些小故事或者播放一些小视频来缓解他们的学习压力。有一次，笔者在班上讲台湾作家林清玄先生和他儿子的故事时，发现了学困生的眼里也有亮光。故事是这样的：林清玄先生的儿子在小时候，把电台里面的播音报时“又过了一秒”听成了“又飞走一只鸟”，于是他在房间里反复念叨这句话“又飞走一只鸟，又飞走一只鸟”。听着孩子稚气的声音，林先生突然明白：是呀，我们的时间每过一秒，就象征着属于我们的生命之鸟又飞走一只、少了一只。故事讲完，教室里一片寂静，虽然表面上看一切风平浪静，但是从孩子们的眼神中，笔者明白了一个词——顿悟。尤其是我们班成绩一直垫底的小胖，他眼神里的小光芒感觉像在燃烧的小宇宙，他甚至还把这个故事当作素材写进了作文中。他从这个故事中明白了时间的重要性，更明白了时间是用来珍惜的而不是用来浪费虚度的。有了这样的内驱力，小胖的学习态度有了明显的转变。

这两个事例是笔者在教育过程中比较成功的两个例子。笔者从中明白，教育不仅是知识的传授，更是对生命的尊重。用爱与智慧正确引导小学生，防范学业失败风险，是教育者不可推卸且能够担当的责任。

培养小学生的阳光气质

联合国世界卫生组织（WHO）曾提出一个口号："健康的一半是心理健康！"并把健康定义为"不但没有身体的缺陷和疾病，还要有完整的生理、心理状态和社会适应能力"。可见，一个健康的人既要有健康的身体，又要有健康的心理。（《新编心理学》）[20] 身心健康的孩子，在生活中会表现出活力四射、积极向上的状态，就像阳光一样，既有穿透乌云的毅力，也有博爱万物的胸怀；既温暖了别人，也塑造了自己独有的阳光气质！

一、小学生身体和心理现状

因大部分群体缺乏生命本真意识，家长过分注重学生的成绩，忽略了学生的身心健康。而中国的留守大部队致使学生缺乏亲情关爱，心理问题无法及时疏解。快节奏的生活也使家长们容易忽略孩子的身心健康教育，所以中国少年的现状是体质健康和心理健康急剧下降。学校每年举行军训时，总有人晕倒。就连40分钟的升旗仪式，也有小朋友脸色苍白、大汗淋漓。一到春秋流感季节，班上的咳嗽声此起彼伏，发烧请假的至少占20%。小学低段每班近视率为5%左右，中高段却迅速攀升到10%~15%。小朋友的肥胖率也在不断增长，获得的体质健康测试数据都在逐年下降。学生的身体健康令人担忧，同时，他们的心理健康也让人忧心。学校的自闭症学前儿童、抑郁症学前儿童在逐年增加，学前儿童的焦虑症状、孤独感倍增，抗压能力也在衰减。曾经有一个三年级的班主任跟笔者聊过他们班上的一个孩子，一个典型的有心理疾病的孩子。有一次上写字课，教师看见他坐在那里闷闷不乐，迟迟不下笔，于是走过去问他是怎么回事。他告诉教师有个字的笔画太难了，他不想写。教师耐心地手把手教他，然后让他自己写一遍。教师发现字的某个笔画位置没安排好，当场给他指出。接下来，他的反应让人大吃一惊，他突然用笔尖狠狠地戳练习本，不再理会教师的任何言语。把练习本和笔戳坏后，他就一直坐在那里一动不动，既不说话，也不做作业，直到下课。课间，他跟同学玩时，因为不遵守游戏规则，被其他同学批评，他勃然大怒，马上和同学打起来。教师制止后，他在旁边说“我真想从这里跳下去”。为此，教师多次电话联系家长并进行家访，发现孩子在家里竟然也有自杀的念头。究其原因，家长常年在外，孩子的心理郁结没有得到及时疏解，生活就变成了他的独角戏，充满了阴霾。而这样的孩子还有很多很多。据国家统计发现，中国已经成为全球抑郁症患者人数最多的国家——在全球共3.5亿名抑郁症患者中，中国就占了1亿多，患病率为6.1%。而抑郁症患者群体中，人数最多的就是少年和青年。这些现状充分表明，孩子的身心健康教育刻不容缓，拥有强健的体魄、健康的心理，才能让孩子一路阳光向前。

二、遵从生命第一意识，阳光运动彰显活力

阳光气质外化于行，内塑于心。习近平总书记曾说过“身体是人生一切奋斗成功的本钱”，而运动是练就健康体魄最直接的方式。

（一）家校携手齐运动，助推生活更精彩

学校运动与家庭运动相结合，让每个孩子动起来，让每个生命更精彩。课间活动时，我们倡导教师和学生一起跑步、做操、跳绳、游戏，有效督促学生进行体育锻炼，并加强对学生的体育锻炼的指导。同时，我们还利用《美德少年记录册》，根据不同学段，要求学生每天放学后进行不少于半个小时的体育锻炼。例如，一年级进行跳绳练习，二年级进行踢毽子练习，三年级进行乒乓球练习，四年级进行排球练习。同时，通过拍视频上传到班级群展示，完成体育锻炼在《美德少年记录册》上加一分的方式监督学生将体育锻炼常态化。

一年级每周每日德育作业

第1周

时间	内容	具体要求	家庭积分	学校加分
9.2	背电话号码，说教师名字	背诵家里至少两位亲人的电话号码		
9.3	学会用转笔刀削铅笔	在家长的指导下，学会用转笔刀削铅笔		
9.4	学包书皮，学写名字	名字贴在科目的下面，规范工整		

续表

时间	内容	具体要求	家庭积分	学校加分
9.5	文明用语演练	在家里模拟表演，分别时跟家长、教师说再见；见面时跟家长、教师问好		
每日常规	1. 每天回家拥抱自己的爸爸、妈妈或爷爷、奶奶，并跟他们说一声："辛苦啦！" 2. 学习跳绳10分钟，学会后每天坚持跳绳10分钟，并选一件自己感兴趣的体育项目，坚持锻炼20分钟。 3. 亲子阅读10分钟	1. 亲子阅读10分钟 2. 请家长们在孩子跟自己说"辛苦了"时，跟自己的孩子说一声："我们爱你。" 3. 指导、监督孩子进行体育锻炼		

（二）亲子运动促情感，合作运动聚智慧

每期一次的运动会，每期一次的体操比赛，我们都采用亲子趣味活动和团体项目以及个人项目三者结合的方式进行。孩子通过运动促进与亲人之间的沟通，增进彼此的情感。在运动中，孩子也有效释放了心理压力，增强了抗压能力。每期的运动会不仅增强了孩子的集体荣誉感，激发了孩子积极向上的阳光心理，还在坚持的过程中行之有效地培养了其坚韧不拔的品格，为塑造阳光心理打下了坚实的基础。

三、抓实常规德育活动，阳光心理提升气质

"心若向阳，无畏悲伤。"我们不仅要塑造孩子的阳光气质，还要重视内塑于心。

（一）明星光彩暖人心，小小舞台铸自信

鉴于部分学前儿童因缺乏自信、性格内向，导致不能和别人正常沟通，从而影响自己的生活这一现状，我们采用了小明星展示的方式来帮助学生树立自信。每天早晨到校后，每个学生轮流上台展示自己的才艺，可以唱歌、跳舞、讲故事、朗诵诗歌。在展示过程中，学生会在别人的掌声中发现自己的优点，获得别人的肯定，树立自信；也从别人的展示中发现自己的不足，学会欣赏别人，从而有效地调节自己的心理；更在展示中让自己从一个一上台就害怕得要哭、手脚发抖、说话结结巴巴的害羞虫，逐渐成长为一个落落大方、充满自信的阳光少年。

（二）小小游戏明事理，主题班会疏郁结

伴随着物质生活的极大丰富和独生子女、隔代教育等相关问题的出现，孩子

容易出现自私、狭隘等多种心理问题。我们充分利用主题班会，让孩子从中明白事理，从而有效改正自己错误的认知。通常我们的主题班会会提前一周收集各年级孩子们存在的问题，在当周根据问题制订可行的措施，并在下周的主题班会上集中解决问题。主题班会的形式也各具特色，有“看视频分享主题班会”“走进生活调研主题班会”等，用得最多的则是“小游戏主题班会”。玩是学前儿童的天性，为了让主题教育深入人心、落到实处，我们充分利用小游戏，紧扣教育主题，让孩子在玩中养成阳光心理。

（三）感恩教育立品行，持之以恒塑爱心

心中有爱，眼里有光，整个人才有阳光般的温暖。为培养孩子们懂得感恩的阳光心理，我们抓住各种节假日作为契机，让孩子抒爱意、表真情。例如，“三八节”我们布置的家庭德育作业为：1.给女性长辈一个拥抱，并说声“节日快乐”或“我爱你”；2.为家里的女性长辈洗脚、梳头；3.为感谢她们的倾心付出，请为她们做一顿饭或制作一张贺卡，或写一封感谢信。同时，我们还规定小朋友要完成每日德育常规作业，作业内容包括每天早晚和家人问安，和家人分别时说再见，每天等候家人一起吃饭，每天给家人一个拥抱。作业完成后，奖励家庭积分1分，作为期末“美德少年”评选的依据。把家庭德育作业作为一项常规内容，让孩子们体会家的温暖，加强亲人之间的沟通，并从中培养孩子们的爱心，引领孩子们向真、向善、向美、向阳。

（四）系列活动展风采，人人收获成功感

阳光气质的形成是一个长期的过程，所以要及早树立。我们从开校初始便制订一系列活动方案，让所有学生都参与进来，从各个方面展示自己的风采，树立自信，培养拼搏的斗志。例如，通过每周一次的红领巾广播站，收集我们生活中的环保之星、友爱之星、卫生之星。通过红领巾广播站肯定孩子们作出的突出贡献，引领学生向榜样学习，营造积极向上的阳光学习氛围。再如，我们的升旗仪式、才艺大比拼、六一庆典、入队仪式、国庆画展、诗歌朗诵比赛等，所有活动都由全班参与，让学生在活动中感受成功的喜悦，获得成功的体验，激发热爱生活的激情！

（五）关爱卡片明问题，家校携手沐阳光

针对个别学生突出的行为异常问题，我们为其专门制作关爱卡片，将学生的问题记录在册，建立关爱档案。同时，我们积极地和学生的家长进行沟通，找到问题的症结，家校联手帮助学生走出心理阴霾。对于学生普遍存在的心理问题，聘请专业的心理教师举办心理讲座，还学生灿烂笑脸，还学生阳光心理，还学生阳光人生。

彭粒：

四川省成都市双流区棠湖中学高中部语文教师，双流区第八届青年骨干教师，参与编写四川省优秀传统文化通用教材，主持编写国家课程校本化教材若干。

引导中学生形成正确的“健康观”

“健康观”即关于健康的观念，正确的健康观可以引导我们科学、全面地关注和把握自身的健康情况，并针对可能出现（潜在）和已经出现（既有）的问题寻求相应的措施。

一般说来，健康是指生物的功能性和代谢效率的水平。对人类而言，健康是指个人或群体面临生理、心理或社会的挑战时，具备良好的适应能力和自我管理能力。世界卫生组织曾于1946年6月22日在纽约举办“世界健康大会”，其间，61个国家签署并于1948年4月7日生效的《世界卫生组织法序言》(《世界卫生组织官方记录》第2号第100页）定义广义的健康为：“健康不仅为疾病或虚弱之消除，而是体格、精神与社会之完全健康状态。”因此，衡量健康应包含生理、心理和社会适应三个标准。

一、生理标准

健康的生理标准是身体强壮、各系统功能良好且相互协调，目前的检查手段不能发现病理改变。但同时应该意识到，生理健康不仅仅是指不生病，健康和生病也不是非此即彼的关系，二者之间存在着过渡阶段。在这个过渡阶段中，人们虽然没有明确地罹患某种疾病，但依然感觉身体不适。处于此阶段的人，其健康状态被称为“亚健康”。据世界卫生组织全球性调查指出：全球只有5%的人群处于健康状态，20%的人经医生确诊为生病状态，而有75%的人们处于“亚健康”状态。长期处于“亚健康”状态，而无法排除影响健康的因素，可能导致人们往生病状态靠拢。

中学生要承受较高强度的脑力负荷，尤其是初三、高三等毕业班的学生，除了较强的脑力负荷外，还需要承担较强的身心压力。考试、升学并不完全是知识的比较，更是健康的比较。中学生需要意识到并非不生病就是健康，精神萎靡、失眠多梦、四肢无力、心悸发汗等同样是值得重视的问题。教师和家长应在此基础上引导学生关注自身的身体反应，出现类似情况时，应督促其合理作息、均衡膳食、劳逸结合。

二、心理标准

健康的心理标准指心理功能正常、协调一致，主观感觉良好，精力充沛，情绪稳定，应付环境自如，有积极的人生观。

中学生处于青春期，生长旺盛、心思活跃，也容易随之产生各种心理问题。教师和家长需要引导学生意识到心理问题不容忽视。一方面，它像感冒发烧一样常见，不需要回避，也不涉及好坏和对错；另一方面，正如感冒发烧需要寻医问药一样，心理问题同样需要积极寻求帮助。对于一般的情绪性问题，可以引导学生通过倾诉、交流、谈心等方式进行发泄和疏导；对于较为严重的问题，则需要求助专业的心理咨询师或心理医生。

三、社会适应标准

健康的社会适应标准指行为符合社会规范，有良好的人际关系，家庭功能和职业功能良好，能享受生活和工作的乐趣。

中学生的社会适应标准是需要遵守校规校纪，能很好地与家人、朋友及教师、同学等和谐相处，具备学习的基本能力，能从学习中体会到乐趣，兴趣爱好广泛。

教师和家长作为管理者和教育者，需要意识到部分中学生如果表现出违规违纪，无法与同学正常相处，或者学习能力较差等情况，其原因未必在于学生的品德、智力或是习惯，而是其社会适应能力出现了问题，应该归属到更为合理的健康问题的角度去观察和对待，不要一味地指责和批评。与此同时，中学生也应该及时将这些问题向教师和家长反映，以获取积极的解决办法。

借助“正确归因”，引导中学生形成积极的心态

中学生的学习和生活中，每天都会发生各种各样的事情，有的事情引发了较好的结果，而有的时候，事情的结果却是令人沮丧的。对于前者，我们要总结经验，把握呈现出规律性的方法；对于后者，我们则需要汲取教训，避免类似的情况再次发生。这时候，我们的心理行为就涉及了归因。

归因（attribution）是指人们对他人或自己行为原因的推论。通过这个推论，我们来判定事情发生的原因。对中学生而言，这些原因有的可以归结为与人格、情绪、能力、努力程度等相关，称之为内在归因；有的则与学习和生活环境、课程难度、机遇、他人的影响，甚至运气相关，称之为外在归因。一般来说，如果我们对事情发生的原因能够做出正确判断的话，那么问题就能够在很大程度上得到有针对性的解决。可遗憾的是，因为种种原因，我们的归因经常出现偏差。[21]

譬如，有同学代表自己所在的班级参加学校的篮球比赛，可是比赛的结果却不尽如人意。分析比赛落败的原因时，多数人往往会不自觉地将之归咎为诸如场地湿滑、队友的不配合、本班的啦啦队没有到场呐喊助威，或是呐喊助威的声音不及对手班级的啦啦队有气势等外在原因，很少反思自己是不是在比赛中有所疏漏。

另一种情况则是，某次考试的成绩很不理想，导致这种结果的原因可能是多方面的。可是，有的同学则一味地归咎于自己，认为自己笨，脑瓜不如别人灵光，根本就没有学习能力，对考试、升学灰心失望。

以上两个例子就是常见的“归因偏差”。归因中产生的偏差，蒙蔽了我们发现真相的眼睛，使得问题无法从根本上得到解决，还可能造成比较严重的后果。

此时需要训练中学生形成“正确归因”的能力。“正确归因”又叫“合理归因”，这种能力不是与生俱来的，需要学生通过学习和训练的方式习得。

“归因训练”使得中学生形成比较积极的归因方式，有助于纠正“归因偏差”。训练的方法主要有：

一、观察学习

学生进入中学阶段，已经具备一定的理性分析能力。教师和家长可以将一些

发生在学生身上的事例，或是学生了解的其他事例做出“归因示范”和“归因引导”。按照“原因的探寻——主因的确定——主因的分类——当即解决——计划解决——调整心态”的流程，细致、准确、富有亲和力地进行分析讲解，使得学生有可以模仿的对象和可以参照的模式。

以上述两种情况为例：先引导学生思考导致篮球比赛落败的原因，尽可能全面地列举出来。这些原因，有的属于外在原因：场地湿滑、运动器材老旧、团队配合不够默契、啦啦队不够卖力等。有的属于内在原因：该生作为主投手，投篮命中率较低；该生性格比较暴躁，情绪容易影响发挥等。

接着分析，这些原因中哪些属于主要原因，哪些属于次要原因。一般说来，场地湿滑、团队配合、主投手的命中率及性格可能是主要原因。这些主因我们又可以分为：应该当即解决的——以后不能在湿滑的场地上打篮球，不但影响发挥，而且容易造成运动伤害；按照计划逐步解决的——通过科学训练，提升投篮命中率、留意自己的情绪，并且学会加强团队之间的配合；无法解决而应该规避的——场地湿滑一般是由于降雨造成的，这种情况我们无法预期，也无法改变，那么可以通过延期，或改到室内篮球场进行比赛的方式来解决。

考试成绩不理想也是如此。可能会有试题难度较大，对考试的知识掌握得不够好，临场紧张或是身体欠安等原因，对此，我们也都能提出对应的解决方案。如果某同学真的在某学科上理解能力较差，反应速度较慢，那也应该引导他看到高考是以总分进行录取的选拔性考试，除了继续加强这一科的学习外，也应该发现并凸显自己的优势学科，从整体上提升分数。

进行这一训练最大的好处在于，中学生能逐渐学会把事件的结果真正落实到对应的原因上，分门别类地、有针对性地进行解决，或是积极作为，使其发生改变；或是调整心态和观察角度，重新理解问题，而不是一味地敷衍、拖延和抱怨。

二、强化矫正

中学生如果没有办法做到“正确归因”，教师和家长就需要对其进行引导，按照上述流程，帮助其归因，并寻求解决方案。最初不必面面俱到，首重主因，对于可以立即解决的问题，可督促学生当即做出改变，以规范其行为；对于暂时没有办法解决的问题，则可以列出计划，逐渐做出改变，以砥砺其意志；对于不稳定的，基于偶然而又无法做出改变的原因，则引导学生从积极的角度看待这种无奈，以培养其良好的心态。

在具备这种意识并掌握这种方法后，要引导学生运用这种方法去解决更为复杂的问题，分析出更为细致的原因，提出更为完善的解决方案。每当观察到中学生尝试在某一问题上运用相关方法进行“正确归因”后，应该用表扬、肯定、奖励等方式，对他（们）的行为进行强化。

三、团体发展

如果事件和一个团队有关，那么可以召开与“归因训练”相关的主题班会。大家集体讨论成功或失败的主客观因素以及稳定和不稳定因素，最后形成正确的归因。

此过程中，教师不必全程参与发言，但可以从旁进行引导，尽可能让团体的每一位成员都参与发言；对讨论的方向和进程进行把控和引导；提出建议，提供学生或许一时没有考虑到的角度，或是提醒其思考得不够深入，归类不够恰切。

通过以上引导、示范和训练、强化，中学生会逐渐形成积极归因的习惯，掌握正确归因的方法，面对问题能够理性分析，提出解决方案；也能改变看法，接受生活中不可避免的不如意。美国神父尼布尔的《宁静祈祷》可能是对“正确归因”及其效果最生动的表述——“请赐给我雅量平静地接受不可改变的事，赐给我勇气去改变应该改变的事，并赐给我智慧去分辨什么是可以改变的，什么是不可以改变的”。

第三节　惜时进取

卢瑶：

四川幼儿师范高等专科学校教师，毕业于西南大学学前教育专业，教育学硕士；主要研究方向：游戏与幼儿园课程；参编著作一部，发表学术论文多篇。

培养学前儿童做事的计划性和自觉性

幼儿的计划性主要表现为幼儿在问题解决过程中，为了达到活动目标，采用一定的方法、策略、手段，有意识地对各种资源进行处理时所表现出的以目的性、策略性和灵活性为主要特征的行为状态。[22] 自觉性是幼儿道德发展的重要目标和幼儿自我控制能力的高级形态。[23] 学前儿童的计划性和自觉性是学习品质的重要组成部分，学习品质的具备是学前儿童入学准备的重要内容。

在日常生活中，让家长们感到困扰的主要是学前儿童做事缺乏规划性、主动性和自控力，比如拖拖拉拉、需要家长重复地提醒甚至强制等。家长都希望自己的孩子能多一些计划性和主动性，好让自己省心。同时，许多家长也认为学前儿童普遍自控力差，几乎不可能养成计划性和自觉性。例如，在寒暑假期间，许多双职工家庭的学前儿童不得不被托付于祖辈看护，加之如今学前儿童的邻近玩伴较少，如果家长不为学前儿童制订计划，那么学前儿童往往在家里无所事事——或是低头玩手机、iPad，或是整日看电视；即便家长为学前儿童制订了计划，学前儿童在祖辈的看护下也经常“偷懒”玩耍。疫情期间，虽然家长多了许多与学前儿童朝夕相处的时光，但是家长与学前儿童之间很容易围绕这个问题产生诸多矛盾，尤其是对学前儿童一遍遍的催促和不间断的监督让家长倍感焦急与无奈，更是带给学前儿童诸多负面体验。实际上，学前儿童做事的计划性和自觉性的养成离不开家长的合理引导：

一、循序渐进，逐步放手

计划性和自觉性的培养是个人的终身必修课，绝非一朝一夕能够完成。因此，家长首先要学会理解和等待学前儿童，切勿操之过急。在摆正态度之后，家长可以设计一个“支架”，从方法上训练学前儿童养成计划性和自觉性：人天生具有对秩序感的追求，对于 5 岁之前的学前儿童，家长可以主要以榜样示范和情境感染的方式，让学前儿童在潜移默化中获得生活的秩序感，比如选择较为固定的时间入睡、进餐和玩耍，家庭环境追求平和、整洁。同时，家长也可偶尔创设一些“反例”，比如故意将物品杂乱摆放干扰学前儿童的活动，从而引导学前儿童感受秩序的重要性；对于 5 岁之后的学前儿童，家长可以给予学前儿童一个“大框架”，比如告诉学前儿童“今天上午的任务是写作业、画画和讲故事”，让学前儿童自己安排活动的顺序，并采用与学前儿童一起活动的方式引导和提醒学前儿童按时完成；6 岁、7 岁以后，家长可以与学前儿童一起制订阶段小目标，在这个基础上引导学前儿童自己设计每日计划。

二、共同商讨，鼓励表达

学前儿童对计划的执行力与学前儿童是否认可这一计划有很大关系。刚开始，学前儿童只是觉得“这是妈妈的要求，所以我要遵守”，并不真正理解计划和安排对于自身的意义。在这个时候，家长更需要以参与者的角色把计划的权利交还给学前儿童，鼓励学前儿童发表自己的想法，比如“明天9：00起床，好吗？”“你想明天上午还是下午完成美术作业？为什么？”当然，学前儿童的安排难免欠缺考虑，这时家长也不要着急，可以让学前儿童体验两种安排，引导学前儿童感受其不同，从而做出选择。这样，学前儿童更能体会到制订计划的自主性和计划带来的便利，也就慢慢养成了执行计划的自觉性。

三、及时反馈，多多鼓励

学前儿童在刚开始执行计划后，并不能明显体会计划的意义，这时就非常需要家长的反馈。例如，当学前儿童获得了教师的表扬时，家长要及时引导学前儿童将其归因于自身的计划性和自觉性强——“今天老师表扬你收拾玩具又快又好，一定是和你每天都收拾自己小书包的好习惯有关系！”

支持学前儿童的探究行为

随着科学素养在人才素质结构中的重要性日益突出，作为科学素养之核心部分的探究能力也受到了教育者的广泛关注。刘占兰教授在《3—6岁学前儿童学习与发展指南》解读中说道：“幼儿探究能力的形成是在解决问题的过程中综合运用各种方法的能力的综合表现……探究应成为儿童科学学习的核心，它既是儿童科学学习的目标，也是儿童科学学习的方法。”[24] 生活是学前儿童科学教育的重要途径，科学教育不仅是幼儿园教育的重要内容，也是家庭教育不可忽视的重要部分。

有好奇心、喜好探究是学前儿童的天性，学前儿童总喜欢问“这是什么”“那是什么”，总是无畏地伸出手想要摸一摸外界的一切事物……然而，在这种时候，或是出于对学前儿童安全的考虑，或是对学前儿童的问题感到无从回答——接不住学前儿童“抛过来的球”，家长往往选择中断或忽视学前儿童的探究，久而久之，就容易挫伤学前儿童的求知欲和好奇心。也有许多年轻的家长有了科学教育的态度，却因缺少科学的方法而未能有效支持学前儿童的探究行为。面对这种情况，我们可以从以下几个方面着手：

一、树立求真务实的榜样，提升自身的科学素养

首先，探究能力的形成与科学态度的养成相互交织。科学态度包括求真、严谨、准确、批判、坚持等，学前儿童的探究过程离不开科学态度的支持，而科学态度的养成也是在探究过程中实现的。榜样学习是学前儿童重要的学习方式，要培养学前儿童的科学态度，离不开家长的言传身教。其次，家长要自觉弥补和主动提升自身的科学知识，这既能帮助家长接住学前儿童“抛过来的球”，又能帮助家长敏锐地捕捉到生活之中的科学教育契机。

二、创设支持性的探究环境，投放适宜的活动材料

探究环境的创设包括心理氛围和物质材料两方面。家长要秉持尊重平等的心态，将自己定位于观察者、参与者和帮助者的角色。在探究的开始阶段，一方面，家长要提供具有开放性的、问题性的情境，比如提供电路玩具，问学前儿童“为什么小灯泡有时亮、有时灭呢”；另一方面，要提供低结构化的、丰富的游戏材料以引发学前儿童的自主探究，如树枝、矿泉水瓶、石头、毛线等。在探究过程中，一方面，家长要注意问题的设计，以问题引发思考，帮助学前儿童实现探究过程的连续性和深度。例如，当学前儿童探究了一会儿电路，并没有发现什么线索，这时家长可以通过提问“好像和这个开关有关系”给予学前儿童提示；还可以以鼓励的方式增强学前儿童的探究兴趣，如“你刚刚已经发现了开关的秘密，真棒！一定很快就会发现小灯泡的秘密了”。另一方面，要重视学前儿童的问题，学前儿童的语言表达能力有限，很多时候难以将自己的问题和假设表达清楚。这时家长要以尊重、耐心的心态理解学前儿童的想法，不随意打断学前儿童，更不要将自己的想法强加于学前儿童。在探究结束时，要引导学前儿童对自己的探究过程进行总结，比如“刚开始，你虽然遇到了困难，但是我们通过不断地实验、细心地思考很快就发现了原因，下次一定会做得更好”“我们今天不断地通过小实验验证我们的想法并最终得出了答案，下次我们可以继续探究电池的构造”。

三、扩展学前儿童的眼界和见识，从生活中取材

陈鹤琴先生曾说过“大自然、大社会都是活教材”。在日常生活中，家长应利用如今便捷的交通工具，带着学前儿童多走一走、看一看，比如在不同的季节

带着学前儿童去植物园、动物园看看动植物的变化，在同样的季节通过旅游让学前儿童感受南北方差异；还可以借助社会教育设施，让学前儿童通过参观博物馆、天文馆、海洋馆等，获得丰富的生活经验。在这个过程中激发学前儿童的探究兴趣，为探究能力的养成提供基础。

四、重视学前儿童的探究过程，培养其思维品质

学前阶段的探究属于探究能力的萌芽阶段，探索过程本身就比接受知识更加重要。探索过程中，探究兴趣的产生和保持、策略的使用、态度的养成、自信心的培养等是获得探究知识的前提和保证。因此，家长应避免将科学知识的掌握作为学前儿童探究行为的主要目标，应重视学前儿童在探究过程中的表现，及时地鼓励学前儿童的良好表现，以耐心的提醒纠正学前儿童的错误做法，最终帮助学前儿童养成良好的思维品质。

杨俊熙：

四川省射洪市第二小学校副校长，本科学历，高级教师，四川省青年骨干教师，小学数学协会会员，遂宁市教育工作先进个人，射洪十大名师，学科带头人；先后主研多项省部级课题，在公开刊物发表多篇学术论文，曾主持省市级工作坊研修。

培养小学生自主管理周末时间

在管理学概念中，时间管理从属于自我管理，百度百科是这样释义的：“时间管理是指通过事先规划和运用一定的技巧、方法与工具实现对时间的灵活以及有效运用，从而实现个人或组织的既定目标的过程。”[25]

网络上流传着这样一句话：“真正优秀的孩子都是时间管理的高手。”[26] 诚然，规律的自主时间管理可以给孩子很强的安全感，建立良好的内心秩序；善于坚持自主管理时间的孩子，随着年龄的增长，也会逐步具备自律、责任感等优秀品质。

现实中，部分小学生自主管理周末时间的能力还较为欠缺。一到放假，就常常听到身边的家长们抱怨：“早上三催四请都不起床，晚上又像夜猫子一样半夜都

不睡”“坐在电脑前就生了根，一坐就是大半天，叫他干什么都不理”“作业就像是帮我们家长做的一样，一拖再拖，好不容易坐下来，又东张西望、东摸西摸，只需20分钟就能完成的作业，足足做了一个小时都没完成，错误还多”“做事总是丢三落四的，做了这个忘了那个”……这与小学生心智发展阶段、在校有规律的学习以及在家无规律的作息反差等因素有关，其根本原因在于小学生自主管理周末时间的能力没有形成。

小学生自主管理周末时间的能力需要家长循序渐进、持之以恒、由扶到放、从粗犷到精细的长期培养，进而帮助孩子养成终身受益的良好习惯。

一、准备——较长时间的氛围营造

（一）家长周末时间管理的浸润

在对孩子的教育上，家庭教育领域的标志性人物尹建莉曾对家长们说过：“教育的真正准备是完善自己。”[27] 家长有规律的时间管理行为，将对孩子产生积极影响；不会自主管理周末时间的家长，不容易培养出会自主管理周末时间的孩子。因为小学生的逻辑是：“爸爸妈妈都还在睡觉，凭什么叫我这么早起床？”因此，家长应该坚持做周末时间管理计划并认真执行，把做计划的过程、计划方案的展示、执行并获得成功的喜悦情绪让孩子“自然”地看到、听到、感受到，注意不应刻意地让孩子感觉到“我是做给你看的，我是让你学的”。

（二）训练小学生的时间概念

小学生的时间概念是比较模糊的，如这时大约是几点、1小时有多长、10分钟有多久，年龄越小感知越不清晰，需要家长花费较长时间来培养。为此，笔者提出以下方法：

1. 报时法。不定时地问问孩子现在大约是几点；在具体事件中，按时段给孩子正报时或逆报时。例如，孩子在看电视时，“看了5分钟了”，过5分钟后，“看了10分钟了”；再如，晚上睡觉前，“还有10分钟，我们就要睡觉了”，过5分钟后，“还有5分钟”。

2. 定时法。让孩子用同样长的时间分别去做喜欢的事和不喜欢的事，如1分钟能跳绳多少下、5分钟能做多少周末作业、10分钟能看××书几页等，使孩子在感受时长的同时，体验兴趣因素对时间判断的影响。

3. 记时法。让孩子记录自己做某件事用了多少时间，并告知家长；家长将孩子一天中经历的主要事件和用时记录下来或用饼图画下来，与孩子一起分享。

4. 尽早给孩子佩戴手表，在家里显眼的位置摆放时钟。

二、实施——帮助孩子制订并执行周末时间计划

（一）适时介入，抓住契机，诱发孩子自主提出制订周末时间计划

在氛围营造较成熟、孩子已经具备一定的时间概念后，抓住关键事件，顺应孩子需要，引导孩子介入周末时间的自我规划。例如，当孩子感受到家长长时间做周末计划并获得成功的愉悦、主动流露出自己也想做时；再如，当孩子无意中将周末时间安排得当、自我享受时；又如，当孩子因某次遗忘、拖拉造成一定的后果，自己感到难受、焦虑、困惑时，都是很好的引入契机。

（二）梳理清单，制订周末时间历程

1. 假前亲子必修课：与孩子一起罗列本周末的事项清单

如果孩子较小，可在周五、周六晚上分别罗列第二天要做的事；如果孩子较大，可在周五晚上一次性梳理周末两天每天要做的事。先听孩子说，家长再一起和孩子讨论，提出建议，边说边记录。最初，孩子往往只会提出学习任务、自己感兴趣的事物或之前已形成常态的事，需要家长以协商的方式补充，比如一周自我总结、阅读、体育锻炼、家庭集体活动、适度消费、为家庭成员做一件事、下周上学前的书包整理、起床、午晚睡、个人卫生整理、家务劳动、兴趣练习等。事项要具体，如每一科有多少作业、阅读哪本书的第几章几节或几页。

2. 由孩子动手，制作周末时间计划图表

把清单上的事项合理安排到每一个时间段或时间点，鼓励孩子用自己喜欢的方式制作成图表，张贴在显眼的位置。根据孩子的规划力和执行力等特点，可由粗犷到精细分两种形式先后进行。

（1）堆砌事项，形成时间块。将起床、午休、晚睡、记背等需要特殊时间的事项固定到具体时间，其余事件不具体到时间点，由孩子分早晨、上午、中午、下午、晚上五个时间段安排即可。年龄较小的孩子可先做时间块，家长应适度提醒，如“上午能完成这些事吗？”或“只做这一件事会不会太少？”

（2）统筹兼顾，规划时间表。把周末两天的事项细致地安排到具体时间点，家长应给孩子适当帮助：

A. 预判时间。预估每件事大约需要多长时间。

B. 合理甄别。确定哪些事情周六做、哪些事情周日做；当事项太多、预判不可能完成时，协助孩子根据事情的轻重缓急，减去可做可不做或以后再做的事。推荐与孩子一起了解史蒂芬·柯维在《高效能人士的7个习惯》中提到的“四象限时间管理法”和钟思嘉等4人在《儿童时间管理训练手册》中介绍的“ABC

分类法”。

C. 科学分配。与孩子一起了解“人体生物钟的 24 小时”，根据生物钟规律，确定什么时间该做什么事。一般来说，记忆力最强的时段是早上 6 点至 9 点、晚上 8 点至 10 点，专注力最好的时段是上午 8 点至 12 点、下午 3 点至 6 点。[28]

D. 预留时间。留出一定的时间空隙让孩子发呆、自由活动、处理突发事情，不要“分分衔接”。年龄越大，预留的自由支配时间越多。

三、保护孩子管理周末时间的热情，促进其对时间计划的执行

制订计划重要，执行计划更重要。孩子能否严格执行时间计划、长期坚持自主管理，进而形成习惯，很大程度上取决于家长的角色定位。

（一）孩子为主、家长为辅

家长是孩子培养时间概念、制订时间计划的帮助者，应从“多帮多建议”到“少说多看”，再到“非万不得已只看不说”。孩子亲自参与和自主安排，可在感悟方法的同时，增强归属感和价值感。只有当孩子意识到这是自己的事、这样制订完成效率更高时，才会主动遵守规则、执行计划。

（二）做孩子执行时间计划的激励人

用清晰的描述性语言表扬孩子执行时间计划中的每一点成绩和改变，让孩子时刻感受到家长的关注和赞赏。例如，对于磨蹭的孩子，先关注其是否按时完成，对于其进步之处，要适时地给予肯定：“太棒了，这周的语文作业比计划提前了 2 分钟，比上周提前了 5 分钟，进步很大，继续加油。”

（三）管控情绪，正确对待孩子的反复与失败

著名教育家孙云晓曾说：“不要把孩子的特点当缺点。”[29] 小学生天生好动，易受干扰，做事较慢，属螺旋式成长。当孩子出现反复或未能按计划完成任务时，家长要有“静待花开”的情怀，切忌粗暴指责；还要有“暗室送灯”的关怀，与孩子一起分析原因：不会做？中途受了干扰？没有关注时间表？并有针对性地给予建议和指导。

（四）教给孩子一定的技巧，帮助孩子自我约束

例如，让孩子把闹铃调到计划时间结束前的 5 分钟；告诉孩子每做完一件事就在时间表上打勾，同时看看下一事项的内容和时间。

（五）引导孩子做时间管理的自我评价

周日晚上，让孩子说说本周末做计划、执行计划的成功与失误，并评价自己的表现。

引导小学生与昨天的自己争先创优

依据《现代汉语词典》(第6版)对“争先”“创优”两个条目的释义，争先创优指“争着赶到别人前头，努力创造优良的业绩”。[30] 就小学生而言，争先创优既是学生明确成长目标、激发学习动机的优秀品质，也是促进学生保持良好学习状态、获得长足发展的行为态势。

莫雷主编的《教育心理学》指出：在实际学习过程中，学生的学习动机及学习行为可能经常要受到来自学生自身和外部各种因素的影响。如果学生具有正确的学习动机，那么，由此而引起的各个环节就会受到有意或无意的调节和监控，排除来自内外因素的干扰，朝着既定的学习目标不懈努力，直到目标的实现。[31]

小学生向往外界，渴求新知，勇于尝试，崇拜榜样，却也容易受到干扰而导致学习的目的性、自觉性、主动性、持久性欠佳，需要教师、家长、同伴帮助他们认识自己的每一点进步，不断刺激其争先创优的精神和行为，以激发正确的学习动机、坚定自信心，并使之保持在一个最佳水平。

一、引导孩子从不同角度认识自己，知晓自己的特点

每个人都是独立的个体，尺有所短，寸有所长。可结合班队会课、大型活动，如运动会、歌咏比赛、绘画比赛、跳蚤市场、社区活动、家庭活动等，创设适宜的契机，引导小学生从不同方面认识自己。

(一)说一说

活动前，让孩子大方地说一说：“我能做好(　　)，因为(　　)。”

(二)评一评

活动后，让同伴评一评：“×××，你真行！因为(　　)。”

(三)写一写

及时总结，让孩子写一写：“这次活动，让我明白了(　　)。”对自己与别人的不同优势进行比较，明白每个人都有属于自己的特长。

(四)比一比

家长以“我眼中的孩子”为主题，写孩子的特点和进步，至少10个，再让孩子逐一比对，发现自己未曾注意的优点。

（五）访一访

让孩子采访自己的任课教师，请教师结合自己的课堂表现、作业完成质量、同伴交往等方面，说一说自己在他们眼中的优势与特长。

（六）想一想

结合同伴、教师、家长的评语，以“这就是我”为题，让孩子写一篇全面介绍自己的文章，帮助孩子清晰地认识自己，明白自己的长处与不足，明确还需努力的目标与方向。

二、帮助孩子结合自身特点，树立榜样，制订计划

（一）谈

让孩子谈一谈身边值得学习的榜样，说一说他们做得好的地方是什么，想一想为什么他们能在某一方面或某一领域做得如此出色。

（二）比

与榜样做比较：和他（她）相比，我还有哪些地方需要努力？

（三）选

选一则与自己理想有关的名人名言作为座右铭。

（四）讲

给同伴或家长讲一个与自己理想有关的名人为实现理想不懈奋斗的故事。

（五）定

为实现自己的理想，从作息时间、学习内容、学习程度、阅读书籍、关注新闻、锻炼身体等方面制订切实可行的计划。

（六）促

张贴计划并将自己的计划告知家长、教师、同伴，请其督促。

三、鼓励孩子的每一点进步，让孩子获取自信的源泉

（一）自我评价，肯定自我

引导孩子自主设计随手贴、成长记录卡、学习情况统计图、每日一得等，以图表形式直观呈现，不断自我肯定。例如，随手贴可以从每天的学习习惯、课堂表现、作业完成质量、与人交往等方面给自己点赞。

__月__日____情况一览表

星数 项目	一星	二星	三星	四星	五星
学习习惯					
课堂表现					
作业完成质量					
与人交往					
其他					

（二）同伴激励

让孩子与学习榜样或志趣相投的同学组成争先创优小组，营造“比、学、赶、帮、超”的良好氛围，在同伴的督促、提醒、鼓励、肯定中增强信心，收获成功。

（三）及时表扬

通过口头表扬、一周总结、家校联系、小奖品等方式及时褒奖孩子的进步，激励孩子不断彰显优势，弱化缺点。

（四）借助外力，正确对待孩子的失误

当孩子出现反复的问题时，可借助外力，以其愿意接受并能改正的方式给予暗示和指导，如同伴总结、朋友谈心；师长则可以利用眼神传情达意、利用谈话加以劝导、利用便签间接沟通等，帮助孩子分析得失，鼓励孩子朝着既定的目标继续前进。

吴英：

四川省成都市双流区棠湖中学语文教师，中学语文一级教师，本科学历，备课组组长，教学成绩优异；注重学生的阅读和写作教学，指导学生公开发表文章上百篇；担任校青少年作家班指导教师，何立新名师工作室成员。

培养中学生的时间观念，引导中学生做好时间管理

时间对每一个人来讲都是公平的，一天都只有 24 小时，但是，区别就在于如何使用这 24 小时。有研究显示，时间管理能力的高低可以预测学生个体学业

成绩的好坏，即时间管理能力优秀的学生的学业成绩普遍优秀，相反，时间管理能力欠缺的学生的学业成绩普遍较差。对于中学生而言，时间管理能力的培养显得尤为重要。我们先来了解一下时间管理的概念。时间管理是指通过事先规划和运用一定的技巧、方法与工具实现对时间的灵活以及有效运用[32]，从而实现个人和组织的既定目标的过程。[33]那么，如何培养中学生的时间观念，引导学生做好时间管理呢？可以从以下几个方面着手：

一、引导中学生做有时间观念的人，明确时间管理的价值和意义

在人与人交往的过程中，大家都不喜欢和没有时间观念的人打交道。不守时、不准时，都是缺乏时间观念的表现。要学会时间管理，首先就要做一个有时间观念的人，并且积极主动地去规划和安排时间。

（一）深刻认识时间管理的必要性和重要性

时间管理可以让人真正认识自我，高效利用自己的时间，实现自我价值。

（二）认清自己在时间管理上存在的不足之处

例如，一味地追求速度，不求质量；或者把所有的时间和精力都投入学习，不注意劳逸结合，急功近利；不善于利用零碎的时间；等等。

（三）学习并运用一些有效的时间管理的方法和策略

例如，1. 使用便条和备忘录，在忙碌中合理调配时间和精力；2. 做行事历和日程表，注重事前的规划；3. 讲求优先顺序，根据轻重缓急设定短、中、长期目标；4. 确定呈现规律性的时段，养成习惯，并且达到能够条件反射的程度；5. 使用特定的学习或工作区域，一旦进入该环境，就集中注意力，全力以赴完成计划的事情；6. 学会对分心的事情说“不”。

二、在生活上和学习上都确定明确的目标，短期目标和长期目标相结合

（一）把事情分出轻重缓急，做到按规划行事

根据美国管理学大师史蒂芬·科维提出的“四象限时间管理”原则，可以将事情分为重要且紧急、重要且不紧急、紧急而不重要、既不重要也不紧急四种类型。每一类事情的处理方法都不一样。

（二）给目标事件确立目标时间和成效评估方式

目标事件确定之后，根据事情的发展规律预估出完成时间，并且划分阶段，随时检查完成的进度。对于事件最终完成的效果是否理想，要给出评估方式。例如，期末考试复习，就要以分数评估复习是否有效。

（三）兼顾短期目标和长期目标，不能偏废

过分重视长期目标，会让人陷入空想；过分注重短期目标，又难以获得不断进步的力量。短期目标不能好高骛远，更不能“杀鸡取卵”，所以要二者结合，短期目标计划要制订得更精细，而长期目标则应起到引领作用。

三、制订行动计划表，规则严格，奖惩分明

（一）确定自己的优先级，以优先顺位制订行动计划表

根据史蒂芬·科维提出的“四象限时间管理”原则，对重要且紧急的事情，应当制订出行动计划表。按计划行事，时时对照，时时评价。

（二）严守时间管理的规则，克服拖拉，减少中断

规章制度很重要，一旦制定就不能随意打破，这样可以克服日常拖拉，减少因惰性而中断行事的情况。

（三）明确奖惩的制度，以奖惩刺激时间管理的有效性

当任务完成时，给自己一个奖励；当任务没有完成或效果不佳时，也应当受到相应的惩罚。以奖惩来刺激时间管理的有效性也是理性的一种体现。

管理大师彼得·德鲁克说过：“不能管理时间的人，就不能管理一切。”所以，每一个中学生都要积极规划，养成管理时间的良好习惯。

引导中学生理解“少年强则国强”的深刻内涵

一百多年前，梁启超先生的《少年中国说》讴歌了祖国未来的英姿及其光辉灿烂的前程，对肩负着建设“少年中国”重任的中国少年寄予了无限希望，鼓励他们奋然而起，投入改造中国的战斗中去。过去一百年间，“少年强则国强”这句话激励了一代又一代中国少年努力奋进。今天，祖国繁荣昌盛，“中国和平崛起”已经成为二十一世纪最重要的全球地缘事件。很多人认为，今天的中国已经成为“超级大国”，少年一代已不需要像老一辈无产阶级革命家那样奋斗进取。那么，今天的中学生又该如何理解“少年强则国强”这句话的深刻内涵呢？我们可以从以下几个方面着手：

一、对中学生进行学习目的教育

中学生应该有明确的学习目的。俗话说：“心中有目标，肩上有责任，前进就

勇气倍增。”只要中学生确定了自己的方向，就会超越自我，不断进取。

（一）明确现阶段的学习能为走入社会，创造物质或者精神财富打下坚实基础

作为社会的一员，在进入社会之后，都要为社会创造物质或精神财富，只有今天好好学习，掌握科学文化知识，才能为今后创造财富打下坚实基础。

（二）鼓励学生把个人前途和国家命运结合起来，明确人生奋斗的终极目标

个人的发展和国家的前途命运是相互依存的，“天下兴亡，匹夫有责”在今天已经被赋予了新的时代意义。

（三）科学分析中国国情，懂得居安思危，立志为中国腾飞而努力

虽然，今天的中国在政治、经济、文化方面已经取得巨大成就，但是，作为全球最大的发展中国家，离腾飞还有距离，当代中国少年应该立志为中国腾飞而努力学习。

二、激发中学生战胜困难的决心和勇气

（一）引导中学生正确认识学习和生活中遇到的各种困难

人生前进的路上不会总是一帆风顺，总会遇到这样或者那样的困难，那是磨炼意志的机会，是进步的阶梯。

（二）用古今中外的正面人物事例对中学生进行鼓励和鞭策

《名人传》里的三大主角都是在肉体和精神上经历了种种磨难后，创造出了不朽的杰作。困难是存在的，只要意志坚定，积极战胜它，定会有所成就。

（三）学习应对困难的方法和策略，科学有效地应对困难处境

当遇到困难的时候，不能退缩，而是要冷静下来，积极思考问题，找到解决问题的方法和途径。

三、放眼国际形势，坚信中国道路，希望和责任同在

（一）了解国际形势，正确认识和把握当前国际形势的发展趋势

当前，国际形势复杂，在国际关系中，中国因素越来越重要。但是，仍存在“外国的月亮比中国圆”的论调，很多人崇洋媚外，丧失民族自尊心，这是不正确的。

（二）了解中国发展的历史，坚信社会主义道路，为建设祖国而时刻准备

新中国的发展经历了几个历史阶段，各族人民在中国共产党的领导下，冲破重重苦难，取得了革命性的胜利。历史的接力棒，终将会交接到今天的中国少年

手里，中国少年要为建设祖国的接力而时刻准备。

（三）付诸实际行动，力求先进，不甘落后，奋力拼搏，不断进取

当代中学生应当事事争先，时时争先，不甘落后，用实际行动去证明自己的能力和进步。

历史已经赋予“少年强则国强”新的含义，今天的中国少年肩负着中国腾飞的责任，绝不能停止前进的脚步，而应当更加努力前行。

第四节 善良智慧

侯蔺：

四川省社会科学院社会学所助理研究员，人口学博士，长期从事人口社会学及人口老年学的相关研究。

心得体会：“每一个孩子都来自纯净无邪的地方，永远都应该是人间万分疼惜的珍宝。”（电影《放牛班的春天》）孩子们的善良是不求回报的单纯，他们的善意把世界变得更美好。人的生命是一个系统，孩子的成长是一次历程，在理解世界的过程中理解自我，让孩子智慧启程，成就喜意的人生。

教会学前儿童把最初的善良变成优秀的能力

善良这种美德是人类生命最神圣的诠释，深受人们的赞扬和追逐。“与人为善”是中国人的文化性格，从小吟诵着“人之初，性本善”成长的我们，深知学前儿童的善良，纯粹而可贵。然而，善良在当今的物欲时代，貌似“华而不实”，常常被人们忽略、遗忘和抛弃。其实，真正的善良终究不会“错付”，只是我们需要把学前儿童的善良变成一种优秀的能力。

一、善良的“回报”

随着学前儿童的成长，“亲社会”的行为长足发展，“通过同情、合作、帮助、求助、安慰和奉献的行为回应他人的方式”[34]。这是学前儿童最初的善良，构成了人类道德的基础，并衍生出更高层次的道德信条，获得受益一生的优秀能力。

（一）善良是一种内在的修为

罗曼·罗兰曾说："除了善良，我不承认世上还有其他高人一等的标志。"[35]释放善意的温暖，能够帮助学前儿童收到更多的好评，收获很多的朋友。此时，善良不仅仅是一种品质，还是与他人建立良好关系的桥梁。

（二）善良是一种高能的智慧

无数事例告诉我们，拥有了善良，就掌握了人类的生存法则，所谓"善有善报"。此中蕴含的智慧就是：施善予人，成就自己。善良的智慧能够帮助学前儿童成就更有能力的善良，让学前儿童的人生可控，未来可期。

二、为学前儿童形塑善良的"样子"

皮亚杰的道德发展理论中，定义了学前儿童的道德发展的第一阶段为"他律道德"时期。这一时期，除了学前儿童由自身感受构建的初始道德感外，善良的清晰"轮廓"其实是成年人为其勾勒的。

（一）真诚与友善

家长需要明确评价学前儿童的标准，为学前儿童的灵魂注入态度。相对于"漂亮"和"聪明"而言，"真诚"和"友善"更加值得赞扬。家长要教会学前儿童"关心"与"分享"，用"共情"和"同理"的方法引导学前儿童心向所善。同时，家长要接受学前儿童"笨拙"的帮助，鼓励他们从真诚与友善中获得快乐。

（二）尊重与感恩

家长需要与学前儿童一起践行"与人为善"，为学前儿童的行为注入规则。有礼节而知尊重，明善举而懂感恩。家长需要言传身教，在生活的细节中指点学前儿童的行为。另外，家长要知道，尊重与感恩更像一项技能，需要反复地"练习"。

（三）分析与辨别

家长需要为学前儿童剥去"伪善"的外衣，树立善良的榜样，防止学前儿童的善良错付于人。真正的善良不是懦弱与讨好，也不是他人获取私利的软肋；真正的善良是一种正向的能力，能够分辨出谁更值得你的善意，能够做到如何量力行善。

三、让善良成为学前儿童的选择和习惯

皮亚杰认为学前儿童道德发展的第二阶段是"自律道德"时期，这一时期是

以学前儿童的进一步成长和“他律道德”的累积为基础的。此时，学前儿童的善良更具理性、灵活性和社会意识，甚至成为一种选择和习惯。

（一）理解与接纳

学前儿童应当理解，人们有着不同社会阶层、文化背景、宗教种族、价值取向，彼此间存在差异，而尊重、理解并接纳他人的不同，是善良的选择和升华。

（二）正义与公平

孩子在人与人的互动中，开始获得公正的感觉[36]。感受并认同了公平与正义，学前儿童将更富有爱心、责任心。学校和家长应尽可能地维护事物间和生命间的平等关系，帮助学前儿童强化公平与正义感的心理建构。

（三）回馈与内化

学前儿童应该知道世界并非那么美好，却依然愿意回馈善良。善良的品质会最终内化成潜意识，让学前儿童成为习惯善良的人。同样，善良也会赋予学前儿童高级的智慧，分辨形形色色的人类，调节纷繁复杂的关系，让他们拥有更优秀的能力。

培养学前儿童在成长中“自我理解”的智慧

随着孩子的成长，孩子之间的能力差异变得越来越明显，有的做事出色，有的做事困难；有的喜欢音乐，有的喜欢体育；有的喜好安静，有的喜好热闹……孩子们在彼此和成人的互动中，愈发频繁地探求自我理解，即“通过别人对待他们的方式理解自己”[37]。自我理解对学前儿童的成长发展意义巨大，良好的自我理解，能够充分地展现学前儿童的才华并有效地激发潜能。因此，要培养学前儿童智慧地理解自我，同时在准确地理解自我后，获得成长的智慧。

一、自尊

研究表明，被接受、被支持、被尊重的孩子，会获得更多积极健康的自尊，这种自尊会反映在他们未来的成就中[38]。自尊是智慧的源泉，因此家长要重视学前儿童自尊的连续维度，培养学前儿童获得充分而又不泛滥的自尊。

（一）家长需要鼓励学前儿童进行自我评价，考察学前儿童的“自我映像”

当学前儿童的自我映像来自他人的忽视或偏差评价时，积极帮助学前儿童认知自己的优点，提升“自我映像”；同时，纠正偏差评价使学前儿童重新获得自尊。对于“自我映像”水平偏低的学前儿童，可以通过结交伙伴、参与活动、培养兴趣等事件增进“自我映像”。

（二）家长需要审视自己的言行是否损伤了学前儿童的自尊

家长应给予学前儿童一定的自主权，不要包办他们的一切、无视他们的意见；家长应重视学前儿童的自我效能，不要过度地批评学前儿童，不要“捧一贬一”地比较学前儿童；家长应保护学前儿童的自我人格，不要当众揭露学前儿童的隐私，极度不信任学前儿童。

二、自信

学前儿童会把他人的评价内化为“自我概念”，例如，“我是一个足球健将”“我的外语非常糟糕”等，类似于这种概念的累积，会形成学前儿童或自信，或自卑，或敏感，或坚韧的性格特点。而自信的学前儿童，往往还兼具快乐、随和、独立、勇敢等特质，自信是学前儿童良好“自我理解”的积极效应。

（一）传递给学前儿童正确的做事方式

无论学前儿童出于应对、好奇或是尝试做某件事，无论结果是否尽如人意，都不要过分地保护学前儿童，而是告诉学前儿童其中蕴含的“努力”的意义。从长远来看，努力做事并获得激励的学前儿童，更能在各方面树立信心。

（二）赋予学前儿童丰盈的内心世界

内心丰盈的学前儿童对待事物往往积极乐观，具有较强的社会适应能力。家长不必担心学前儿童的认知水平，尽可能地让学前儿童了解他所生活的世界。与学前儿童共同探讨某事、讲解故事、学知识、旅行、游戏、想象等，都是丰富学前儿童内心的方式。

（三）教会学前儿童接纳自己

经常自我否定的学前儿童注定无法获得自信，让他们认识并接受自己的优点和缺点，不仅可以提升他们改进的空间，还可以在某些方面让他们拾回自信。学前儿童发挥优长的能力，获得成就感，自信也就随之而来了。

三、独立

意大利教育家蒙台梭利曾说：教育首先要引导学前儿童沿着独立的道路前进。学前儿童的独立性既是自我充分理解的结果，也是继续“自我理解”的延伸。学前儿童的独立体现在能够独立地思考、选择、判断和解决问题等方面，能让学前儿童在生活中战胜各种困难，在未来的社会中应对各种挑战。

（一）引导学前儿童善用外界的帮助

学前儿童本弱小，当面对各种困难和麻烦时，他们的第一反应一般是求助家长。此时，家长应该根据困难的程度，引导学前儿童思考问题本身并善用外界的帮助解决问题，这是培养学前儿童独立性行之有效的方法。例如，“看看书上怎么说”“问问老师怎么做”等，教会学前儿童遇到问题不要一味依赖家长，从而培养学前儿童的独立意识。

（二）不轻易否定学前儿童的梦想，正视学前儿童的付出

学前儿童处在一个爱幻想的时期，家长不要以自己的喜好否定学前儿童的梦想，这样有助于学前儿童独立追寻自己的想法，从而收获更多。另外，学前儿童的认知和行动能力虽然十分有限，但如果他在努力地尝试某事，请让他自己成功一次。有了第一次的成功体验，他会继续第二次，这是在享受独立完成的快乐。

（三）坚信学前儿童能够自我发展

大部分中国家长都深信“父母之爱子，必为其计深远”，但是很多家长却忽略了“计划”的尺度，事事包办会剥夺学前儿童自我发展的空间，也会剥夺他们的自信和勇气。家长应该明确学前儿童是独立的个体，没有独立性就没有参与竞争的条件，不要过多地干涉学前儿童的思想和行为，这样才有利于激发他们的潜能。

陈心蕾：

四川幼儿师范高等专科学校教师，教育学硕士；主要研究方向：学前教育原理、儿童发展心理学、教育人类学等；曾多次参与国家社会科学基金项目、教育部民族教育研究重大课题等研究项目。

通过角色游戏培养学前儿童的同理心

同理心是一种在人际交往的过程中，个体能够体会他人的情绪和想法、站在他人的角度思考和处理问题的能力。[39] 富有同理心的孩子普遍比较善解人意、乐于助人，更容易受到大家的喜爱；缺乏同理心的孩子在人际交往中，总是会不可避免地产生许多问题。同理心是人生来就有的天赋之一，但是只有通过后天培养才能得到持续发展。0—6岁是培养孩子同理心，使孩子获得同理能力的关键期。[40] 具备了同理心，学前儿童才能真正摆脱以自我为中心的束缚，尝试理解对方的感受，建立良好的人际关系，最终实现全面、自由的发展。

角色游戏是指学前儿童进行角色扮演，通过模仿、想象，创造性地反映现实生活的一种游戏。角色游戏是学前儿童最喜欢的游戏形式之一，其社会性本质对于促进学前儿童社会性发展具有十分重要的价值。角色游戏中丰富的角色形象、情境创设能够将绘本阅读、角色扮演、阶段性讨论等环节有机整合，从而使学前儿童从中学会换位思考、沟通与理解他人，获得同理心的发展。通过角色游戏来培养学前儿童的同理心要注意以下几点：

一、家长要重视在角色游戏中培养学前儿童的同理心

实际生活中，往往是在学前儿童出现了攻击、嘲笑等问题行为以后，家长才会忧心忡忡地找办法去解决这些问题。学前儿童同理心的培养是长期的、由内而外的过程，需要家长在日常生活和游戏中加以渗透，以达到“润物细无声”的效果。首先，家长需要明确同理心对学前儿童的价值：同理心可以促使学前儿童采取更多亲社会行为；同理心可以强化学前儿童的人际交往能力、加强学前儿童的人际交往技能；同理心能有效促进亲子之间的沟通与理解。有同理心的学前儿童能够更加敏锐地察觉他人的情绪，具备自省意识；不仅能够做到为他人着想，对纪律、规则的服从性也会更高；他们愿意主动配合，社会化的发展会更为顺利。很多家长担忧的攻击、侵犯等反社会行为能够在角色游戏的过程中得到改善。家长可以通过角色扮演、描述故事情节等方法，使学前儿童在游戏中感受被攻击者的悲伤和痛苦，最后让学前儿童自己在讨论环节中进行总结，说出自己的感受。以游戏的形式将设身处地为他人着想的意识真正内化，这样就可以产生同理心，也能帮助学前儿童切实体会到关爱他人的幸福感。

二、优选绘本，作为角色游戏的剧本

绘本作为学前儿童的游戏素材，能够促进学前儿童的人际互动与情绪、情感发展。绘本可以帮助孩子将故事具象化，通过视觉感官，引起内在情感的回应，产生想象的空间。[41] 优质的绘本可以向学前儿童传递宽容、尊重、仁慈、善意、悲伤、恐惧等不同感受，鲜明的色彩、优美的画面、引人入胜的故事情节所营造的氛围能吸引学前儿童换位思考，主动地随着故事中的人物去感受主人公的世界，在故事中探索自我与他人情绪、情感的不同需求。

那么家长该如何为学前儿童挑选一本优质的绘本呢？有学者指出，优质的绘本应具备以下条件：第一，绘画方面，线条、造型、色彩、光影、质感，要能呈现画面的节奏与韵律、重复与变化、动感与平衡；第二，图像与文字共构方面，故事内容要能反应角色心境、投射角色情感、营造情境氛围、协助幼儿建构故事主题、为幼儿深入分析提供可能，从而在知觉上产生投射性与共鸣性。[42] 在此推荐以下绘本：

1.《你很特别》

作者：[美] 陆可铎　绘图：[美] 马第尼斯

出版社：中央广播电视大学出版社　绘本主旨：自信、不要给人贴标签

2.《小木偶》

作者：[比利时] 嘉贝丽・文生　绘图：[比利时] 嘉贝丽・文生

出版社：湖北美术出版社　绘本主旨：尊重、欣赏他人

3.《鸭子农夫》

作者：[英] 马丁・韦德尔　绘图：[英] 海伦・奥克森博瑞

出版社：贵州人民出版社　绘本主旨：感同身受、正义感

4.《祝你生日快乐》

作者：方素珍　绘图：仉桂芳

出版社：河北教育出版社　绘本主旨：体贴、共情

还有许许多多对发展学前儿童同理心有益的优质绘本，家长可以多多发掘。在选择了优质绘本后，家长应该仔细研读绘本，从整体上把握故事的蕴意，并结合自己的生活体验来拓展延伸，设计适合学前儿童的角色游戏活动情节。提前设想各环节中学前儿童可能出现的问题，预设各种同理心问题的解决策略，帮助学前儿童在游戏中感受被理解、被尊重，从而获得同理心的发展和锻炼。

三、保证游戏材料，创设游戏情境

角色游戏对于场地要求不高，因此家长可以灵活开展。有研究表明，幼儿更喜欢故事主人公为动物，故事情节体现尊重、分享、关爱、帮助他人，并且最终结局圆满的同理心角色游戏。[43] 学前儿童能够在游戏之中获得同理心，感受到尊重、宽容、服务他人的快乐。

学前儿童在角色游戏中扮演角色时，总是希望尽可能多地拥有角色的典型特征物品，尤其是角色所穿戴的衣服和用具。因此家长在准备角色游戏的材料时，应多增加能够呈现角色典型特征的材料，这样不仅能够增强学前儿童对角色扮演

的兴趣，还能够帮助学前儿童更好、更快地进入游戏情境。对于中班、大班的学前儿童，家长还可以尽可能地发挥学前儿童的主动性，与学前儿童一起商量材料的准备，一起挖掘身边现有的资源，共同亲手制作游戏材料。这样的过程也可以很好地帮助学前儿童体验什么是合作与信任，以及如何服务他人。

四、充分利用讨论环节，强化同理心

学前儿童具有以自我为中心的阶段性认知特点，在面对拒绝、挫折时，常常会采用消极的方式来表达情绪。因此，将讨论活动应用在游戏之后，可以引发学前儿童的想象，也可以鼓励学前儿童发表自己的看法、表达情感，将自己的需求用适当的方式表达出来，使得学前儿童的同理认识获得提升。家长应事先准备好讨论的主题，刺激学前儿童深入思考。学前儿童通过游戏听到不同的声音，看到不同的世界，认识到原来别人的想法和我不一样，从而进一步思考：为什么我是这样想的，而他却是那样想的？如果我是他，我会怎么说、怎么做？家长在讨论环节中还要做到有效控制时间，多鼓励，保持中立的态度来帮助学前儿童厘清种种疑惑，并给予适当回应和指导。

同理心对于学前儿童的价值不容忽视。角色游戏是一种生动形象且寓教于乐的教育方式，通过学前儿童喜欢的角色游戏能够很好地培养学前儿童的同理心。除此之外，家长还可以多多利用生活中学前儿童熟悉的情景，把握合适的机会，与学前儿童做角色互换的游戏，让学前儿童获得不同的生活体验，比如家长和学前儿童进行身份互换。同时，家长要为学前儿童营造和谐温馨的家庭氛围，发挥榜样作用，也要多从学前儿童的角度思考问题，让学前儿童有幸福感和满足感。

在绘画活动中促进学前儿童创新能力的发展

学前儿童好奇心强、好幻想，总是会提出各种各样的问题，会异想天开地说出一些不切实际的想法。有时候，学前儿童提出的种种问题可能会难倒家长，家长在不得已之下会对他们提出的问题搪塞、敷衍甚至斥责。长此以往，学前儿童越来越不愿意问问题，这样会影响学前儿童创新意识、创新能力的萌芽和发展。已有研究表明，绘画活动能够对幼儿的想象力和创新能力的发展产生重要作用。[44]对孩子的奇思异想，家长和教师要重视，也要加强引导，多鼓励孩子大胆地将自己想画的事物画出来，这样能激发孩子对创造的兴趣，形成内在的创造倾向。[45]

那么，要如何在绘画活动中培养学前儿童的创新能力呢？

一、在主题画中预留想象空间

主题画，即围绕一个主题进行作画。学前儿童可以通过回忆已有经验，运用想象进一步提升经验，进行自由创作与表达。例如，在草长莺飞的三月，为学前儿童提供一个应时应景的绘画主题——“春天”。家长可以先带学前儿童去公园或大自然中寻找春天的踪影，去看红的、白的、黄的小花争相斗艳，去看刚从树上钻出来的嫩嫩枝芽，去闻花香，去感受阳光明媚、风朗气清。家长陪学前儿童一起充分感受春天的美，引导学前儿童看看、想想、说说，回到家后让学前儿童围绕“春天”的主题作画。皮亚杰的认知发展阶段论指出，学前儿童的认知具有“泛灵论”的特点。有的学前儿童可能会画出有生命的太阳、小树、小花，家长应该从中挖掘学前儿童的创新意识。例如，有的学前儿童画的小花，有的在笑、有的在哭，这并非客观的直接经验，而是通过学前儿童的想象力加工形成的形象。家长可以好奇地问学前儿童“为什么小花会哭”。学前儿童可能会告诉你“离小河远的小花口渴，想喝水了”。在这样的情景下，可以进一步引导学前儿童了解水对生命的重要性，也可以从中发展学前儿童的同理心。这样的主题画创作活动，能够很好地提高学前儿童的想象力和创造力。

二、在故事画中创设想象情境

学前儿童都喜欢听故事。在有趣的故事中，学前儿童可以了解、想象一些离日常的生活比较遥远的事物。有研究者很好地通过故事画来发挥学前儿童的想象力，在“魔术之手”的绘画活动中，运用了一个故事：有一天，一个小女生做了一个神奇的梦。她梦到她的手变成了许多小动物，有蝴蝶、小鸟。这些小动物的手中又变出了山脉和树林。通过这样的小故事为学前儿童创设想象的情境，学前儿童在心中想象出了一个美丽的神奇世界。随后，家长可以要求学前儿童回忆故事的内容和人物的形象，与学前儿童讨论如何将故事继续下去，进一步探索与创作。有的孩子画出了“手”的大房子，有的孩子画出了“手”的树林，有的孩子画出了“手”的花瓶。[46] 再如，故事画《小蝌蚪找妈妈》，有的学前儿童能够根据故事情节绘画出故事的发展方向，有的学前儿童能给主人公画出表情，“小蝌蚪听说有妈妈的消息很开心”“小蝌蚪没找到妈妈很着急”。随着故事的不断深入，学前儿童可以想象出多种多样的故事画面和不同的故事结局，这样学前儿童的创新能力也得到了发展。

三、在装饰画中突破传统表现形式

现在的学前儿童装饰画较以往已有很大的创新，很多幼儿园开始引导学前儿童在石头上、矿泉水瓶上、木头上等地方运用颜料进行装饰。但装饰画在家庭教育中还是不够普及，而且材料的选择也不够灵活。有教师为学前儿童布置装饰画任务——《美丽的蝴蝶》，教师只是启发学前儿童根据对称的规律，灵活地运用线条、图案、材料进行装饰，不做过多要求，力图充分发挥学前儿童的想象力和创造力。最后，教师惊奇地发现每个孩子提交的成果都各有创意，有的孩子跳出了教师提供的材料，选择用纽扣、亮片装饰蝴蝶；有的孩子采用类似色、对比色等色块进行装饰，在材料的运用以及装饰的手法上都有创新。[47] 家长也应从中受到启发，在家开展装饰画活动时，从主题的选取、规则的制定、材料的准备等方面都应该充分考虑到是不是有利于发展学前儿童的创造能力。绘画不止包括用纸和彩笔进行创作，还可以利用生活中的一切物品，同时可以通过变废为宝来进行创作，这样不仅能发展学前儿童的创新能力，还能培养学前儿童的环保意识。

绘画活动是学前儿童感性把握世界的一种方式，是学前儿童表达对世界认识的语言符号，对学前儿童创造能力的发展有重要的意义。在绘画活动中，家长和教师一定要注意：

1. 不要给学前儿童提出太多限制、太多要求，尽可能避免因限制过多而影响学前儿童想象力和创造能力的发展；

2. 评价学前儿童的绘画作品不能以“像不像”作为唯一标准；

3. 注重过程，在过程中发掘学前儿童的闪光点。

让我们以绘画活动为载体，为学前儿童提供充分发挥想象力和创造力的舞台，让学前儿童能在艺术的世界里自由自在地飞翔。

胥光茂：

四川省射洪市第六小学校教科室主任，大专学历，高级教师，四川省特级教师；主要从事小学语文教学研究；先后主研五项省、市级课题，获省、市教科研成果奖三十余篇，在省级正式刊物发表论文十余篇。

培养小学生乐于助人的好习惯

2014年，春晚小品《扶不扶》讲述了郝建不怕误解，在帮助一个摔倒的老太太的过程中慢慢证明自己的清白，感受到快乐的故事。这个小品来自现实生活，在社会上引起了强烈反响，也让从事小学教育的我们不得不思考这样一个话题：应该如何通过培养小学生乐于助人的好习惯从而积善成德呢？

一、乐于助人是美德

（一）乐于助人，传统美德

刘备在《三国志·蜀书·先主传》中说："勿以恶小而为之，勿以善小而不为。"[48]善人善举，受人称道，常做善事，养成美德。哪怕是为别人做一些极其细小的事情，长此以往，也能积善成德。民间流传着这样一句话："雷锋出差一千里，好事做了一火车。"雷锋就是乐于助人的楷模，他用自己的津贴帮大嫂买火车票，雨天送母女回家，帮大娘背包袱、找儿子…… 正是这一件件善事，让我们看到了雷锋乐于助人的美德。

（二）乐于助人，温暖别人

巴金说过一句话："生命的意义在于付出，在于给予，而不在于接受，也不在于争取。"[49]我们每个人都会遇到困难，并且往往会有一种无助、失落的心情，最需要的是别人给予的帮助与关怀。这时的一声安慰、一双热情的手，或者微不足道的同情话语都会令人感动。这不仅仅是帮了别人一次忙，解决了一个问题，更是温暖了一颗心，复苏了一份希望。

（三）乐于助人，快乐自己

马克思说："人只有为自己同时代人的完善，为他们的幸福而工作，他才能达到自身的完善。"[50]人们也常说："赠人玫瑰，手留余香。"通常心地善良、与人为善、经常帮助别人的人，被人称为善人，会得到众人的肯定与称赞，自己也会从中找到存在的价值，完善了自己，心中也感受到欣慰、愉悦。

二、乐于助人我践行

（一）树立乐于助人好榜样

一是阅读有关乐于助人的书籍，给学生提供这样的故事类书籍，让他们随时阅读，并从故事中懂得助人为乐，做个乐于助人的好学生。二是讲述乐于助人的榜样的故事，让学生讲述自己身边乐于助人的真人真事，如家人、同学、伙伴、陌生人的故事，进一步加深印象，增强教育的效果。三是家长要树立好的榜样，家长的行为对孩子的影响非常大，孩子的一言一行都是受到家长的影响而形成的。所以，家长是孩子的第一位教师，家长在小区、单位、社会上经常帮助别人，可以给孩子带来非常积极的影响。

（二）创造乐于助人的氛围

一方面，教师应尽量给学生提供关心和帮助他人的机会，让学生在校园里或邻里之间做点有益的事情，比如关心同学、孝敬父母、教更小的弟弟妹妹们做游戏，或者向不幸的孩子献爱心等；另一方面，在学生帮助别人之后，教师要主动向学生询问他们的感受，了解他们从中学到了什么，并对他们的出色表现公开表扬、奖励，经常鼓励学生的爱心行为，使其感受相互尊重、相互关心、相互体贴的种种温情。

（三）从生活的点点滴滴做起

一是随时随地去关心、帮助身边的人，不管是自己的亲人还是同学，不管是年龄比自己小的还是比自己大的，不管是自己认识的还是陌生的，不管是富有的还是贫穷的，只要别人需要帮助，就要尽力去帮助别人。二是要帮助他们的方方面面，如生活、学习、工作、思想等。即使仅仅是对病床上的病人道一声真诚的问候，协助妈妈打扫家里卫生，与没带雨伞的同学一起打伞，给同学讲解难题，真心指出同学身上的缺点……也都是实实在在的乐于助人。三是力争做到自己的事情自己做，不给别人添麻烦；别人的事情帮着做，减轻别人的负担；集体的事情悄悄做，增强小主人翁的责任感；社会的事情主动做，积极参与公益活动。

培养小学生“悦读”有益课外书的好习惯

经调查，小学生的课外阅读现状是：小学生课外阅读兴趣不浓，大约只有20%的小学生能够每天自主地进行课外阅读；小学生在进行课外阅读时，选择的书籍更多是脑筋急转弯或动漫画之类的娱乐书，真正接触名著的并不多；课内所习得的阅读方法未能在课外得到有效的运用，未形成良好的阅读习惯。

著名作家赫兹利特曾说：“大师们的作品在我们心灵扎根，诗人们的佳句在我们血管中运行。”[51] 阅读是小学生精神成长的需要，应让小学生从小喜欢阅读，即“悦读”，与好书同行，与大师对话，从而涤荡情感，明白事理，丰富知识，开启智慧。那么，如何通过培养小学生“悦读”有益课外书的好习惯以开智明理？

一、让小学生有书可读

（一）营造“书香家庭”氛围

倡导家长和小学生共同建立“家庭小书房”，有条件的家庭要经常带孩子到书店购书，到图书馆借书。

（二）营造“书香班级”氛围

班级内建立“好书交换站”，每月确定一天为“好书交换日”，小学生在这天相互交换自己的藏书，共同分享书中的乐趣。

（三）营造“书香校园”氛围

建立学校图书室，由专人负责图书的借阅管理。每期根据年龄段特点，选出适合书目分发到各班，由学生一人保管一本，流动借阅，并做好记录。学校以新课程标准为依据，根据各学段实际情况，制订出每个学段的推荐书目。

二、让小学生学会阅读

（一）培养选择有益书籍的习惯

读一本好书就像与一位高尚的人交谈，读一本坏书比不阅读还糟糕。教师和家长要根据学生的阅读能力、思想状况、年龄特点、兴趣爱好等，帮助他们选择思想内容有益、语言文字优美的读物，以提高学生的阅读质量，扩大阅读视野。

（二）培养有目的地阅读的习惯

一方面，根据不同的阅读目的，选择不同的阅读材料和合适的阅读方法。与阅读目的紧密相关的内容，要仔细读；与阅读目的关系不大的内容，浏览即可；有的内容可能还不准确，需要查询相关资料加以判断。另一方面，提高阅读的速度。要集中注意力，尽量连词成句地读；要带着问题读，一边读一边想；要抓住关键词句，捕捉有用信息；要及时概括，获取主要信息。

（三）培养一边阅读一边预测的习惯

阅读时，一边读，一边预测后面的内容，可以帮助我们更好地理解内容。预测要有依据，可以抓住题目、插图、文章里的一些线索、细节、关键词句、结局，联系生活实际等进行预测。要大胆预测，预测的内容可能与故事的实际内容一样，也可能不一样。当发现自己的预测和故事的实际内容不同时，可以及时修正自己的想法，接着猜测后面可能会发生什么。

（四）培养一边阅读一边思考的习惯

阅读时，学生要动脑筋思考，积极提出问题，可以试着从整体或部分、思想内容或表达方法、词句或标点等不同角度提出问题，让自己的思考更加全面和深入。要筛选出最值得思考的问题，并积极回答提出的问题，加深对思想内容或表达方法的理解。

（五）培养一边阅读一边批注的习惯

读书要做到眼到、心到、手到，做到“不动笔墨不读书”。遇到写得好的地方、有疑问的地方、有启发的地方，随时都可以做批注。批注的方法多种多样，如标画相应的词句、在旁边的空白处写评语等。做完批注，还可重新阅读文章和批注，或与同伴交流自己的批注，可能会有新的收获。

（六）培养一边阅读一边想象的习惯

一边阅读一边想象不仅可以深化对内容的理解，而且可以活跃思想，激发创造力。阅读时，学生可以根据关键词句，结合词句意思，边读边想象画面；可以边读边想象自己看到的、听到的、闻到的等；可以借助语言文字展开联想和想象，联系自己的生活经验，从所写的内容联想到更多。

（七）培养博览群书的习惯

可以根据课文寻找书目进行阅读，如读了课文《我的“长生果”》，可以读读巴金的《家》；可以读读作家的系列作品，如读了冰心的《忆读书》，再读读她的其他作品；读了一本书，可以读与之相关的一类书，如读了法布尔的《昆虫记》，再读读布封的有关动物的《动物素描》；读各种各样的书，如历史故事、人物传记、科普读物等。

（八）培养良好的阅读卫生习惯

读书时眼睛和书本的距离要适当，保持在一尺左右；光线要适度，不能刺眼，也不能太暗；要有正确的坐姿，千万不要躺在床上看书；要专心阅读，克服边读书边做小动作的坏习惯，如挖耳挠腮、摆弄小玩意儿、吃零食、东张西望等。

三、让小学生进行阅读实践

（一）保障读书时间和数量

每天读 20—30 分钟课外书，每周末的课外阅读时间不低于 1 小时。一、二年级学生课外阅读总量不少于 5 万字，每学期读整本书 1 本以上；三、四年级学生课外阅读总量不少于 40 万字，每学期读整本书 2 本以上；五、六年级学生课外阅读总量不少于 100 万字，每学期读整本书 4 本以上。

（二）做好读书笔记

学生根据个人阅读情况做读书笔记。

附：三至六年级学生读书笔记

书名：____________________ 作者：________

阅读时间：_______ 至 _______ 阅读者：______

读封皮：你了解到了哪些信息？	
读目录：你对哪几项内容最感兴趣？	

你了解到哪些人物的什么重要信息？请填在表中。

人物	主要事情	特点或品质

摘抄优美语句，并批注精彩之处。

摘抄：　　　　　　　　　　　　　　　　页码：
精彩之处：

简要写出故事的起因、经过、结果。

起因：
经过：
结果：

写出你的读书心得。

你想提出哪些问题？

（三）开展读书交流活动

组织学生开展各种读书实践活动，如经典诵读展示、赏诗会、擂台赛、读书笔记评选、读书小报评选、亲子共读等，给学生提供展示自我的舞台，增强学生的读书乐趣。

四、让小学生享受阅读

（一）评选“阅读之星”

根据《“阅读之星”评选标准》，评选“阅读之星”：

1. 坚持每天 30 分钟、周末 1 个小时阅读课外书，完成规定的阅读量。分优、良、中三等，分别给 20、15、10 分。

2. 能够在班级读书交流会上对所读内容进行有效交流，分优、良、中三等，分别给 10、6、4 分。

3. 根据读书笔记情况分项加分：读封皮获信息（5 分），读目录知内容（10 分），摘抄优美词句和段落（10 分），概括主要内容（起因、经过、结果）（15 分），写读书心得（15 分），提出问题并阐述（15 分）。

（二）评选“书香班级”

根据《“书香班级”评定标准》，评选“书香班级”：

1. 组织好学生读书活动。每次检查分优、良、中、差四等，分别给 3、2、1、0 分。

2. 认真上好读书活动课。每次检查分优、良、中、差四等，分别给 3、2、1、0 分。

3. 全班学生认真做好读书笔记。每次检查分优、良、中、差四等，分别给 20、15、10、5 分。

（三）评选“书香家庭”

根据《“书香家庭”评选标准》，评选“书香家庭”：

1. 有良好的读书环境（有书房或书柜、书架，有书桌、台灯等）。（10 分）

2. 有一定数量的适合孩子阅读的课外读物，每学期不少于 2 本，至少订有一种报刊。（20 分）

3. 孩子每天的阅读时间不少于半小时，“亲子共读”时间每周至少有 1 个小时。（40 分）

4. 家长能鼓励并督促孩子写读书笔记，帮助孩子养成记日记、勤练笔的好习惯。（30 分）

李红梅：

中学二级教师，先后获得华中师范大学文学学士学位和四川大学语言学及应用语言学硕士学位；2018年起任教于四川省成都市棠湖中学高中部，兼任校通讯社指导教师；连续两年主持编辑学校特色刊物《大棠人物》。

引导中学生在网络社交中善待他人

作为幽幽千年的礼仪之邦，中国一直强调人际交往中的尊重、真诚与体谅，强调与人为善、“己所不欲，勿施于人”。事实上，无论是在春秋时期，还是在移动互联网方兴未艾的今天；无论是现实世界，还是虚拟世界，只要存在社交就必须遵循一定的人际交往准则。在现实世界中，我们不可能一时兴起在深更半夜跑去朋友家敲门求聊天；同样，在网络世界中也不该在凌晨一两点不停地给朋友发微信、打电话，扰人好梦。这是一种必须遵守的网络社交礼仪，更是良善之心的一种体现。

网络社交是以互联网为基础的人际交往，具有虚拟性、隐蔽性、自由性和多元性等特点[52]。在虚拟平台上，网民们张扬个性、崇尚流行、宣泄情感和寻求自我价值认同。相较于现实世界的交往，其网络社交行为呈现出了非理性的特点[53]。例如，网络社交中常常出现各种捕风捉影、蓄意造谣、攻击谩骂乃至“人肉搜索”等网络暴力现象。而学生的价值观尚未定型，判断是非的能力较弱，同时又具有很强的好奇心和模仿性，因此在隐蔽而自由的网络环境中往往更加容易受到负面影响，从而失去理解、尊重和善待他人的意识。

例如，新冠肺炎疫情的到来让全国各地区的中小学开始展开网络教学，而功能齐全、运行平稳的钉钉软件成为连接学生和教师的网络平台。钉钉工作人员不断修复漏洞并火速上线新功能，帮助众多居家隔离的学子重回课堂，本应得到支持和感谢，然而等待他们的却是学子组团而来的一星“好评”和群起围攻，如图1所示。

这一全国上演的“分期付款”导致钉钉这款知名办公软件的口碑迅速跌落谷底，让工作人员不得不连夜赶制视频做道歉声明。这场联合“剿杀”行动让疲于学习的学生另辟蹊径地找到了一个宣泄的出口，不可谓不“成功”，然而无意间却暴露了我们道德教育存在的缺陷。当学生以网民身份活动在社交平台上时，容易忘记要对自身的言行举止负责，而无法做到谨言慎行、善待他人。事实上，传

图 1 学生组团给钉钉差评[54]

统礼仪也应当在网络社交中得到充分的体现。根据交往对象的不同，我们从陌生人和朋友的两种交际场景给出如下建议：

一、对待陌生人应当换位思考，不以自我为中心

在现实世界，我们都不会为了衣着样貌的靓丽就面对面地对擦肩而过的行人评头论足，也不会因为肉丝太咸就直接在饭店里对忙活的老板大肆吵闹。网络社交也应该如此，不能因为是网上认识的或者别人不认识自己，就肆无忌惮地发表言论。

（一）没有真相，不随意表态

包括视频弹幕、购物评论和微博论坛等，在是非没有定论、真相尚未公开之前，要懂得客观冷静、理性判断，不能为了跟风或发泄而以攻击他人为乐。

（二）有理有据，也要心平气和

即使在交际中占据了道德优势，比如外卖员送餐迟到，滴滴师傅行驶路线有

误，快递到货时发现商品有瑕疵，也应当通过正规渠道心平气和地协商解决，无须在平台上大肆宣泄受害者情绪，乃至以此为由要求不合理赔偿。

（三）生活隐私，无须过多介入

名人的私生活总是格外地引人注目，如偶像的婚恋状态、网红的整容之路，总是有“热心人”试图一探究竟，然后热情地讴歌或刻薄地奚落一番。事实上，作为陌生人，我们没有资格过多地介入他人的隐私，也不该自诩“替天行道”去妄加评判。

二、对待朋友应当保有适当界限，拿捏交际尺度

善待他人，应当优先学会善待自己身边的亲朋好友，然而有时在交际中，反而因为彼此的熟悉而失去分寸、言行无状。因此，对待朋友，更需要保持人与人之间适当的界限，不能肆意妄为。

（一）选择合适的交流时间和方式

例如，为了节省沟通成本，给对方接二连三地发一长串的语音消息；有事相求，于是深夜十二点给朋友拨去一通视频电话；逢年过节之时，毫无诚意地转发、群发给所有人等，这些交际行为都因为方式、方法不对而表现出了对他人的不尊重。

（二）精心维护共同的社交环境

例如，不要经常性地在朋友圈发广告或要求他人点赞；不在群内发表有伤风化的污言秽语或视频音频；涉及两人的事情应当私聊而不放在群里谈论；未经他人允许，不擅自将对方拉到一个陌生群聊里。

（三）注意细节之处的社交礼仪

例如，经过允许后，再将他人的名片转发给陌生人；不因一时置气而将他人拉入黑名单；不完全使用表情包代替语言回复；需要咨询他人时，不要只询问一句“在吗”，而要把事情说清楚；因事耽搁，长时间没有回复他人消息，在重新聊天之前应当适当解释原委。

通过逻辑思维引导中学生明辨是非

中学时代是学生世界观、人生观、价值观形成并逐渐定型的重要时期，也是学生精神上成人的重要阶段。无论是正确的“三观”的形成，还是精神上成人，都离不开对“是非”的辨析。在信息公开、畅通的互联网时代，在校学生会比从

前面临更多的是非问题，这其中既包括政治上的大是大非问题，也包括学习生活中做人做事的是非问题。什么观点正确，什么观点不正确；什么事能干，什么事不能干，中学生应当逐渐学会正确地判断，学校和家长也有责任教育他们怎么分析和判断是非，提高他们明辨是非的能力。我们认为，在通过书本知识和联系实际进行价值传递、明确是非黑白之外，还应当引导学生善用逻辑思维能力来分析评判具体的问题。

逻辑思维是人的理性认识阶段，是指人运用概念、判断、推理等思维类型反映事物本质与规律的认识过程。逻辑要遵循逻辑规律，主要包括形式逻辑的同一律、矛盾律、排中律、辩证逻辑的对立统一、质量互变、否定之否定等规律，违背这些规律，思维就会发生偷换概念、偷换论题、自相矛盾、形而上学等逻辑错误，认识就是混乱和错误的。[55] 借助逻辑思维看待日常问题，能够帮助学生拨云见日、抵制谣言、明辨是非。这里，我们以“三段论”为例，来演示逻辑思维在分辨是非中的运用。

“三段论”推理是演绎推理中的一种简单推理判断，是以一个一般性的原则（大前提）以及一个附属于一般性原则的特殊化陈述（小前提），由此引申出一个符合一般性原则的特殊化陈述（结论）的过程。[56] 这种简单的推理方式，很多时候能够帮助我们判断真假对错。例如，在网上有一个耳熟能详的观点：“你别看 ××× 捐了多少钱，他只是为了逃税罢了。”这种乍一看难辨真假的说法，其实很容易误导学生。我们用“三段论”的方式，拆解一下他的逻辑推断：

（大前提）做好事的人，都有自私的目的；

（小前提）某某捐钱了，他在做好事；

（结论）某某一定有自私的目的。

由此得出了“你别看 ××× 捐了多少钱，他只是为了逃税罢了”这一结论。经过“三段论”的拆解，可知这一观点隐藏的大前提是错误的，那么这一结论本身就无法立住脚。

再如，“她穿得那么暴露，活该被色狼盯上”。这一结论又是如何得出的呢？想必同样隐藏了一个大前提：受害者必有罪过。推理过程如下：

（大前提）受害者必有罪过；

（小前提）她是受害者（被色狼盯上）；

（结论）她一定有罪过（穿着暴露）。

可是，所有的受害者都有罪吗？穿着暴露也是一种罪过吗？这个结论的前提和推理都是不正确的 [57]。

可见，很多网上盛极一时，在学生之间引起过轩然大波的言论，其实都符合“三段论”的形态，只是隐去了大前提，而错误往往发生在大前提这个环节。所以，当我们能够引导学生有意识地运用“三段论”的思维方式去推理和验证这些观点时，很快就能找到逻辑漏洞，进而给出正确的是非判断。下面是一些作为网络热点出现过的事例和观点，可以尝试借助“三段论”的思维去判断真假对错。

1. 延安一教师殴打 3 名学生，中国教师真是师德败坏；

2. 苏州大学要求在校女大学生与非洲移民联姻，否则就不发毕业证；

3. 中国将无条件引进一亿非洲劳动力并允许永久合法居住，且予以司法特权；

4. 说人家某某演技不行，你行你去演啊。

作为人类认识的高级阶段，逻辑思维能够有效地帮助我们透过现象认清事物的本质。对于中学生而言，掌握一些基本的逻辑学知识是必要的。在此推荐几本逻辑学的有关书籍：

1. [美] 麦克伦尼:《简单的逻辑学》，中国人民大学出版社 .2008.

2. [美] 欧文・M・柯匹、科恩:《逻辑学导论》，中国人民大学出版社 .2007.

3. 彭漪涟、余式厚:《写给中学生的逻辑学》，北京大学出版社 .2020.

4. 殷海光:《逻辑新引・怎样判别是非》，四川人民出版社 .2018.

第五节　珍爱生命

杨欣洁：

四川幼儿师范高等专科学校教师，学前教育学硕士；主要研究方向：学前儿童心理学、幼儿园游戏、幼儿园课程等。

在疫情背景下，正确引导学前儿童认识死亡

疫情防控期间，大多数时间人们都在谈论着生病与死亡。“人为什么会死？”“人死后去哪里？”“死是不是睡着了？”“我会死吗？我害怕”……当学前儿童忽闪着疑惑的眼睛，将这些充满好奇的问题摆在我们面前时，正确引导学前儿童认识死亡，已无可回避。

在传统的教育观念里，死亡一直是十分沉重的话题。大多数成人认为学前儿童天真烂漫、单纯可爱，考虑到学前儿童情感的接受程度，怕他们受到惊吓，甚至留下心灵阴影。加上成人认为学前儿童的认知能力还很弱，他们是无法理解死亡的，长大了自然就懂了。所以，当学前儿童谈及死亡的话题时，成人一般不会直接对死亡做过多的解释，往往会采用回避话题或将话题神秘化的方式进行处理，如“睡着了”“去天上找妈妈了”等。并且，当下学前儿童从电影、电视作品中获取的“死亡”信息也大多经过了艺术的加工和渲染。它们或将死亡的过程演绎得非常唯美，或为了追求童话效果让人死了之后还可以重生，或展现出来的死亡镜头过于血腥、暴力等，这些作品中所展示出的死亡大多不能带给学前儿童关于死亡的正确情感体验。

关于死亡的这些教育现状，虽然在一定程度上让学前儿童远离了死亡带来的悲伤和焦虑，但是生活是绕不开“死亡”的，就像新冠肺炎疫情突如其来，学前儿童也会在生活中面临宠物、亲人和朋友的突然死亡。成人对学前儿童认识死亡的正确引导可以让学前儿童更好地缓解“死亡”带来的消极体验，并且使学前儿童感受到生命的珍贵，从而爱护自己，珍爱生命。因此，根据学前儿童的认知水平和情感接受程度，我们提倡适宜的做法是：

一、成人积极回应学前儿童关于死亡的话题

（一）直面学前儿童提出的关于死亡的话题

成人首先需要转变错误观念，明确死亡认知是属于生命科学领域内的一个非常重要的科学认知，只有了解死亡，才更懂生命[58]。在生活中，对于学前儿童提及的死亡话题，成人不需要回避，如果时机出现，更应该和学前儿童共同探讨。例如，在疫情期间，成人可以和学前儿童一起讨论，甚至主动抛出由于疫情引发的死亡现象，以及疫情期间患者所经历的“生病—治疗—康复或死亡”的历程，与学前儿童一起谈论生命的脆弱与宝贵，以及我们要好好爱护自己的身体，减少生病等。

（二）诚实地回答学前儿童提出的关于死亡的问题

成人面对学前儿童对“死亡”的提问时，最好的回答应该是如实地回答。善意的谎言可能会让学前儿童轻视死亡、以身犯险，又或者过于害怕死亡。例如，当学前儿童问“死是什么感觉”时，有的家长回答“像睡着了一样”。学前儿童就会以为死亡就像睡觉一样，第二天还会醒来，从而轻视死亡，又或者在晚上睡觉的时候过于担心，害怕自己也会死去。因此，对于死亡的问题，成人应该理性地引

导学前儿童，将死亡所带来的客观事实和后果如实地告诉学前儿童。如以下对话：

学前儿童：妈妈，人死了是什么感觉？

妈妈：人死了就再也感觉不到任何东西，不再呼吸、说话和思考，见不到亲人和朋友，并且永远也无法醒来。

学前儿童：那我会死吗？

妈妈：每一个人都会经历出生和死亡，但你只有在发生严重意外或者很老的时候才会死去，所以不要担心。

二、把握生活中的教育契机，科学认知死亡

（一）感知生活中的各种死亡现象

冬去春来、四季更迭，学前儿童在生活中会接触大量的死亡现象，如花草的枯萎、动物的死亡和人的去世。

成人应耐心地引导学前儿童感知这些死亡现象，而不要一味地回避。成人可以在学前儿童可接受的范围内引导学前儿童认识动物和人类的死亡，去认识植物的枯萎、宠物的死亡以及周围亲人、朋友的去世，包括此次疫情中患者和医生、护士的去世，通过对这些死亡现象的感知，帮助学前儿童获得生命概念。

（二）对死亡进行科学的认知

成人在对死亡进行解释时，一定要科学客观，以引导幼儿形成正确的死亡概念。在幼儿阶段，应引导幼儿认识死亡的不可逆性、普遍性和必然性[59]。可以通过问答的方式，如“豆豆（小狗）死了，你有再见到过它吗？”“人老了为什么就会容易生病？”等，通过和学前儿童的问答交流，在回答中引导学前儿童明白死亡是不可逆转的，死去了的生物并不能像动画片中那样获得新生；死亡是普遍存在的，随着时间的流逝，任何生命体都会逐渐衰老直至死亡。

（三）告知导致死亡的原因

学前儿童对造成死亡的原因越了解，便越能消除对于死亡的神秘感和恐惧感，从而更加愿意去爱护自己的生命。在生活中，引导学前儿童认识死亡并不神秘，它是一种自然规律；同时，死亡的产生也是有一定原因的，在知道原因后，人们是可以预防部分死亡的。成人应引导学前儿童认识造成人类死亡的两类原因：首先是生命的机能下降，即学前儿童俗称的“老了”，引导学前儿童知道任何生命体都不会永恒存在，到“老了”的时候都会经历死亡，这是一条不变的规律。其次是一些不可抗拒的因素引起的死亡，如疾病、地震、泥石流、洪水、海啸等自然灾害以及交通事故、坠楼等意外事件，借机教育学前儿童要在平时的生活中

保护好自己的身体，时刻有安全意识，并且珍惜自己的生命。

三、引导学前儿童对死亡适宜的情感体验

（一）利用绘本资源进行情绪引导

一本好书未必能找到最完美的解释，但它能提供一个体会的过程，让孩子学会打开情感的出口和入口[60]。家长在和学前儿童一起阅读死亡主题绘本的过程中，应明确绘本本身其实并不能很好地解释死亡，应将重点放在绘本传递的积极的生命观、满足学前儿童的情感需要上，要在绘本阅读过程中重点和学前儿童一起分享书中那些“人物”所表现出来的勇敢、乐观、坚强等品质，以帮助学前儿童消除死亡所带来的伤心、恐惧和悲恸。

附：“死亡主题”可参考绘本书目

死亡主题	绘本名称
隔代关系	《想念》《爷爷变成了幽灵》《楼上的外婆和楼下的外婆》等
亲子关系	《天蓝色的彼岸》《父亲和女儿》《麦先生的旅行》等
同伴关系	《祝你生日快乐》《小鲁的池塘》等
动物主题	《獾的礼物》《全世界最棒的猫》《和猪奶奶说再见》等
植物主题	《一片叶子落下来》等

（二）引导学前儿童表达情感

生活中，学前儿童面对死亡时常常伴有哀伤、恐惧和压抑的情绪，成人应及时给予安抚并引导学前儿童将情绪发泄出来。尝试鼓励学前儿童通过语言交流、绘画等方式表达内心的情感和对逝者的想念。若学前儿童的情绪长时间无法恢复，可以带学前儿童多去户外走走，近距离与大自然接触，开阔学前儿童的视野与心胸，释放玩耍的天性，以此来平复对死亡的悲伤、难过或恐惧。

四、养成积极的生活态度并珍爱生命

成人应明确地引导学前儿童认识死亡，并不是重点强调死亡这件事本身，而是引导学前儿童不再单纯地对死亡感到恐惧和悲伤，启发他们思考生命价值，并从中感悟出生命的可贵。成人应通过对学前儿童死亡的引导，最终告诉学前儿童生命的宝贵，从而引导学前儿童学会保护身体的健康，珍惜自己的生命。

通过日常生活培养学前儿童保护自身安全的能力

学前儿童好奇心强，遇到事情总想探个究竟，有时候面临一些危险的情境，自身却很难清楚地预见其行为的后果。保护自身安全的能力是一个人在社会中保存个体生命的最基本能力，自我保护能力的发展关系到幼儿的健康和生命[61]。让学前儿童学会保护自己，避免危险的发生，就要注意培养学前儿童的自我保护意识和能力，以避免意外事故的发生。在日常生活中，可以通过以下几种做法来培养学前儿童保护自身安全的能力：

一、及时向学前儿童讲解必要的安全常识

（一）帮助学前儿童梳理日常生活中的安全常识

家长应定期给学前儿童讲解生活中的安全常识，随时对学前儿童进行安全教育，并且按照分类的方式帮助学前儿童梳理生活中常见的安全常识的种类和内容，以便于学前儿童记忆和巩固，如：

1. 生活安全常识。如上下楼梯要慢行，避免摔倒；走路要观察路面情况，避免绊跟头；使用剪刀要小心，避免划伤；安全用电等。

2. 户外安全常识。如攀爬滑梯时要踩稳，避免踩空；跑步时要系好鞋带，避免摔伤；出行遵守交通规则，不逆行、不闯红灯等。

3. 自然安全常识。如打雷时不能站在大树下；刮大风、下大雨时应及时进入室内等。

需要注意的是，家长在讲解这些安全常识时，应耐心地向学前儿童讲清楚原因。生活中，很多家长只给学前儿童说不许这样，不许那样，却忽略了对这些限制做“为什么”的解释说明。学前儿童不理解不能这样做的原因，也就认识不到这样做的危险性，一旦有机会，在好奇心的驱使下，就会进行危险的尝试。因此，家长在讲解安全常识时，也需要耐心地给学前儿童讲清楚为什么不准这样做。例如，剪刀不使用时，不要竖着放置，否则如果被人从背后推搡，剪刀就有可能刺伤你；不要把手指放在门缝里，否则别人不注意一推门，就会夹伤你的手指等。

生活中安全教育的讲解一定要让学前儿童清楚地明白这样做的危险后果，理解大人的限制是出于对自己的爱护，从而在内心不敢贸然尝试。

（二）帮助学前儿童认识和使用周围的安全标识

安全标识可以在日常生活中对危险的发生起到一定的预防作用，加之学前儿童处于直观思考的阶段，能够很好地理解各种标识图片所代表的意义。因此，就算学前儿童当下无法判断行为的危险性，也可通过安全标识来制止自己的行为，从而提高学前儿童的自我保护能力。

1. 认识安全标识

家长应告知学前儿童一些常用的安全标识图片，使学前儿童了解常用安全标识的基本特征及作用。在生活中和学前儿童一起寻找身边出现的安全标识，不断强化安全标识的含义与生活的密切联系。例如，帮助学前儿童明白红色标识中带有斜杠的符号就表示禁止或不准，是一种危险行为。下次在河边或水塘附近时，就算家长不在身边，看见这样的安全标识，学前儿童也会明白不能玩水。

2. 制作安全标识

在日常生活中，家长和学前儿童可以一起讨论并制作家里使用的安全标识，和学前儿童一起并结合自己的经验，创造性地设计出与日常生活相匹配的安全标识，如制作在家里禁止触碰电源、小心烫伤、小心滑倒等安全标识，并张贴在家中相应的位置。家长在和学前儿童一起设计、制作以及使用标识的过程中，加强了学前儿童对安全标识的认识，也培养了学前儿童的安全意识。

二、注重随机教育，及时提醒

（一）日常生活中的危险事件

学前儿童的安全教育并不是某一时间段的教育，生活中的种种细节亦不容忽视。家长要时时注意学前儿童，一旦学前儿童靠近危险行为的边缘，家长应立即制止。家长应该随时随地地对其进行安全教育，这样才能让学前儿童的安全意识在头脑里根深蒂固。

（二）社会中的突发事件

家长要有敏锐的教育眼光，善于抓住社会中的突发事件作为学前儿童自我安全保护教育的素材。例如，当前的新冠肺炎疫情事件，家长可以很好地对学前儿童进行卫生自护教育，如勤消毒、勤洗手、戴口罩等日常防护行为；也可以向学前儿童简单地讲解一下病毒是如何流行的，其病情的一些症状，让学前儿童懂得一些简单的预防措施。

三、采用“行为后果法”使学前儿童获得直接经验

生活中，常常听到家长这样抱怨：“给他说了几次都不听”“上次才制止了，这次又这样做。”如果学前儿童是“有个性”的，不妨大胆一点儿，让他尝一下自己的危险行为带来的“小苦头”，使其终身引以为戒，但危险后果必须在家长的可控范围内。例如，让学前儿童摸一下装满热水的水杯，烫一下手，当学前儿童亲身感受到“烫”带给他的不愉快体验后，以后他自然就不会随随便便地去触碰热水杯或者玩开水了。

四、在情境游戏中培养学前儿童的自护能力

生活中绝大部分危险情境并不是每个学前儿童都会亲身体验到的，同时该阶段学前儿童的身心发展特点是以寓教于乐为主，因此在生活中可以多开展家庭情境游戏，使学前儿童能够更加直观、生动、有效地获取安全知识。

（一）创设角色游戏情境

家长与学前儿童可以多开展一些角色游戏，即学前儿童眼中的“过家家”游戏。例如，开展“我是小护士”等角色游戏，学前儿童当护士，爸爸、妈妈当病人，小护士需要照顾自己的病人，从而使学前儿童已有的一些自护自救技能得到训练；开展“大灰狼和小白兔”角色游戏，学前儿童扮演小白兔，爸爸扮演大灰狼，用“小兔子乖乖”的儿歌告诉学前儿童不能随便给陌生人开门。

（二）创设问题情境

在生活中人为地为学前儿童创设一些问题情境，通过情境导入，激发学前儿童开动脑筋，培养其解决问题的能力，如可以问学前儿童“如果你在公园里和妈妈走散了，你该怎么办”“如果你在操场上不小心摔倒了，你该怎样寻求帮助”等。这样的问题对学前儿童而言既是挑战，又是模拟练习，在学前儿童对这些问题的回答中要不断引导学前儿童获得自我保护的方法，从而增强学前儿童保护自身安全的能力。

五、家长以身作则

家长是学前儿童最好的教师，学前儿童天性爱模仿，会潜移默化地学习家长的安全行为习惯和意识。因此，要培养学前儿童保护自身安全的能力，家长要树立榜样的作用，做到以身作则，及时更新自己对安全知识的了解；经常排查家中的一些安全隐患；平时遵守交通规则，如过马路时，红灯亮起，即使马路上没有

车辆，家长也要安静地等绿灯亮起时再安全通过。家长要经常规范自身的行为，让学前儿童把生活中的安全行为和意识变为一种习惯。

黄三：

四川省射洪市教育和体育局学前小教办主任，射洪市小学数学教研员，本科学历，高级教师，四川省小数协会委员、全国示范性名师工作坊主持人、四川省骨干教师、遂宁市名师；主研的两项课题成果获四川省人民政府第五届、第六届普教科研成果奖，撰写的20多篇教育论文曾荣获全国、省、市、县优秀论文等级奖。

引导小学生珍爱生命，远离毒品

“毒品”一词根据《中华人民共和国刑法》第357条规定，是指鸦片、海洛因、甲基苯丙胺（冰毒）、吗啡、大麻、可卡因以及国家规定管制的其他能够使人形成瘾癖的麻醉药品和精神药品[62]。据2016年12月14日召开的全国青少年毒品预防教育“6·27”工程推进会披露，全国登记在册的吸毒人员达到390万名，其中现有吸毒人员256.7万名。全国累计登记35岁以下青少年吸毒人员214.5万名，占全部吸毒人员的55.2%，其中18岁以下未成年吸毒人员2.33万人。毒品是人类社会的公害，它不仅危害人民群众特别是广大青少年的身心健康，而且严重威胁着社会稳定，影响经济发展和社会进步[63]。那么，如何引导小学生珍爱生命，远离毒品呢？

一、图文并茂，视觉冲击，揭开毒品真面目

毒品究竟是什么，对于小学生来说比较陌生，我们可以通过通俗易懂的图片或者真实案例等方式来揭开毒品的真面目。

（一）出示毒品相关图片，使其对毒品有形象直观的认识

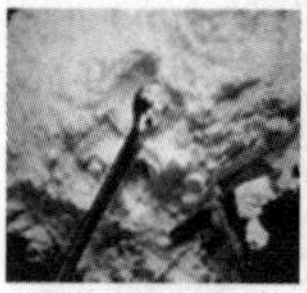
（海洛因）

（冰毒）

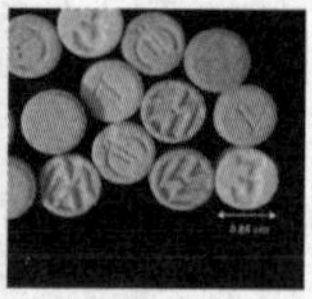
（摇头丸）

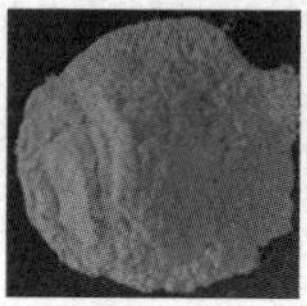
（吗啡）

（罂粟）

（可卡因）

（二）通过多样的信息渠道，了解毒品对人类的危害

（大脑组织病变）

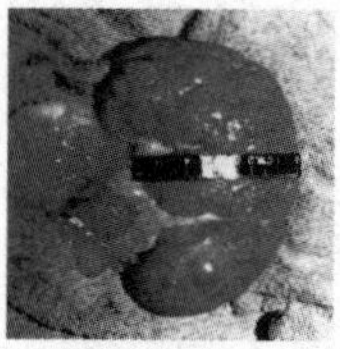
（肾脏组织病变）

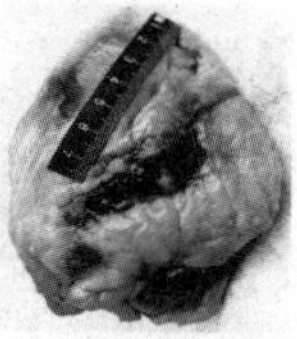
（心脏病变）

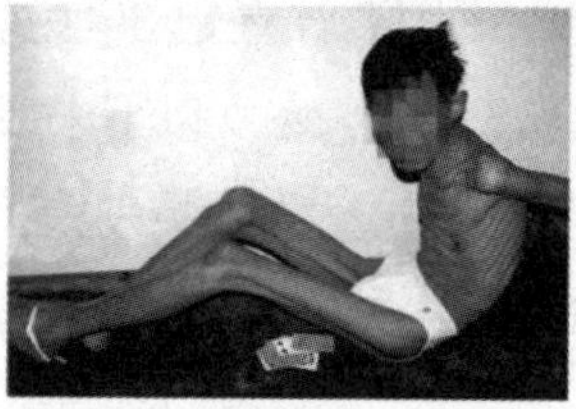
（使人瘦弱不堪）

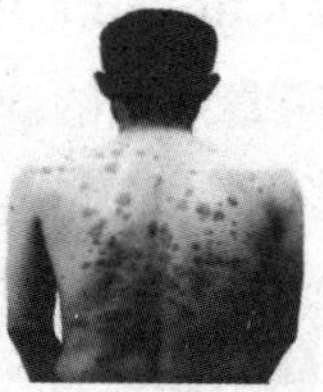
（感染多种疾病）[64]

吸毒会造成血压降低、造血功能受损、新陈代谢减退、体内循环和呼吸减弱，引发肺炎等肺部疾病。如用注射方式，会导致吸毒者皮肤感染，形成脓肿、糜烂等。长期吸毒普遍会出现反应迟钝、思维记忆功能减退，眼神痴呆，视力下降等症状。总之，吸毒会严重影响人的健康。

案例一：黄传辉故意杀人案

2009 年 8 月 1 日 下午，被告人黄传辉吞服一颗毒品“麻古”后，出现呕吐及神志不清等反应，被朋友安排至一招待所的房间内休息。次日凌晨 1 时许，黄传辉将怀有身孕的妻子何群（被害人，殁年 24 岁）带到该房间休息时，产生杀妻念头，随即用双手猛掐何群的颈部，后又掏出随身携带的匕首朝何群的颈部、背部等部位割、刺 20 余刀，致何群当场死亡。黄传辉携刀欲逃离现场时，在招待所大厅内被群众当场抓获。[65]

案例二：马庆阳案件

2012 年 6 月 26 日夜晚至 27 日凌晨，马庆阳两次吸食毒品，致使吸食过量，精神恍惚。27 日晚，他来到凌源市八里堡蔬菜批发市场，从一西瓜摊上将切瓜用的尖刀拿走，行至市场外时，遇见其舅母，持刀捅刺舅母数刀（重伤），后又将其姨妈肩膀刺伤（轻微伤）。当晚，马庆阳还持刀逼迫一位司机拉载他，并对司机行刺（轻微伤），尔后再向一路人连捅数刀（重伤）。

法院认为，马庆阳吸食毒品过量后，使用凶器在公共场所无端地伤害他人，致 2 人重伤、2 人轻微伤的后果，严重危害公共安全，已经构成以危险方法危害公共安全罪。为此，判处其有期徒刑 10 年 6 个月，剥夺政治权利 2 年。[66]

案例三：

1840 年，英国用鸦片和炮舰撞开了中国的大门，各国侵略者纷至沓来，中华民族开始陷入痛苦的深渊，直到新中国成立才结束了这一苦难历史。播放影片《鸦片战争》[67]，了解毒品侵华史。

二、营造氛围，开展活动，筑牢禁毒防线

（一）校园宣传无处不在

学校设置文化墙、宣传墙和黑板报宣传毒品的危害性以及防毒的相关知识；利用小星星广播站，开设“我向毒品说不”栏目，每周一次播报相关内容；运用《禁毒校本教材》普及相关知识。全力营造“时时宣传，人人知晓，远离毒品”的氛围。

（二）主题教育丰富多彩

例如，利用多媒体，观看禁毒宣传片《早餐》[68]，并撰写观后感；学生制作《珍爱生命，远离毒品》手抄报，进一步了解相关知识；举行“珍爱生命，远离毒品”演讲比赛；利用 6 · 26 日禁毒宣传日，举行“珍爱生命，远离毒品”签名活动。由学校大队部发倡议书，再组织全校师生宣誓并在横幅上签名。

三、学校、家庭、社会三位一体，构筑立体防毒墙

（一）开好家长会，筑牢家庭防毒墙

每期一次的家长会上，向家长分发禁毒宣传资料，以禁毒知识讲座的形式，深入浅出地讲解毒品的危害，要求家长自觉远离毒品，抵制毒品，参与禁毒，做好表率。指导家长配合学校做好毒品预防教育工作，时刻关心子女的生活和动态，确保孩子在“无毒”环境下健康成长，筑好第一道防线；号召家长争当“禁毒志愿者”，参与学校禁毒主题活动。

（二）开展“小手拉大手，大手护小手”的宣传教育活动

联系“禁毒办”组织禁毒骨干、志愿者组成宣传小队走进学校为全校师生上禁毒宣传教育课，学校组织“小小禁毒志愿者”到社区宣讲禁毒知识。这样就形成了学校、家庭、社会立体的防毒墙。

四、加强学习，构建个体防毒墙

1. 教育学生树立正确的人生观、价值观；

2. 积极参加心理健康讲座，保持良好心态；

3. 主动学习有关法律知识和毒品防范知识，自觉抵制毒品；

4. 自觉锻炼身体，增强体质，养成良好的生活习惯；

5. 做到六“不”：不抽烟、不饮酒，不与吸毒、贩毒的人结交，不听信毒品能治病、毒品能给人带来快乐等各种花言巧语，不进歌舞厅，不盲目追求享受、赶时髦。

陈建新：

四川省射洪市第二小学校副校长，本科学历，高级教师，射洪市语文学科带头人，全国教育科学“十五”规划国家重点课题组《教育与发展——创新人才的心理学整合研究》课题组骨干成员；长期从事小学语文教学工作，组织、参与的多项课题研究获得各级奖励，发表专业论文多篇。

帮助小学生认识到生命的可贵

2020年春，突如其来的新冠肺炎疫情夺走了数以千计的宝贵生命。这一场可怕的疫情，让我们再次认识到生命的脆弱和生命的可贵。作为小学生，第一次面对这样的重大疫情，更多的是好奇、恐慌、不知所措。作为教师，我们应该怎样利用好这样的事件，去帮助小学生认识到生命的可贵呢？

一、指导学生密切关注当前的疫情报道

（一）每天中午和家人听新闻联播

从中了解当前疫情的最新变化，注意记录好关于新冠肺炎疫情的数据，特别是每天新增的确诊人数，每天新增的死亡人数和累计的死亡人数。

（二）和家人交流自己听新闻联播后的想法

要从上面的这些数据中，去感受病毒的无情和生命的脆弱。家长要在这样的时候适时地引导孩子明白：每个人的生命都只有一次，都是独一无二的，都是无比宝贵的。

（三）要从新闻报道中去认识那些守护生命的白衣天使和各条战线的英雄人物，激发学生珍爱别人生命、守护别人生命的情感

二、推荐学生阅读以生命为主题的书籍

古今中外的许多作家都以别人的故事或自己的亲身经历，阐释了生命的非凡意义，从他们的作品中，我们能更加直接、更加真切地感受到生命的美好。例如，海伦·凯勒的《假如给我三天光明》、杏林子的《生命生命》、阮海彪的《死是容易的》、史铁生的《病隙碎笔》等。

（一）教师向学生推荐以生命为主题的课外书籍

（二）为学生提供阅读这些书籍的必要指导

以海伦·凯勒的《假如给我三天光明》为例：本书的作者是谁？她和普通人相比，在身体方面有什么特别之处？文章当中你印象最深的地方是什么？读了这本书，你有什么感受？和家长或自己的伙伴分享一下你的读书感受。

（三）组织以班为单位的读书交流会

在交流中，教师要引导全体学生明白：每一个人的生命都是无比珍贵的，我们要珍爱自己和他人的生命。

三、开展“探秘我的生命”主题活动

我的生命是怎样产生的？我在短暂的生命过程中经历了什么？我的生命有什么样的意义？我应该怎样珍爱自己的生命？由此，教师可以组织开展“探秘我的生命”主题活动。

（一）向学生明确活动的目的和要求

每个学生向自己的爸爸、妈妈提出 4 个问题，并记下答案。1. 我出生的准确时间是几点几分？ 2. 我在妈妈的肚子里有哪些神奇的表现？ 3. 我出生前，妈妈经历了哪些痛苦？ 4. 在我的成长过程中，最让你们难忘的是什么？

（二）收集整理成长过程中“难忘的瞬间”，用图片 + 说明的形式呈现

（三）写一段给爸爸或妈妈的悄悄话，感谢他们多年的精心哺育

（四）召开“探秘我的生命”主题班会

让学生分享自己的生命“秘密”，引导全体学生从中感受到每一个人的生命都是独一无二的，都是非常珍贵的。

（五）组织学生讨论

我的生命意味着什么？仅仅是我一个人的吗？让学生在讨论中明白生命不仅仅属于我们自己，还属于爸爸、妈妈，还属于我们这个社会。所以，我们既要珍爱自己的生命，也要珍爱他人的生命。

激发小学生热爱大自然的情感

现代社会是高度发达的工业社会。在“现代化”的过程中，人类以破坏自然环境为代价享受到了越来越舒适、便捷的生活。但是，大自然也在用它的方式为人类敲响警钟。例如，澳大利亚的山火熊熊燃烧了几个月而不能扑灭；非洲大地上的蝗虫遮天蔽日，让人惊恐不已。人类盲目地陶醉在对大自然的征服和利用之

中，殊不知是在自掘坟墓。现在是我们必须深刻反省的时候了。

古老的中华民族历来就倡导人与自然和谐相处。我们的先贤很早就提出了“天人合一”的思想。《论语·述而》：“子钓而不纲，弋不射宿。”[69]意思就是，孔子用鱼竿钓鱼而不用渔网捕鱼；孔子用弋射的方式获取猎物，但是从来不射取休息的鸟兽。近年来，我们国家用前所未有的力度开始了环境整治，响亮地提出了“绿水青山就是金山银山”的口号，目的就是让广大人民能在蓝天白云下自由呼吸，在青山绿水间幸福生活。

小学生是我们未来环境保护的主力军，是最美大自然的守护人，在他们幼小的心灵里播下热爱大自然的种子，具有无比深远的意义。那么，我们应该怎样激发小学生热爱大自然的情感呢？

一、阅读大自然

小学课本中有许多文章从不同角度颂扬了大自然的美丽，如巴金的《海上日出》《鸟的天堂》、老舍的《草原》、萧红的《祖父的园子》等。这些作品言辞优美，尽情讴歌了祖国的大好河山。在讲解这些文章时，教师应该做好“三个结合”：一是读与品的结合，引导学生品读优美的词句，从中感受大自然的神奇美丽，进而激发学生热爱大自然的情感；二是读与画的结合，把文中描绘的美景画出来，在绘画的过程中增进热爱大自然的情感；三是读与写的结合，学习作者的写作方法，观察身边的景物，再把身边的美景写出来。

二、走进大自然

“小学教师应当努力扩大学生的知识面，使他们由认识家乡的田野和树木而逐渐扩大到了解祖国以至全世界的自然界和生活”。[70]现在盛行的“森林幼儿园”更是直接把森林变成幼儿园，森林就是教室，大自然就是教师。我们就应该带领学生走进大自然，让他们用自己的眼睛去看一看，用自己的耳朵去听一听，用自己的鼻子去闻一闻，用自己的小手去摸一摸，用自己的身心去拥抱大自然的神奇美丽。

建议教师组织开展好这些活动：

（一）每年组织开展好集体的春游、秋游，并做好以下工作：

规划好一条路线：一定要有季节特点，且注意行进时的安全；

确定好三处景点：这些景点要有时令特色，教师要准备好停下引导学生观察的方案，在具体的观察中，让学生充分感受这个季节的特点；

开展好一个游戏：让学生在游戏中尽情地释放自己的情绪，让他们在与大自然的亲密接触中，感受人与大自然和谐共处的幸福愉悦。

（二）让学生写观察日记

每周至少写一则观察日记，细致地观察自己感兴趣的自然现象，记录瞬间或连贯的变化；每个月至少交流、展示一次学生的观察日记。

（三）亲子旅行

建议有条件的家长利用假期和孩子一起旅行，把课文或古诗词中的风景名胜作为优先选择的目的地，把文章和实景紧密地结合起来，两相印证，充分感受，激发学生对大自然的向往、热爱之情。

三、保护大自然

我们只有一个地球！地球是人类现在唯一可以自由生活的地方。学生不仅要热爱我们居住的星球，还要从小就参与到保护这个星球的行动中。通过具体的实践活动，才能更加牢固地增强学生对大自然的热爱之情。教师或家长可以组织学生开展下面的活动：

（一）争当小小环保志愿者

如少用或不用一次性用品，不乱砍滥伐林木，减少尾气排放，节约用水用电等。

（二）我是环保小记者

关注身边的环保状况，及时发现身边不环保的现象并予以制止。

（三）我的家乡最美丽

深入家乡的山山水水，用画笔、镜头或文章反映家乡的美丽河山。

王芳：

四川省成都市双流区棠湖中学教师，四川师范大学教育硕士，中学英语一级教师，家庭教育指导师，成都市班主任工作坊成员，成都市优秀班主任，双流区优秀班主任；现师从全国知名特级教师郑立平，研究德育和个性学生管理。

引导中学生认识生命、敬畏生命

江城武汉，2019 年 12 月遭遇了一场突如其来的新冠肺炎疫情。病毒迅速传播，疫情肆虐，打破了 14 亿中国人的宁静，冲淡了新春佳节的喜悦！病毒来势凶猛，无情地夺走了很多人的生命！

这场灾难让我们深刻反思自己的行为；这场灾难也教会了我们应该敬畏生命，珍惜每一个生命——包括野生动物的生命。

怎样帮助中学生认识生命、敬畏包括野生动物在内的所有生命呢？笔者给出以下建议：

一、通过活动认识生命的价值，懂得生命的珍贵，懂得人和动物的生命是平等的

《周国平论教育：守护人性》中说“生命是宇宙的奇迹”“生命是人生其他一切价值的前提，没有生命，其他的一切都无从谈起”。每个人的生命都是宝贵的，也是脆弱的，所以我们应该珍惜自己的生命。除了保护好自己的生命外，我们对人类以外的生命也应该同情关爱，敬畏每一个生命。

具体活动建议：

（一）制作手抄报

中学生可以通过查阅网络资料及相关书籍，了解生命的价值和意义，分小组办关于认识生命、珍爱生命的手抄报。教师利用班会课与中学生一起总结办报情况，在教室张贴手抄报，并表扬办报能手。

（二）就有关生命的话题，开展班级辩论

可以参考以下辩题：生命是坚强的还是脆弱的，人的生命是否比动物的生命更高贵，生命的重要性是否超过了我们所拥有的其他一切。中学生通过准备辩论材料和现场辩论，可以充分了解生命，懂得敬畏生命、珍爱生命。

（三）借助家校共育帮助中学生认识生命的宝贵

教师可以通过《告家长书》、班级家长群等形式同家长交流生命教育的相关内容，帮助家长在家里分享一些人的生命故事；请家长引导孩子明白每个人的生命只有一次，没有了生命，其他的一切都无从谈起。

无论是通过同龄人互助互育，还是家校共育，抑或是参加活动，其实都是在帮助学生体验生命的价值，更加懂得生命的价值，并提高珍惜生命的意识。

二、通过法律和科普知识竞赛，帮助中学生明白人与自然是生命共同体，应该和谐相处；明白野生动物的存在有利于保持生态平衡

（一）师生共读《中华人民共和国野生动物保护法》

根据内容，师生共同设计一些问题，在问题设计上也可以适当延伸，加入一些常见的与野生动物保护和生态平衡相关的问题，然后在班级开展知识竞赛。问题可参考如下格式：

1. 国家重点保护的野生动物分为____保护野生动物和____保护野生动物。

2. 在相关自然保护区域可以建设的项目有：A. 水利水电 B. 围填海 C. 公路 D. 都不可以

3. 经过国家允许可以出售、购买、利用国家重点保护野生动物及其制品。（判断正误）

（二）阅读关于新冠病毒源头分析的科普文章和报道，并在同学中分享

帮助学生了解人是自然界的一部分，与大自然是相互依存、和谐共生的生命共同体；一旦生态平衡被破坏，大自然便会以瘟疫等形式的灾害教育、报复、惩罚人类。

三、师生共读时文故事，并在班级展开讨论，分享自己的感受和体会，以此让学生明白万物皆有灵性，野生动物亦如此

来自光明网—《光明日报》的《一位老人与两只白鹳的奇缘》里记载了一对鸟儿的爱情故事。名叫马琳娜和克雷贝旦的两只白鹳相遇、相爱，然后结婚、产子。它们也有同人类一样的情感，并坚守爱情，它们的生命同样值得我们尊重。

有研究表明，很多人类未知的病毒都寄宿在野生动物身上，人类新发的传染病与野生动物有关或者直接来自野生动物。新冠病毒极有可能来自野生动物，蝙蝠最可能是天然宿主，穿山甲可能是中间宿主。大量野生动物不在人类的保护范围，它们一旦被捕猎、交易甚至食用，便会成为病毒传播的重要隐患，给大众带

来灾难。

正如同网上《心存敬畏，行有所止》一文中所说：人类与自然原本就是一个生命共同体，生态系统是人类赖以生存的家园。如果人类为所欲为，滥杀野生动物，最终会自食恶果。所以，我们要引导中学生心存敬畏，行有所止；让他们明白虽然人类处于食物链的顶端，但整个食物链的任何一个环节出现断裂都会使人类崩溃。而自然中存在的生物都是这个食物链中的环节之一，我们伤害它们，必然遭到它们的反噬。因此，珍爱野生动物，维护生态平衡，必须从我们做起，从现在做起！

引导中学生深刻认识抗疫烈士们的时代壮举

在新冠肺炎疫情蔓延的严重情势下，很多人的生命因为感染新冠病毒而永远定格在了2020年：有些孩子失去了亲爱的父母，有的父母失去了心爱的孩子，有的妻子失去了深爱的丈夫，有的丈夫失去了宠爱的妻子——很多家庭因这场灾难变得不完整了。

抗疫大战，全国人民齐心协力。在这场没有硝烟的战争中，涌现出了数不胜数的感人事迹，涌现出了许许多多让我们肃然起敬的英雄。他们是“最美逆行者”！世事安好，只因为他们在替我们负重前行。

人的生命那么宝贵，为什么那些“逆行者”要冒着感染病毒的危险坚决奔赴前线？因为他们有一种强烈的社会责任感。

我国哲学家冯友兰先生在《人生的境界》一文中把人生分成四种境界：自然境界、功利境界、道德境界、天地境界。抗疫“逆行者们”勇敢奔赴前线，不顾生命危险，甚至献出了自己宝贵的生命，是因为他们具有崇高的人生境界，是因为他们站在道德和宇宙的高度，勇于承担社会责任。他们知道自己是社会的一员，牺牲自己的生命，可以拯救同胞的生命；他们知道“国家有难，匹夫有责”，牺牲自己的生命，可以换回国家和世界的安宁。爱因斯坦说：“人只有献身于社会，才能找出那短暂而有风险的生命的意义。”此话是对抗疫烈士们生命意义的最好诠释。

人生旅途，灾难有时不期而遇。抗疫烈士们的勇敢行为告诉我们应该如何保护生命、应对灾难。

关于这个问题，笔者想给出如下建议：

一、利用班会课开展学习抗疫烈士的活动

主题班会课具体操作可以参考如下方法：

（一）教师借助一些图片、视频及文字描述向孩子们讲述烈士们的感人故事，让中学生从思想上对抗疫烈士们的行为有更深刻的认识

（二）开展以“抗疫烈士先进事迹汇报”为主题的班级故事会

开展故事会的步骤：1. 会前，让学生查阅一位抗疫烈士的先进事迹，记录下他（她）在抗疫中最让自己感动的言行，写 100—300 字的感受和体会；2. 会上，班级团队分享——教师整理中学生收集的内容，让收集了同一个烈士事迹的中学生组团，再让同一团队的学生深入分析烈士的故事，然后再进行班级分享；3. 会后，要求中学生从交流的烈士故事中选一个，写一篇以“责任”为话题的感悟（不少于 600 字），班级分享优秀作品，教师鼓励中学生向一些刊物投稿。

二、从现在做起，学习抗疫烈士们甘于奉献、勇于承担社会责任的精神

烈士们的精神可以烛照心灵，更应激励学生将此作为行动指南。只有这样，中学生才能真正成为有社会责任感、对社会有用的人才。

具体可从如下几方面做起：

（一）时时关注收集抗疫烈士的先进事迹，写成抗疫笔记

通过向刊物或者网络平台投稿，让更多人知道他们的故事；或者写倡议书，倡议大家学习抗疫烈士们具有高度社会责任感的精神。

（二）实行班级责任制，培养中学生的集体责任感

可以参考以下表格：把班级事务列成清单，让中学生认领并签名，张贴在教室，让中学生从为班级服务开始培养自己的责任感。

班级各项事务分工表

事务项目	负责人签名	备注
1. 白板笔和墨水 2. 教室门及窗台保洁 3. 教室书柜卫生及整洁 4. 课桌的垃圾 5. 地面保洁 6. 讲台卫生 7. 电脑开关及清洁维护 8. 教室内外天花板的蜘蛛网清理和走廊边的窗子保洁		

续表

事务项目	负责人签名	备注
9. 走廊及栏杆保洁 10. 教室后墙黑板卫生及板报内容安排 11. 班级同学生日会（一月一次） 12. 班级演讲安排（一周一次，班会课时间） 13. 晨检及值日生安排 14. 班级安全日志 15. 放听力 16. 班级跑操 17. 每晚晚自习前 10 分钟练字安排 18. 班级文化建设 19. 班级文艺 10 分钟 20. 每天班级情况总结（班委干部及各小组组长轮流负责） ……		

（三）鼓励中学生参加一些力所能及的志愿者活动

例如，参加校园卫生巡逻队、就餐秩序维护队、校园浪费纠正队等；鼓励中学生参加抗疫“心连心”活动，与疫区的同龄中学生缔结友谊之花，互帮互助；帮助他们从身边的小事做起，培养自己的责任感。

（四）寻求家校合力，共同帮助培养学生的责任意识

建议家长通过亲子阅读，同孩子一起分享抗疫烈士的故事，学习他们对社会和人民高度负责的精神；建议家长通过向疫区捐款、捐物，并且在做好自身防护的同时，带孩子一起到社区或者街道等做志愿者的方式，帮助身边需要帮助的人。

通过以上活动，中学生可以真切地感受疫情，可以深入地了解抗疫烈士们的义勇行为和精神。从自己做起，从小事做起，更容易让他们体会烈士的伟大和不易，也是培养他们珍爱生命、勇于担当的良方。

2020 年的这场抗疫战争，是一本非常好的活教材。一个个抗疫烈士用他们的生命诠释了社会责任感的内涵。我们应该引导中学生学习烈士们顾全大局、临危不惧的义勇精神。我们应该教育中学生从我做起，从现在做起，从身边做起，认真完成学习任务，勇于担当、热心助人，努力成为祖国的有用之材。

第二章

育心明格之
充盈自我、洗练品格

编者按：

从孔子的“温柔敦厚”到孟子的“浩然正气”；从《大学》的“修身、齐家、治国、平天下”到北宋理学创始人张载的“为天地立心，为生民立命，为往圣续绝学，为万世开太平”，都彰显了儒家文化对谦谦君子这一理想人格的界定与追求。培育孩子从小充盈自我、洗练品格，我们倡导基于品格养育的整合教育模式，即从孩子的核心品格出发，整合其所有的学习与生活，重视利他主义品格与人类责任意识的培养，通过和谐发展的活动策略积极赋予孩子学习的方向与动力。本章把“乐学会学、人文底蕴、艺术审美、科学精神、劳动分享”五个孩子18岁前的必备好素养，通过一个个鲜活的案例呈现出来，从问题解析、现状阐释和策略建议等方面，探讨“孩子物质方面的需求应对、通过时间管理提升学习效率、自我驱动式学习培育、阅读习惯养成、传统文化与君子内涵渗透、审美情趣与艺术修养熏陶、好奇心与逻辑思维能力呵护、劳动分享与协作能力锻炼”等话题，全面立足家庭教育、学校教育与社会教育的关联互动，关注生活教育的材料和机会，倡导在生活中把握品格教育的契机，适时引导孩子学思并重，充盈自我。

本章聚焦孩子“四维培育”的第二个维度：**育心明格之充盈自我、洗练品格。**

第一节 乐学会学

赵培：

男，1972年生，四川盐亭人，研究生学历，副教授；自媒体人、地域文化研究者、专栏作家，并在新闻传媒、企业文化方面有深入研究，创办个人公众号“阿宽说”（akuan_kuan）、微博：生活态度研究院；著有《钝刀》《时间之书》等作品；现在中国石油西南油气田公司从事党务工作。

在陪伴孩子成长的过程中，他记录“大男人周记”，在孩子高中异地读书阶段，给孩子写信集成《高中书简》，其子现在澳大利亚国立大学（ANU）读书。以下故事摘自“大男人周记”部分篇章，反映父子在面对孩子青春期时的互动细节。

家有儿子，如何进行有效沟通

人与人相处，应该有微妙的边界，需要不断试错，最后找到彼此接受的方式。亲子血缘关系，似乎给了我们简单粗暴相处的理由。下面这个充满挫败感的案例，给了我们思考。

6月17日，星期天，父亲节。与母亲节普遍的温馨比起来，男人其实并不怎么适合过这样的节日。家中有女儿的，能够在厨房里给你闹腾出一桌可口的饭菜，那应该是很不错的待遇了。不过，如果是儿子，就不好说了。

星期六早上8点半，14岁的儿子在培训机构上物理课，我一早起来把早饭给他弄了后，迷迷糊糊地上床去补觉去了。

他回来后，我去菜市场买菜，妈妈为他做喜欢的吃食。对于一个处于长身体阶段，并且善于声张自己权益的家伙来说，住读每个周末返回的“牙祭”太重要了。

因为生物、地理毕业考试就在月底，加上初二期末考试临近，所以复习任务比较繁重。下午2点，客厅看书休息间隙，我路过书房，看他把什么东西慌乱地放进抽屉。一看，他正在iPad上打游戏。非常阶段，他居然和我们演老鼠躲猫。

气不打一处来，我狠狠厉声地批评一顿，并要求他做出书面保证。

看到我的盛怒，他自知理亏，屈从了威压。家长的困惑是，对于一个贪玩，拎不清劳逸结合和精力分配的孩子来说，监视性的管理往往疏于防控。严防、死盯、突击，你有更好的方法吗？那天早上，我去万和电影城买了三张下午 4 点的《马达加斯加 3》电影票，为的是给他紧张的学习舒解情绪，孩子懂得家长的用心吗？

在卧室，从折叠好的被子中滑出一瓶妮维雅男士洗面奶，我以为是他的，没有在意。

晚上，他妈妈告诉我，昨天晚上，儿子找她要了 100 元钱，说是给同学买礼物。今天早上上物理课，他去商场给我买了一套洗理护肤品，放在我的被子下面。

我心头一热，想起下午给他的惩罚，不禁有点儿懊恼。进入青年期的儿子开始懂事了，想出办法把一件好事情做出惊喜来。而我简单粗暴的教育方法，明显伤到了他的自尊和善良的天性。

儿子，对不起了。我管教你没有错，但还应该找到更合适的方式。

当天晚上，我到他床上，陪着他入睡。轻轻拥着他温暖的头，他应该感觉到了父亲愧疚、温润的心。

学前儿童提出物质方面的需求，应该如何引导

从众、攀比、面子心理，是孩子在物质方面最容易受到的挑战。要让他养成实事求是、量力而行的观念，除了恰当的说教诱导外，家长的以身作则，显得尤为重要。

生活的意义，于当下高压力的学生群体来说，很难切身感受。这或许需要家长引导他们体会日常点滴，培养敏感感知生活艰辛的能力。

每周一次的见面，两天的相聚，这是我们和儿子学习期间的生活规律。12 岁的孩子，已有自己看待事情明确的观点。对家长的唠叨，他也许不争论，但并非无话可说。

怎样停下家长的絮絮叨叨，来听孩子说出他们的想法，这是一个很迫切的问题。我们已经习惯把自己的思考结果和思维方式拿给孩子，而他的内心怎么想，有多大的反弹，你做的是对牛弹琴的无用功，还是因材施教的细活路，值得家长

们思考。

孩子不说出他的想法，一般有几种情况：你不让他说，压制了他表达的民主；长期不让他说，压制了他的思考力；永远都是家长在家里鼓噪，一个家庭里铺天盖地是大人的声音，形成单向的灌输，很难让孩子高兴得起来。他一旦有了疏离你的机会，就会与家庭和家长保持距离。

传统的教育模式和惯性一直在影响着“60后”“70后”家长们，做出突破很难。我们把孩子放手交给具有现代教育思想和方法的学校和教师，他却要时常回到家长身边，我们又给他自以为是的教育方法，又消减了科学教育对他的影响。我的建议是，住读孩子的家长不要去给孩子讲什么解题方法和读书习惯，你把他的起居管理好，生活习惯调节好，让他回家来感受爱就好，其他最好什么都不要做。

孩子有许多需求，有一部分要求甚至会一直盘旋在你的耳边，他不厌其烦，仿佛吃定了家长最后的软弱和妥协。

春节前，儿子说：“爸爸，给我买个 iPhone4 嘛，班上很多同学都有。”我不同意，这的确没有理由。他又去缠妈妈，碰壁。我们知道他有在校耍手机、玩游戏的毛病。正在整治阶段，当然不会让他如愿。

我给他讲：“儿子，与同学比手机，爸爸不给你这个条件；比其他，家里会非常支持你。你说说要这个手机的理由。”

平时有点喜欢狡辩的他不说话了。他知道爸爸、妈妈用的也不过是普通手机，无用的奢华和铺排的东西在家里行不通。

他不说话，证明已经战胜了内心的那个欲望，无法说服自己，在对比中自己消化了内在的冲突。

一峰前阵子迷上了凡客诚品这样的在线订购方式，从鞋子、袜子、衬衣到长裤，频繁下单。

12 岁的男孩子朴实，会算经济账，基本上不在大商场买东西，一大包东西，就二三百元钱，质地、款式、颜色，都是看定下单，有说不出的喜欢。在这个身体长得快的阶段，穿合适、喜欢的衣服，效能发挥到最大，大致也就够了。

离家上学前，他把衣服拿去熨烫，显示出了平时没有的细致，我知道他对这些一件不到 100 元的衬衣流露出了真正的喜爱。他常常说：“自己真心喜欢，怎么看怎么舒服。”而在以前，他喜欢的是 E-LAND 这样的异国品牌。

我很赞同儿子的审美观，可惜我刚好过了穿格子衬衣的年龄。

格子是对自然界的模仿。大自然具有五彩斑斓的色彩及各种姿态形状，而格子刚好规整和凝固了这些多态的事物，揭示了热与冷、黑与白、动与静的对比，以及依存关系——最精简和收敛的概括。这产生了不可超越的美感。

周日骑车送他去上学的路上，我们探讨起了格子的话题。

“怎么看待格子的，是不是有崇尚英伦文化的倾向？”他知道我喜欢风笛的调子，那是苏格兰乐手穿着红格呢裙子的独特风景。我担心他随波逐流。

“不是，就是因为好看嘛！”他的语气里带有抵制我强加给他概念的意思。

“那你说说怎么个好看，给点理由？”

“很简单，耐看，一定不过时。老爸，你十年前的格子衬衣现在还在赖着穿，其他颜色和款式的衬衣应该都‘死’了好几回吧！”

这话在理。我有件细纹格子衬衣，参加工作后买的，快15年了，已经洗得发白，但还会经常打底来穿。

他露出一对突出的虎牙接着说：“要谈到审美和喜好，你高明不到哪里去，应该好好跟我学。”

也是啊，年龄与潮流总在走不同的方向。人的未成年时代，家长为你挑选东西，帮你奠定审美观；成年之后，你就差不多可以对他们的眼光说三道四了。当我们在商店里转悠给家长挑选衣服的时候，只是接下一个接力棒，这支棒子，现在也许只有无奈地交给儿子了。

孩子长大了，比我们所能预想得要快。

洪悦：

四川省成都市第十三幼儿园副园长，中小学二级教师，本科学历；获“成都市优秀班主任”“成都市教坛新秀”“成华区优秀青年教师”等称号；曾参加成都市学前教育教研联组音乐组、成华区名师工作室研究，并撰写成果集；先后主持、主研省、市、区级课题，多次发表小专题、文章并获奖。

培养学前儿童学习的计划性

计划是学前儿童为了达到某种目的而进行的事件安排与行为选择，计划包含了学前儿童想做什么和怎么做的具体思考。[71] 学习的计划性是学习品质中行为与习惯的重要内容，计划性的培养有利于幼儿更好地规划自己的生活和游戏，发挥其主动性。[72] 学前儿童学习的计划性培养不是一蹴而就的，各个年龄段都可以有不同的做法。

一些教师认为，学习计划性的培养，作为幼小衔接的内容，需要等到 5—6 岁才能做。那时，学前儿童能画会说，可以通过制订计划表进行培养。许多家长也会尝试为学前儿童安排学习的计划，但常常会因为缺乏坚持而达不到很好的效果，或错误地解读“学习”。例如，安排辅导班，学习汉字、拼音等一些不符合学前儿童身心发展特点的计划，提前消耗了学前儿童对于学习的兴趣，结果适得其反。那么，应该如何培养学前儿童学习的计划性呢？

一、了解不同年龄段学前儿童学习计划性培养的主要内容

每一个年龄段的学前儿童，因其思维特点、智力与非智力发展关键期不同，学习计划性培养的内容也应有所侧重，且层层递进。

表 1　3—6 岁学前儿童学习的计划性培养主要内容表

年龄段	思维特点	关键期 [73]	学习的计划性培养主要内容
3—4 岁	直觉行动思维	学习自我约束，建立规则意识，动手能力开始发展成熟，独立性开始建立，注意力发展，观察能力开始形成	自理能力培养，建立一日生活常规及秩序感，可制订简单的生活计划
4—5 岁	具体形象思维	学习外语，知识学习产生直接兴趣，学习与生活观念开始掌握	符号表格知识储备、可书面加口头描述完善计划，属完整计划制订的过渡期
5—6 岁	抽象逻辑思维萌芽	抽象思维开始萌芽，抽象词汇及语言能力开始形成，悟性开始萌芽，学习心态、学习习惯开始产生，社会组织能力开始形成	制订计划表：以时间、事件为线索的大计划；以某事件做什么、准备什么、怎么做等为线索的小计划

如表格所示，3—4 岁小班学前儿童学习的计划性主要从生活自理能力入手。例如，学习穿戴的顺序（坐在床上穿上衣、穿裤腿→站在床下拉裤子、穿鞋子等），从安全、健康的角度进行先后顺序的指导。4—5 岁中班的学前儿童有制订学习计划的兴趣及愿望，能用语言表达。但往往逻辑不太清晰，计划记录的能力有所欠缺，所以需要培养学前儿童图夹文记录的能力。5—6 岁大班是培养学前儿童自主制订学习计划的关键期，他们能计划想做什么、可以怎么做，并记录表达愿望以及达成愿望的途径和方法，再进行实践验证。

二、培养学前儿童学习计划性的方法

（一）以身作则，过有计划的生活

充分发挥家长的榜样示范作用。在日常生活中常整理，让家庭环境变得有序；做事有计划，条理清晰。对学前儿童提要求，每日的生活安排，先做什么、再做什么等计划要具体而清晰。学前儿童耳濡目染，有利于建立生活的秩序感。

（二）了解需求，激发学前儿童制订计划的主动性

兴趣是激发学前儿童主动参与的关键。在设定计划的目标时，不能“一刀切”，将家长和教师的意愿强加在学习计划制订的过程中，而是要充分了解学前儿童的需求，结合发展的需求，调动学前儿童的兴趣及主动性，分阶段、按需求进行学习计划的制订。

如培养初期，可以计划拿10元到超市进行购物，制订购物清单；中期可以计划一日生活的目标及活动；后期可以制订一个月的阅读计划，或一段时间的某项能力提升的目标及措施。

（三）用心陪伴，支持学习计划的实现

根据“高瞻课程理论”，学习计划的各个环节都需要家长和教师的支持及帮助：

1. 目标——讨论学习计划的可行性

当学前儿童有自主制订学习计划的愿望时，家长和教师可与学前儿童一起讨论其计划的可行性，包括实现所需的时间、材料、能力等，启发学前儿童的经验，设定可行的目标及实现的具体方法，增强学前儿童学习计划制订的信心。例如，在学前儿童提出想学习制作一个汽车时，家长和教师可引导学前儿童思考几个问题：你准备什么时候做，汽车是什么样的，完成汽车制作需要什么材料，你想怎么做。以此帮助学前儿童分析学习汽车制作的各种因素，从而制订实际可操作的计划。

2. 计划——培养记录学习计划的能力

学前儿童能用口头语言表达自己的计划，但书写能力相对较差，因此在记录上存在困难。家长和教师需要和学前儿童讨论并记录计划制订、实践的过程及结果，培养学前儿童记录学习计划的能力。

（1）约定用特定的符号或图形代替文字，用“图+文”方式记录，如：☺代表开心。

（2）共同讨论制订记录的表格，呈现需要记录的要素，如学习计划名称、完成时间、所需材料、完成方法等。

（3）分阶段对完成情况进行记录，对已完成的画√，未完成的画×，并根据记录情况进行计划的调整。

3. 工作——支持学习计划的实施

当制订好学习计划时，学前儿童在实践中需要家长和教师从物质及精神上给予支持；当需要材料时，学前儿童和成人应共同寻找及收集；当在计划实施过程中遭遇困难时，家长和教师需组织双方讨论活动，鼓励学前儿童自主思考，分析原因，调整方法，积极主动、灵活变通地解决问题。

4. 回顾——计划效果评价

学习计划通过实践，无论成功与否，都需要家长和教师引导学前儿童进行反思、评价。对计划的制订及过程中的行为进行回顾，汲取经验，优化下一次的计划制订。

（四）贵在坚持，让制订和实施学习计划成为一种习惯

在学前儿童学习计划的培养中，不能一时兴起，而要贵在坚持。从小到大，从短期到长期，从生活到学习均可以计划。长此以往，计划自然会成为习惯。

激发学前儿童在游戏中主动学习的愿望

游戏贯穿于人的一生，且在不同的时期具有不同的功能与意义。对于学前儿童来说，游戏不仅是一种存在的形式，也是一种基本的学习形式。[74] 学前儿童的游戏与学习常常是相互交织在一起的。从学前儿童学习过程的特征来看，试误学习、操作学习、模仿学习在学前儿童游戏中大量出现。[75] 游戏的价值有很多，而要激发学前儿童主动学习的愿望，家长和教师需要充分了解游戏的价值及学前儿童在游戏不同阶段的需求，从而提供不同的支持。

部分成人常常把“学习”和“玩耍”割裂开，认为学前儿童的游戏仅是在玩，殊不知“有设计”的玩反而能促进学前儿童主动学习的愿望，如图 1 中学前儿童自发的角色游戏。

图 1 中的 3 名学前儿童正在玩“户外娃娃家”游戏。其中，2 名坐着的学前儿童是厨师，正等待买菜的 1 名学前儿童送来食品原材料进行美食制作。其中的落叶是买来的“鱼”，花草是“青菜”。游戏中，3 名学前儿童有明确的分工，从确定主题、分配角色、共同建构游戏规则到游戏情节的展开，体现了协同学习，以落叶、花草替代实物能培养学前儿童替代性想象的能力。由此可见，学前儿童以游戏的方式开展的学习是自发的，而且是有意义的。

图 1 “户外娃娃家”游戏

学前儿童的游戏活动是多姿多彩的。那么，怎样激发学前儿童在游戏中主动学习的愿望呢？

一、分析学前儿童在游戏中主动学习的原因

《3—6 岁学前儿童学习与发展指南》中提出，要珍视游戏和生活的独特价值。游戏是学前儿童生活和学习的一种主要方式，激发学前儿童在游戏中主动学习的愿望，首先要分析游戏中诱发学前儿童主动学习的原因：

（一）参与游戏需要主动学习

学前儿童参与游戏所必备的经验：游戏玩法、规则、环境、需要具备的技能等。在游戏的初期，家长和教师要和学前儿童讨论玩什么、怎么玩、需要什么材料，引导学前儿童自主创设游戏的环境及条件。这一系列的游戏准备就是学前儿童自主学习的过程，参与游戏的需求能有效地调动学前儿童主动学习的愿望。

（二）人际交往需要主动学习

随着年龄的增长，学前儿童的社会性得到发展，喜欢和同伴进行互动，乐于合作游戏。而合作的基础源于沟通与协商，学前儿童需要在游戏中主动学习与人合作的能力，满足游戏中人际交往的需求。

（三）解决困难需要主动学习

在游戏中，发展学前儿童自主解决问题的能力是自主学习的一个重要内容。当学前儿童在游戏中遇到困难时，就需要主动思考解决问题的办法。这个思考办法、解决困难的过程就是学前儿童自主学习的过程。

二、创设学前儿童主动学习的游戏环境

在游戏的创设过程中，家长和教师需要根据学前儿童本身对游戏的需求，支

持学前儿童自发生成的“真游戏”，为学前儿童的主动学习提供心理和物质环境。

（一）营造自由、宽松的心理环境

自由、宽松的心理环境能支持学前儿童自主思考、解决问题，主动地进行游戏探索和学习。例如，在建构游戏中要搭建一座桥，家长和教师可以鼓励学前儿童进行探索，如何搭建桥才不会倒，学习垒高、架空等技能，为学前儿童在建构游戏中主动学习提供心理支持及引导。

（二）提供充足的、富有挑战的游戏材料

学前儿童在游戏中的主动学习需要充足的、富有挑战的游戏材料。因为学前儿童主动学习的动力来自兴趣，富有挑战性的材料能有效地激发学前儿童的探索欲望。因此，家长和教师需要根据学前儿童对游戏的现实需要，提供能满足其探索和主动学习的游戏材料，比如低结构的积木、可塑性强的沙土等自然材料；生活化材料和废旧材料。

三、支持和引导学前儿童在游戏中主动学习

（一）保护学前儿童在游戏中主动学习的兴趣

游戏的目的不仅仅在于让学前儿童“玩”，还在于引发、支持与促进学前儿童的学习活动。在家长和教师的眼中，或许学前儿童只是在摆弄玩具、和小伙伴疯跑。但对于学前儿童来说，他（她）是在游戏中通过与材料及同伴的互动，主动学习物体的属性及结构，学习人与人沟通交流的方式、方法。家长和教师要充分了解和保护学前儿童在游戏中主动学习的兴趣，需要注意以下几点：

1. 改变观念，认识到游戏是学前儿童学习的一种主要的、重要的方式。

2. 家长和教师发起的游戏需要兼顾游戏的目标及趣味性，激发学前儿童主动参与及自主学习的兴趣。例如，对于幼小衔接中让学前儿童识字，家长和教师可以用寻找象形字配对的游戏，让学前儿童在玩耍中建构对字形的经验，不能单纯地让学前儿童读写。

3. 学前儿童自发的游戏，要从学前儿童的视角看待，保护其学习兴趣。例如，“户外娃娃家”中小班学前儿童扮演厨师炒菜，是学前儿童在游戏中还原生活场景、主动学习生活技能、提升自理能力的表现。家长和教师需要从学前儿童的视角去看待学前儿童在游戏中的行为，不能有诸如“每天只知道玩，什么都没有学到”的批评。

4. 当学前儿童的主动学习愿望比较弱的时候，家长和教师可以用自己的“学习热情”感染和带动学前儿童主动学习，如参与或介入角色扮演游戏。

（二）强化学前儿童在游戏中主动学习的意识

学前儿童在游戏中主动学习的兴趣往往不会一直保持。以成人世界的游戏“消消乐”为例分析，游戏中具有层层挑战及反馈，才能在同样的规则下激发玩家的兴趣。学前儿童天生具有好奇心，喜欢有挑战的事情，在学前儿童的游戏中，适度的困难有助于强化其主动学习的意识。不同的阶段，家长和教师可以有不同的引导：

1. 了解学前儿童的性格和发展水平，选择一些本身就具有挑战性的游戏；

2. 在游戏中主动创造一些困难，引导学前儿童自主学习解决；

3. 当学前儿童主动寻求帮助时，家长和教师可建议解决的办法，鼓励学前儿童选择尝试。

（三）巩固学前儿童在游戏中主动学习的行为

每一次游戏的结束，需要和学前儿童进行讨论和回顾，让学前儿童在学习自我评价和听取他人评价中，寻找到游戏中的成就感。学前儿童在游戏中主动学习的行为，可以从以下几个方面进行评价：

1. 游戏的过程：遇到什么问题？解决的方法是什么？

2. 游戏的效果：游戏后的心情，出现该心情的原因；和自己计划的游戏是否一样？为什么不一样？

3. 游戏的计划：下次想玩什么游戏？怎么能玩得更好？

吴蕾：

四川省成都市盐道街小学（528校区）教师，四川师范大学教育学学士，中小学二级教师，学校教科室成员，长期从事教学研究工作；参与撰写的《培养低段学生审美鉴赏力的儿童诗歌“三阶段”阅读教学策略研究》曾获成都市二等奖。

通过创设情境，培养小学生的学习兴趣

近年来，随着国家对于基础教育重视程度的逐步提高，新课程改革下的教学方法也在不断改进，通过创设情境来辅助课堂教学的方法就是其中之一。“情境指的是人们利用语言、各种物体或者是音乐等道具，人为地创设一种真实环境，

在这个环境下能够激发学生的积极情感，引导学生融入环境中进行真实体验，从而培养学生的人格、陶冶学生的情操、提高学生们的团结互助能力，最终达到让学生掌握知识、提高学生能力的目的。”[76] 在课堂教学中，教师通过多样化的形式为学生创设出符合教学活动的课堂情境，对于提升学生的学习兴趣有较大意义。

在新课标的要求下，小学教育十分重视培养学生主动建构知识体系的意识，也就是通常意义上的学习兴趣。这一目标的实现有赖于教师通过创设情境，在课堂教学中为学生提供相对轻松愉快的学习环境。随着情境教学在小学课堂中的逐步推广，越来越多的教师开始采用这一方式，但是其中也不免存在一些问题。

最常见的首先是教师对于情境创设“知其然而不知其所以然”。各学科教师在课堂中都会或多或少地利用某种途径，为学生创设与教学内容相关的课堂情境。但是，当问到他们为什么这么做，所采用的策略是什么时，多数教师无法给出明确的答案。这也就说明，教师本身对于情境教学的理论知识还知之尚浅。

其次是情境创设不能“从一而终”。目前，在小学教育中，教师十分重视在开课时迅速抓住学生的注意力，常利用谜语、图片、视频、音乐、谈话等方式创设游戏情境，激发学生主动学习的心理倾向，引入课堂教学。但是，由于教师在这方面的理论知识还比较匮乏，所以这一方法并未成形。

此外，情境创设重“境”而轻“情”也是当前小学情境教学中比较常见的问题。在教学中，教师一味地重视良好学习氛围的营造，而忽视了学生情感的发展，反而容易影响教学目标的实现。

要想通过创设情境来提升学生的学习兴趣，必须遵循以下三个原则：一是合理性原则。情境创设的主导者虽是教师，但是最终效果的检验者却是学生。这也就要求教师在创设情境时，必须以学生的身心发展水平为情境创设的主要依据，所创设的情境必须符合学生的认知水平和认知特点。二是一致性原则。情境的创设应该将课堂的教学目标作为出发点，以实际教学内容为基础来进行设计，不得脱离本节课的教学要点，教学情境应与教学内容环环相扣，相辅相成。三是趣味性原则。创设情境的最终目的是解决学生学习不主动、学习易倦怠等问题。所以，在进行情境的创设时一定要考虑到该情境是否具有趣味性，能否使学生在认知上产生冲突，从而激发学生的学习兴趣。

在坚持以上三个原则的同时，教师可以根据学科特点和具体教学内容借助多样的方式进行情境的创设。常见的创设情境的方式有：

一、借助教师语言，创设新奇情境，以趣激趣

例如，在进行《曹冲称象》一课的教学时，笔者通过提问的方式引导学生思考："古时候没有现在的磅秤，那么像大象这么重的物体到底是怎么被称重的呢？"学生一听也会产生相同的疑问，进而进入给大象称重的情境中。所谓的"以趣激趣"，就是把常规的课堂教学内容和带有趣味性的活动结合起来，打造出生动有趣、直观形象的情境。教师通过设计趣味提问、谜语、趣题等方法，给学生展示各种奇妙新奇的问题，以激起学生的学习兴趣，引发学生心中对于学习的真实渴求。

二、利用实物展示，创设真实情境，以趣诱学

例如，在进行《画杨桃》一课的教学时，开课后笔者先向大家展示杨桃实物，请所有学生仔细观察，交流自己所看到的杨桃的外形特点，进而发现大家的看法不一致。为学生创设出与课文内容一致的课堂情境，有助于学生理解课文内容，激发起学生的思想欲望，使之进入学习的最佳状态。在实际情境的作用下，学生均以高涨的学习热情投身于对问题的积极探究、思考和想象之中。

三、联系生活体验，创设问题情境，以趣促用

学习兴趣既是学生主动学习的加速物，也是学生运用知识的助力器。教师在进行教学设计时，要根据知识的准确性和趣味性，选择恰当的生活体验或日常生活中的实例，作为情境创设的素材来设置疑问情境，刺激学生产生主动探求知识的欲望。同时，为学生实际运用知识创设相应的问题情境，做到活学活用。例如，在道德与法治的交通法规教学中，教师可以通过情境的创设，唤起学生日常上学、放学途中的交通出行经验，强化学生的学习体验。

四、现代技术介入，创设多感官情境，以趣拓思

借助于现代化的信息技术，我们可以实现对于课堂教学情境的多感官创设，帮助学生进行全方位体验，同时达成思维和能力上的双发展，实现真正的多元化学习。在教学中，教师只有将见、知、听、闻、感等多方面的培养融合在一起，才能得到和谐发展的整体效应。例如，由于距离我们生活的年代太过久远，历史学科中的历史事件向来是学生觉得枯燥无聊的部分，但如果能够借助多媒体（音频、视频、图片等方式）将学生带入当时的历史环境中，那么相信学生再理解起

这些知识来也不至于那么困难。

伟大的教育家苏霍姆林斯基曾提出："如果教师不想方设法地使学生产生情绪高昂和智力振奋的内心状态，那么这种知识只能使人产生冷漠的态度，而不动感情的脑力劳动就会带来疲倦。"[77] 这也就是说，在情境教学中，创设出的情境本身一定是包含着丰富美感的，合理恰当的情境能够最大限度地激发出学生的学习欲望，使学生主动参与到课堂教学中来。教师通过合理进行情境创设教学也能在轻松愉快的环境中促进学生的全面发展。因此，每一个从事小学教育的人都应该熟悉情境教学方面的知识，对情境创设有一个全面的了解，恰当而熟练地让情境创设为我们的教与学服务。

借助导学任务，提高小学生的自主学习能力

"导学任务是一种学生在生活化、情景化的课堂教学模式中自学的载体。教师把学习问题还原为真实的任务情景，为学生下达学习任务，引导学生进入自主学习状态；学生通过合作、探究与交流，积极建构新的知识体系，自然习得语言，发展综合运用语言的能力。"[78] 目前，在日常教学中常见的导学任务主要以导学单、导学案或导学视频等形式呈现。

"2001 年，我国颁布了《国务院关于基础教育改革与发展的决定》，决定大力推进基础教育改革。同年，教育部颁发《基础教育改革纲要（试行）》，标志着新一轮课程改革全面启动。'新课改'强调改变课程实施过于强调接受学习、死记硬背、机械训练的现状，倡导学生主动参与、乐于探究、勤于动手，培养学生搜集和处理信息的能力、获取新知识的能力、分析和解决问题的能力以及交流与合作的能力。同时，倡导学生形成自主、合作、探究的学习方式。"[79] 随着"新课改"的推行，各级各类学校纷纷加入教学改革的行列中，教师们纷纷投身于新教学方式的尝试中，于是一种推动课堂发展的新事物便产生了——导学任务。目前，小学阶段的导学任务主要以导学案的形式被大家所接受和采用。教师以导学案的方式给学生布置导学任务，引导学生通过对导学任务的思考和探究实现自主学习，让课堂从以往的教师专场转变为教师引导下学生自主探究、发现的学习乐园。

一、精选任务，激发兴趣

导学任务既然是为课堂教学所服务的，那么在设计时就必须谨遵以下几点

原则：

（一）任务的指向要明确

导学任务是教师将教学任务进行整合，并以学习资料的形式发放给学生的教学模式，虽然变换了教学的形式，但是依旧应该以课堂教学内容为主，每一项导学任务的设计都应该清楚明了地对应课堂的教学目标。

（二）任务的容量要适宜

学生在任务引领下对知识进行探索，势必会花费较多的学习精力，为此教师在设计导学任务时一定要精选任务，确保任务的高质量，不得变相增加学生的学习负担。

（三）任务的难度要适中，符合学生的认知发展水平

使导学任务对于学生而言，既具有挑战性，同时也具有可实现性，以此尽可能地激发学生的学习热情，同时保护学生的自信心。

（四）任务之间结构要清晰，符合教育心理学中的“先行组织者”原则

导学任务的最终目的是通过任务的“导”促使学生主动地“学”，所以在任务的设计上一定要有层次、有递进，能够使学生通过探索发现完成任务，并总结、归纳、梳理问题间的内在联系，将新知识内化进原有认知结构中，实现自主建构学习。

此外，还有一点值得我们特别留意，即导学任务的发布不能理解为“教”的结束，相反，它应该成为教师的“教”，和学生的“学”同步进行。

二、优化分工，全体参与

导学任务在实施的过程中强调学生的小组合作探索，学生在合作中共同分享学习方法和学习发现，互相帮助，提高学习兴趣，提升合作能力，增强团队凝聚力。而小组成员的分配是否合理则关系到合作学习的成效，因此在划分学习小组时，教师需要特别照顾到不同学习层次的学生。同时，小组合作学习的顺利进行必须以学生的自主学习为基础。教师作为学生学习的指路人、组织者，必须督促每个学生认真完成导学任务，带着自己的所得与所惑走进课堂，与小组成员进行分享与探索。

三、交流反馈，查漏补缺

导学任务对于学生自主学习能力的提升作用依赖于两个保障。一是有反馈。学生通过导学任务的引领，在进行自主学习的过程中会对知识有更深入的理解，取得新的发现，但难免也会有各种各样自己解决不了的问题遗留下来。所以，教师需要在课堂教学设计中给学生预留出时间，以交流自己在自主学习时取得的发现和没有弄懂的地方，并在学生充分交流、互相答疑之后再进行补充释疑和总结提升。二是有追踪。由于导学任务的作用，学生对于知识的获取方式主要为自主发现，这就容易因为学生自学能力的差异而导致知识吸收上的个体差异。为此，教师应该分别在导学任务自学结束和课堂讲解结束之后，对班级中个别自主学习能力稍弱的学生进行有针对性的辅导，帮助他们内化知识。

在小学课堂教学中，恰当使用导学任务进行教学可以激发小学生学习的兴趣，在最大程度上发挥学生的主体性作用，避免了传统教学中“满堂灌”的教学方式对于学生创新能力的扼杀，实现了师生主体地位的转换。教师从课堂的主导者退居为学生自主学习的辅助者，这在很大程度上缓解了教与学的矛盾。同时，在分组合作完成导学任务的过程中，教师可以培养学生的自主学习能力和合作探究能力，拓展学生的思维与想象，帮助他们养成良好的学习习惯，以更好地达成课堂教学目标，实现课堂的高效化。

熊丽捷：

四川省成都市武侯区西川实验学校英语教师，汉语国际教育硕士；获得成都市“一师一优课”一等奖，四川省“微课”大赛二等奖，撰写的教学案例被北京大学出版社《国际汉语教学从这里开始》一书收录。

培养中学生的时间管理能力，提升学习效率

在小学阶段，家长完全掌控式地为孩子安排学习任务；但步入中学后，随着课程数量和难度的增加，很多学生都觉得时间不够用，家长也变得束手无策。时间在这个年龄段的孩子眼里是一个比较抽象的概念，他们会把容易获得快乐的、轻松的事情放到最开始去做，而把有难度的事情拖到最后，直到不得不做，最终导致自己玩得不尽兴，学得也不高效。时间管理的目的不在于把事情做完，而在于帮助学生学会有效地使用时间。我们从以下培养时间管理能力的方式入手来提升学生的学习效率：

一、找出时间都去哪儿了

与其信誓旦旦地制订新的计划，不如在制订计划前，家长帮助孩子们一起找一找每天的时间都去了哪里。对于中学生而言，除了上课和睡觉这两大块时间外，找出其余时间的分布，再根据每项活动所耗费的时间多少来调整自己的时间预算，看看哪些事情是完全耗费时间而没有必要做的，又有哪些事情是可以合并或调整先后顺序从而提高效率的。这里我们列出一些中学生常见的课余时间使用情况：

（一）正常时间

1. 课间休息、喝水、去洗手间；

2. 去教师办公室改错和过关、背课文，交作业；

3. 适当的体育锻炼。

（二）非正常时间

1. 写作业时发呆，如抠橡皮、在课本上乱涂乱画等；

2. 边做作业边听歌；

3. 频繁往返于书房和客厅之间，东摸西碰，吃零食；

4. 接触手机、iPad 等电子产品，以学习为借口打游戏、看直播；

5. 未听清教师指令，未按要求完成作业，导致不得不增加作业返工任务和改错量。

家长和学生可以根据以上类别进行自查，并逐渐摒弃浪费时间的活动，优化必须类事件完成的先后顺序。例如，去找教师改错、过关这一环节必不可少，那么学生可以一次性将自己需要改错和过关的内容准备充分，甚至可以把最近几日积累到的似懂非懂的知识点记录下来，在非高峰时段找到教师，一次性搞定改错、过关和答疑三个任务，以减少课间排队等候的时间。

二、根据学校作息时间表制订个人规划

学生无须每日制订一个新的规划，这样会沦落为制订规划的奴隶，而非时间的主人。学校作息表相对固定，学生只需要以它为蓝本制订个性化的计划即可。计划制订遵从两个原则：可执行、可持续。过多的任务会导致心理焦虑，以致每项任务的完成质量都不高，于是计划无法做到可持续，很容易半途而废。为每项任务制订过于精确的时间，会产生“计划赶不上变化”的现象。在制订计划时，一定要使可支配时间大于任务所需时间，留出一些机动时间，一是为了给自己留

有余地，二是利用这个时间去整理、反思和消化，因为学习知识的过程就是顿悟的过程。

很多学生喜欢利用碎片化的时间写作业，但是善于管理时间的孩子会将语文等需要花整块时间静心思考的作业留在晚自习，而把数学和英语作业中的客观题放在课间等碎片时间去完成。“好记性不如烂笔头。”准备一个随身备忘本，将教师布置的作业、头脑中一闪而过的灵感、临时增加的事务性内容记下来，这样可以为大脑腾出空间去做有意义的事情，同时也避免因忘性作祟而耽误更多的时间。图 1 为四川省成都市武侯区西川实验学校初 2022 届一位同学的作息时间表，可供参考。

图 1　四川省成都市武侯区西川实验学校初 2022 届一位同学的作息时间表

时间	事项	3.1	3.2	3.3	3.4	3.5	3.6	3.7
Part 1: In the morning								
6:10—6:35	吃早饭							
6:35—6:45	英语早读，包括课文、笔记、单词、听力附录、典范英语							
6:45—6:55	语文早读（课文）							
6:55—7:10	毛笔（周三为单词）							
Part 2: In the school								
上午课间（完成）	语文课外阅读							
	喝水、上厕所							
	找老师							
	部分课堂作业（顺序为：英、数、语）							
	书虫（一周一本）							
中午休息＋复习	12:35—12:40，检查卫生							
	12:40—12:50，预习下午将要学习的内容，若有生物、历史、地理，则记住基础知识点							
下午课间（选修课前）	总结副科笔记，记知识点，不懂的马上问							
	导学案（若提前完成，则应在其之前做当天的活页）							
	适当休息							
	活页（晚自习前交，应放在导学案前）							

续表

时间	事项	3.1	3.2	3.3	3.4	3.5	3.6	3.7
晚自习前，刷题	18:20—18:30，复习当天所学的笔记（包括所有主科和副科），不懂就问（禁问平板）							
	18:30—18:40，计划班会 + 晚自习要点							
	18:40—19:00，日记（周一写人的语言、神态、外貌；周二写人的动作、心理 + 环境描写；周三写事；周四仿写训练；周五收集素材准备写随笔）							
晚自习	第 1 节课，主科							
	第 2 节课，副科 + 校外							
Part 3: After school								
21:20—21:50	古筝练习（周二用于数学 A 班）							
21:50—22:00	给家长讲当天课堂主要内容							
22:00—22:10	数学计算							
22:10—22:25	课外现代文							
22:25—22:30	课外文言文							
22:30—22:50	完成未完成的 + 课外拓展（《几何原本》《意林》）							

三、培养物品管理的好习惯，提升时间利用率

时间管理与物品管理密不可分，很多学生家中的书桌、学校的抽屉和书包都凌乱不堪，常常一个东西找半天，再抬头却发现同桌已经做完三道题了。笔者建议为每个科目准备一个文件袋，将单页类资料放入其中，定期将试卷整理成册；养成每日对照第二天的课表来整理书包和抽屉的习惯，书包不要只管往里放，还要往外拿，否则就会变得越来越重、越来越乱。整理书包的过程，其实也是时间规划的过程。在上课和课后做作业时，也需要整理桌面，桌上只摆放当堂科目所需的书本和必要的文具，甚至花里胡哨的笔袋都可以不用出现在桌面上，以尽量减少干扰因素，有助于提升专注力，而专注力则是高效的代名词。

在此将一些关于时间管理的 App 和书籍推荐给学生和家长。

（一）时间管理类 App

1. 时间块：可以帮学生在制订计划前，找一找时间都去哪儿了。学生可以将做每科作业的时间、磨洋工的时间等都记录下来，也可以在班级找准榜样同学，邀请他（她）一起记录时间，看看同样的作业量，自己是否还可以完成得更高效。该款 App 还可以用不同的色块、饼状图或折线图的方式呈现并分析不同事件的时间占用比，方便在执行一段计划后进行回顾、反思和调整。

2.Forest（专注森林）："专注"可以让梦想长成"森林"，这是它的口号。这是一款可以让学生专注于手机之外，戒除网瘾的软件。开启"专注森林"后，便种下了一颗种子，此时专注学习一段时间就可以种下一棵树，20 分钟是灌木，25 分钟以上是大树，如果中途退出该 App，种子会瞬间枯萎。学生可以和好友组团开启多人种树模式，以小组形式互相监督，从而使大家一起变得更专注。

（二）时间管理类书籍

1.《奇特的一生》，格拉宁著，北京联合出版公司。此书讲述了柳比歇夫 56 年来如何用"记录—统计—分析—反馈"这种时间统计法记录自己的一生。读完这本书可以让你更好地去规划时间，活出生命的质量。

2.《拖延心理学》，简·博克著，中国人民大学出版社。时间最大的敌人是拖延，我们常因拖延而焦虑，又在焦虑中继续拖延。这是一本自我反省的书，我们可以从中获取一些实用的建议来克服拖延，成为时间的主人。

帮助中学生树立内心目标，实现自我驱动式学习

在疫情防控的特殊时期，各地开展了"停课不停学"活动。而如此长时间的亲子相处，也让家长们发现了不少孩子学习上的陋习，于是家庭氛围也从原本的"岁月静好"变成了"鸡飞狗跳"。您是否也对以下诸多抱怨感同身受呢？

"用手机提交完作业，就以还要查阅学习资料为借口使用手机打游戏、与同学聊天。"

"我家孩子简单的题目做得快，但容易出错。一说他，他就说自己是会的，只不过太粗心、没看清题目要求；碰到有难度的题目就会产生畏难情绪，懒于动脑筋。"

"成绩忽高忽低的，最近我们抓得严，成绩就上去了；稍微放松下，马上变成班级倒数。"

学生的成绩波动大，对难题有畏难情绪，总是不能很好地平衡学与玩的关系，对自我要求不高，这些都是学生缺少内心目标的外在表现，究其根源，在于学生是否想要主动地去学习。所以，我们要做的是去激发学生对知识的渴望和对学习的热情，帮助其树立内心目标，实现自我驱动式学习；也让他们意识到中考、高考都只是人生的一个阶段，而更重要、更远大的目标，则关乎人生的价值和意义。相比去和孩子们讲大道理、念口号，强调学习的重要性，这里我们提供一些更有力、有效且可行的措施：

一、从“怎么学习”到“为什么要学习”

“要先复习再做作业，作业做完要检查呀，明天的新课预习了吗，别忘了整理这个单元的试卷呀……”这些家长的苦口婆心换来的却是孩子学习时的心不在焉、拖拖拉拉和所谓的粗心大意。当你每天在孩子耳边念叨该怎么学习时，你已经把学习这个任务揽到了自己身上，孩子会认为是为了家长而学习，不认为学习是自己的责任，那自然也就对学习失去了兴趣和动力，反而平添对学习的厌倦和恐惧。家长需要在聊天中给孩子传递一个观念：你不是考试机器，也不是为了我们而学习。上学，参加中考、高考是人生的必经历程；学习也不只是为了学习课本上的知识、考高分，更重要的是掌握脱离知识后剩下的独立思考能力、解决问题能力、时间管理能力、抗挫能力等这些受益一生的能力。拥有这些能力才可以丰富自己的人生体验，增长人生智慧，实现人生价值，在不断的调整和探索中发现不一样的自己，感受成长的美妙。

二、带孩子在生活中学习，让理想发芽

生活是最好的学校。当你从众式地带着孩子去世界各地打卡时，请给孩子做好榜样，预先做好功课，或关于这个古建筑的背景，或关于一件艺术品失而复得的来龙去脉。带孩子见识世界的过程，也是在孩子心中埋下理想种子的时刻。生活中从不缺少教育的机会，你的孩子可能会因为一次博物馆之旅而想成为一名历史学家，也可能会因为一次航展而想去探索科技的奥秘，甚至可能会因为电视上一则两分钟的关于抗疫一线医生的报道而立志成为一名救死扶伤的医护人员。家长除了尽可能地带着孩子开阔眼界外，也要细心留意孩子特别感兴趣的东西，创造持续的契机让他去接触、去感受、去深挖，最后理想的种子就发芽了。

三、以理想为中心，画出思维导图

以终为始，让孩子为理想去奋斗。十多岁的中学生，对世界的认知已初具雏形，可以先让孩子写出自己的理想，想成为什么样的人，想从事什么样的职业；再罗列出要成为“这样的人”所需要的知识领域和专业技能。例如，如果孩子对网络漫画设计感兴趣，那么需要学习图形艺术、文学、计算机绘图等。哪一所大学的这个专业最有名，想上这所大学需要达到什么样的要求，一步步倒推，就推回到了当下每一天的学习生活。当然，中学生还未成年，心中的理想也会随着对世界的不断认识而发生改变，只要孩子的心中有目标，家长就应该和孩子一起查阅资料，共同完成思维导图的设计。

四、少一些挑错，多一些肯定

“我今天英语考了 95 分。”“怎么才考 95 分，剩下那 5 分呢？不会做还是粗心？”家长要控制住自己想要挑错的情绪。找到失分点、补齐漏洞确实是考后反思必不可少的环节。但是，关注什么就会强化什么，强化什么就会得到什么。直言不讳地戳中痛点往往会适得其反，从而造成孩子心理的挫败感。每个人都天生渴望得到他人的赞赏，成人一样，孩子也一样。不如在下次进行考后反思时，对孩子说：“首先，我非常肯定你主动地告知我考试分数的做法，说明你很在乎这次考试，希望自己平时的付出有正向的结果。其次，我相信你的潜力还未发挥出来，让我们一起分析试卷，找到知识漏洞，制订可行的措施，争取下次比这次进步一点儿，我相信你可以的。”恰当的肯定不仅可以帮助孩子提升自信心，也会促进良好亲子关系的形成，这样的关系会促使家长对孩子的教导更有效，从而形成良性循环。

第二节　人文底蕴

饶颖：

四川省成都市第十三幼儿园华悦分园教养主任，中小学二级教师，本科学历；多篇论文在市、区优秀论文评选中荣获一、二等奖；先后参研多项市级、区级课题，参与编写专著数部。

在幼儿园中，培养学前儿童对皮影文化的兴趣

皮影戏是中国民间艺术的瑰宝。2011 年，它被正式列入了人类非物质文化遗产代表作品名录[80]。作为学前教育工作者，将皮影作为载体，基于学前儿童的视角开展活动，不仅能让学前儿童在感知体验和亲身操作过程中获得全面发展，还能感受皮影的魅力，拉近与非物质文化遗产的距离，让中华优秀传统文化在心中生根发芽。培养学前儿童对皮影文化的兴趣，可以从以下三方面进行：

一、营造浓厚的皮影文化氛围——让皮影“亮”起来

文化氛围对人的影响往往是看不见、摸不着的，但又时刻改变着人的思想和行为。在幼儿园中，通过显性的物质文化环境和抽象的组织文化环境，营造生动有趣、丰富多彩、底蕴浓厚的皮影活动氛围，让学前儿童时常感受到皮影文化的艺术气息。

（一）创设富有皮影元素的幼儿园大环境

将民间广为流传且学前儿童熟知的故事情节、角色作为载体，通过皮影的表现形式，在门厅、走廊、楼道等区域进行创设。运用园所公共空间设立专门的皮影体验馆（如图 1）、皮影展示架（如图 2）等。

图 1 皮影体验馆

图 2 皮影展示架

（二）创设富有皮影趣味的班级环境

从学前儿童的视角出发，将环境创设与班级开展的皮影相关活动紧密结合，积极跟进活动情况并进行动态调整。在材料提供上，尊重学前儿童的探索兴趣和游戏体验，投放易于学前儿童操作的工具。例如，小班投放皮影成品，学前儿童可感知体验；中班投放剪刀、卡纸、画笔和皮影成品，学前儿童初步探索实践；大班提供剪刀、锥子、灯片纸、过塑膜、毛根、木棍、吸管、画笔、纸等开放性材料，学前儿童进行自主选择和大胆创造。

（三）为学前儿童提供赏析和表演皮影的文化环境

积极开发园内外资源，为学前儿童提供欣赏各类皮影表演的平台。例如，组织学前儿童在园内观看教师、家长或同伴进行的自制皮影表演（如图 3），邀请非遗传承人、皮影大师入园表演（如图 4），也可以鼓励家长带领学前儿童到博物馆、剧院观看皮影表演等。

图 3　小班学前儿童观看皮影表演

图 4　皮影大师叶牧天到园表演

二、挖掘独特的皮影文化价值——把皮影价值“显”出来

在幼儿园中，教师有责任、有义务通过开展民间艺术教育，对学前儿童的创造力、审美能力，以及智慧潜能进行开发。传统皮影制作难度较大且脱离学前儿童已有的生活经验，若直接将其引入幼儿园日常活动中，很可能会适得其反，逐渐削弱学前儿童的探索兴趣。所以，如何赋予传统皮影艺术新的生命力，将成人的艺术表现形式转变为学前儿童能够接触并操作的“玩具”呢？教师需着眼学前儿童，挖掘皮影文化中对学前儿童发展有价值的部分，将其变成易于学前儿童接受和吸收的形式，真正进入学前儿童的生活。从表面上理解，皮影活动只涉及艺术领域，但在充分挖掘和实践探索后可以发现，其教育价值可以覆盖学前儿童发展的五大领域，对学前儿童各方面发展都具有重要意义。

表 1　皮影对于学前儿童发展的价值

健康领域	1. 通过剪、画、贴、拧、折等技能，促进手部精细动作发展。 2. 使用工具时，提升安全意识和自我保护能力。 3. 初步了解各种角色的身体构造。
语言领域	1. 学会倾听他人意见，提升与人交流的能力。 2. 学会将自己的想法进行合理表达。 3. 在皮影表演过程中，发展语言表达能力。
社会领域	1. 能与同伴协作，提升同伴交往能力。 2. 在操作实践中，提高问题解决能力。 3. 萌发并加深对传统皮影文化的喜爱之情。
科学领域	1. 观察皮影结构，探究皮影制作的方法及关节活动的特点。 2. 对光与影间蕴含的科学现象产生兴趣。
艺术领域	1. 掌握折纸、剪纸、涂画、粘贴等技能，进行皮影创作。 2. 了解多种多样的皮影种类和特点。 3. 感知皮影的艺术魅力。

三、开展丰富多样的活动——把皮影“玩”起来

明确了皮影对于学前儿童发展的现实意义，那么在直接感知的基础上，应鼓励学前儿童实际操作、亲身体验。皮影不再是单纯的艺术形式，而是游戏活动的载体，是学前儿童手中充满变化的玩具。通过画皮影、做皮影、演皮影等方式，让皮影扎根于学前儿童的记忆中、血脉中。

（一）鼓励学前儿童自制皮影

传统的皮影制作材料主要是羊皮、驴皮、牛皮等动物皮，工艺复杂，制作步骤烦琐。在幼儿园中，为适应学前儿童的发展水平，经过四川省成都市第十三幼儿园教师与学前儿童的反复探索，对制作材料及过程进行了简化。制作灯片皮影时，材料选用灯片纸、毛根、金属丝、吸管、剪刀、锥子、木块、马克笔、铅笔、纸。第一步，用铅笔在纸上画草稿。第二步，将灯片覆盖在纸上，用马克笔进行临摹。第三步，剪下图案并用锥子在连接部位打孔。第四步，通过毛根或金属丝将灯片纸与吸管连接。

（二）引导学前儿童自由组建剧团并合作表演

手工作品不只是摆件，还是学前儿童手中的玩具。在学前儿童能够自主操作的基础上，鼓励学前儿童思考，开发多种趣味玩法。例如，将制作好的皮影作为表演材料、自由搭配成立剧团，再选择喜爱的文学作品或自编故事作为载体进行表演等。在故事选择上，一是鼓励学前儿童根据经典故事进行改编，沿用故事的人物角色，在部分情节上可以做出创新；二是引导学前儿童自主创编故事，包括所有人物角色和故事情节，为学前儿童的尽情想象、创造提供空间。

（三）创建开放合作的互动模式与表演平台

皮影活动不仅可以以班级为单位进行，还可以打破班级界限，开展“大串门”活动（如图5），即各班不同类型的创意皮影（灯片皮影、剪纸皮影和线描皮影）进行开放互动。学前儿童自主选择串门地点、同伴、教师和材料，开展学前儿童间的互动和交往，并体验各种皮影的趣味玩法。

开展皮影巡演活动（如图6）。家长剧团、教师剧团、儿童剧团纷纷参与其中，学前儿童节到其他园所进行表演，分享快乐与欢笑；重阳节到社区进行表演，传递温暖与关爱。舞动的皮影带给表演者分享的快乐感受，也带给观影者观赏的愉悦体验。

图 5　四川省成都市第十三幼儿园“大串门”活动

图 6　儿童剧团进行皮影表演

新奇的玩法和层出不穷的挑战都是有效激发学前儿童兴趣的法宝。教师勤思考、多发现、会反思，学前儿童愿探索、多参与、会创造，皮影文化终将在幼儿园这片土地上孕育生长。

培养学前儿童的阅读习惯

阅读习惯是由实践巩固下来的阅读方式、方法、程序等的通称，即适应阅读所需要的、熟练的行为方式与思维定式。[81] 学前儿童的阅读习惯需要家长和教师的引导和支持。在疫情防控期间，学前儿童居家隔离时，除了日常的生活活动、体育锻炼、游戏活动，家长还可以有效利用这一特殊时期对学前儿童的阅读习惯进行培养，让宅家时光变得更有意义。

一、积极创设良好的阅读环境

阅读环境对于阅读习惯的养成起着至关重要的作用。尤其是学前儿童，注意力集中时间不长，极易受到外界因素的干扰。另外，为保护学前儿童的视力，还需考虑光线的因素。所以，在物质环境方面，第一，应尽量选择光线充足、空间适宜、相对安静的区域，为学前儿童开展阅读活动提供保障。第二，尽可能创设随时都能看到书、读到书的环境。家长可以把书放在学前儿童触手可及的地方，书不仅存在于书房，也可以在客厅、卧室等，让书成为生活的一部分，最大限度满足学前儿童的阅读需求。除此之外，学前儿童具有好模仿的特点，许多习惯的养成均来自家长最自然状态下对其的影响。所以，家长应以身作则，与学前儿童共处时能放下手中的电子产品，与书为伴。营造积极的家庭阅读氛围，让学前儿童在潜移默化中受到影响。

二、选择适合学前儿童的图书

学前儿童充满好奇心，他们对自己感兴趣的事物充满求知欲，愿意主动学习和探索，因此选择适合学前儿童的图书显得尤为重要。家长应辨别哪些图书适合学前儿童，应为每个年龄段的学前儿童选择何种类型的图书。学前儿童的思维以具体形象思维为主要特征，在选择图书时可以注意以下几点：

（一）适合学前儿童的书籍多为绘本

一般以图画为主，文字为辅，甚至是没有文字、全是图画的书籍。丰富的画面和少量的文字故事，能有效引导学前儿童仔细观察画面内容，深入探索画面中的细节。它能很好地帮助学前儿童逐步完成从图画形象到文字符号的过渡，是孩子在学前儿童时期的一个不错的阅读选择，对提升学前儿童的观察能力和批判性思维能力均有益处。例如，《好饿的毛毛虫》《鳄鱼怕怕牙医怕怕》《艾玛捉迷藏》，切忌选择大篇幅文字且画面不能展现故事内容的图书。

（二）选择具有文学价值和正面社会价值观的作品

主题突出、内容简单具体和积极健康、生动有趣的图书，符合学前儿童的认知经验，能够引发学前儿童的共鸣，激发其阅读的兴趣。例如，《我的幸运一天》《母鸡萝丝去散步》《三只小猪》等。

（三）选择色彩较鲜艳明亮且版面适宜的图书

尤其对于年龄偏小的学前儿童，应多选择以彩色调为主，单幅画页的图书。例如，《小蓝和小黄》《蚂蚁和西瓜》《大卫不可以》《大卫上学去》《大卫惹麻烦》等。

三、建立较为规律的阅读时间表

在培养学前儿童阅读习惯初期，家长与学前儿童一起商议，建立阅读时间表。例如，开展睡前小故事阅读，也可以在饭后、周末等时间安排专门的阅读活动。阅读时间的长短可以根据学前儿童的年龄和具体情况来定。学前儿童每次阅读的参考时间为：一般 3—4 岁学前儿童的阅读时间在 10 分钟左右；4—5 岁学前儿童的阅读时间在 15 分钟左右；5—6 岁学前儿童的阅读时间在 20 分钟左右。好习惯的养成不是一朝一夕之事，学前儿童年龄小，自制能力较弱，所以一旦形成规律，家长就要与学前儿童一起坚持，做到持之以恒。

四、给予充分的陪伴和正确的示范

家长的榜样示范固然重要，但对于年龄偏小的学前儿童，家长的参与也十分重要。高质量的亲子陪伴可以让阅读活动变得温馨有爱，如《爷爷一定有办法》《猜猜我有多爱你》《逃家小兔》和“宫西达也的恐龙系列绘本”，都是较好的亲子共读绘本。家长声情并茂地讲述故事或与学前儿童一起阅读，是提升孩子想象力、理解能力、思维能力的良好途径。在共读过程中，家长有效地回应学前儿童提出的问题，既能增进亲子感情，又能促进学前儿童建立对阅读的兴趣，为自主阅读奠定良好的基础。

另外，家长要适时对学前儿童读书的方式和习惯进行指导，及时矫正错误姿势，使之身体保持端正、自然放松的状态，眼睛距离书本一尺左右为宜；还需提醒学前儿童看书不能操之过急，要一页一页地轻轻翻，像爱护玩具一样爱护书本。

五、采取合理的正面引导方式

对于学前儿童来说，鼓励和肯定是他们成长过程中必不可少的“催化剂”。家长应观察学前儿童每天点滴的变化，看到他们的进步和努力，并提出具有实质性和针对性的表扬。例如，“你今天比昨天多阅读了5分钟哦，继续加油”，避免总是说“你真棒”“你真乖”之类没有具体导向的语言。家长也可以鼓励学前儿童扮演故事中的角色，充分发挥想象力，并在此基础上进行评价，表达赞美和肯定。这样既能有效提升学前儿童的语言表达能力和逻辑思维能力，还能帮助其树立自信心、提升思考能力、增强阅读兴趣。

当发现学前儿童总是频繁调换图书时，家长可以尝试与学前儿童沟通，找出真实原因。如果是对图书内容不感兴趣，家长应与学前儿童一起去逛书店，找到喜欢的书籍；如果是注意力无法集中，家长可以选购一些能提升注意力的书，比如迷宫书、相同与不同等类型的书籍。另外，还可以在亲子共读时，有意引导学前儿童增加注意力集中的时间，运用“遮挡”和“猜测”方法，让学前儿童猜测故事情节，让阅读变得充满悬念和趣味。

刘星颖：

四川省成都市盐道街小学528校区语文教师，小学二级教师，教育学硕士；曾多次参加各级各类教学观摩和赛课活动；参与撰写的《培养低段学生审美鉴赏力的儿童诗歌“三阶段”阅读教学策略研究》获成都市二等奖，《提升阅读思维的小学语文低段整本书阅读教学策略研究》获锦江区一等奖，制作的“微课”先后获得锦江区一、二等奖。

通过经典诵读，提升小学生的文学素养

文学素养指一个人在文学鉴赏、表达、创造等方面的能力，也反映了一个人的文学思维和价值观。低龄学前儿童文学素养的培育和提升可以以经典诵读的方式广为开展。它对低龄学前儿童传承传统文化意义重大，尤其是在其文学素养的培育和提升上更是起着潜移默化的引领作用。

但是，由于经典大多是文言文，生僻难懂，盲目让学前儿童诵读必然会产生“舌头打结，两眼晕”的尴尬局面，不但兴趣没有了，而且抵触情绪也会随之出现，又谈何文学素养的培育和提升呢？除此之外，目前对经典的学习形式、方法相对单一，并且大多浅尝辄止，那么，怎样科学带领学前儿童从小诵读经典，积淀和提升文学素养呢？

一、听经典，感知文学魅力

在人脑中，声音信号的传播速度比视觉信号的传播速度更快，所以从听觉入手，以听带读是个好方法。另外，对于学前儿童来说，语句短小、朗朗上口、韵律轻快的经典更容易被注意和识记，比如《三字经》《百家姓》《千字文》《弟子规》《声律启蒙》《小儿语》等。而当这些朗朗上口的经典以声音的形式传到学前儿童的耳朵里时，更能激发学前儿童的兴趣，引发学前儿童对经典的初步“好感”。听经典可以听古法吟唱的版本，比如吟诵大家孙永忠、石声淮、陈少松等名家作品，也可以听以古文为词新编的现代歌曲，比如赵照的《声律启蒙》、王菲的《但愿人长久》、李叔同的《送别》等。在韵律优美的声音的刺激下，学前儿童会自然而然地沉浸在古代语言的美韵和意境中，在享受美的同时开始欣赏美，探索美的源头，由此生发文学素养的种子。

二、读经典，积淀文学语言

经典诵读，强调“诵”字，也就是“熟”。光听还不行，还需要读出来，大量朗读直到熟悉，通过自己朗读的声音再次刺激大脑，眼耳并用地去感受古文的语言顺序、古人的表达习惯，这也正是学前儿童语感形成、语言积累和建构的学习过程。例如，典型的《声律启蒙》《笠翁对韵》《千家诗》等，节奏分明、韵律十足、语感强烈，学前儿童只有通过多读才能感悟韵语特点，发现韵语规律，并形成自己的韵感语感，为以后行文作诗做铺垫，由此打造文学素养的基石。以部编版小学语文课文《对韵歌》为例：

三、品经典，提升文学思维

当学前儿童口诵经典成为习惯后，接下来就是深入理解经典了。家长和教师应该帮助学前儿童对字、词、句进行理解和学习，通过将单纯的文字赋予意义和意境让学前儿童品读经典，品其中的遣词造句，品其中的意境美，品其中的精神、道理、思想、智慧等，并让学前儿童自主提问、主动寻求答案，在思考和总结中提升学前儿童的思维能力。以字斟句酌颇为讲究的中国古典诗词为例，部编版小学语文课文中的《江雪》“千山鸟飞绝”一句，之所以用“绝”而不用“尽”，是因为“绝”比“尽”多了一层“断干净”的含义;《望庐山瀑布》“飞流直下三千尺”，并非真的长达“三千尺”，而是用数字类的夸张手法描写瀑布的高度;《天净沙·秋思》中，仅仅以九种事物，用单纯的白描手法就能烘托出如此寂寥的残秋之景和人物的凄凉情感。对经典深入品读，化身其中进行反思、评论和创造，不就是学前儿童文化鉴赏力的提升过程，不就能激发学前儿童自己的文学原创力吗？

四、话经典，内化文学意识

家长、教师应该多鼓励学前儿童以自己的语言和思维逻辑将经典讲给旁人听，并加上自己的见解。可以通过家庭小舞台、课前三分钟、学校演讲平台等方式让学前儿童充分讲述，这样可以帮助学前儿童实现将书本语言转化为心理语言，再以口头语言表述出来的过程，促进文学意识的吸收和内化。

四川省成都市盐道街小学 528 校区 2018 级 4 班的课前三分钟演讲

五、演经典，滋养文学精神

通过多感官，声情并茂地将经典表演出来，是学前儿童深入经典情境、以主人翁的角色带入、情感饱满地将经典展现给他人的过程。这是学前儿童对经典文化内在精神的自信展现和表达，也是学前儿童综合文学素养的体现。作为家长或教师可以帮助学前儿童积极参与“演绎经典活动”，陶冶其情操，滋养其精神。例如，表演学前儿童剧《孟母三迁》《愚公移山》《司马光砸缸》《张良拜师》等。

四川省成都市“文轩教育杯”小学生阅读素养展评活动

借助博物馆资源，引领小学生走进传统文化

博物馆是中华民族悠久历史长河的印记，承载着民族智慧和精神，是学前儿童学习传统文化、感受民族情怀的经典空间和重要资源。我国博物馆分为历史类、艺术类、科学与技术类、综合类这四种类型，涉及了中华传统文化的内容，即以儒家、佛家、道家三家之学为支柱的思想、文字、语言以及六艺、书法、音乐、武术、曲艺、棋类、节日、民俗等。[82]

对于普通人而言，每年去博物馆的次数屈指可数，所以只凭借单纯的文物陈列展出向人们传递中国传统文化的效果并不尽如人意。对于小学生而言，触碰传统文化的方式更是大多仅止步于文物参观，并未达文化深处，作为传统文化重要继承者的小学生尚且都未了解文化，又谈何继承和创新呢？对此，如何借助博物馆资源，在考虑小学生年龄和知识水平特点的基础上，带领小学生走进传统文化呢？

一、参观博物馆文物展览，了解文化故事

文物是博物馆最显著的标志，承载着不同时期的古人故事、人民智慧和文化精神。参观文物展，带领小学生一起探索文物背后的故事和价值是他们了解传统文化的第一步，可以从文物相关的人物、事件以及文化要素等进行分析。例如：

文物名称	历史人物	历史事件	历史价值	文化收获
秦始皇陵兵马俑	秦始皇	修皇陵	1. 反映当时的行政制度、军队管理制度。 2. 反映当时的工匠水平。 3. 反映当时的服饰文化。 4. 反映当时社会背景下人们的生死观。 ……	1. 知道了秦国是我国历史上第一个专制主义中央集权制封建国家。 2. 了解了精湛的雕塑技艺。 3. 了解了秦汉服饰。 4. 了解了当时人们求仙以达长生不老的生死观。 ……
和氏璧	蔺相如	完璧归赵	1. 反映当时王权文化的象征。 2. 反映蔺相如身上的精神品质。 ……	1. 明白了和氏璧是王权、封建社会的象征，具有精神信仰的意义。 2. 学习蔺相如身上机智勇敢的品质以及强烈的爱国情怀。 ……

续表

文物名称	历史人物	历史事件	历史价值	文化收获
曾侯乙编钟	曾侯乙		1. 反映当时的青铜铸造工艺水平。 2. 反映当时音律科学的发展水平。 3. 反映当时人们的精神文化。 ……	1. 了解到浑铸、分铸等工艺。 2. 学到了采用“共振”原理进行发音的知识。 3. 了解了当时的礼乐文化。 ……

二、参加博物馆教育课程，汲取文化精髓

参加博物馆相关教育课程，学习专门的教材是小学生系统学习传统文化精髓的重要途径。我们可以通过博物馆公益讲座、网上云平台、电视节目等方式学习传统文化，涉及科学、艺术、制度、教育、历史、思想品德等方面，并开展沙龙，为小学生提供讨论交流的平台，打造传统文化学习共同体的学习氛围。例如，由中国国家博物馆和史家小学教师专家编写、人民美术出版社编辑出版的《中华传统文化——博物馆综合实践课程》系列教材[83]；杜甫草堂博物馆于 2012 年推出的“草堂一课”课程体系，教学内容包括两大系列、七大板块、二十多门课程，涵盖诗歌、书法、绘画、音乐、民俗等诸多方面，另外出版了包括《茅屋故事》《诗人之路》《传拓技艺》《奇妙的对联》《线装书制作》等 5 本科普读本[84]。与此同时，我们还可以鼓励小学生充当博物馆小小讲解员，在向别人讲解的同时不断加深对传统文化的理解，增强文化自豪感；也可以借助博物馆内“情景模拟互动”、3D 复原等，身临其境地感受文化魅力。

三、体验博物馆文创产品，增强文化认同

文创产品是将传统文化带入公众生活和家庭的重要载体。它是文化的符号，走进千家万户。我们可以带领小学生走进文创产业园区，欣赏文创产品，参与其中的制作，感受乐趣和先人智慧，加深文化认同。例如，我们可以去天艺・浓园艺术博览园学习传统蜀锦的制作工艺，可以去广安武胜剪纸体验基地体验传统剪纸的乐趣，可以去成都 1906 军民融合创意工厂用活字印刷术亲手印刷书本、用传统造纸术制作纸张，可以在绵竹年画博物馆的绵竹木版年画制作体验基地做一幅自己的年画，等等。

四、关注博物馆多元呈现，拓宽文化视野

利用“博物馆+”模式，即“博物馆+互联网”“博物馆+学校”“博物馆+传媒”“博物馆+综艺”等形式，让小学生多角度、多途径学习传统文化。例如，“博物馆+互联网”——线上VR虚拟展览；“博物馆+学校”——课程和讲座等；“博物馆+传媒”——电影《十二生肖》等；“博物馆+综艺”——《国家宝藏》《上新了·故宫》等。借助多元视听盛宴，小学生能接触到有关历史、人文、技艺、科学、艺术等多方面丰富的传统文化内容，多角度、多渠道拓宽文化视野，增强作为中国传统文化代言人的自豪和自信。

崔良晓：

四川省成都市武侯区西川实验学校历史教师，硕士毕业于华中师范大学中国近代史所；主要研究方向为中国近代史、中学历史教学；从教以来，获得多次市、区级奖励。

引导中学生热爱国学经典

国学经典作为中华传统文化的一部分，以其博大精深、历久弥新，彰显着中华文化的深邃之美。从楚辞汉赋到唐诗宋词，国学经典不仅是文化学术的精华，更是我们民族的共同记忆，形塑着每一个国人。作为一个中国人，只有了解了中国文化，才能够具备民族自信，才能够在多元价值观流行的当下，对事物作出更加清醒的评判。

初中生正处青春年少，是形成人生观、价值观、世界观的关键时期。在这一阶段，进一步提升道德修养、积淀人文素养显得十分重要。国学经典作为中华传统文化的组成部分，具备丰厚底蕴，提升审美；情意浸染，人格养成；自我教育，行为向导的价值与意义。[85]

近年来，全国大兴“国学热”，基础教育中更是不乏国学教育的身影，但是也存在不少浮于表面、急功近利的现象。如何才能真正引导中学生热爱国学经典，激发学生自身原动力，使得国学经典真正走入学生内心呢？

一、学校教育：切实合理的转化

在学校开展国学经典教育是激发学生兴趣、引导学生热爱国学的有效途径。学校应在符合学生成长规律的基础上，对国学经典进行切实合理的转化，更好地发挥出国学经典的育人作用。在学校，开展国学经典教育可以采取课内、课外结合的方法。

（一）课内：依托课程

国学经典教育与初中语文课程结合得非常密切，语文课程中渗透着国学经典教育。语文教材中的很多课文都从原著中抽取浓缩而来，教师在讲授时，可以借助国学经典原著拓宽学生的视野。例如，围绕课文内容，寻找对应的国学经典，从一篇课文引申到一部著作。教师还可以围绕单元学习主题，补充国学经典阅读。以此开发配合教材的校本课程，这样才会真正切合学生的学习规律，有效拓宽视野，激发兴趣。

在语文课程之外，文史学科、艺术学科与国学经典也有密切关联。教师在教授学生学科知识的同时，也可以依托国学经典，挖掘内在义理，汇成人文之泉，日渐形成一种精神、一种立场和一种文化追求[86]，激发学生对于国学经典的全面认知，引导学生热爱国学经典。

（二）课外：塑造氛围

通过课程进行挖掘有其局限性，想要更好地引导学生热爱国学经典，学校应该营造国学氛围，并通过校园环境、课外活动等方式，调动学生的兴趣，产生对学生的熏陶作用。

学校可以结合实际，开展“每日诵读”“国学知识竞赛”“诗词大会”“文史探究”等校园活动，并以朗诵、竞答、表演、书法等多种形式展示成果，激发学生对国学的热爱。

除了组织的活动外，学校还可以创设相关的校园文化，以给学生耳濡目染的文化浸润。

二、家庭教育：潜移默化的浸润

除了学校的引导外，家庭对于学生的影响也不可忽视。让孩子对国学产生兴趣、提升人文素养是一个潜移默化的过程，不是一蹴而就的，也不是不劳而获的。对于孩子的引导，一定是回归其自身的本性，绝不是把自己的想法和观念强加到孩子身上，而是让孩子拥有自我成长的权利。

因此，家庭教育中，家长也要以身作则，共同打造“书香家庭”。在尊重孩子意愿的前提下，循序渐进，共同制订计划。让孩子在放松愉悦的心情下，通过阅读、绘画、书法等多种形式，与国学经典和谐相处。

国学经典不仅是书本上的知识，更要知行合一。日常生活中的处世，更是提高孩子的国学素养的试炼地。家长在教导孩子成长的过程中，也可以潜移默化地渗透国学经典，通过传统文化中的智慧，让孩子树立正确的“三观”，让国学经典真正走入孩子的内心。

国学经典对于初中生而言是一个值得深入挖掘的精神宝库。要引导初中生热爱国学经典，需要学校教育的支撑：在课内依托课程，拓宽视野；在课外塑造氛围，浸润文化。此外还需要家庭教育的影响，在尊重孩子的前提下，营造氛围，知行合一。学校教育和家庭教育的融合，有助于激发学生的兴趣，让国学经典真正走入学生的内心。

在实地参观中，培养中学生的历史素养

现代社会要进行什么样的教育？培养什么样的人？余文森教授在《核心素养的内涵与意蕴》一文中指出，当今世界教育改革发展的共同趋势已经从知识教育走向能力教育、素养教育。[87] 伴随着课程教学改革的推进，各学科教育都将指向学生“核心素养”的培育。

要培养具有核心素养的综合性人才，历史学科作为人文学科的重要组成部分，是育人过程中不可或缺的要素。梁启超曾在《新史学》中提到：史学是最博大、最切要的学问，能起到“国民之明镜”“爱国心之源泉”的作用。[88] 历史学科的核心素养包含“唯物史观、时空观念、史料实证、历史解释、家国情怀”五个方面，历史学科教育践行着“立德树人”的根本任务。[89]

中学生想要培养自身的历史素养，不仅可以借助于课堂，还可以在实地参观中深入体验，丰富学习内容，发展学习能力，从而培养历史素养。正如卢梭在《爱弥儿》中指出：“我们的第一个哲学教师是自己的手脚和眼睛。如果用书本来代替实践，那我们学到的会是别人的推理结果，而自己永远也拥有不了推理的能力。”[90]《义务教育历史课程标准》中也明确指出，要多方面开发和利用校外历史课程资源。

“读万卷书，行万里路。”在现在的日常生活中，家长也经常带子女外出游

玩。而自 2016 年《关于推进中小学生研学旅行的意见》发布以来，研学旅行已经纳入到各级中小学的教育教学计划当中。[91] 出校园实地参观，更成为综合实践育人的有效途径。不论是家庭还是学校，如何在实地参观的过程中培养中学生的历史素养呢？

一、选择地点，形成主题

一方水土孕育一方文化，一方文化孕育一座城市。外出旅游、实地参观不仅可以观光娱乐，也是一种感知世界的方式。每个城市都有属于自己的地域特色，更有专属于它的历史文化。在“说走就走”的旅行前，提前选择地点，确定一场参观的主题，或许会有别样的收获。甚至在一座城市中，还有多种参观主题等待探索。笔者以成都为例，列举几类实际参观的主题：

（一）三国文化主题

三国文化本就是天府文化的重要组成部分，在成都影响深远。围绕三国文化，可以在成都游览武侯祠、锦里、万里桥、九里堤、赵云庙等。

（二）红色革命主题

成都作为抗战大后方，抗日战争时期号召川军出川作战，这份革命精神值得所有人铭记。围绕红色革命主题，可以在成都游览建川博物馆、红军长征纪念馆、人民公园保路运动纪念碑等。

（三）非物质文化遗产主题

成都的国家非物质文化遗产有 300 项左右，皆是劳动人民的智慧结晶。学生可以走进非物质文化遗产，感受传统文化。围绕非物质文化遗产主题，可以在成都游览成都蜀锦织绣博物馆、在川剧院观看川剧变脸等。

图 1　四川省成都市武侯区西川实验学校探究活动研学手册封面

现在不少学校在开展研学旅行时，都会编写研学手册，围绕不同主题，让学生们在研学中得以深度学习。如图 1 所示，四川省成都市武侯区西川实验学校组织了以“巴蜀文化”为主题的文史探究活动。在这次活动中，学生在研学手册的指引下，参观了四川省博物馆、金沙遗址博物馆，举行了历史知识竞赛。围绕“巴蜀文化”，整合多种活动，促进了学生对历史的主题式学习。

二、前置学习，确定问题

想要深入走进参观地，看到更多内容，前置学习必不可少。在实地参观之前，学生不妨利用网络提前查询资料，找出自己想要了解的问题。学生带着问题去参观，更有针对性，更能有所收获。而确定问题的过程中，还可以渗透历史素养的培育。示例如下：

（一）三国文化主题

史料实证：在武侯祠中，有哪些遗迹最具研究价值？（引导学生区分直接史料与间接史料）

时空观念：在参观中寻找三国势力分割图，了解三国鼎立的局面。

历史解释：结合可靠史料，评述一位你最感兴趣的三国人物。

（二）红色革命主题

史料实证：在参观中，你看到了哪些类型的史料？（引导学生了解史料的类别）

时空观念：梳理抗日战争时期的重大历史事件，按照时间顺序形成大事记。

家国情怀：在参观中，最让你感动的细节是什么？有哪些精神是一直激励我们前进的动力？

（三）非物质文化遗产主题

时空观念：什么是非物质文化遗产？其发展脉络是怎样的？

家国情怀：你看到了劳动人民的哪些智慧？如何才能更好地保护非物质文化遗产？

三、实地参观，寻找答案

在实地参观的过程中，如何寻找答案呢？一方面，学生可以留心展览的文字介绍，随时拍照、记录；另一方面，学生可以通过讲解员的讲解、交流，找到自己想要了解的内容。再者，学生还可以在参观中与其他参观者共同探讨。

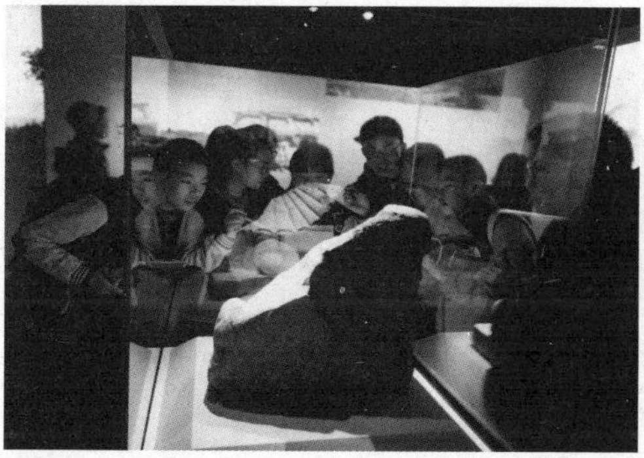

图 2 四川省成都市武侯区西川实验学校学生参观四川省博物馆

图 3 四川省成都市武侯区西川实验学校学生参观金沙遗址博物馆

图 2、图 3 所示为西川实验学校学生实地参观博物馆的场景。学生一边游览，一边记录，还不时与同学互相讨论。

四、游有所得，展现成果

在实地参观结束后，学生可以反思自己的问题是否得以解决，并将成果固化，游有所得。例如，学生可以使用思维导图的方式梳理参观所得，更可以围绕参观过程中最感兴趣的话题，形成研究性学习报告。

如图 4 所示，西川实验学校在研学旅行结束后，组织了研究性学习展示暨答辩活动。同学们以小组合作的方式，形成研学报告，真正体验了探究学习的魅力。例如，初 2021 届 2 班学生在参观三苏祠后，创作了《苏东坡的美食人生——饮食类诗词体现的人生哲学》等与苏东坡相关的研究性文章。这对于学生的探究性学习能力、逻辑思维都有很大的提升作用。

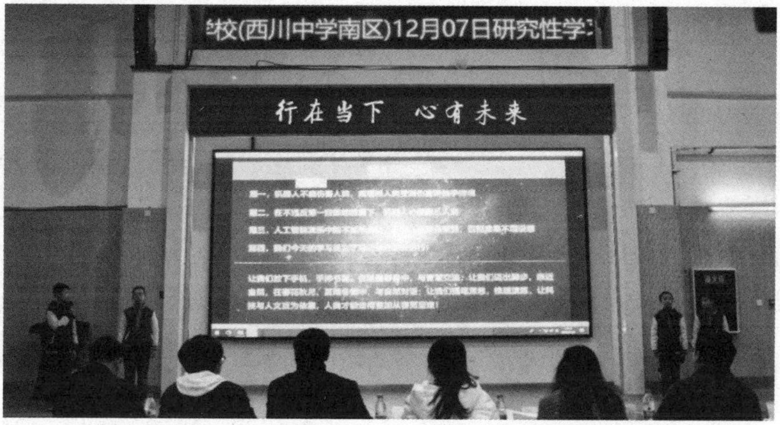

图 4 四川省成都市武侯区西川实验学校研究性学习展示暨答辩活动现场

《淮南子·氾论训》中说："故圣人以身体之。"学生的"生长"不仅要有各种书本知识的营养，还应该有身体力行的成长。在实地参观中，通过问题引领，让学生用眼观察，用耳聆听，用心感悟，用脑思考；让学生在实地参观中实现对历史文化的发现、认知、理解和情感升华，以培育其历史素养。

在家庭教育中，渗透君子内涵培养

"君子"一词古已有之，最早可以追溯到先秦时期。《诗经》中就有"未见君子，忧心忡忡"的描述，不过，这里的"君子"指的是男子、丈夫或是在位之人。在儒家经典《论语》中，"君子"一词出现过上百次。可以说，孔子赋予"君子"一词以新的含义。著名历史学家余英时曾说："'君子'之逐渐从身份地位的概念取得道德品质的内涵自然是一个长期演变的过程。这个过程大概在孔子以前早已开始，但却完成在孔子手里。"[92] 此后的几千年中华文明中，在不同时代，"君子"一词被赋予的含义不尽相同。但毋庸置疑，"君子"二字逐渐凝练成为中国人对理想人格的赞美与向往。

那么，如何在家庭教育中渗透君子内涵的培养呢？我们可以从以下三个方面进行：

一、解读内涵，清晰目标

或许正因为"君子"一词包含了许多美好的内涵，所以从古至今，我们很难找到对"君子"一词完整而准确的定义。中国人习惯于委婉的表达方式，擅长托物言志、借物喻人。而提及"君子"一词，中国人大多会想到"梅""兰""竹""菊"。如此一来，君子的内涵就会逐渐清晰。这也充分说明，中国人心目中的君子内涵虽稍显模糊，却也有着广泛的共性。

在当今时代下，"君子"一词必将被赋予新的时代内涵。但万变不离其宗，各家提法虽有所不同，但纵观古今，君子身上必然蕴藏着时代所需要的"正能量"。所以，深厚的家国情怀、高尚的道德规范、丰富的文化修养、杰出的人格精神，是培养君子内涵的过程中不可忽视的四个目标。

二、连贯一致，形成合力

君子内涵虽然广泛，但"德才兼备"始终是君子内涵的精髓。按照现代教育的观点，君子内涵的培养与习得不仅仅是知识技能的增长，更是道德品质的培养与塑造。换句话说，君子内涵的培养有着浓厚的德育工作属性。

在现代教育的分工中，学校教育和家庭教育都承担着对孩子进行德育的任务。因为学校教育由于学段制度的客观存在，不可避免地会受到外界环境变化所带来的影响，所以家庭教育在广泛性与一致性上无疑更具有优势。也就是说，家庭教育是培养君子内涵最好的土壤。正因为家庭教育有着时间、空间、场域上连续性的教育优势，所以家庭教育在进行君子内涵培养时更应该有目的、有规划、有阶段，以形成系统性。同时，在家庭成员之间，也应该形成教育共识，让各个成员在家庭这个教育场域生成合力，只有目标统一，施以合力，才能达到效果。

三、合理引导，潜移默化

德育是对一个人的心态、意志甚至是价值观的教育与引导，是对一个人思想的深度改造，比单纯的知识传授难度更大。君子内涵中的家国情怀、道德规范、文化修养、人格精神，不仅仅有知识、技能的习得，更多的是思想的塑造与升华。所以，家庭教育在培养君子内涵的过程中也应该注重技巧，因时制宜。

知识的积累可以靠传授来解决，而思想的培养不仅是一个更长期的过程，也是很难靠说教、管理等方法达成目的的。所以，家庭教育需要耐心，不能急于求成，而应当营造出一个合理的教育场域，尽可能地将家庭中的一切资源转变为教育的资源，让孩子浸润其中，潜移默化。孩子能够在家庭中受到充分的影响，遇到足够的教育契机，家长再适时引导，长此以往，孩子一定能够积淀深厚的君子涵养。

君子内涵不仅是“才高八斗，学富五车”，更是一种“梅兰竹菊”的道德品行。家庭教育在渗透君子内涵的过程中，不仅要注重知识、能力的培养，更要遵循德育的规律：目标清晰、系统连贯、润物无声。这样的家庭教育才能琢玉成器，培养出谦谦君子，卓尔不群。

第三节　艺术审美

安慧：

四川省成都市第十三幼儿园教师，本科学历，中小学二级教师，园骨干教师，现任班组班长及年级组长；多次参与小专题研究及撰写工作，研究成果获区、市的一、二等奖。

培养学前儿童的绘画审美能力

《幼儿园教育指导纲要（试行）》中指出："艺术是幼儿另一种表达认识和情感的语言。幼儿艺术教育应引导幼儿接触生活中的美好事物，激发幼儿感受美、表现美的情趣，丰富幼儿的审美经验，使之体验自由表达和创造的快乐。"绘画是学前儿童使用最多的艺术表达方式。但在教育实践中，可供学前儿童欣赏的绘画作品单一，且在欣赏中，学前儿童缺乏主体地位，对作品的绘画特征和美学特质未能充分地感知和体验。那么应该如何培养学前儿童的绘画审美能力，从而促进学前儿童艺术性的创作和表达呢？

一、了解学前儿童绘画审美能力的特点

学前儿童的审美能力由于受自身思维能力和绘画经验的影响，其表现出独特的审美能力特点：

1. 率性天真——学前儿童稚拙天真，对美的感受是自发性的、瞬间的、真实的。

2. 稚拙夸张——学前儿童喜欢简单、造型夸大的形象，如动作幅度大、色彩强烈的。

3. 动态开放——学前儿童喜欢有趣的、活动的对象，如动态的人、汽车等。[93]

二、培养学前儿童绘画审美能力的方法

（一）选择适合学前儿童赏析的绘画作品

1. 选择贴合学前儿童生活经验的绘画作品

学前儿童的审美与成人不同，因此需要选择贴合学前儿童生活经验的、为他们所熟悉的内容，比如描绘学前儿童生活的，描绘动物、自然景物的内容。例如，作品《多姿多彩的日子》中用颜色来表达日常生活中做某件事产生的情绪，将颜色和情绪结合，容易调动学前儿童的生活经验，从而引起共鸣。

2. 选择风格多元的绘画作品

不同风格、流派、文化背景的绘画作品有着自身的特征，学前儿童也会对其产生不同的感受。欣赏不同绘画方式对美的表达，有助于丰富学前儿童对美的经验，促进自身的创造性表达。例如，中国画中的人物画、花鸟画比较适合学前儿童赏析。

3. 选择经典的名家作品

经典的名家作品无论是颜色、构图，还是情绪、情感的表达都具有很强的艺术性，是学前儿童欣赏、感受美的重要资源。例如，梵高的《向日葵》，主色调明显，符合学前儿童对色彩比较敏感的特点。它以黄色作为主色调，温暖充实，线条明快简洁，造型清晰明朗，对象是学前儿童熟知并喜欢表现的事物。

（二）支持学前儿童多感官欣赏绘画作品

学前儿童在欣赏美的事物时，常常有直观的动作表现，或是一直盯着看，或是向美的事物移动，或是用手指，抑或是用嘴说，多种感官协同体验。除前述方法之外，还可以通过播放背景音乐或讲述创作故事的方式，充分调动学前儿童视、听、触等多种感官来欣赏、体验作品所表现的意境。

（三）鼓励学前儿童对绘画赏析内容进行多种方式的表达

1. 在对话中大胆表达

通过艺术性的提问，鼓励学前儿童谈论绘画作品唤起了他们的哪种情感，让他们想到了什么，并描述他们看到了哪些绘画元素，带来了怎样的感受。常用的提问有：欣赏这幅画，你的心情怎么样？你喜欢画里的哪个线条，为什么？你觉得为什么画家选择这些颜色？如果你也要像画家一样表达高兴，你会选择什么颜色？

2. 在绘画作品创作中流露真情

学前儿童对美术作品的情感体验，可以通过自己绘画的形式进行直观表达。或许学前儿童不能完全体会作品的情感，但结合自身生活经验理解后进行的绘画

创作才是真情流露。经过想象，不仅丰富了学前儿童的情感体验，同时也提升了绘画表现力水平。

引导学前儿童在音乐欣赏活动中感受美

音乐欣赏是指通过环境预设让儿童聆听适宜的音乐，使其感官受到刺激，从而获得音乐经验和情感体验，并产生对音乐的简单联想，进一步增加对音乐的探究兴趣的过程。[94]

学前儿童可以通过接触内容丰富、形式多样的音乐作品，开阔音乐视野，丰富音乐经验，初步培养和提升感受美、鉴赏美、表现美的能力及审美情趣。但在实际活动中，常常存在忽视学前儿童的感知与体验、偏重"教"的现象，学前儿童变成了被动听音乐的机器。那么在音乐欣赏活动中应该如何正确引导学前儿童去感受美呢?

一、创设适合学前儿童进行音乐欣赏的环境

（一）创设学前儿童可随处听到音乐的环境

让音乐融入学前儿童的一日生活环节中，给予学前儿童潜移默化的熏陶，以培养学前儿童对音乐的兴趣及欣赏能力。例如，在就餐时播放舒缓的《水边的阿狄丽娜》《春之歌》等，营造轻松舒适的就餐环境；午睡时播放夜曲、摇篮曲等，放松学前儿童的情绪；收玩具时播放《玩具进行曲》《彩虹的约定》等，引导学前儿童快速地整理玩具材料等。

表1：适合一日生活环节中使用的音乐

环节	音乐类型	曲目推荐
就餐	蓝调、中国古典曲风、民谣（器乐作品）等舒缓的乐曲	《钢琴蓝调》 《彩云追月》
午睡	夜曲、摇篮曲等浪漫曲风	《小夜曲》 《摇篮曲》
户外游戏	波尔卡、儿歌等活泼的乐曲	《微笑波尔卡》 《单簧波尔卡》

（二）创设自由宽松的音乐赏析心理环境

音乐欣赏重在引导学前儿童感受、想象、体验音乐创造的意境以及音乐表达

的情绪情感，而不是简单地看学前儿童是否知道了什么、学会了什么。因此，在音乐赏析中应以学前儿童为本位，尊重学前儿童真实的情绪情感体验以及个性化的表达，引导其保持稳定、专注的情绪，静下来去感受音乐的节奏、韵律，想象音乐所传递的情感、画面，等等。

二、选择适合学前儿童赏析的音乐作品

（一）选择与学前儿童生活经验相关的作品

学前儿童欣赏音乐是直观性的感受。只有贴近学前儿童生活经验的音乐，才能被学前儿童很好地理解和接受，从而促使学前儿童主动地进行欣赏和感知。例如，歌曲《我爱妈妈》，学前儿童结合自己和妈妈相处时常做的事，理解歌词的含义，体会和妈妈在一起的温暖和幸福。

（二）选择专为学前儿童创作的音乐童话作品

这类音乐作品所描述的形象鲜明，主题明确，内容对学前儿童来说也较为熟悉。同时故事情节生动，既能引起学前儿童的兴趣，也较易引起学前儿童情感上的共鸣，便于他们感受、理解。例如，《龟兔赛跑》（史真荣作曲）、《狮子王》《洋娃娃和小熊跳舞》《彼得和狼》（普罗柯菲耶夫作曲）等。

（三）选择适合学前儿童的名家作品、经典作品

优秀的经典作品历经时间的验证，具有非常高的艺术价值。选择融入了多元文化、题材不同、风格迥异的优秀音乐作品供学前儿童欣赏，从而拓宽学前儿童的视野。例如，西方古典音乐（《欢乐颂》《土耳其进行曲》《小星星变奏曲》等）、民族民间音乐（《茉莉花》《春节序曲》《化蝶》等）。

具有艺术性的优秀音乐作品非常多，学前儿童也会在欣赏中不断积累，形成自身的偏好。成人可以在实践中创建一个学前儿童喜闻乐见的私人定制音乐曲库，便于其随时倾听和欣赏。

三、引导学前儿童运用多种方式表达音乐赏析的感受

（一）在对话中表达

启发式的提问可以促进学前儿童将自身经验与音乐感受相结合并深入体验，引导学前儿童进行自主想象。常用的启发式提问有："你喜欢这段音乐吗，为什么？""在这段音乐里，你听到了哪些声音？""你们知道这是什么乐器演奏的吗？""听到这段音乐，你想到了什么？""在听到这段音乐时，你最想做什么事情？"同时，成人应尊重学前儿童对音乐真实的感受。

（二）在动作中表达

音乐的旋律起伏、节奏变化使人的身体不由地随着律动。因此用肢体动作的变化来感受音高、节奏等音乐要素的变化，使抽象化的音乐随肢体动作的变化而形象化，同时也帮助学前儿童更好地理解音乐特征。例如，《高高低低》一曲，学前儿童通过从下往上伸展身体感受音阶的逐渐升高，通过从上往下蜷缩身体感受音阶逐渐降低。

（三）在故事表演中表达

故事是音乐欣赏中使用频率较高的一种形式，有预设好的故事，也有完全由学前儿童欣赏音乐后发挥想象力和创造力创编的故事。学前儿童通过全身心地参与故事表演，再现音乐的画面感，从而丰富对音乐赏析的情感体验。

（四）在绘画中表达

绘画是学前儿童的常用语言。也许有限的词汇不足以表达学前儿童对音乐的欣赏感受，但绘画的色彩、线条、形象等形式，能很好地呈现音乐带给他的直观感受。以音乐做背景，学前儿童根据感受到的乐曲特点、情绪情感进行自由创作，以更形象的方式表达感受到的美。

罗珊：

四川省成都市盐道街小学通桂校区教师，南京师范大学教育学硕士；先后获得区级“科研先进个人”“教坛新秀”“骨干教师”“优秀班主任”的荣誉称号；论文曾获国家级一等奖、成都市一等奖和三等奖、区一等奖。

培养小学生的审美情趣

2016年9月13日，中国学生发展核心素养研究成果发布会在北京师范大学举行，会上公布了中国学生发展核心素养的总体框架（图1）及基本内涵。学生发展核心素养，主要指学生应具备的，能够适应终身发展和社会发展需要的必备品格和关键能力。《中国学生发展核心素养》对审美情趣的内涵界定如下：“具有艺术知识、技能与方法的积累；能理解和尊重文化艺术的多样性，具有发现、感知、欣赏、评价美的意识和基本能力；具有健康的审美价值取向；具有艺术表达和创意表现的兴趣和意识，能在生活中拓展和升华美等。”[95]

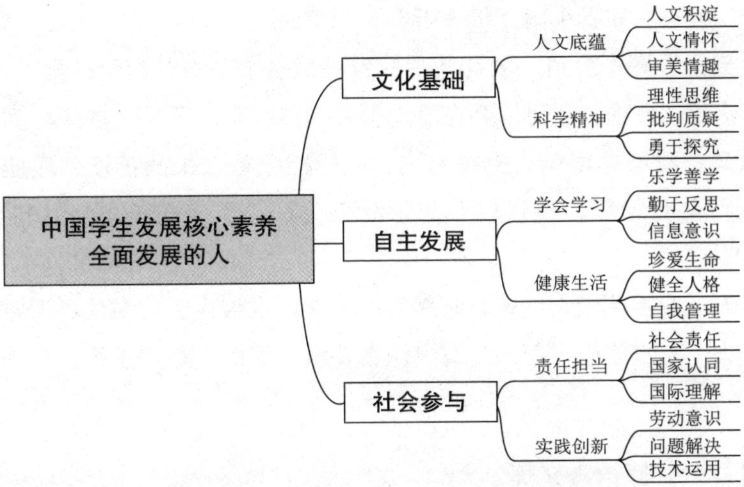

图 1　中国学生发展核心素养

审美情趣决定着小学生的审美标准，对小学生的审美观有重要的影响。在进入小学前，小学生在社会、家庭、幼儿园的直接或间接的影响下，已经萌发出一些简单的、不自觉的审美意识。这种审美意识的萌芽，是培养审美情趣的有利基础。

小学生的学习具有直观性、形象性的特点，因此宜借助多种资源，采取多种形式，对小学生进行审美情趣教育。查阅诸多文献发现：就目前而言，学生审美情趣的养成主要依托于音乐、美术、语文等学科的课堂教学，囿于课堂的时空限制，“相对更加注重知识积累、相关能力提高，价值取向、艺术表达和创作能力等方面，距离‘全面发展’所要求的审美情趣养成还有很大的距离。”[96]

审美情趣的各个内涵并非单独存在，它们紧密联系，互相影响。日常生活中，可以通过一系列活动使它们得到提升，从而帮助小学生养成良好的审美情趣。

培养小学生良好的审美情趣，有以下这些方式：

一、走进自然，欣赏自然美

庄子有云：“天地有大美而不言。”大自然当中的日月星辰、山川草木、花鸟鱼虫、园林四野，无一不是培养小学生审美情趣的宝贵资源。我们可以充分调动小学生的视、听、味、嗅、触等多种感官，来感受、欣赏大自然的美。

1. 春天，看看冰雪融化，聆听泉水叮咚；看草长莺飞、杨柳拂堤；捉捉蝌蚪，扑扑蝴蝶；挖挖蕨菜，吹吹蒲公英；若是晴天，躺在草地上，听鸟儿歌唱；

若是雨天，触一触如酥小雨，听一听春天的序曲。

2. 夏天，看梅子金黄、麦花雪白；看蜻蜓点水、蝴蝶蹁跹；尝一片薄荷叶，品一口茉莉茶；夜晚，还可以躺在草地上听蝉鸣蛙叫，观斗转星移。

3. 秋天，看层林尽染、大雁南飞；闻丹桂飘香，采桂花瓣，酿桂花蜜，品桂花膏；待落叶飘零，还可以收集形状各异、色彩缤纷的落叶，创作一幅树叶画。

4. 冬天，看雪花漫天飞舞，听踩雪的声响，堆雪人、打雪仗、滑雪橇；赏雾凇挂满枝头，宛如琼树银花；观梅之傲霜斗雪，闻梅之黯然幽香，品梅花茶之酸苦回甘。

二、走进社会，体悟人文美

“只有学会欣赏自己，才能学会欣赏他人，从而享受欣赏与被欣赏的乐趣。”[97] 从入学开始，我们就应对小学生进行美的浸润：端正的坐姿是美；挺拔的站姿是美；衣着美观大方是美；言谈举止文明有礼也是美。这样，审美情趣的种子便在小学生的心中萌芽了。

在学会欣赏自己的同时，也要去欣赏他人，引导小学生去发现美、感受美，使他们的审美情趣不断提升。我们可以请小学生这样做：

1. 为班上的每位同学写 3 个优点（不能重复），制作成小卡片，送给他们。

2. 选择某一个职业的某个普通工作者（环卫工人、警察、医生等），观察并记录他的一天，为他画一幅画或是写两句感谢的话送给他。

3. 了解一些值得敬佩的人和故事，例如，诺奖获得者屠呦呦以身试药的故事，“药神”陆勇免费为病友代购“格列卫”的故事，“疫情吹哨人”李文亮医生的故事等，为他们写一段颁奖词。

三、走进艺术，品味艺术美

艺术来源于生活，又高于生活。品味艺术之美，是培养小学生审美情趣的不可替代的重要途径。

（一）感受音乐美

1. 让音乐渗透到小学生的日常生活中。清晨起床时用一段音乐替代闹铃，曲目可以根据小学生的喜好来选择：欢快的歌曲《小跳蛙》《Love Song》《快乐的牧羊人》，欢快的轻音乐《森林狂想曲》《小狗圆舞曲》《G 大调小步舞曲》《土耳其进行曲》，宛转悠扬的音乐《晨曲》《早晨的空气》等。夜晚入睡时，可以为小学生播放《月光奏鸣曲》《私密的庭院》《舒伯特摇篮曲》之类舒缓的轻音乐来助眠，让音乐润物细无声，提升小学生的审美情趣。

2. 将音乐与其他活动融合。例如，在春天外出游玩时，在路上可以欣赏儿童歌曲《春天》或轻音乐《春野》《四月之春》，和小学生聊一聊眼前浮现出怎样的画面。在大自然中畅游时，可以和小学生一起随着音乐唱歌或跳舞；还可以让小学生听着音乐作画或者做手工。在充满春意的音乐中，赏春之景，唱春之歌，跳春之舞，绘春之画，以此提高小学生之审美情趣。

3. 在特定的节日或节气举办家庭音乐会。以中国传统节日春节为例，除夕时，可以在家中布置一个小舞台，家庭中的每一位成员可以唱一首歌，或者伴着音乐跳舞、吟诗、作画，等等。

4. 听一听音乐会、演唱会，看一看音乐剧。日本大师级音乐家久石让的《宫崎骏动漫作品演奏会》是每位小学生不可错过的听觉盛宴；四川交响乐团每年举办的新年音乐会也是培养小学生音乐审美情趣的不二选择。

（二）欣赏绘画美

1. 日常阅读熏陶

画展可能并非随时都有，所以阅读一些唯美的图书是个不错的选择。下面将这些图书分享给大家：

《诗歌里的二十四节气》用精美的插画描绘了二十四节气轮换的步伐，每一个节气都借由一首古诗来诠释，用自然的语言将古诗讲述得生动有趣，让小学生在接受中国传统文化熏陶的同时，感受自然与风物，感受纯粹和至美。

《天亮了，打开窗子吧》通过一幅幅油画，借由一幕又一幕的“日常风光”，可以让小学生透过绮丽的光和绚丽的色彩，欣赏光影与色彩的愉悦共舞，感受每一个瞬间的美好。

《花神公主与小马驹》是法国纸艺大师菲利普·于什的最新作品，是古典装饰画风和多变几何图形完美结合的充满诗意和巧思的立体艺术品。

《从一粒种子开始》描绘了一粒小小的种子成长为一棵参天大树，并滋养世界的全过程。“独特的蚀刻版画，大幅的精美插图，如诗的优美文字，带我们一起领略自然的美！”[98]

2. 艺术作品欣赏

艺术作品欣赏是培养小学生绘画审美情趣的有力途径。以波点元素为标志的草间弥生的作品、以线条和米子星为符号的米罗的作品以及以格子为元素的蒙德里安的作品，都是小学生绘画启蒙的绝佳选择。

第一组：草间弥生作品

第二组：米罗作品

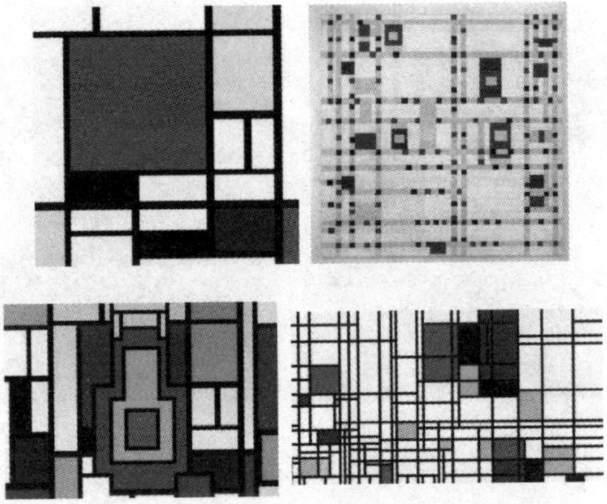

第三组：蒙德里安作品

3. 鼓励小学生进行仿创

为小学生提供丰富的绘画资源，鼓励他们仿画、创画。欣赏小学生的作品时，不要以“线条画得直不直，圆圈画得圆不圆”或是“跟大师的作品画得像不像”作为标准来评价他们，这样往往会打击他们的表达积极性，扼杀他们的创造力。为小学生营造一个自由、尊重、接纳的创作氛围，鼓励小学生从大师作品当中汲取构图、造型、色彩、形式、技法以及作品表达的情感等某方面的精髓，大胆想象，创作出具有自己独特风格的作品，有利于小学生审美情趣的养成和健全人格的发展。

（三）品味文学美

文学具有“以美启真”“以美引善”“以美怡情”的得天独厚的文本优势，是培养小学生审美情趣的有利资源。

1. 诗歌

“诵读是变文字符号为可感的视觉和听觉最有效的办法。”[99] 在读正确、读流利、读出情感的基础上，入情入境，品味古诗之音韵美、意象美、语言美、哲理美，体味诗中情、诗中意、诗中韵味、诗中意境、诗中哲理，小学生的审美情趣便得到了滋养。

吟唱是古代人民“读”诗歌的重要方式。吟唱有助于品味诗歌的诗情和意趣，陶冶情操，使审美情趣得到提升。

除了吟唱、诵读外，还可以鼓励小学生融诗入画，将诗中读到的意象和读诗产生的想象画下来。下面 3 幅画是四川省成都市盐道街小学通桂校区二年级 18 班学生的作品，他们带着自己的所感所悟，将古诗融入绘画中，真乃“画中有诗”。

《绝句》肖歆瑜

《晓出净慈寺送林子方》王俊皓

《月下独酌》杨皓夫

2. 童话

童话是小学生的天使。它因曲折离奇的故事情节、鲜明的人物形象、充满趣味的语言和丰富的想象力，而使小学生乐在其中。小学生在童话里收获着纯真与快乐，驰骋着幻想，升华着情感。童话可不止一种“读”法，可以读童话故事、评童话角色、画童话人物、演童话剧、创编童话，玩出不同的花样，读出不同的乐趣。

（四）领会建筑美

“介绍以古建筑为主体的传统人文景观，可以让小学生们认识到先辈们创造的珍贵艺术文化，领略富有民族特色的人文建筑风格，引导他们热爱大自然、加强环保意识，陶冶健康的审美情趣，提高各自的审美鉴赏能力，[100]”从而达成提升小学生艺术修养的目标。四川省成都市就有许多著名的古建筑：传为唐代女诗人薛涛（759—831年）的旧居——望江楼古建筑群；唐代大诗人杜甫流寓成都时的故居——成都杜甫草堂博物馆；享有“三国圣地”之美誉，也是全世界影响最大的三国遗迹博物馆——成都武侯祠博物馆，都值得反复欣赏、品味。我们可以给小学生提供这样一些选择：

1. 请小学生拍照，用照片记录古建筑的独特之美；

2. 带上画纸、画笔，现场写生；

3. 吟诵相关诗词；

4. 为古建筑设计宣传语和宣传海报。

走进大自然、走进社会、走进艺术是培养小学生审美情趣的有效途径。相信在自然美、人文美、艺术美的滋养下，小学生一定能培养良好的审美情趣。

提升小学生的艺术修养

修养是指人的综合素质。“而艺术修养主要集中体现在思想、知识、情感、艺术四个方面。”[101]

提升艺术修养，是一个长期的、缓慢的积累和内化的过程，最主要的途径是艺术教育。这里所指的艺术教育，包含社会教育、学校教育和家庭教育三个部分。

艺术教育在当下已经受到普遍重视，但仍然存在些许问题，主要体现在以下两方面：“一是艺术审美趣味低俗化的偏向。市场经济导致了‘消费文化’的产生，大众的（市场的）审美趣味主宰或决定了艺术的走向。一些电视娱乐节目也走进了‘娱乐至上’的怪圈，对‘快感’的追求替代了对‘美感’的追求，内容肤浅，格调庸俗。二是艺术教育中人文成分的缺失。片面理解艺术修养，把艺术教育技巧化、技术化。艺术教育的目的似乎就是要学生学会唱歌、跳舞、绘画、雕塑、设计等的技巧。”[102] 在教学时通常关注技术层面的问题，只是“术”这一个层面，而容易忽略“艺”这个层面，因而并非真正的“艺术”。因此，小学生的艺术修养往往很难得到提升。

想要提升小学生的艺术修养可以这样做：

一、社会应营造良好的艺术氛围

（一）大众媒体要充分发挥正面导向作用

坚决抵制低级趣味，坚守“品质、品味、品格”，切实提高娱乐节目的精神文化内涵，注重节目的文化功能、教育功能和审美功能。特别是以小学生为受众的幼儿节目，质量参差不齐，许多动画片甚至充斥着暴力镜头和成人元素，对小学生产生了不良影响，应加强审核。

（二）社会公共机构积极参与

艺术博物馆可以尝试针对不同年龄段的小学生，构建由浅入深、由低阶向高阶的艺术课程体系。创设丰富的游戏环节，例如，手工制作、猜谜、游戏等，激发小学生的学习兴趣。为小学生提供丰富多样的材料，鼓励小学生在参观完展览后，根据自己的所见、所闻、所触、所感、所想进行再创作。

（三）艺术家积极参与

艺术家要创造出贴近生活、切入现实、承载着人的真情实感，体现出人文情怀，蕴涵着知识学养、创造精神和艺术理想的佳作，充分发挥艺术陶冶情操、增强审美意识、提升艺术修养的作用。

二、学校应优化课程体系

（一）提升已有艺术类课程的价值

1. 加强小学生艺术知识的积累。艺术知识是艺术修养的最基本成分。“没有京剧的相关知识，不了解京剧的表演程式、唱腔、脸谱、念白等，就无法享受京剧的艺术美；不懂得‘笔墨意韵’‘勾皴擦点染’，就不能体悟中国画笔墨之精妙、意境之高远、情趣之玄妙、思想之深邃。”[103] 所以，加强小学生艺术知识的积累就显得尤为重要。

2. 强化小学生艺术情感的培养。情感是艺术的重要特征，没有情感的作品是空洞的，伟大的艺术作品往往饱含作者内心深刻的、高尚的情感，通过作品与欣赏者产生心灵的共振。例如，教画菊花，可以先介绍菊花的实用价值和人文品性。菊花可以泡茶、煎汤、浸酒，或入丸、散，有降血压、明目、提神的作用。为什么菊花自古便受到文人墨客的喜爱，被冠以“花中四君子”的雅号呢？“何秋菊之可奇兮，独华茂乎凝霜”是菊傲霜挺立的风骨；“宁可抱香枝上老，不随黄叶舞秋风”是菊洁身自好的气节；“不是花中偏爱菊，迟开都为让群芳”是菊义让群芳的品德。在介绍完菊花的实用价值的基础上，带着小学生体味古今诗人抑或画家对菊的情感，再引导小学生以纯真的心境来创作菊花，方能使“艺”和“术”相互融合，进而切实提升小学生的艺术修养。

（二）构建系统的艺术课程体系

在已有的音乐、美术、书法等国家课程的基础上，学校可以构建系统的艺术课程体系，作为本校的校本课程（表 1）。针对小学生的年龄特征，在不同的年级设置不同的艺术课程，使每一位学生都参与其中。这样，小学生从新生入学到毕业的 6 年时间，可以深入学习 6 种艺术课程，切切实实地在这些课程当中习得艺术知识、艺术技巧，陶冶艺术精神，从而提高艺术修养。

表 1　小学艺术校本课程设置

年级	校本艺术课程
一年级	创意手工
二年级	武术或艺术体操
三年级	皮影戏或手影戏
四年级	陶艺或泥塑
五年级	国画、素描或油画
六年级	古典音乐赏析或戏曲赏析

（三）搭建广阔的活动平台

各式各样的艺术活动是一种良好的隐性课程。开展各式各样的艺术比赛或展演活动，让学生成为舞台的主角；开展艺术夏令营活动，在活动当中游——感知美，做——创造美，评——欣赏美。在做中学，在做中提升学生的艺术修养。

三、家庭应创设物化条件

（一）提供与艺术面对面的机会

通过参观画展、聆听音乐会、欣赏书法作品展等活动，让小学生直面艺术作品，在高雅的艺术作品中受到熏陶，提升艺术修养。

（二）提供持续学习某种艺术课程的机会

通过参加各种活动，帮助小学生发掘、了解自己的艺术兴趣点；甄选优质的艺术培训机构，为小学生持续、深入地学习提供有力支撑。

（三）关注小学生艺术修养提升的过程本身

艺术教育不可急于求成、过于功利化，不应以考级或参赛作为唯一目的，应注重学习过程本身的价值。荀子有云："积善成德，而神明自得，圣心备焉。"

相信，通过社会教育、学校教育、家庭教育都朝着提升小学生艺术修养这一共同目标而共同努力，小学生的艺术修养定会得到很大程度的提升。

罗琪：

四川省成都市武侯区西川实验学校音乐教师，艺术学硕士，毕业于四川师范大学音乐学院；主要研究方向为声乐演唱与教学、音乐教育。

中学生艺术审美认知发展的阶段与特点

我们将审美感觉器官对审美对象的感知能力称为艺术审美认知。初中阶段的学生生理、心理逐渐成熟，获得知识和信息的途径增多，知识范围也随之扩大，想象力也越来越丰富，在艺术审美上形成了自己的初步体验。这一时期学生的审美素材主要来源于音乐美术课程、书籍、网络等，他们喜欢音乐、美术课并热衷于关注他们感兴趣的艺术作品。

就音乐这门学科来说，七年级的学生刚刚告别小学生活，心理上还保持着小学时的天真烂漫、无忧无虑，内心世界丰富，对一切都充满了好奇。八年级的学生学习压力增大，作业量多，状态相对紧张，只对自己喜爱的作品才会表现出极大的兴趣。同时，这一时期的多数学生进入了变声期，相比歌唱课，他们更喜欢欣赏课、音乐拓展课、音乐游戏课，并且只对自己喜欢的作品感兴趣，例如，流行音乐、摇滚乐。这一时期的学生的审美认知特点主要表现为：

一、审美素材增多

审美素材增多，丰富了学生对艺术美的认识，加快了对美的事物敞开心扉的速度。孩子在进入初中后，随着获取知识的渠道增加，脑海中存储的信息也越来越多，思维能力有所提高。在此期间，学生接触到的艺术作品种类也越来越多。除了艺术类课程上接触到的，他们甚至可以通过语文、历史等学科，或课外书籍和网络平台等渠道去了解、探索。

二、审美理解能力提高

伴随着审美范围的扩大，学生的审美感知逐渐多样化，审美认知能力也进一步提高。学生对审美对象的认知不再只停留于表面，他们对审美对象背后的内涵和特征表现出了更强烈的兴趣，并试图去理解。加德纳指出：这一时期是孩子审美感知发展的转变时期，他们从严格的字面意义的束缚中解脱出来。这一时期也是实施艺术训练的最佳时期。

例如，在欣赏音乐剧时，他们不仅能够抓住音乐剧中所呈现的细节：场景布置、角色妆容、歌曲风格等，也能探索总结出音乐剧的特点。图 1 便是学生通过观看音乐剧《猫》的几个片段所归纳出来的音乐剧的特点。

图 1　观看音乐剧《猫》片段并归纳特点

三、审美感受更加鲜明

初中阶段的孩子的自我意识渐渐觉醒，他们开始自主选择审美对象，并能对其作出评价。在他们的心里，美不是唯一标准化的，他们开始发表出对美的事物的不同看法，流露出对美的不同追求，即你认为这是美的，我却不这么认为。这种鲜明的审美感受是学生审美认知的又一次进步。

一方面，他们表现出了对某一事物的偏爱，如崇拜歌星，对自己喜欢的作品爱不释手，或者对喜欢的歌曲百听不厌。另一方面，学生之间的审美也存在个体差异，如欣赏音乐作品时，有些孩子能够完全沉浸在其中，甚至在听一两次后就全面而透彻地理解了这首作品；有些孩子则可能听几十遍也不能够掌握这首作品的基本形式，对音乐本身的情绪也没有共鸣，始终游离在外。

提升中学生艺术审美认知能力的有效策略

艺术审美教育有助于提升学生的艺术修养，中学阶段的音乐教育便是中学艺术审美教育课程中相当重要的组成部分。音乐教育能培养和提高学生感受美、发现美、表现美和创造美的能力。我们提倡适宜的做法是：

一、增进学生对课程的兴趣，培养欣赏习惯

兴趣和爱好不仅是学习一门课程的前提，同时也是学习的根本动力。教师要在课堂中运用音乐引导学生正确地理解艺术作品，用新颖的教学方法创设精彩的教学活动，激发学生欣赏音乐作品的兴趣，进一步养成欣赏的习惯，逐步积累欣赏艺术作品的经验。

就音乐教育来说，除了让学生学习并掌握音乐基础知识和基本技能外，也应注重其兴趣培养，拓宽音乐欣赏的范围。例如，仅仅欣赏古典音乐也许是枯燥乏味的，不妨试试通过《猫和老鼠》这部经典的动画片，带领学生走进古典音乐的世界。图 2、图 3 所示为笔者的音乐课《当古典音乐遇上猫和老鼠》和《流行乐中的古典乐》中的课件图片，学生在古典与现代的碰撞中已领略到音乐的美妙。

图 2 《猫和老鼠》导入古典音乐教学

图 3 流行乐与古典乐的对比欣赏

再如图 4 所示，笔者通过《人声的魅力之阿卡贝拉》这堂课，带领学生走进

纯人声的演唱世界、了解阿卡贝拉的起源，进而通过欣赏欧美和华语顶尖的阿卡贝拉组合演唱的歌曲，去了解阿卡贝拉中各声部的特点以及运用的丰富声势等。

图 4　阿卡贝拉演绎《久石让传奇》

二、让课堂“活”起来，提高学生的参与度

音乐是听觉的艺术，感受与欣赏是音乐学习的重要领域，是整个音乐学习活动的基础，是培养学生音乐审美能力的有效途径。[104] 要引导学生参与到音乐活动中来，除了要具有正确的教育理念外，教学方法也至关重要。在音乐课上，笔者常利用音乐游戏、体态律动、画图形谱、乐器参与等方法引导学生感受与体验音乐。

（一）音乐游戏

音乐游戏中，需要以游戏动作来表现对音乐的反应。一说到做游戏，学生都喜欢。一边听音乐，一边玩游戏，音乐带动游戏，若不仔细听就玩不好游戏。[105] 如表 1 所示，通过《Pass the Ball》这首奥尔夫歌曲，让学生通过聆听、感受音乐速度以及听指令分成小组来做音乐游戏。音乐游戏不仅可以使学生更好地理解音乐形象，还可以使其尽可能地沉浸到音乐的体验当中。

表 1　音乐游戏教学步骤

初次聆听	初次聆听，感受音乐的速度变化	让学生初次聆听音乐时，听出音乐中最为明显的速度变化，聆听过程中可让学生通过拍节奏进行感知。
复听音乐	再次聆听，将乐器声作为指令	再一次聆听音乐，让学生将音乐中出现的乐器声作为指令。告诉学生每次听到指令时要变换动作，如拍手变为拍腿。

续表

音乐实践	分组随音乐游戏	这时将学生分组，跟着音乐传递铃鼓。学生可以围成一个圈，跟着音乐的速度来传递乐器。当听到音乐中“指令”声出现时，拿着铃鼓的同学举起铃鼓晃动后向相反的方向传递。
自主编创	学生自主编创音乐游戏	当游戏上手后，可以激发学生自主编创“玩”法。

（二）体态律动

音乐教育家达尔克罗兹认为：“在音乐上，凡声音的强弱、速度的快慢、节奏的长短、声音的高低之变化的动感，均可以身体的动作予以呈现。”我们可以根据音乐要素来设计动作去感受和理解音乐。例如，在遇到三拍子的舞曲时，可以通过拍手加拍肩或是拍手心、手背的动作来体验三拍子强弱弱的变化，通过手指“舞蹈”的动作使学生感受音乐的细微变化。中学阶段的学生因为处于青春期，大多不太愿意表现自己，所以可以多采用拍手、拍肩、跺脚、弹舌等非移动性的律动方式来体验音乐。

（三）画图形谱

如果说体态律动是用动作反映声音，那么画图形谱则是用图像来表现音乐，这也是培养学生欣赏习惯的好方法。

通过各种图形、长短线条、旋律线等可以让学生更好地感知音乐要素，将抽象的音乐具象化，让音乐可视化。例如，听到长音用长长的线条来表示；听到断音用断开的线条或是点来表示；音乐上下行用朝上朝下的箭头来表示；遇到主题音乐出现多次时，用符号或数字来标注。图5所示为笔者的音乐课《把音乐“画”出来》中讲到如何画颤音、经过音。实践证明，运用图像表现音乐能使曲子的音乐要素、结构和音乐情绪得以很好地呈现。

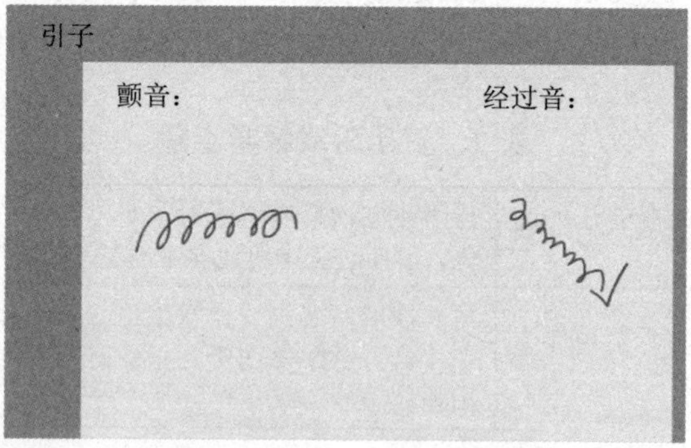

图5 画出颤音和经过音

（四）乐器的参与

当打击乐器在教室内发出好听而强大的声响时，学生的心灵可受到强有力的情绪感染。将乐器引入音乐教学中，不仅可以使学生全身心地体验、感受和理解音乐，还能提升学生对音乐主题的记忆力。

此外，教师还可以引导学生自制乐器。例如，用两个瓶盖做成响板，把饼干盒改造成鼓，在矿泉水瓶子里加米或者绿豆就是沙锤，甚至可以将相同的几个玻璃杯里装进不同高度的水从而敲出旋律……当学生对作品有了较深的理解和体验后，还可以使用乐器或自制乐器进行编创。

图 6 所示为笔者在音乐课上由阿卡贝拉引出杯子舞的来源，选用四四拍的歌曲带领学生玩转杯子，并在这一自制“乐器”制造出的音响效果下，体验有趣的声音。

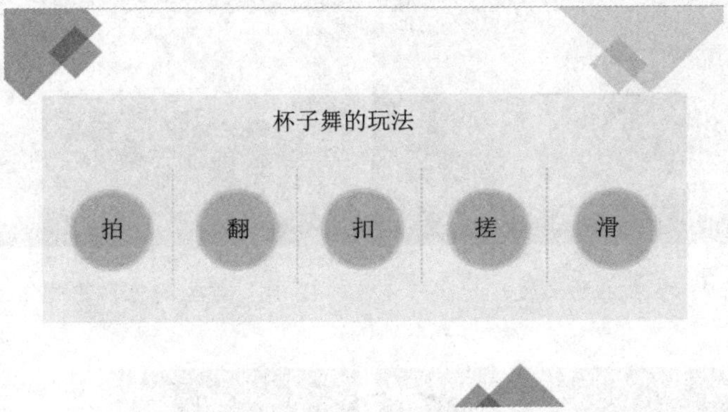

图 6　杯子舞的玩法

三、开展艺术实践活动，营造良好的艺术氛围

可通过多样性的艺术实践活动来提升学生艺术审美认知能力，为学生提供艺术审美材料，进而营造良好的艺术审美氛围。

（一）校园电视台的打造

有计划地播放对学生的音乐文化有积极引导的中外经典名曲，从而拓宽学生的音乐文化视野。

（二）定期开展班级音乐会

通过班级小平台，尽可能地让每位学生展现自己的才艺。

（三）学校组织合唱比赛、才艺达人秀、文艺会演、师生音乐会、画展或艺术讲座等，让学生走进艺术

如下图所示，笔者所任教的学校为了实现学生综合素质的全面发展，提升学生的艺术审美，开展了丰富多彩的艺术实践活动，同时组织学生加入艺术社团，为学生搭建艺术交流平台，提高学生在艺术审美中的参与度。

图 7　才艺达人秀

图 8　“最亮西实人”展示

图 9　学生主题画展

图 10　学生陶艺画像砖作品展示

图 11　学校舞蹈社表演

图 12　学校管乐团表演

图 13　学校合唱团表演

图 14　学校弦乐团表演

四、教师从自己做起，提高自身审美修养

学生能否对一门课程产生浓厚的兴趣，与教师的个人专业修养和人格魅力有着极大的关联。所以，教师对学科的热爱程度、审美趣味、学识以及治学态度，都会对学生的艺术审美认知起到潜移默化的作用。我们建议这样做：

（一）教师不仅要具备深厚的专业功底，还应该通晓其他课程知识

将课程体系相融合，为学生营造寓教于乐的氛围，从而唤起学生的兴趣，引发情感上的共鸣。

（二）教师应积极参加关于艺术审美的培训，不断学习，提升自身的艺术审美能力，将艺术审美教育渗透到课程体系中去

只有教师的审美素养不断提升，才能更好地引导学生认识美、发现美，培养学生健康积极的审美趣味，最终实现艺术审美教育的目标。

总之，学生在中学阶段，艺术审美认知发展的特点为审美范围的扩大、审美理解能力的提高和审美感受的独特性。我们应当抓住这一重要时机，通过创设精彩的课堂、营造良好的艺术氛围和提高教师自身的审美素养，来唤起学生的艺术兴趣，提高中学生的艺术审美认知能力。

第四节　科学精神

杜星梅：

四川省成都市第十三幼儿园悦水分园执行园长，华东师范大学在读研究生；曾荣获“成华区十佳模范教师”“成华区优秀班主任”“成华区教坛新秀”等荣誉称号；多篇论文在国家级、省市区优秀论文评选中荣获一、二等奖；曾荣获成华区教学技能大赛一、二等奖。

保护学前儿童的好奇心

“为什么有白天和黑夜？”“鱼会说话吗？”“我是从哪里来的？”好奇，是每个学前儿童与生俱来的一种本能。面对我们生活的世界，他们总是有“十万个为

什么”，总想一探究竟、刨根问底。这就是学前儿童的好奇心。好奇心，是个体学习和发展的内在动机，是学前儿童重要的学习品质。尊重和保护学前儿童的好奇心，对学前儿童的全面发展乃至终身发展起着重要的作用。而在现实生活中，一部分成人却对学前儿童的好奇心表现出不耐烦或者敷衍的态度，这无疑会对学前儿童的好奇心产生一种致命的打击。如何才能保护学前儿童的好奇心呢？

一、给予学前儿童积极的回应——善待好奇心

学前儿童的好奇心，最常见的表现就是“提问”。我们常说，每个学前儿童都有他的“十万个为什么”。而当成人忙于自己手里的事情、无暇顾及学前儿童的“为什么”时，就容易出现简单粗暴的回应。例如，“别烦我，没空”“这么简单都不知道”。还有些成人不知道如何给学前儿童解释或者嫌麻烦，就会说“等你长大了，你就知道了”。殊不知，这样的回应可能让学前儿童产生“提问让大人不高兴了”“不应该提问”的错觉，可能会导致他们不敢提问、不再提问，好奇心也逐渐消逝。所以，当学前儿童对某个事物产生好奇心的时候，成人首先要给予学前儿童积极的回应，让他感受到自己“被关注”，也让他觉得你了解了他的想法（其实，有时候学前儿童的提问不一定都需要成人给出答案，他们可能在用提问的方式让你“关注我”）。切不可以成人的理由、借口去敷衍、搪塞，或者无视学前儿童的问题与好奇。成人给予学前儿童的积极回应，可以分为以下几种情形：

1. 对于一些简单明了的问题，成人可以直截了当地给出答案。当学前儿童不能理解的时候，再进一步解释或以其他方式说明。

2. 对于一些有探究价值的问题，成人可以创造条件，与学前儿童一起寻找答案。尤其是当学前儿童问到一些成人不知道的问题时，成人要诚实地告诉学前儿童，并且可以说“我们一起去找答案吧”，切忌胡说一通或者不懂装懂。例如，很多学前儿童会问“我是从哪里来的”。有的家长随口说“捡来的”，或者“超市‘买一送一’送的”。这样的回答是不对的。对于这类问题，有的家长觉得难为情，实际上，这时不妨找一些绘本故事，如《小威向前冲》，与学前儿童分享。通过不同的方式，既让学前儿童了解“自己从哪里来”，也可以抓住契机对学前儿童进行性启蒙教育。

3. 当家长忙碌、暂时无法满足学前儿童需要的时候，家长可以直接告诉学前儿童“妈妈现在很忙，等妈妈做完事情就和你一起去找答案”；或者“妈妈现在很忙，请爸爸和你一起去，好吗？”延迟回应或转嫁他人都是可行的方法，但是

切记说过的话一定要兑现。

二、支持学前儿童的主动探索——满足好奇心

《3—6 岁学前儿童学习与发展指南》中提出，学前儿童的学习是在直接感知、亲身体验和实际操作的过程中进行的。创设环境、提供条件，最大限度地让学前儿童感知、体验和操作，是学前儿童获得直接经验的最好方式。满足学前儿童的好奇心也是如此。支持学前儿童的主动探索，满足其好奇心，可以这样做：

（一）提供工具性材料

例如，在大自然中，可以给学前儿童提供小桶、小铲子、放大镜、夹子等工具性材料，鼓励学前儿童充分探索。

（二）提供操作性材料

例如，当学前儿童对小车感兴趣的时候，可以给学前儿童提供不同种类、功能的小车模型让学前儿童认识和了解；也可以为年龄大一点的学前儿童提供螺丝刀等拆卸工具，鼓励其进行探究。

三、允许学前儿童的"破坏行为"——呵护好奇心

学前儿童的奇思妙想，有时候成人是无法理解的，在成人看来甚至是滑稽可笑的。但对于学前儿童自身来讲，却是有价值的。例如，当学前儿童想知道每天早上闹钟为什么会响的时候，他就可能把闹钟拆开，甚至把闹钟摔坏，想看看里面的究竟。如果成人只是一味地斥责或者批评，则会扼杀学前儿童的好奇心和求知欲。成人可以提供给学前儿童不用的或者坏的闹钟供学前儿童探索。成人应该在一定程度上允许学前儿童的"破坏行为"。学前儿童的"破坏行为"，目的并不是想"破坏"，而是为了获得更多的经验，以解答心中的困惑。在安全和损失可控的范围内，成人可以允许并支持学前儿童的"破坏性"探索。成人的这种"许可"，对学前儿童来说是巨大的财富，这对呵护学前儿童的好奇心也具有重要的意义。

四、引导学前儿童的探究行为——拓展好奇心

学前儿童的好奇心，往往是短暂的，有时候稍纵即逝。如果没有把握住机会，学前儿童可能就失去了对某个事物或者现象的兴趣。好奇心，其实只是一个开始，背后隐藏了学前儿童的求知欲，甚至是创造力。所以，成人可以参与学前儿童的探究行为，并进行深入地引导，把表面的、浅层次的问题引向更高层次的

问题探究，把“是什么”向“为什么”甚至“怎么样”的方向引导，拓展学前儿童的好奇心，满足学前儿童的求知欲，甚至将其变成学前儿童的一种持久的兴趣。例如，对于“蚂蚁的家在哪里？”这个问题，除了让学前儿童自己观察外，成人还可以带学前儿童查阅一些书籍资料、观看一些视频，拓展学前儿童的认识，再做一些讨论，如“为什么蚂蚁的家是弯弯曲曲的”“蚂蚁是群居的吗”等，丰富学前儿童对蚂蚁的认识。

培养学前儿童的科学探究能力

学前儿童与生俱来的好奇心与探究欲，促使他们与大自然、周围的事物建立起联系，并且在感知、发现、体验、操作中学习和成长。《3—6岁学前儿童学习与发展指南》中指出，学前儿童科学学习的核心就是激发探究兴趣，体验探究过程，发展初步的探究能力。科学探究能力是个体在从事科学探究活动时所展现出来的、包含各种探究技能的复杂综合能力。[106] 培养学前儿童的科学探究能力，可以从以下几个方面着手：

一、激发学前儿童的探究兴趣

兴趣是最好的老师。学前儿童只有感兴趣、愿意做，才可能进一步发展和提升。

（一）大自然对学前儿童来说是最好的活教材

春夏秋冬、花鸟虫鱼，都是大自然最美好的风景。一片落叶、一只小虫，都可能引起学前儿童极大的兴趣，变成学前儿童探究的对象。大自然充满了不确定性，也充满了神秘感。也正是因为这样，带领学前儿童走进大自然，是激发其兴趣和欲望的重要途径。

（二）为学前儿童创设启发性的环境

《幼儿园教育指导纲要（试行）》中明确指出：“环境是重要的教育资源，应通过环境的创设和利用，有效地促进幼儿的发展。”有意识地为学前儿童创造环境、提供多种条件和刺激，激发学前儿童的探究兴趣，这也是一种有效的途径。例如，提供一些类似手电筒、凹面镜、凸面镜、三棱镜等操作性材料，可以激发学前儿童的操作兴趣。

二、选择适合学前儿童的探究内容

大千世界，无奇不有。学前儿童的兴趣点也许很多，但并不是每一个学前儿童感兴趣的内容都适合作为科学探究的内容。例如，恐龙可以作为学前儿童科普的内容，看书、查阅资料或者参观博物馆、购买与恐龙有关的绘本、操作玩具，这些方式可以丰富学前儿童对恐龙的认知。但是，恐龙作为科学探究的内容，在现有条件下是不太适合的。所以，选择适宜的科学探究内容是非常重要的。选择适宜的探究内容，可以考虑两方面：一是要贴近学前儿童的生活经验，是学前儿童熟悉并且感兴趣的内容；二是在现有条件下，可以直接探索和研究的内容。

三、支持和鼓励学前儿童的探究行为

学前儿童的探究行为，往往离不开成人的支持。科学探究行为，往往是围绕科学探究活动出现的。一般来说，科学探究活动包括观察（发现）、提问、假设（猜想）、验证、分析与推理、评价与交流等几个环节（如图 1）。这几个环节在不同的探究活动中会有所侧重。

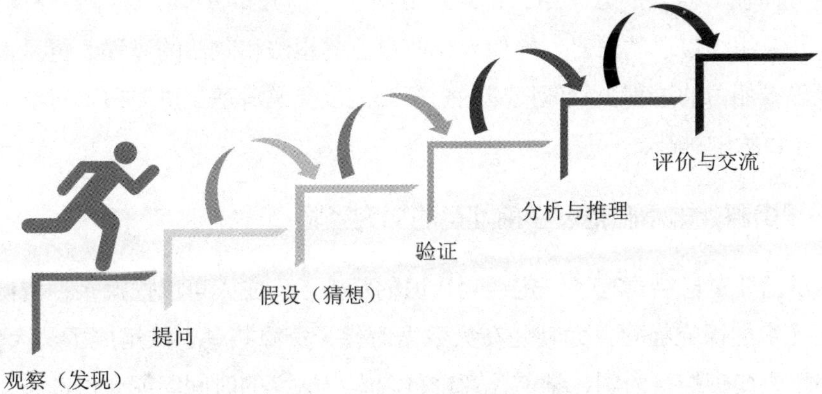

图 1　学前儿童进行科学探究活动的基本环节

（一）鼓励学前儿童大胆地提问和猜想

当学前儿童提出问题的时候，成人要进行鼓励，既要鼓励学前儿童提问的这种行为，也要鼓励学前儿童围绕问题的答案进行大胆猜想。学前儿童的猜想往往受自己经验和认识的影响，具有一定的主观性。成人可以帮助学前儿童调动已有经验，支持并鼓励他们的猜想。成人不可急于告诉学前儿童答案。例如，当学前儿童提问“蜗牛吃什么”时，成人就可以鼓励学前儿童先自己说一说、猜一猜。

当学前儿童出现天马行空的想法时，成人不可以责备或者批评学前儿童。

（二）支持学前儿童进行验证，并允许其反复尝试

允许并支持学前儿童反复的探索和尝试是非常重要的。以“蜗牛吃什么”为例，成人要支持学前儿童去验证自己的想法是否正确，也可以和学前儿童一起准备验证材料，如蜗牛的家、放大镜、手电筒、沙子、树叶、蔬菜叶子、萝卜等，帮助学前儿童完成验证行为。科学家做实验可能都要进行几百次甚至几千次，更何况是学前儿童。成人不可急于求成，要引导学前儿童进行分析、推理和判断。在这个过程中，培养学前儿童的分析比较、推理、解决问题等多种能力，同时培养学前儿童不怕困难、坚持、耐心等学习品质。

（三）鼓励学前儿童进行记录和分享

记录，对于学前儿童和成人来说都是一种良好的习惯。学前儿童的记录多以图或者“图＋文”的形式呈现。鼓励学前儿童进行科学记录，既可以让学前儿童的探究过程变得可见，帮助学前儿童厘清探究过程和思路（尤其是进行多次尝试的时候），也可以培养学前儿童的书写能力，养成良好的记录习惯。例如，关于“蜗牛吃什么”，学前儿童就可以运用记录把“猜想”和“验证”进行比较，并发现不同。而在与他人的分享中，记录也变成了学前儿童分享的载体。分享交流，是学前儿童组织自己的语言、向他人说明自己的想法和做法的过程，也是培养学前儿童思维能力的过程。看似简单的分享交流，要说清楚、讲明白，对学前儿童来说亦是巨大的挑战。

四、巧用资源，丰富和拓展学前儿童的探究经验

在学前儿童已经具有了一定经验认识的基础上，成人可以挖掘多种资源来拓展学前儿童的探究经验。尤其是在大数据时代，资源共享、共用成了一大优势。以“小蝌蚪变青蛙”为例，学前儿童进行观察、探究的时间周期会比较长。在后期，成人可以找一些“小蝌蚪变青蛙”的影视作品供学前儿童观看，以加深学前儿童的认识、完善学前儿童的经验。同时，成人也可以找一些关于小蝌蚪、青蛙的科普资料，拓展学前儿童的科学经验。

韦雅萍：

四川省成都市盐道街小学通桂校区语文教师，小学二级教师，华东师范大学文学学士。热爱教育，毕业后开始从教，希望和学生在相互超度、相互光照、相互玉成中，彼此挖掘、创造和实现生命价值。

通过阅读指导，培养小学生的逻辑思维能力

在讨论如何通过阅读指导来培养小学生的逻辑思维能力之前，我们要先厘清一个概念：逻辑思维。为落实党的十八大和十八届三中全会提出的关于立德树人的要求，教育部参考《教育部关于全面深化课程改革落实立德树人根本任务的意见》，集中攻关审议，形成了最终研究成果——《中国学生发展核心素养》。

《中国学生发展核心素养》具体可分为三个方面、六大素养、十八个基本要点。其中，科学精神是六大素养之一，属于文化基础方面；理性思维是十八个基本要点之一，围绕科学精神这一核心素养。理性思维的主要表现中有这样的描述："逻辑清晰，能运用科学的思维方式认识事物、解决问题、指导行为等。"[107] 可见，逻辑思维属于理性思维之一。有逻辑思维、"逻辑清晰"，就是指学生能在感性认识的基础上，借助概念、判断、推理等思维形式，"以辩证方法为指导，间接地、概括地反映客观事物规律"[108]。逻辑思维能力，即包含概念、判断、推理的能力。

逻辑思维的重要性不言而喻。在产生哲学萌芽的古希腊，如果别人说你是个不讲逻辑的人，这是极大的否定。"具体而言，古希腊时期，以政治、哲学、法律、道德为话题的辩论风气极盛，逻辑可以促进公共话语尺度的确立，可以使人们的日常辩论和科学论证更为有效，可以使人们对道德概念的追问更为理性。"[109] 而在"新课改"后，语文学科显得越来越重要，原因之一就是阅读理解能力的重要性。以 2019—2020 年秋季学期四川省成都市成华区四、五、六年级的数学期末考题为例，阅读信息量大是其显著特点。如果学生缺乏逻辑思维，在阅读时无法迅速领会题意，正确解题无疑是空谈。2020 年 2 月 8 日，《人民日报》也曾发表评论员文章《以科学精神做好疫情防控工作》，从疫情检测、排查、预警，到疫情溯源和病原学检测分析，都离不开理性思维作用下的基于证据和逻辑的推理。当前，关于学生逻辑思维能力培养的研究成果很多，大多着眼于数学等学科或者初高中阶段，而从阅读方面来培养小学生逻辑思维能力的研究实践却

相对较少。

那我们到底该如何通过阅读指导来培养小学生的逻辑思维能力呢？其实就是挖掘小学生阅读时的思维过程。通过可操作的阅读指导，引导小学生明确阅读文本中语词的概念，做出基于阅读文本中语句的逻辑判断，并在判断的基础上进行逻辑推理，在阅读过程中逐步形成讲证据、有逻辑的思维习惯。这样，小学生的逻辑思维能力自然而然就得到了培养。这种阅读指导，可以通过教师和家长来进行，具体包括以下三个方面：

一、指导小学生选择适宜的阅读内容

内容是一切技巧的基石，要想通过阅读指导来培养小学生的逻辑思维能力，阅读内容的选择是首要任务。所谓适宜，是指选择的阅读内容应该符合小学生的身心发展特点、年龄段特点，在参考其个人爱好、满足“悦读性”原则的基础上，遵循知识的内在逻辑性，并有益于提升小学生的阅读品位。我们可以指导其选择譬如荣获纽伯瑞儿童文学奖、国际安徒生奖等的优秀儿童文学作品及其他经典篇章。

二、指导小学生养成良好的阅读习惯

逻辑思维能力的培养绝非朝夕之功，好的阅读习惯可以为其助力，并让学生受益终身。这里主要提出两点和逻辑思维关联密切的阅读习惯：

（一）指导小学生采用正确的阅读步骤

美国教育心理学家弗朗西斯·罗宾逊提出了“阅读活动的五个程序：浏览、发问、阅读、复述、学习。”[110] 我们应该在提倡海量阅读的基础上，指导小学生从大量的读物中精选内容，按照以上阅读活动的步骤进行精读。有发问的过程才会有学生从文本中提取信息进行逻辑判断的过程，而复述正是他们进行口头逻辑训练的好机会。

（二）指导小学生使用必要的工具书

在自主阅读的过程中，小学生难免会遇到生字词等阅读障碍，《新华字典》《现代汉语词典》《成语词典》等必要的工具书可以帮助小学生扫清字音、字形、字义等方面的障碍，使其更好地认读语词，这是培养小学生逻辑思维能力的前提。

三、指导小学生运用有效的阅读方法

阅读方法的指导既可以由教师在课堂上借助教材文本来进行，也可以由教师或家长借助课外读物来达成，具体包括对逻辑思维的三种基本形式（概念、判断、推理）的指导。

（一）指导小学生准确把握语词概念

当小学生遇到一个新字、新词时，能否真正理解，关键要看他们是否能从形象思维过渡到抽象思维，真正理解语词概念的内涵和外延。这正好可以通过指导小学生查找工具书、勾画文本关键词、调动相关知识储备等方法来辅助达成。例如，阅读文本要求学生寻找“春天开黄花的水生植物”，小学生可以通过查找工具书来理解什么是水生植物，再勾画出这里提到的关键词“春天”“开黄花”，找准了这一概念的内涵，接下来才能找出对应的植物，亦即这一概念的外延。简言之，指导小学生准确把握语词概念的过程，就是培养其逻辑思维能力的过程。

（二）指导小学生做出正确的逻辑判断和推理

判断与语句紧密相连，推理由判断而来。我们可以指导小学生在阅读时运用归纳法，对文本语句中的信息进行逐一提取，从而对问题做出简单判断；也可以指导小学生运用分析法，综合现有信息，对问题进行推理；还可以指导小学生运用类比法，通过同类文本的比较，得出更多的结论。“图表—思维导图”法是当前运用很广的一种阅读方法，相较于目前同样运用很广的“阅读摘录法”，即让学生在阅读后摘录出好词、好句（但好词、好句的判断标准并不明确），运用“图表—思维导图”法绘制出“山形图”“金字塔图”等图表来梳理文本的空间层次、描写顺序、篇章结构、行文思路等，可操作性更强。在绘制“图表—思维导图”的过程中，小学生需要运用概念、判断、推理等多种形式来进行思考，对逻辑思维能力的培养大有裨益。

总而言之，唯有明确逻辑思维的概念，进行科学的阅读指导，我们才能培养好小学生的逻辑思维能力。

在亲子共读时，呵护小学生的好奇心

在讨论如何在亲子共读时呵护小学生的好奇心之前，我们同样要先厘清一个概念：好奇心。上文提到的《中国学生发展核心素养》中，勇于探究是其十八个基本要点之一，围绕科学精神这一核心素养。勇于探究是科学精神的保障，而在勇于探究这一基本要点的主要表现中，“具有好奇心和想象力”位居第一条，是重中之重。好奇心作为个体的重要人格特征，历来广受哲学、心理学、教育学、人类学等领域学者的关注，相关理论颇多。

“教育学家把好奇心视为教学活动的主要情绪与动机之一。人类学家把好奇心视为个体适应性的品质和种族进化以及科学进步的动力因素。心理学家把好奇心视为既具有认知性，又有情感性的内在动机。”[111] 胡克祖曾在全国教育科学“十五”规划重点课题资助项目中对好奇心的理论进行述评，认为“好奇心 (curiosity) 是个体对新异和未知事物想知的倾向，是个体重要的内部动机之一”[112]，还提到了好奇心的本能论、驱力论、认知论和特质论。其中，研究认知论的心理学家皮亚杰认为，“好奇心与儿童探求世界的需要紧密联系在一起”，他把好奇心看作“由儿童试图将新知识纳入已有认知结构所引起的认知不平衡的产物”[113]。西南大学教育学院的博士生导师刘云艳也在综述后提出：“好奇心的实质既是先天的，也是后天习得的，既有动机的成分，也有认知与情感的成分，好奇心与探索行为密切相关。”[114]

好奇心如此重要，作为教育工作者，作为家长，我们到底要怎样做才能呵护好小学生的好奇心呢？

首先，我们不妨讨论一个词，“纯粹的”。日常生活中，我们在提及好奇心时，常常说的就是“纯粹的好奇心”。这和我国当前科学“实用主义”的倾向有关。“在教育领域，仍有不少人认为唯有自然科学才是真正的科学，而社会科学并非科学。最明显的表现便是我们对于‘科学技术’一词的理解，科学技术在大多数人看来仅仅只是用来改变我们的物质生活环境，近几十年看来，科技所带给我们的物质上的巨大收益，更加说明了科技的实用性价值，而模糊了和掩盖了科学本身所具有的追求事物内在价值的目标。”[115] 不少家长在关于孩子学习的问题上，也追求“实用主义”。但好奇心作为科学精神的一个要点，恰恰不应该是“实用主义”的，而应该是“纯粹的”、不带机心的，唯其如此，才能谈及呵护。《南方日报》评论员就曾发表文章《教育需要纯粹的好奇心》。

其次，我们还应该明确亲子共读的重要性。学前到小学阶段是亲子共读的最好时机。美国著名阅读研究专家吉姆·崔利斯就曾写道：“你或许拥有无限的财富，一箱箱的珠宝和一柜柜的黄金，但你永远不会比我富有，我有一位读书给我听的妈妈。”[116] 国内外现有研究也普遍肯定亲子共读的价值，包括情感价值、发展价值等。亲子共读这一亲子之间的阅读活动，正是家长呵护孩子好奇心的好机会。

如果我们将家长的教育行为分为消极干预、忽视和积极支持，当家长在亲子共读的过程中采取积极支持的态度时，学前儿童会表现出更多的好奇行为。那么，亲子共读时，我们怎么做才算是积极支持，呵护学前儿童的好奇心呢？这里提出三个方面的建议：

一、营造氛围

好奇心与探索行为密切相关。“美国的许多研究都证明，忧虑的儿童其探索行为较少，对周围环境缺乏兴趣。学前儿童和小学儿童的表现均如此。”[117] 因此，亲子共读时，家长应该尽力为孩子营造出宽容的氛围，使孩子心情放松、敢于探索。以下两点均有裨益：

（一）保持平和的心情

开始亲子共读之前，家长和孩子首先应该有平和的心情，再拿出书开始阅读。只有这样，在阅读过程中，孩子的好奇心才能得到最大程度的展现。

（二）进行宽容的激励

当孩子对阅读中的某些问题感到好奇、开始探索时，家长应该允许他们犯错，并在面对孩子的错误时学会克制自己的情绪，保持理性而宽容的态度，帮助孩子分析他们犯错的原因，而不是武断地将错误归因于孩子的好奇；应该激励孩子，让他们犯过错后还有勇气继续探索，不用因为担心自己的好奇心会给自己带来批评指责，而从根本上丧失了好奇的欲望。

二、耐心倾听

亲子共读是双方参与的阅读，在家长时间不足的情况下，可以和孩子商量好另外的阅读时间。但一旦开始阅读，家长应该给予孩子足够的尊重，耐心倾听孩子的朗读、倾听孩子的提问、倾听孩子的回答等，这有助于家长及时发现孩子的漏洞从而给予适当的引导，且这一行为本身就是对学前儿童好奇心的呵护。

三、深入参与

亲子共读的奥秘体现在“共”字上，只有家长和孩子都真正参与进去了，“读”的效果才可能体现。要呵护学前儿童的好奇心，家长的深入参与可以表现为以下三点：

（一）对话

亲子共读的过程就是亲子对话的过程，是一场公正、公平、深度的对话。在阅读过程中，孩子可能提出各式各样的疑问，这正是他们好奇心的体现。家长处于相对权威的地位，但我们仍应该尊重孩子的提问，尽量在第一时间就对其问题进行甄别，而不是轻易否定其问题的价值，更不是拿不经思考的答案对孩子敷衍了事。

（二）放手

当孩子遇到阅读障碍时，家长不用给孩子现成的答案，可以放手让孩子去动脑动手。学前儿童自己动脑动手的过程是探索的过程，是好奇心不断萌发的过程。这个过程中，他们可能要画图、要用到工具书，可能又有很多新的发现、有很多触发好奇的机会，我们不扼杀这些机会的出现就是对孩子好奇心最好的呵护。

（三）引导

好奇心触发的动机有强弱之分，稍纵即逝，亲子共读时，家长的放手不等于置之不理。当孩子的探索陷入僵局时，我们可以适当给予帮助，比如引导孩子用已知事物去推断未知事物，避免孩子因失去兴趣而在下一次可能萌生好奇心时自我否定、自我放弃。研究者也发现："当父母能适时地对当下的状况做出解释并帮助孩子获取信息时，父母就能有效地促进儿童的好奇心，从而引发儿童进一步的发问和探究行为。"[118]

总而言之，好奇源于问题，关乎探索。这场"呵护小学生好奇心"之旅，亦是我们漫长的探索之旅。

唐俊：

四川省成都市武侯区西川实验学校历史教师，四川大学考古学硕士；主要研究方向为秦汉史、中学历史教学。

科学精神在当代中学生思想培养中的瓶颈

"科学精神者何？求真理是也"。[119] 时至今日，在中国的用语中，"科学"已不只是表达自然科学、人文科学等知识体系的名词，还体现为反对封建迷信的、摒弃冥顽不化的、批驳闭门造车的、重视定性定量的、强调实验实践等的形容词，如日常用语中的"你这样不科学"，已将"科学"的词性由"science"延伸为"scientific"。那么，科学精神亦包括自然科学发展所形成的优良传统、认知方式、行为规范和价值取向[120]。回望过去，若在物质文明、精神文明都不发达的时代，人们缺乏科学精神尚情有可原；但在21世纪的当下，科学精神在中学生思想培养方面却仍遇到诸多困难：

一、存在过分重视分数的功利思想

“钱学森之问”就提出“为何我们的学校总是培养不出优秀的人才？”[121]，社会各界对此问题众说纷纭，但几乎都提到了功利思想的问题。诚然，我国的发展起步较晚，在人才培养方面正在逐渐缩小与发达国家的差距，但时代的步伐不等人，如何实现“弯道超车”是首要问题。“十年之计，莫如树木；终身之计，莫如树人”，下一代的教育培养是一个家庭的核心问题、一个国家的百年大计。但在学生中“应试思想”的功利性却难以消减。“分数高了才能考好大学，考了好大学才能找到好工作”，学习的目的出自就业需要，而非自我兴趣的深化、自我价值的实现。近几年来，“实用学科受到追捧，基础学科相对偏冷”[122]的情况十分常见。

二、辩证思维、考证精神缺失

科学要求去伪存真、去粗取精。在信息爆炸时代，学生可以通过网络接收到难以想象的信息量。然而，未经过滤的信息鱼龙混杂，也让他们目不暇接，无从考证，也无暇辩证。社会事件中的某个热点经过他们“点击转发”后，又被下一个热点取代，表现出了他们对信息接收的高度随意性，也缺乏深入探究的思维。例如，对之前的某 NBA 球员坠机身亡事件，网络中的猜测甚嚣尘上，部分学生也转发并讨论所谓的“预言”“先知”等言论。“偏听则暗，兼听则明”的道理众人都懂，而实际操作起来却并不简单。

三、缺乏自由探索的氛围

结合学生的年龄特点，权威式的师生关系[123]是该年龄阶段的必然。但随着青春期中学生生理、心理发生显著变化，若长期施以威压，则不利于学生的兴趣探索。在部分学生眼中，“尊重”教师就是尊重学科、尊重科学，“尊重”已然变了味，异化为“惧怕”。故而这些学生就陷入不愿提问、不敢提问、无问则略、有问则“敬候佳音”的循环中，“独立思考”的空间倒是够了，但探索空间却较为压抑。

四、欠缺谦逊的精神

随着中国的不断发展，人民生活水平的不断提高，当代中学生的活动范围更广，结识的人员更杂，接触到的新鲜事物更多。当今学生的攀比已不局限于物质层面，“思想”上的攀比[124]、“品位”上的讽刺也愈演愈烈。对不合乎己者，则划为“异端”；对不符合主流大众化的，则视为“异类”。即使是听音乐，部分中学生中也存在一个“鄙视链”：听古典的看不起听爵士的，听爵士的看不起听民谣的，听民谣的看不起听流行的，听流行的看不起听说唱的，听说唱的看不起听摇滚的，听摇滚的看不起所有人。即使是在各音乐风格内部也存在各种所谓的“品位”高低。音乐无国界，更无高低贵贱之分。盲目追求“小众”的行为，以小见大地说，就是部分中学生存在一定的偏执，欠缺谦逊、包容的精神。

强化中学生的主动提问精神

主动提问是学生学习内驱力的外在表现之一，也是强化科学精神的途径之一。强化主动提问，强化适当质疑，就是强化学生重视实践、重视开放、重视探索、重视创新的思维方式。如此观之，我们提倡的适宜的做法是：

一、重视历史传统，强调兼容并包的精神

在人类历史中，自我封闭的文明都不可避免地自吞苦果。如图1所示，塔斯马尼亚人封闭于一个岛屿中，忘记了先祖积累下的生产经验[125]，几乎退化为原始人；鸦片战争前的中国为封闭的陆地国家，以致后来被列强侵略百年。对个人来讲亦是如此，重视我国优秀历史传统，开放包容，海纳百川，既可以培养学生的学科纵深感，也可以树立正确的世界观、人生观、价值观。学校在培育学生的过程中应深入贯彻德育主张，把“育人自育”的理念贯穿始终，不仅要重视学生学习知识的能力，也要强调良好性格的养成。

图1 塔斯马尼亚人的石器

二、适当留白，提升学生主动性

教师的主导作用以及学生的主体作用不能变，教师应充分发挥善教的“势能”，鼓励学生生成主动学习的“动能”。前文提到，权威式的师生关系不利于学生自由探索，教师可借助多媒体等创新教育媒介和载体，创造形式多样的教学模式，适当“留白”，让学生发现问题并提出初步解决方案，让学生的主动性转变为考证行为、辩证思维。如果条件允许，教师也可采用翻转课堂的模式，以项目立意，引导学生的好奇心和探索理解，提升分析问题和解决问题的能力，形成良好的思维方式，将课本知识由“what”转变为“why”“how”。如图 2 所示的翻转课堂的基本模式中，涵盖了准备、引导、探索、示范以及总结等教学相长的过程，并强调学生自习的“预习”“学习”与传统自习的“复习”的区别，可做到发现问题、积累问题、解决问题。

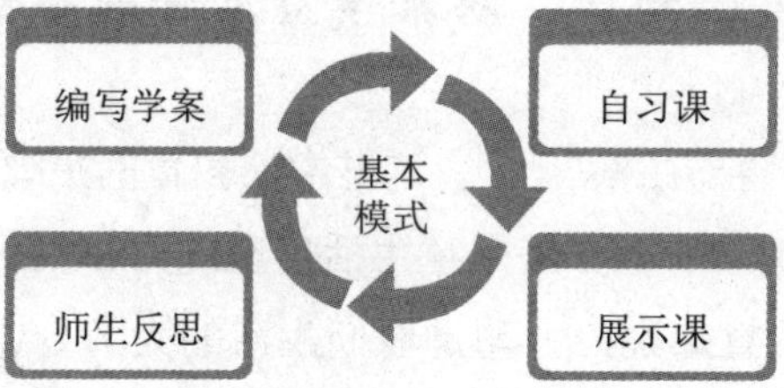

图 2　翻转课堂基本模式

三、多管齐下，加强家校共育

学校教育做到科学精神的普及性、基础性和发展性的统一，家庭教育做到及时性、连续性、感染性的统一。家长是孩子的第一任教师，家长关系、家长的思维习惯、家庭氛围等对学生的成长具有潜移默化的作用。同样，培养学生的科学精神也需要家庭的引导[126]。家长观念老旧，则孩子思维难以活跃；家长做法偏激，则孩子行为极端。培养孩子的科学精神亦要求家长以身作则，起到带头示范作用。

第五节 劳动分享

王兴艳：

四川省成都市第十三幼儿园教师，中小学二级教师、成都市骨干教师、成都市优秀班主任，本科学历；多次参与幼儿园国家级、市级课题研究，两次荣获四川省幼儿园教师比赛一等奖，多篇论文与文章获得国家级、省级和市级一、二等奖。

在班级活动中，培养学前儿童的劳动意识

“生活即教育、教育即生活”[127]，这是学前教育的主要特点。《幼儿园教育指导纲要（试行）》指出“3—6岁是儿童生活自理能力和良好生活习惯初步养成的关键期”。对于学前儿童来说，劳动是他们生活的大部分，是促进其身体成长和内在自我发展的重要途径。因此以“劳动”为主题，在幼儿园进行“做中学、做中教”的劳动教育，是培养学前儿童劳动技能、涵育积极的劳动态度、养成良好劳动习惯、增强责任感和塑造健康品格的重要途径。

一、明确幼儿园劳动教育的含义

“幼儿劳动教育旨在培养幼儿热爱劳动、珍惜劳动成果、尊重劳动人民的思想情感，使幼儿掌握初步劳动技能，养成劳动习惯”[128]。幼儿园现在虽然很重视“劳动教育”，但未理解其内涵，甚至存在弱化现象。主要表现在内容被窄化为“自我服务”和“搞卫生”；形式单一，多为“说教活动”和“值日生活动”；持续时间短、碎片化现象严重。

二、厘清学前儿童劳动教育的内容

劳动教育拥有极强的社会属性和时代性。结合时代赋予劳动教育的不同内涵，形成“生活自理和服务劳动”“对成人劳动、劳动者的认识活动”和“脑力劳动和学习劳动”三大学前儿童劳动教育内容体系。[129]所以，劳动教育既可以

是日常的劳动活动，也可以是专门的劳动教育专题，还可以是融入学前儿童教育的五大领域的内容。

三、在班级活动中，实施学前儿童劳动教育的策略

（一）利用班级生活环节落实劳动教育内容

1. 保护学前儿童的劳动意愿。及时鼓励和表扬学前儿童的任何劳动行为，不论是穿衣、吃饭，还是想要做小助手；还要重视发挥示范和榜样的作用，引导学前儿童感受劳动的乐趣。

2. 制订可视化劳动指导图表。师幼共同以“图 + 文”的形式制订可视化劳动指导图表。对幼儿园一日生活环节分类，细化每一个环节，设计出学前儿童能自己动手的内容与技巧方法学习，提升其劳动能力，比如“洗手七步法”“进餐礼仪”等。

3. 建立班级集体劳动常规。将集体服务纳入劳动内容，提升集体荣誉感。例如，每周设定一个时间段为“劳动日”，让全班学前儿童自行分组对班级所有的空间进行规划和整理。再如，将“图书整理”“餐具分发”和“毛巾管理”等纳入值日内容，让学前儿童自由分配，轮流值班，并与积分奖励制度结合。

（二）运用游戏化方式增强劳动教育趣味性

1. 游戏化劳动内容。例如，将手指游戏、童谣和劳动教育内容结合；也可以进行竞赛游戏，如比赛叠被子、洗袜子等。

2. 创设“劳动游戏区域”。例如，在小班创设“娃娃家”，提供日常用品、各类角色扮演的道具，让学前儿童在照顾娃娃的游戏中，学习和巩固生活技能。在中、大班开设各类职业的角色游戏，如医生、维修工和建筑工人等，感受不同劳动工作，提升常识认知，懂得尊重他人的劳动成果。

3. 打造特色劳动区。例如，公共劳动区——点心坊，真实地感受从 0 到 1 制作食物的辛苦。再如，创意户外材料区，采用班级负责制，学前儿童自行设计、游戏和整理。又如，还可开设班级种植区、饲养区和空中菜园等，在植物培育和动物养护中，让学前儿童体会真切的辛劳，提升对劳动的敬畏。

（三）建构系统化的劳动教育课程

要打破劳动教育的片面性和碎片化，必须整合所有资源，做好劳动教育的顶层设计，建构“社会—幼儿园—年级组—班级—个人”的系统化劳动教育课程。

1. 开展特色化劳动主题活动。例如，“五一”国际劳动节，根据学前儿童的年龄特点，年级组选择适宜的主题，每个班选择合适的内容作为切入点，建构融

合的劳动教育课程。小班落脚“自理能力”培养，如“我的小手小脚”主题活动。中班逐渐转移到为小组和集体服务，培养学前儿童对劳动的计划性、目的性。例如，以食物为切入点，分班分组开展“彩虹蔬菜”“如何做彩虹面条”“食物扎染”等系列探索。大班学前儿童已经掌握生活自理、学习自理和游戏自理能力，可以开展更为深刻的主题性劳动教育。例如，社会职业调查活动、角色扮演体验活动、为弟弟妹妹服务的大带小混龄主题活动等。

2. 夯实专项家园劳动教育合作。首先，通过家园开放日、家长再入园、家园联合开展的劳动教育专题讲座、沙龙会，提升家长对劳动教育的重视，保持家园教育目标的一致性。其次，组织节日性、主题性、针对性的亲子劳动教育。例如，重阳节“给爸爸、妈妈穿衣服比赛”，中秋节“创意月饼活动”等。再次，指导家长组织学前儿童在家的“换角色——今天我是妈妈（爸爸、爷爷、奶奶）活动”，让孩子在温馨的家庭环境中体验劳动的辛劳和家长的辛苦。最后，发布日常家庭劳动小作业，促进家园合作。

3. 充分挖掘社会劳动资源。利用幼儿园周围商场、社区和一些社会服务机构，既可以邀请专业人士入园分享，又可以带领学前儿童身临其境，实践感知。例如，“职业体验馆”“地铁志愿者”和“公益活动”等活动。

让学前儿童爱上家庭劳动

儿童高尚的心灵是在劳动中逐渐培养起来的，关键是要使幼儿从小参加劳动，使劳动成为天性和习惯[130]。在家庭进行劳动，集合了家庭教育和劳动教育两者的优点，是学前儿童劳动教育极佳的培养途径。但家长经常抱怨，孩子在家和在幼儿园常常出现两副面孔，在幼儿园独立自强、助人为乐；在家却懒懒散散、磨磨唧唧，不愿意参与劳动活动。如何让学前儿童爱上家庭劳动，建议可以如此做：

一、明确家庭劳动的内涵

家庭劳动教育是父母或者其他年长者在家庭内自觉地、有意识地对孩子进行的有关劳动的教育。[131]它不等于家务，是脑力与体力的智慧碰撞。所以，家长必须拓展家庭劳动教育的视野，联动家庭和多种社会机构，如农庄、社区、工厂、学校甚至企业等，提高家庭劳动的预设性和目的性。

二、剖析家庭劳动的现状和问题

（一）记录家庭劳动现状

家长在自然状态下，用手机或者录像设备记录学前儿童的家庭劳动情况，可以是一日连续表现的视频，也可以是几日劳动片段组合而成的观察素材。

（二）共同分析家庭劳动问题

当素材收集完成以后，家长需要先做好素材的处理，分析大致优点与表现不好的原因，预设可能的应对方法。接着，家长与学前儿童一起观看，共同讨论喜欢与不喜欢的原因。家长需要客观公正，鼓励学前儿童倾诉、表达，共同寻找答案。

三、开展家庭劳动的策略

（一）选择适合学前儿童的家庭劳动内容

家长应该抓住学前儿童自主意识萌发的关键期，在确保学前儿童安全的情况下，循序渐进、因材施教地鼓励其尝试从易到难的各种劳动。对于学前儿童来说，家庭劳动是从“为自己”的生活自理开始，逐渐过渡到“为家庭成员”的劳动合作，再到“为他人”的劳动实践。总体上来说，可以细化为生活自理、工具使用学习、美食制作、理财学习、创意活动、收纳整理学习、植物养护和各种社会实践活动等。

（二）共同制订“每周家庭劳动清单”

针对年龄、能力和兴趣的不同，亲子共同讨论接下来一周的家庭劳动内容，制订劳动清单（如表 1），并张贴在醒目位置。

1. 清单内容由日常活动、新学的活动与学前儿童感兴趣的活动三种内容组成。

2. 每天的数量大致在 3—4 项即可，休息日可以稍加 1—2 个项目。

3. 制订家长的家庭劳动清单，家长以身作则，认真地、享受地完成自己的劳动计划。

4. 加入每周“家园劳动卡”。家长和教师分别记录学前儿童在家和在园期间的劳动情况，一周一次小汇总，一月一次大汇总，与家庭和幼儿园的劳动积分榜结合并进行评价。

表 1　每周学前儿童家庭劳动清单

内容 / 时间	生活自理	美食学习	工具学习	创意活动	整理学习	植物养护	社会实践
星期一							
星期二							
星期三							
星期四							
星期五							
星期六							
星期日							

（三）多种形式开展家庭劳动

学前期的劳动教育具有基础性、启蒙性和生活性，所以需要让学前儿童直接感知、实际操作、亲身体验和身临其境地学习。

1. 故事化。用绘本、故事讲述某些劳动的重要性，如《三个和尚》和《三只小猪》。

2. 简单化。利用网络将劳动方法改编为短小的顺口溜、儿歌和童谣。

3. 竞赛化。劳动初期，家长故意输掉比赛，增强学前儿童的信心与热情；偶尔让学前儿童落败，引导其总结胜出的秘籍。

4. 游戏化。提升学习的效率。例如，清洗袜子和整理鞋子是配对游戏，扫地变为扫雷游戏，和面变为科学探索游戏，包饺子变为创意游戏。

（四）让家庭劳动“看得见”

1. 让劳动内容看得见——细化劳动内容。例如，制作水果沙拉，挑选—清洗—剥皮—切块—配比—搅拌，每一步都需要耐心学习。

2. 让劳动方法看得见——符号化。用标识、照片和图表让劳动技能学习更明确。例如，采用透明筐子做玩具筐，并用照片形式提示收纳规则，使不同的标记在筐子和放置的地方相对应。

3. 让劳动成果看得见——建立家庭劳动积分榜。采用积分制延迟满足感，事先商定好评判标准。每一次完成劳动之后，以贴“星星”的方式互相打分，一周一汇总，从小星星换成大星星，一个大星星兑换一个愿望。这个愿望可以是玩具、外出游玩或者其他，只要合情、合理、合法即可。

（五）正视和赏识学前儿童的劳动果实

“行为主义”认为，人的学习最容易被其后果强化。所以，家长除了放手让学前儿童参与更多的劳动外，还需尊重学前儿童的劳动果实。首先，尊重学前儿童的意愿，允许其做力所能及的事情，并及时予以赞赏和鼓励。其次，懂得示弱，鼓励学前儿童与自己合作，如“我需要你……”“你可不可以帮我……”，有效地提升学前儿童的自信心和满足感。最后，当遇见困难时，家长要全神贯注地倾听，客观地描述所看到的问题，提供选择或者有帮助的方法。

表 2　2—6 岁学前儿童部分家庭内部劳动内容

2—3 岁	3—4 岁	4—5 岁	5—6 岁
1. 尝试自己拿勺子吃饭； 2. 初步学习穿、脱衣服； 3. 在家长的指导下完成如厕； 4. 学习正确洗脸、洗手； 5. 用抹布擦小椅子、凳子、桌子； 6. 跟随家长取快递和信件； 7. 在家长的协助下清理自己的书桌和玩具； 8. 为家长递送小物件； 9. 在家长的指示下把垃圾丢进垃圾桶； 10. 初步尝试清洗简单的瓜果。	1. 自己独立吃饭； 2. 在家长的帮助下穿、脱衣服； 3. 学习自己开、合拉链； 4. 自己洗手； 5. 学习叠小毛巾； 6. 自己上厕所并请求帮助； 7. 按照标识整理玩具和书籍； 8. 学习清洗自己的小袜子； 9. 学习自己刷牙； 10. 把自己的脏衣服放进篮子； 11. 饭后自己把餐具放到厨房水池中； 12. 饭后知道擦嘴，尝试整理桌面。	1. 学习使用筷子； 2. 收拾自己的餐具、摆餐具； 3. 清洗玩具和帮助擦洗家居用品； 4. 叠自己的衣裤； 5. 简单地铺小被单； 6. 擦洗茶几、电视柜等桌面； 7. 给植物浇水、照顾宠物； 8. 准备简单的早餐； 9. 倾倒垃圾桶里的垃圾； 10. 帮忙把清洗的衣服送去晾晒； 11. 学习扫地； 12. 自己准备第二天穿的衣服。	1. 独立洗脸、刷牙、洗手； 2. 独立穿衣服、鞋子； 3. 学习系鞋带； 4. 清洗小物件； 5. 自己剪指甲； 6. 自己收拾书包和鞋子； 7. 整理客厅、卧室、鞋柜； 8. 参与简单的餐食准备，跟家长学习买菜； 9. 帮助清洗衣物； 10. 餐前按照人数准备碗筷； 11. 带宠物散步； 12. 学习拖地； 13. 在家长的陪伴下制作简单的食物。

巫韵佳：

四川省成都市盐道街小学班主任及语文教师，西南大学教育学学士；成都市2019年第三期少先队辅导员培训学员，系统地学习了劳动教育及学校垃圾分类知识；曾组织并参加学校垃圾分类、打造校园文化等实践活动。

在垃圾分类活动中，提升小学生的劳动技能

垃圾是放错位置的资源，近年来“垃圾分类”活动也逐步走进了校园。在垃圾分类活动中，小学生能够获得并提升自己的劳动技能。劳动技能是运用一定知识和经验顺利完成某种劳动任务的活动方式，主要是动作技能，是在劳动实践中经过练习而成的。[132] 对学生而言，需掌握的劳动技能分为四大类：自我服务劳动技能、家务劳动技能、公益劳动技能和简单的生产劳动技能。[133]

将小学生的实际生活与劳动技能相结合，小学生在垃圾分类活动中的自我服务技能和家务劳动技能主要涉及清洁、整理；公益劳动技能主要涉及清洁、整理班级垃圾、进社区捡垃圾、整理垃圾；简单的生产劳动技能主要涉及绘制垃圾分类宣传单、制作垃圾分类宣传栏、编排垃圾分类游戏。

那要组织什么样的垃圾分类活动，来提升小学生的劳动技能呢？四川省成都市盐道街小学对于垃圾分类活动有着丰富的经验，从对学生进行垃圾分类知识的教育，到班级的垃圾分类实践，再到家校携手、走进社区，不同形式的活动中都贯穿着对学生劳动技能的培养和提升。

一、获技能，重在人人皆得

四川省成都市盐道街小学情景剧——《别让垃圾迷了路》

在教师的带领下，学生编排了名为《别让垃圾迷了路》的情景剧，有的学生在剧中扮演绿、黄、红、蓝四种颜色不同的垃圾桶，有的学生扮演生活中常见的不同种类的垃圾，还有学生扮演“受伤的家园——地球”。创设“地球发出呼救声”的情景，在有趣的剧情中让全校学生了解什么是垃圾分类、为什么要进行垃圾分类、垃圾怎么分类三个基本问题。并且，情景剧中使用的道具、特色服装都由学生自己设计、购买、剪裁等。

在情景剧中，小演员们向全校学生发出倡议，告知同学们在全校各个区域设置可回收垃圾、有害垃圾、厨余垃圾、其他垃圾四种垃圾桶，号召他们回到教室、自己的座位看看产生的垃圾应该扔到哪个垃圾桶，做好个人座位、教室的清洁卫生，分类整理自己产生的垃圾。

二、强技能，精于专业指导

垃圾分类劳动技能的提升离不开专业的指导，邀请专业的垃圾回收环保公司进校、进班宣传指导，然后在垃圾分类的实际操作过程中，让学生直观了解生活中遇到的垃圾到底属于哪一类，怎样才能够保证垃圾回收“干净干燥无异味”。可回收垃圾分类时，必须将不同类别的可回收物归类整理，并检查是否符合回收要求，最后才能装袋回收。

例如，牛奶盒属于可回收垃圾综合纸类，需要学生将牛奶盒剪开、清洗干净并晾晒，然后将多个牛奶盒整理、叠放。家里的快递箱属于可回收垃圾黄纸板，在回收前必须将快递箱上的胶带清理干净。

三、促提升，趣在相互比拼

开展小组垃圾分类宣讲比赛

（一）在班级内开展垃圾分类知识宣讲活动

四人小组分工讲解垃圾分类的知识，各小组之间进行评比，并选出班级最佳宣讲小组。

（二）再分组进行垃圾回收实践比赛

为每个组提供相同的垃圾，计时看一看哪个小组能够在最短的时间内完成这些垃圾的分类回收整理。每个小组轮流在教室的垃圾回收点值日，指导同学们准确、高效地回收垃圾，再根据环保公司提供的每周回收垃圾价值、数量评定全班最佳垃圾分类实践小组。

四、固于心，乐于亲子携手

垃圾分类亲子游戏

召开“红领巾在行动，时尚分类在盐小——垃圾分类班队会”。班队会邀请所有孩子的家长也参与其中。本次主题班队会活动分为两个环节：第一环节为全体学生和家长共同学习垃圾分类的知识。第二环节为“垃圾分类、小手拉大手”亲子互动游戏。“小红领巾们”和“大红领巾们”，小手拉着大手，一起根据抽取的图片进行垃圾分类。通过寓教于乐的亲子游戏，大家在知识抢答的游戏活动中，更加全面地懂得了各种垃圾的分类知识。

“三人行，必有我师焉。”孩子也可以做家长的教师。队会后，每个家庭可以回家开展“我是垃圾分类小教师”活动。当孩子在学校学习垃圾分类相关知识后，可以观察家中最常产生的垃圾，从垃圾名称、所属种类、可回收垃圾应怎样处理、应整理放到何处等多个环节设计高要求的标准清单，并担任“教师”，教一教自己的爸爸、妈妈应该怎么处理家里的各类垃圾。通过“当教师”，孩子能够在垃圾分类的过程中“查漏补缺”，发现自己不会、不懂的操作步骤并赶紧学习，还能在“教学”的过程中让清洗、整理等家务技能更加熟练。

五、付于行，践行公益大爱

教师根据学校周围社区的情况，设计出垃圾分类调查问卷，让学生分组走进不同的社区、家庭、商铺进行调查。

（一）将垃圾分类带进社区，首先需要做好宣传

在走进社区前，美术课教师可以带领学生通过绘画、粘贴、剪纸等手工设计垃圾分类吉祥物，还可以设计、绘制垃圾分类海报。

四川省成都市盐道街小学志愿者走进社区宣传、实践

（二）学生分组走进万千商铺和居民家中，说一说、教一教，让垃圾分类成为人人都会的技能

孩子们可以手握垃圾夹，提上垃圾袋，和社区清洁工人一起在草地上、石缝里、大树下、花坛边、街道上仔细寻找垃圾，让垃圾无处可逃。最后，让学生和社区的清洁工人一起把收集来的垃圾进行现场分类，并让学生给社区清洁工人做垃圾分类宣讲和示范。

校园里的实践活动与学习、亲子活动、家庭活动、进社区活动相结合，让孩子们在参与活动的过程中培养、提升自我服务劳动技能、家务劳动技能、公益劳动技能和简单的生产劳动技能，能够更快、更高效地清理、整理垃圾，让垃圾回到正确的“家”中。

通过实践活动，引导小学生热爱劳动

在 2015 年 8 月教育部联合共青团中央、全国少工委印发的《关于加强中小学劳动教育的意见》中指出，通过劳动教育，提高广大中小学生的劳动素养，促进他们形成良好的劳动习惯和积极的劳动态度，克服不良的劳动价值观，培养他们勤奋学习、自觉劳动、勇于创造的精神，为他们的终身发展和人生幸福奠定基础。[134] 劳动教育是全面贯彻党的教育方针的基本要求，是实施素质教育的重要内容，是培育和践行社会主义核心价值观的有效途径。

但是，总体上劳动教育还存在诸多薄弱环节和问题，劳动教育在学校弱化、在家庭软化、在社会淡化，中小学生劳动机会减少、劳动意识缺乏，甚至出现了一些学生轻视劳动、不会劳动、不热爱劳动、不珍惜劳动成果的现象。

在引导小学生热爱劳动方面需要怎么做呢？一方面，学校可以组织学生积极参与到丰富多彩的保护校园环境、美化校园环境的活动中，让学生爱上劳动、珍惜劳动成果。与此同时，学校还可以加强劳动教育的家校合作，让家庭教育走进引导小学生热爱劳动的实践活动中，让小学生在家中也能体验到劳动的益处与乐趣，从而爱上劳动。另一方面，学校还可以利用各类社会资源，通过组织志愿服务、农场一日游等校外实践方式，引导学生在参与劳动的过程中体验劳动带来的成就感和自我认同感。

一、开展项目式活动，劳动实践美化环境

干净、美丽的校园是孩子们温馨的港湾，但其中的厕所问题一直难登大雅之堂。

（一）设置驱动问题，激发劳动兴趣

通过对学生校园生活常规的观察，四川省成都市盐道街小学的教师们发现许多学生在“如厕”方面存在着一些问题：上厕所后不及时冲水、不爱护厕所公物、浪费水资源、在厕所门板上涂鸦等现象。干净的厕所是文明素养的体现，打造清洁、健康的厕所环境迫在眉睫。在各班班会课上，教师们提出了以“如果你们是设计师团队，你们会怎样美化校园厕所环境？”为驱动问题的“打造秘密花园”项目式实践活动，激发了全校学生参与到美化校园厕所环境的劳动实践中来的兴趣。

（二）小组合作讨论，深入劳动实践

在驱动问题提出的同时，教师们也提出了打造“秘密花园”的要求：参与活动的班级需要在一个月内确定设计方案，并以有限的经费完成“秘密花园”的布置、装饰。

1. 不以规矩，不成方圆

以班级为单位，讨论并确定“厕所公约”。学生们需要从“如厕标准”“厕所管理标准”“厕所卫生标准”三个维度对“如厕公约”进行商讨和制定，对爱护厕所环境的规则进行细致划分。

2. 共商主题，井井有条

以班级为单位，讨论确定各班打造“秘密花园”的主题，并通过手绘、电脑绘制、剪裁、粘贴等多种方式制成设计图稿。

厕所装饰的主题一定是由学生提出的，教师可以从多方面引导学生进行讨论，例如，受欢迎的电影、电视作品，同学们喜欢的名胜古迹或自然风光，班级文化，学校文化等。

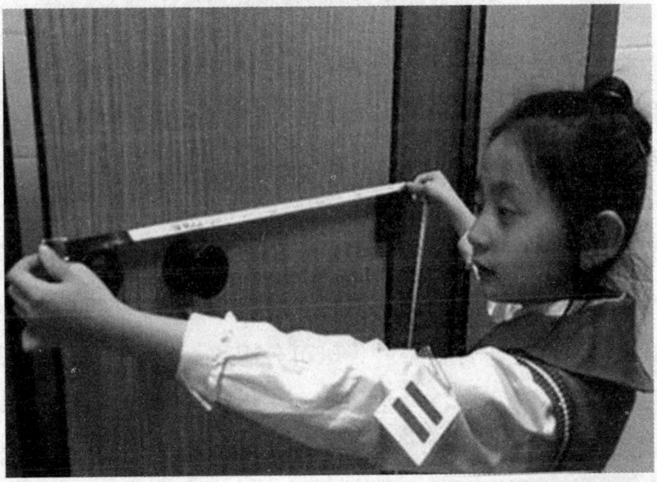

进行实地勘测

绘制设计稿前，学生需要带上工具到指定打造的厕所进行观察、拍照、测量等实地勘测，并记录下厕所门板、需要装饰的墙面、洗手台等的长度、面积。

DC 漫画公司（Detective Comics）与漫威漫画公司（Marvel Comics）并称世界两大漫画巨头，两所公司设计打造的漫画人物如超人、蝙蝠侠、蜘蛛侠、钢铁侠、美国队长等“超级英雄”，深受全球儿童甚至成人喜爱，他们出品的电影更是受到孩子们的追捧，尤其是男孩子。四川省成都市盐道街小学 2017 级 3 班的学生以“超级英雄”为主题设计了他们心目中的完美男厕所，并以蝙蝠侠、超人等“超级英雄”的独特 logo 设计了简洁明了的提示标语。更有趣的是，孩子们精心设计了“对准游戏”，通过游戏引导男生文明、卫生如厕。

以班级文化为主题进行环境设计

在四川省成都市盐道街小学，每个班级都有自己的班级文化，2018级5班还有一个名称叫“龙猫家族”。“龙猫家族”的成员们商量决定就以可爱的“龙猫”形象作为“秘密花园”的主人公，通过多次讨论，设计出了“龙猫”墙面布置，让他们打造的女厕所温馨又美丽。

3. 投袂而起，精算采购

根据设计稿比选价格合适的装饰材料，完成采购。在规定的经费范围内，各班需要采购相应的装饰、布置材料。各班可分组或派出代表以线上或线下两种方式进行物资采购。在此过程中，学生们学会运用数学的加减乘除运算、与人商量还价等技能，明白必须付出一定的劳动才能够获得高性价比的装饰材料。

4. 脚踏实地，硕果累累

张贴主题墙纸

低段学生在家长的帮助下组装装饰画框

整理装饰材料，完成现场布置任务。采购到装饰材料后，学生分组到厕所现场进行装饰。中、低段班级可以邀请家长参与到装饰的过程中，协助学生完成

“秘密花园”的打造。有的装饰可以直接粘贴上墙，有的则需要进行手工拼接、粘贴、组装、剪裁等操作，还有的厕所的绿色植物需要搬运、栽种、浇水、施肥等。在布置过程中，孩子们乐此不疲。

5. 扫榻相迎，一尘不染

清扫“秘密花园”

班级确定小组完成“秘密花园”的清洁卫生工作：墙面清洗、厕所门擦拭、倒垃圾、更换垃圾袋、扫地、拖地、刷除顽固污渍、擦镜面、清洗洗手台、摆放肥皂等，都由学生亲力亲为。

（三）展示劳动成果，体会劳动乐趣

各班派出宣讲小组，走进“秘密花园”所在楼层的班级，介绍厕所的打造过程。以楼层为单位，大队部组织各班学生游览班级所在楼层的“秘密花园”，评选出自己心中最佳的“秘密花园”。

二、连接学校与家庭，劳动收获珍如宝——以“假期在家，我们如何科学健康地饮食呢?”为例

寒假和暑假是学生调节身心、开阔视野、开展社会实践的良好时机，而许多学生在假期里会出现暴饮暴食、饮食不健康、饮食不规律等问题。基于此，盐道街小学的教师通过设置探究问题“假期在家，我们如何科学健康地饮食呢？”，让五年级的学生利用假期养成健康的饮食习惯，提升学生择菜、洗菜、买菜、淘米、使用炉具、烧开水、做简单的饭菜和安全使用家电等家务劳动技能，让学生

爱上做力所能及的家务，爱上劳动。

探究问题：

任务 1. 冰箱里放满了各种食材，如何科学健康地整理、收纳？

任务 2. 通过请教爸爸、妈妈，或者学习网络平台，为家人制作一道健康的菜品。

例如，在做探究任务 2 时，学生首先需要询问或查阅食谱，并根据食谱到菜市场、超市、便民店购买食材。其次，需要清洗、整理食材，根据食谱将食材进行切块、切片或剁碎等处理。最后，使用厨具、炉具，按照食谱步骤进行烹饪，例如，蒸、炒、煮等。在烧开水和煮饭的过程中，学生还需要了解烧水壶和电饭煲的使用方法，保证家电使用的安全。

三、拓展场域进社会，劳动快乐处处寻

劳动教育不仅是学校教育和家庭教育，还可以将教育场域拓展延伸到社会中的实践场地。各小学可以加强与社区的合作，让学生做小小志愿者，参与社区植树绿化、爱心义卖、垃圾分类等；还可以走进郊区农村，鼓励家长带孩子走入田间地头，去观察、体验；或者走近家长、亲人的工作岗位，体验社会中不同的职业。通过社会中丰富多彩的活动，小学生能够在亲身体验中找到劳动的乐趣。

城市郊区的农场里有着不同寻常的美，在秋季，各种各样的水果、蔬菜都到了收获期，学校可以开展“走进农场”实践活动，设计多个有意思的项目，带领小学生走进农场，认识瓜果蔬菜、体验劳动收获的喜悦。例如，在田地里开展认识蔬菜比赛、认识农具比赛等，调动学生参与农场体验的兴趣；体验摘取果实、蔬菜，如挖土豆、拔萝卜、摘橘子等；还可以将摘取到的蔬菜、果实制作成美食。通过一系列的亲身体验，让小学生发现农作的乐趣，体验劳有所获的成就感。

李杰：

四川省成都市武侯区西川实验学校心理教师，西南大学应用心理学硕士，国家二级心理咨询师，主要从事中学心理健康教育的相关工作。

培养中学生共同承担家务劳动的习惯

家务劳动是指家庭成员在家庭内部为满足其成员的精神和物质生活需要而进行的无报酬劳动。[135] 这本应是每个家庭成员的责任，但在我国中学生中，参加家务劳动比例低、时间少，独立性差、生活自理能力缺乏、劳动意识淡薄等问题却普遍存在。甚至有的孩子上初中了还不会自己整理房间，不会更换被套，没有洗过衣服。当问到为什么孩子不做家务劳动时，家长这样说，“孩子学习很忙，没时间”“舍不得让孩子做”“孩子不会做、做不好、尽添乱”。孩子则说，“不想做”“家长不让做”“不会做”。殊不知，看似简单的家务劳动，带给孩子在认知、情感、行为、意志力等方面的成长实则是其一生的宝贵财富。

在2016年发布的《中国学生发展核心素养》中，劳动意识是18个基本要点之一[136]。学生参加劳动的机会不多，做家务劳动便成为激发其劳动意识的重要路径。为此，我们从家庭教育角度给予建议：

一、明确培养孩子共同承担家务劳动习惯的重要性

1. 掌握一定的劳动技能，提高生活自理能力；
2. 树立正确的劳动观念，养成热爱劳动的习惯；
3. 调节学习压力，增强身体素质；
4. 锻炼孩子的动手操作能力、发展智力和创造力；
5. 发展独立、自信、自强、责任感等心理品质；
6. 形成和谐的家庭氛围，促进亲子关系。

二、反思孩子缺乏劳动意识的原因，树立劳动教育的正确观念

（一）做家务劳动是促进孩子身心发展的重要方式

在不影响孩子正常学习、人际交往、休息放松的情况下，让孩子参与家务劳动可以促进孩子的全面发展。

（二）良好劳动习惯的养成需要持之以恒、循序渐进

从小注重从日常小事做起，给成长中的孩子打下坚实的基础。

（三）承担家务劳动是每个家庭成员应尽的责任

孩子做家务不是为了帮家长干活，不是为了换取报酬，也不是为了学校的劳动任务而被动应付。

（四）孩子承担家庭责任，也享有作为家庭成员应有的权利

孩子自我意识、独立思维逐渐发展，期望在家庭事务中有权利发表自己的看法。这会增加孩子的公平感、对家庭的归属感和责任感。

（五）劳动光荣

家长需要多传递积极情绪，呈现劳动的价值，促进孩子形成积极的劳动态度。孩子由此体会和内化：家务劳动不是一种惩罚，家务劳动和社会地位、家庭地位高低没有关系，能够通过自己的双手和智慧为家庭付出、创造幸福生活是一件快乐而充实的事情。

（六）放手，让孩子成长

孩子有可能会做不好或偷懒，这很正常。当遇到问题时，家长需要温柔而坚决，既表示对孩子的理解，给予指导帮助，又启发孩子解决问题，不轻易放弃。家长可以督促和引导，但不可代替包办、过度干涉、挑剔指责。

三、创设环境、提供机会、科学引导

（一）从自我服务性劳动做起

孩子可以从照料自己的生活做起，锻炼自理能力，克服依赖，培养独立性，这是承担家务劳动的前提。例如，收拾自己的房间、洗简单的衣物、叠衣服、叠被子、准备第二天要穿的衣物和所需的学习用品等。

（二）家长示范并教授相关技能

家长做家务时，可以让孩子辅助，借此示范并教给孩子相关的技巧与技能，逐渐过渡到孩子能够独立完成。例如，电饭煲煮饭的水量、更换被套的方式、洗衣机的使用、养花的注意事项等。

（三）给孩子一定的选择权，量力而行

家务劳动多种多样（如表1所示），每个孩子的情况各有不同，可以跟孩子一起量身定制。家长可以与孩子商量，依据孩子的性格、兴趣和能力，共同定制孩子愿意做且有能力做的家务劳动，之后逐渐过渡到去体验困难或是不感兴趣的家务劳动。家务要适时、适量，不应成为压力和负担。

（四）增加家务劳动的趣味性

乐趣会产生兴趣，从而激发孩子的主动性和积极性。例如，拖地时可以放音乐、切水果时可以做成水果拼盘、创意美食、变废为宝、家务健身操等；还可以通过与孩子比赛，让孩子感受到胜利感和成就感。

（五）学习科学知识，借力孩子好奇心

巧妙运用科学知识，解决现实问题，这同样会引发孩子的兴趣，看到家务劳动背后的生活智慧。例如，花盆的底部为什么要留孔，为何酒能除鱼腥味，怎样区分生鸡蛋和熟鸡蛋，如何巧除纱窗上的灰尘等。家长还可以借此引导孩子思考和解决问题，发展科学探究的能力。

（六）家庭全员参与，家长以身作则

除特殊情况外，家庭全员都需要承担家务劳动。孩子会学习家长的言行，家长尤其要端正观念、以身作则，发挥榜样的力量。家庭成员间可以讨论商量，制订明确、合理、可行的分工和计划。例如，家庭劳动日、家务轮流制等。孩子既可以看到家长做的家务，理解和感恩家长的辛苦；也可以看到自己的劳动成果以及对家庭的贡献，从而产生成就感；还可以感受到家人间协作的幸福感。

（七）及时鼓励，不断改进

当孩子完成家务劳动时，家长需要检查完成情况，给予恰当的评价。家长要注意先表扬再提改进建议，注意鼓励方法多元化。笔者推荐精神鼓励，这可以是一个拥抱、一次击掌、一句称赞感谢的话、一个欣赏的眼神，也可以是记录、展示、分享孩子的劳动成果。孩子会感受到被看见和被认可，从而产生自豪感。家长反复的唠叨、没完没了的要求，则会增加孩子的反感。

陶行知先生指出：“生活即教育。”培养孩子共同承担家务劳动便是如此。我们的目的绝不仅是掌握劳动技能，更重要的是通过动手实践培养孩子的优秀品质和能力，促进其身心健康、全面发展，使其拥有幸福生活的能力。没有一个孩子是天生抵触劳动的，孩子一路成长，需要家长的耐心、信心和智慧，也需要家长的引导、支持和陪伴。

表 1　家务劳动举例

类别	具体内容
物品整理	整理房间、收拾书包、叠衣服、叠被子、更换被套与床单、准备第二天的衣服和学习用品
衣物洗涤	手洗简单衣物、将衣服放进洗衣机、晾晒衣服、收衣服、缝扣子、熨烫衣物

续表

类别	具体内容
卫生清扫	扫地、拖地、擦拭灰尘、饭后收拾餐具并将其放到厨房、擦桌子、洗碗、倒垃圾
烹饪	买菜、择菜、洗菜、煮饭、炒菜、盛饭、制作点心、洗水果、切水果、烧水、泡茶
照顾宠物	喂宠物、遛狗、打扫宠物垃圾、给鱼缸换水、给鱼喂食
家用电器使用维护	电器使用和维护（洗衣机、热水器、冰箱、煤气灶、空调、打印机、挂烫机等）
其他	浇花、购买东西、照顾弟弟妹妹或老人、组织家庭活动、制订出行计划

培养中学生的合作能力

合作能力是指人们为了完成共同目标，在相互协调配合时所表现出来的个人的态度、知识、技能和品质[137]。在动物界，大雁齐飞不仅可以防御敌害，还能彼此借力，飞得更快、更远。人类社会中同样如此，“人”即由一撇一捺相互支撑而立。在以合作共赢为主题的现代社会中，个人的力量是有限的，更多的成果需要依靠集体智慧。因此，除了具备必要的自身能力外，个体还必须提高合作能力。

在中学生的生活和学习中，常常可以观察到其合作能力不足的现象。大致表现在以下三个方面：

一、合作意识缺乏

例如，只做分内事，不愿多付出，或只想做最不耗费精力的任务，没有相应匹配的付出，却希望享有团队的成果和荣誉；自我认识不清，想当领导者以指挥别人、表现自己，却不具备领导力；没有全局意识，不会妥协让步。

二、合作技能欠缺

例如，表达逻辑混乱，不注意沟通方式，不能根据每个人的优缺点来扬长避短，难以组织协调团队来解决问题。

三、合作品质不够

例如，面对输赢胜败时，成功归于自己，失败则埋怨同伴，相互排斥、争斗。

究其原因，可能有以下三方面：

（一）缺少与他人合作的环境

学生的学业竞争非常激烈，评价方式也更多针对个人，学生容易过度在乎个人利益、比较和竞争，担心他人超过自己，因而相互嫉妒。缺乏对合作基础上的竞争、合作共赢的经历和体验，从而缺乏对合作重要性的认知。

（二）缺少担任领导组织者的机会

学生习惯于被动听从，在家里按家长安排的做，在学校按教师交代的做，很少从全局的角度思考、组织协调并达成目标。

（三）缺少换位思考的意识

中学生的自我意识快速发展，在家里也大多是家庭中心，由此可能导致许多孩子在团队中以自我为中心，缺乏尊重、宽容和沟通，不能客观看待自身和他人的优缺点。

对于中学生而言，具备良好的合作能力能够完善人格发展、提升学习效率和生活幸福感，也能为未来胜任工作、适应社会打下坚实的基础。注重对中学生合作能力的培养具有重要意义，为此，我们从学校教育和家庭教育两方面给予建议：

一、学校教育

（一）教学活动

围绕教学目标，创设更多的合作学习情境，尤其注意加强指导，建立合理的评价机制。例如，学习互助小组、英语对话伙伴、课堂小组讨论、小组实验、兴趣小组、研究性活动或社会实践活动等。这不但可以促进学生深入理解问题、提升学习效果，同时也增强了其合作能力。

（二）班级事务

教师要给学生提供充分参与、组织和策划班级事务的机会。例如，班级卫生、纪律常规、校园值日、班干部轮流担任等。让学生轮流负责各项工作，为集体利益而协调，促进培养其责任意识和全局意识。

（三）竞赛活动

以团体形式开展文体、科技竞赛活动是培养团队精神、合理引导竞争的直接有效方式。例如，运动会、排球赛、合唱比赛、辩论赛、戏剧节、科技发明等。中学生可以在活动中切身感受到：团队为了一个共同目标怎样不懈努力，怎样分工、配合、磨合以寻求整体利益最大化，以何种心态面对成败，什么是荣誉共享、责任共当，如何看待合作与竞争的关系等。

二、家庭教育

（一）创设合作的机会

家长可以邀请孩子一起参与家庭事务，并适时给予表扬、鼓励。孩子可以在没有竞争的轻松的家庭氛围中感受合作的愉悦感和成就感。例如，一起进行大扫除、包饺子、策划家庭活动等家务劳动。

（二）引导孩子换位思考，发展合作品质

对于孩子不恰当的行为表现，家长不可一味地宽容或妥协，需要引导孩子跳出“自我中心”，尊重、欣赏、宽容、信任他人，同时认识自己、承担自身的责任。

（三）教会孩子合作的技能

当进行某项家庭活动或亲子交流时，家长可利用当下正遇到的情境，顺势而为，根据自身经验教给孩子一些方法。例如，在制订家庭出行计划时，可与孩子讨论：如何倾听、如何表达自己的感受和想法、如何提出对他人意见的不赞同、如何调整心态、如何组织协调等。

（四）支持和鼓励孩子参加校内外的集体活动

孩子需要在实践中体会合作的重要性，只有学习合作，才能最终锻炼合作能力。参与集体活动便是最直接有效的方式，过程也许比结果更重要。

合作能力不是与生俱来的，需要后天学习。放眼未来，善于合作是孩子发展自身、适应社会的必备素养。因此，站在今天，我们需要对孩子合作能力的培养多一份重视，多一份智慧和耐心，然后等待一份变化和成长。

第三章

育心明德之
立德树人、仁行天下

编者按

古语有云，“地势坤，君子以厚德载物”(《周易》)；“德不孤，必有邻”“君子怀德”(《论语》)，关于这些“仁礼明德”的优良传统精神的阐释也随之延续千年，历久弥新。所谓“仁者躬行正道”，“仁”是中国古代一个含义极广的道德范畴。崇尚“仁爱”，即强调相互亲爱，强调“仁”的道德原则、道德标准和道德境界。孔子提出把整体道德规范集于一体，形成了以“仁”为核心的伦理思想结构，它包括孝、弟（悌）、忠、信、礼、义、廉、耻、仁、爱、和、平等内容。他强调既要孜孜以求自我完善，更要辐射引领周边的人和物共同向上，仁行天下，颂扬既独善其身，又兼济天下的情怀与担当。

本章把“仁爱有礼、诚实守信、包容豁达、自信坚韧、自立自律”五个孩子18岁前的必备好素养，通过一个个鲜活的案例呈现出来，从问题解析、现状阐释和策略建议等方面，全面探讨“怎样培养孩子的仁爱之心、感恩父母之爱、正确面对犯错、在朋辈关系中做到以诚待人、正确应对被冤枉、在受了委屈后积极调整自身情绪、引导孩子使用电子产品可控且有效”等话题，力求阐释仁爱传文明、厚德动人心，以传统文化为载体，进行经典诵读、学科渗透、活动引领、家庭教育与社区教育等，深刻关注生活教育材料与引导契机，搭建认知脚手架，适时引导孩子自信自律、成己成物。

本章聚焦孩子“四维培育”的第三个维度：**育心明德之立德树人、仁行天下。**

第一节 仁爱有礼

李辉源：

四川省成都医学院马克思主义学院讲师，四川大学历史学博士（中国史专业）；曾先后在西南民族大学和英国曼彻斯特大学求学，分别获得哲学和文学硕士学位，研究领域为中国近现代史。

培养学前儿童的仁爱之心，养成礼让的好习惯

人类的文明史有数千年之久，但和地球的历史相比，这段时间不过是弹指一挥的瞬间而已。除了身体结构和智力方面的某些优势外，还有什么特质能够让人类与地球这颗蓝色星球上的其他物种具备本质的区别呢？这个问题的答案，笔者认为是仁爱和礼让。

孔子曾说："人而不仁，如礼何？人而不仁，如乐何？"这句话的意思是说，对于没有仁爱之心的人而言，礼仪和音乐都是没用的。孔夫子的至理名言可谓一语中的。仁爱是一种深深植根于人们内心的美德，在需要的时候，它能自动地外化为各种能给他人带来温暖、喜乐乃至感动的行动，使得生活更加美好。仁爱之心是诸多善行的源头，它所催生出的种种充满正能量的事迹，如同涓涓细流，流经人类文明的时空，为人类的历史带来了正义的光芒。因此，历代著名学者，如董仲舒、朱熹等人，都对从小培养孩子的仁爱之心极为重视。随着当今中国综合实力的不断增强，人们的生活越来越富足，对精神文明的追求也日益增长，许多人开始将目光投向国学经典，其中包含各种有利于学前儿童养成高尚人格的道德规训。源于儒家道德理论的仁爱这一重要的品格，也开始受到越来越多的家长的重视。

既然仁爱是如此重要的一种品格，那么，我们该如何帮助学前儿童，引导他们培养仁爱之心呢？

一、要让学前儿童懂得感恩，学会感恩

现在的学前儿童大多是在周围许多亲人的百般呵护下成长起来的，很少经历过什么生活的磨砺，因此，他们往往会将长辈们为他们提供的各种照顾视为理所当然，不太懂得感恩。有鉴于此，家长要从小教导学前儿童，明确地向他们传递这样一条信息：虽然家长照顾学前儿童是义务和责任，但这种义务和责任最核心的本质是家长对学前儿童无私、无条件的爱。正是这种爱心让家长能够不计较个人的得失，为了学前儿童的健康和幸福不辞辛劳、十年如一日地默默付出。对于家长的爱，学前儿童要懂得珍惜，懂得感激，没有家长的含辛茹苦，哪来的学前儿童的茁壮成长？因此，学前儿童一定要懂得感恩，不但要感恩自己的家长、亲人，对教育、帮助过自己的教师乃至同学和朋友也要心存感激。懂得感恩是一个人应有的品质。

二、要懂得付出

家长要从小教导学前儿童，他们之所以能够拥有这样美好的生活，是有人在不断地付出。这种付出，不仅来自学前儿童所熟悉、认识的人，也来自千千万万他们不认识的人。正是由于各行各业人们的辛苦付出，我们这个社会机体才能有条不紊地运转。新冠肺炎疫情出现后，许多行业的人为了战胜疫情默默奉献与牺牲。正是有了他们的付出，我们这个世界第一人口大国才得以在较短的时间内有效地控制住了疫情，人们的生命、财产才得以保全。

一个人除了要从小培养仁爱之心外，还要懂得礼让，因为礼让既是仁爱之心的一种外在体现，也是重要的素质和应有的品格。对于新时代的学前儿童，我们应该怎样引导他们养成礼让的好习惯呢？

一、帮助和引导学前儿童具备礼让的意识

学前儿童的言行和思想往往也体现出了家长的意识和素养。因此，家长要有意识地培养学前儿童，使他们明白从小便懂得礼让是一种重要的美德。中华传统文化源远流长，其中不乏关于礼让的故事（如孔融让梨），家长可以选择一些故事介绍给学前儿童，并通过讨论和分析，用循循善诱的方式引导学前儿童接受、认可礼让。学前儿童只有在内心深处认可了礼让这种品格之后，才有可能在生活中做到礼让。

二、家长是学前儿童的第一任教师，也是学前儿童的一面镜子

除了思想上的引导外，家长还应该以身作则，通过自己的良好行为教会学前儿童什么是礼让，因为“学前儿童通过观察父母的行为，把他们的行事风格内化为自己的道德准则，从而引导自己的道德行为向正确的方向发展[138]”。在日常生活中，礼让的例子比比皆是。将座位让给需要帮助的人是礼让；进出电梯时，让别人先行是礼让；在斑马线前，让行人先行同样也是礼让。透过日常生活中的点点滴滴，家长可以给学前儿童传递一个正面的信息，那就是：礼让的行为无处不在，它既可以减少不必要的矛盾和冲突，还能够增进人与人之间的理解和相互尊重。礼让能给这个世界带来更多和谐，也能给人们带来平安和内心的喜乐。

仁爱和礼让这两种品格之间具有某种密切的联系。有仁爱之心的人往往也更能懂得礼让。而通过礼让，人们往往也能获得更多内心的平静。可以说，这两种品格就好比人的左右手，虽有分工的差异，但又能和谐共处，相得益彰。

罗曼·罗兰曾说：“爱是生命的火焰，没有它，一切变成黑夜。”仁爱是每个人都应该视若珍宝的一种高贵而又必需的品质。有了它的指引，我们就能够更好地学会包容，懂得礼让，共同把这个世界建设成人间天堂。所以，我们要心存仁爱，懂得礼让，让美德的光芒照亮人生，让灵魂深处那朵高贵的文明之花永不凋零。

培养学前儿童的毅力

法国大文豪雨果曾说：“世人缺乏的是毅力，而非气力。”毅力的重要性和稀缺性由此可见一斑。与前几代人相比，现在的孩子们无疑普遍拥有更好的物质生活条件。与此同时，从某些层面来说，如今的孩子们也面临着更加激烈的挑战。这些挑战既来自学业方面更高的要求，也源于对未来职场中激烈竞争的思考和关注。在知识更新速度不断加快的今天，要想在思想和意识上不落伍，就必须不断地学习，给自己补充知识的营养。而要想成为这个竞争异常激烈的时代中的佼佼者，则更需要持之以恒的毅力，不停歇地在获取知识的征途中披荆斩棘、奋力前行。

笔者的女儿从五岁半开始学习钢琴。最初几个月，她感到各种不习惯。因为钢琴的学习既需要认识琴键的位置，又需要手指在力度、速度等方面的熟练配

合，再加上还要从零开始学习五线谱，所以女儿感到枯燥乏味，压力很大。有时候，她弹着弹着就开始流眼泪。我们只好让她休息一会儿，稍微安慰她一下，随后又鼓励她继续坚持完成弹奏。渐渐地，女儿熬过了学琴最艰难的那段时光，手指在琴键上的移动变得轻灵起来，对学琴也没有那么强烈的反感了。

一转眼，女儿已经上四年级了，这时候，她们班上那些当初和她一起学习钢琴的同学大多已经放弃了学琴。女儿看到其他同学不再学琴，便也开始松懈了，弹琴的时候心不在焉、敷衍了事。有一次，她甚至赌气说以后再也不想弹琴了。等女儿的情绪恢复平静后，笔者问她："你们班的同学都佩服迈克尔·乔丹，那你觉得他除了身体素质好、打篮球有天赋以外，还有没有什么品质，让他能够在打篮球这一领域如此优秀？"女儿想了一会儿，摇了摇头。于是，我告诉她，迈克尔·乔丹在上高中时因为身高不到 180 厘米，被一个篮球队拒绝了，但他没有灰心丧气，而是坚持通过大量的跳跃和悬挂练习，让自己在短短的一年里长高了 10 厘米以上，成功地突破了身高的短板。在这个过程中，支撑他坚持下去的品质就是毅力，日复一日持之以恒的毅力。女儿听完后若有所思地点了点头。

在这之后，笔者和爱人对女儿的作息进行了一定的调整。每天我们都带着她一起运动片刻，跑步、摸高、悬挂都是我们经常进行的体育锻炼活动。渐渐地，女儿的身体更结实了，个子也更高了。从最开始只能在单杠上悬挂 15 秒，到后来能在单杠上坚持悬挂 50 多秒，女儿的臂力增强了很多。通过长期的锻炼，女儿做事的时候更有毅力和耐心了。她开始感到弹琴其实并不是一件很痛苦的事。一次，为了能够把一首 10 级钢琴曲中的一个片段弹到自己满意的程度，她居然连着弹了 246 遍。我们担心她太累，几次提醒她休息，都被她拒绝了。看到女儿的坚持，我们为她能够有这样的毅力而感到欣慰。2018 年暑假，女儿参加了成都市高新区的少儿才艺大赛，幸运地获得了西洋乐器组的一等奖，还应邀到高新区的云端剧场演出。汇报演出那天，她穿着我们特意为她定制的长裙，仪态优雅地登台表演。演出过程中，女儿发挥得异常稳定，非常熟练地演奏完了《大鱼》这首曲子。当优美的旋律停止，热烈的掌声响起的时候，我们知道，这是对孩子多年坚持学琴最好的认可和鼓励！

现在女儿已经小学六年级了，我们仍然鼓励她坚持运动，通过运动来培养毅力。这段时间，由于新冠肺炎疫情的影响，女儿只能和其他同学一样在家里自学。我们要求她按照往常的时间起床，上下午和晚上我们都在家里陪着她进行一定的运动，目的就是要引导她养成积极向上的生活态度，锻炼持之以恒的毅力。看着她越来越自信、阳光，我们的内心也感到无比欣慰。

行百里者半九十。绝大多数收获的背后都浸透着长期不懈的努力和坚持的汗水。虽然也有人通过投机取巧而暂时获得利益，但这样的方式往往不能长期奏效，也并非人生的常态。台湾词作家方文山先生曾说："其实老天是很公平的，想要拥有不平凡的人生，首先自己就必须要有不平凡的作为。"[139] 笔者想，在所有不平凡作为的背后都隐隐约约能看到毅力的影子。现在的孩子们要想有效地应对将来要面对的挑战，就应当朝着正确的目标不懈地努力，通过长期的坚持、付出和奋斗为自己的人生写下精彩的一笔。

肖薛佚：

四川省绵阳市南街小学附属幼儿园教师，毕业于四川文轩职业学院；担任校内通讯员，在青年教师健康领域赛课荣获一等奖。

激发学前儿童学礼懂礼的愿望

"礼"[140]：本谓敬神，引申为表示敬意的统称；为表敬意或表隆重而举行的仪式；泛指奴隶社会或封建社会中社会贵族等级制的社会规范和道德规范。"仪"[141]：礼节、仪式；礼物；法度、准则。对于学前儿童而言，礼仪则主要体现在生活、社交、学习之中。生活方面，比如就餐礼仪、仪容仪态等；社交方面，学习如何与同伴友好相处；学习方面，教师对学前儿童的行为进行指导和规范，掌握基本的礼貌用语，如您好、请、对不起、谢谢等。

在当今的中国教育中，往往缺乏对礼仪教育的必要重视，这使部分孩子养成了以自我为中心、不知如何与同伴文明交往、不懂得尊重他人的不良习性。在笔者从教的过程中，常常遇到这两类小朋友，就以亮亮（化名）、小潘（化名）为典型。亮亮是一名文静乖巧的小姑娘，在幼儿园里，她遵守纪律，尊敬老师；在集体活动中，她遵守游戏规则，懂得团结和分享，小朋友们都爱和她一起玩，老师们也经常表扬她。相反，小潘是一个活泼好动的孩子，在教学活动中，他不太专注，常常和同学打闹；集体活动时，他不守规则，常常以自我为中心，因此，小朋友们都不太愿意和他一起玩。

从两名学前儿童的表现，我们不难看出，拥有良好习惯和品德的孩子往往也能够收获更多的友谊与赞誉。而在现实的成人世界里，一个人是否懂得礼仪则显得更加至关重要。让学前儿童学习如何与人友好相处、谦让他人、团结合作、与人分享等将是成就他们灿烂人生的奠基石。那么，该如何激发学前儿童学礼懂礼的愿望呢？我们提倡的做法是：

一、学校教育——实践学习为主，理论学习为辅

在一所幼儿园里，曾经开展过一项关于学前儿童礼仪教育的教学实践。学校将抽取的学生平均分至 A 和 B 两班，A 班的教师主要通过给学前儿童讲授与礼仪相关的小典故以达到教育的目的；而 B 班的教师，则着重于实践，将礼仪融入学前儿童的日常生活中，培养学前儿童学习基本礼仪。3 个月后，A 班的孩子们基本无太大改变；而 B 班的孩子们已经养成了良好的礼仪习惯，改变颇大。

从该实践中我们认识到，正所谓“因材施教”，恰因幼儿园的学前儿童群体具有年龄小、智力发展不成熟的特性，一味地理论教育不仅见效甚微（学前儿童难以理解），甚至可能诱使学前儿童出现逆反心理，造成不理想的结果。所以，我们应当转变教育方式，先从培养学前儿童的习惯着手，再逐渐辅以相关礼仪的知识教育，这样才能够取得较好的成果。

德国伟大的教育家雅斯贝尔斯曾在其《什么是教育》一书中谈道：“教育的本质就是一棵树摇动一棵树，一朵云推动一朵云，一个灵魂唤醒另一个灵魂。”真正成功的教育是日常生活中无处不在而又潜移默化的教育。

如何才能使礼仪教育渗透到一日生活中呢？学校教育主要分为两大板块：

（一）礼仪知识教学

教师应当结合学前儿童的年龄段特点，采用多样化、趣味化的教学方式，将学前儿童礼仪教育全面地渗透到一日生活里。例如，通过阅读绘本来开展礼仪教育，让孩子从有趣的绘本故事中学习基本的礼貌用语并领会其意义；还可以组织角色扮演活动，通过扮演角色让学前儿童及时实践礼仪知识，并学会如何将礼仪知识运用于与同伴的交往之中，从而进一步巩固学习效果。

（二）礼仪实践教学

一声声简单的问好，是开展礼仪教育的良好契机。我们的主动问好，不仅是良好礼仪的完美示范，还可以向孩子们传达教师、家长的关爱与尊重。孩子们感受到的这份爱与尊重，将会有助于他们逐渐发自内心地认同文明礼仪，进而激发孩子们学习礼仪教育的积极性。

与此类似的，在学前儿童盥洗、进餐等生活活动中，教师也应当有意识地强调礼仪教育，如进餐时保持良好坐姿、安静进餐、不挑食、不浪费。形成生活化

的礼仪，让学前儿童全方面地感知生活中无处不在的礼仪。[142]

二、家庭教育——言传身教

习近平总书记在全国教育大会上的讲话中指出："家庭是人生的第一所学校，家长是孩子的第一任教师。"家长的言行举止潜移默化地影响着学前儿童。"儿童是家长的一面镜子"，作为一名家长，要为孩子"扣好人生的第一粒扣子"，及时规范自己的行为，努力为孩子树立一个好榜样。

（一）营造良好的礼仪氛围

正如利希滕伯格所言："人的素质都相同，只是环境产生差异而已。"在一个相处和睦的家庭里，学前儿童更容易从中感受到爱与温暖，拥有善良澄澈的心灵，尊重他人，真诚待人。

（二）改变自己，教育孩子

一位现代学者曾说过："教育是什么？教育就是改变，这种改变包括改变自己，也包括改变孩子。"当我们受到帮助时，道一声"感谢"；与人交谈时，细心聆听，尊重他人；主动让座，遵守秩序……这些生活中被忽视了的细节，往往能够最为真实地体现一个人的礼仪素养，而家长也应当首先从这些细节中做出改变，再逐步引导孩子们学习、改变。

培养学前儿童学会爱与表达爱

中国人口学权威专家易富贤根据普查数据推断：中国目前约有 2.18 亿独生子女。而在独生子女家庭中，家长将自己全部的爱倾注于一个孩子身上，这样往往容易造成过度溺爱、娇惯。在这样的家庭中，如果家长没有及时进行正确的引导与教育，孩子就会逐步养成任性刁蛮、不顾他人感受的坏脾气。正如小刚一般，在玩游戏时，他常常把幼儿园里大部分的玩具归为已有，不让其他小朋友玩；午睡时，其他小朋友都安静下来了，只有他不时发出声音，影响身边的小朋友休息……而在教师与家长的多次交流中也发现，家长并不重视这件事，只把它单纯地视为小朋友的淘气而已。

正如美国知名教育学家塞德兹所言："人如同陶瓷器一样，小时候就形成一生的雏形。幼儿时期就好比制造陶瓷器的黏土，给予什么样的教育就会成为什么样的雏形。"学前儿童教育对于孩子一生的发展至关重要，在孩子们开始萌芽、体验世界、感受生命时，家长和教师更应该齐心地给予正确的引导和指导。

又如蔡元培所言："教育者，养成人性之事业也。非为以往，非为现在，而专为将来。"作为教育者，我们应该教育孩子们拥有仁德的内心，感受被爱，学会去爱，将温暖的阳光洒向世间。那么，如何让学前儿童学会爱与表达爱呢？

一、给予孩子关爱——在有爱的氛围里学会爱

鲁迅先生说过："教育是根植于爱的。"有爱的教育才能灌溉出有爱的心灵。作为孩子们成长萌芽的引路人，我们更应该让孩子们感受到真诚的爱意，逐渐地学会爱。有一篇文章曾写道："我们应当走进孩子们的内心世界，分享他们的快乐，解除他们的烦恼，做他们的知心朋友。"若想让孩子感受您给予的爱，我们可以做到以下几点：

1. 当孩子入园时，不要吝惜一个温暖的拥抱；
2. 当孩子取得进步时，不要吝惜一句真挚的夸奖；
3. 当孩子积极参加各类活动时，不要吝惜一个真诚的鼓励；
4. 当孩子害怕时，不要吝惜一个关怀的眼神。

我们要在生活的细微之处去营造一个有爱的氛围。"有爱才有充实的生命"。作为家长，我们要尊重、理解、关心孩子，如苏联著名教育学家苏霍姆林斯基之言，"十分关切地对待孩子们的内心世界"，让孩子们在温暖的阳光下成长和爱。

二、进行爱的教育——让孩子体验爱、感受爱

创设特定的情境进行关爱教育，让学前儿童去体验、感受并懂得关爱他人，从而引导学前儿童表达爱。

（一）创设特定的情境体验[143]

教师运用区角活动里的角色扮演将学前儿童带入情境、进行体验：学前儿童感受自己扮演的角色，模仿生活中人与人之间的交往。让学前儿童具体、形象地了解、体验如何关爱他人。例如，"我爱蛋宝宝"主题活动，让孩子们通过扮演蛋爸爸、蛋妈妈来感受家长无微不至的爱。通过互换角色，孩子们能亲身体验到生活中爸爸、妈妈的不易和辛苦，进而激发其内心的爱与感恩。

（二）做好榜样

家长需要以身作则，为学前儿童做好榜样、示范。对长辈，我们要敬重；对孩子，更应该大胆地表达爱，不羞于谈爱，从而引导和感染孩子学会爱与表达爱。

（三）开展主题活动

我们可以利用节假日，如感恩节、妇女节、重阳节等，开展相关活动，为孩子们表达爱与感恩提供契机，如让孩子们为家长制作神秘小礼物，带孩子们去敬老院帮助老人等。通过一次次的实践，让孩子们懂得感恩，关爱他人。[144]

通过以上分析可以得知，我们需要耐心地引导学前儿童从身边的事物感受爱，让他们在爱的氛围里，学会爱，懂得爱，更加自信地去表达爱。

刘应娜：

四川省成都市第二十二幼儿园副园长，毕业于绵阳师范学院，本科学历；武侯区优秀青年教师、武侯区优秀德育工作者、武侯区家庭教育指导师；参与编写的《幼儿礼仪绘本》已出版发行；参与“武侯区家校共育项目”，多篇家庭教育论文获省、市、区各级奖项。

引导小学生感恩父母之爱

感恩，《现代汉语词典》（第6版）中的解释为：“对别人所给的恩惠表示感激。”《牛津词典》给出的定义是：“乐于把得到好处的感激呈现出来且回馈他人。”感恩是一种生活态度，也是一种品德。

父母之爱，是指父母对子女的爱，包含了关心、责任、尊重和了解四个要素。[145]

羊羔跪乳，乌鸦反哺。很多孩子认为家长对自己的爱和付出天经地义、理所当然，因而不懂父母之爱，更不懂感恩父母之爱。有的小学生忘带作业，回家埋怨家长没有帮他将作业本放进书包；有的小学生要求家长为其购买想要的物品，要求玩游戏，要求家长帮忙做事，如若家长不依，则认为家长不爱他（她），更有甚者，稍不如意就离家出走。究其原因，与他们获得的父母之爱太泛滥、太单向不无关系，而家长又很少有意识地引导和唤醒他们发自内心的感恩意识。

我们提倡适宜的做法是：

一、成人正确看待父母之爱，实现自我转变

父母之爱子，则为之计深远。作为家长，我们首先必须正确看待父母之爱，

实现自我转变，才能更好地引导小学生感恩父母之爱。

正如英国著名心理学家西尔维亚所说：“这个世界上所有的爱都以聚合为最终目的，只有一种爱能够以分离为目的，那就是父母对孩子的爱。父母真正成功的爱，就是让孩子尽早作为一个独立的个体从你的生命中分离出去，这种分离越早，你就越成功。”[146]减少孩子对家长的依赖，并最终独立发展，这样的爱才是真正的父母之爱。

家长应从孩子的角度去思考问题，了解小学生被理解与接纳的需求、被肯定与鼓励的需求、被尊重与信任的需求、获得无条件的爱的需求；理智、节制、有分寸地表达自己的情感；少挑剔、指责、惩罚，多理解、信任、鼓励，实现共同改变，良性互动。

二、父母以身作则，营造良好的家庭感恩氛围

家长是孩子的第一任教师。在引导小学生感恩父母之爱的同时，家长应该以身作则，营造良好的家庭感恩氛围，树立感恩父母的榜样，言传身教，让孩子切身体会到家长的感恩之心。

三、引导小学生尝试理解内涵，认识父母之爱

1. 和小学生分享绘本，让其了解到父母之爱的多种表达方式。笔者推荐绘本《我爸爸》和《我妈妈》。《我爸爸》《我妈妈》是安东尼·布朗给所有家长的献礼，两个故事都用孩子的口吻和眼光来描绘自己心目中爸爸和妈妈的形象，以及爸爸、妈妈的爱。故事中爸爸和妈妈的角色转换很多，但是不管爸爸、妈妈变成什么，都是爱孩子的爸爸、妈妈。

2. 与小学生共读一些书籍，让其了解父母之爱的深刻含义。

3. 和小学生一起翻看从小到大的照片，给他们讲讲照片中的故事，共同回忆成长的历程，感受父母之爱的温馨和美好。

4. 了解哪些情况让小学生没有感受到父母之爱，分析问题的根源在哪里，引导小学生理解并适当地进行调整。

四、引导小学生知恩于心，感恩于行

1. 请小学生画一画、讲一讲“爸爸、妈妈爱我的故事”。让其结合自己的感受谈谈什么是父母之爱，感受父母之爱虽平凡但无处不在的特点，用心体会日常生活，感受家长的琐碎、细微之爱。

2. 可在家设置一面点赞墙，引导小学生记录“我感受到的父母之爱”，在点赞墙为爸爸、妈妈点赞。

3. 讨论我们可以通过哪些方式来感恩父母之爱。将可表达的方式用图文记录下来。

4. 用多种方式感恩父母之爱，将感恩意识和感恩行动融入自己的日常生活之中。

（1）用语言感恩父母。对家长说“谢谢”，理解和尊重家长，尽量做到不顶撞家长，有错及时道歉；

（2）用文字或者图画等图文符号感恩父母，给爸爸或妈妈写一封《感谢信》；

（3）用行动感恩父母。每周为家长主动做一件事（清洁屋子、洗衣服、洗碗等），或每天在家长下班进门后拥抱他们一次。做个有心人，关注家长的爱好，在家长生日或母亲节、父亲节为家长制作“专属礼物”。

从感恩父母之爱入手，引导小学生关注生活、感受生活，懂得心存感激和知恩图报，从而爱父母、爱老师、爱同伴、爱他人，进而发展为爱家乡、爱自然、爱祖国，心怀仁爱之心，成为更健康、更完整的人。

培养自觉懂礼的小学生

孔子言：“不学礼，无以立。”礼貌是中华民族的传统美德，是培养学生高尚道德情操的起点。作为面向现代化、面向世界、面向未来的孩子们，应该学礼用礼，以礼待人。自觉，是指自己有所认识而主动去做。俗话说：少成若天性，习惯成自然。个人的习惯是在不间断的重复和练习下逐渐保持下来，变成自动化或半自动化的行为方式。[147]

许多小学生对礼貌有一定的认识，也知道应该有礼貌，但很难做到自觉懂礼，往往需要成人的提醒。小学阶段是品德形成与发展的关键时期，又是行为习惯养成的特殊时期。当行为习惯成为自然动作，它就变成了一种规范，一种主动调用的行动意识。

作为家长，应该投入精力培养自觉懂礼的小学生，我们提倡的适宜做法是：

一、明理激情

提供广泛的礼仪绘本或书籍供小学生阅读，让小学生明确“什么才是有礼貌”，激发其道德情感。例如，提供《大卫上学去》《我懂礼貌》《有礼貌的怪兽》等绘本，或者《将相和》《孔融让梨》等文章，这些生动感人的故事对小学生具有很大的感染力和说服力，对小学生文明行为的养成起着重要的作用。

二、讨论梳理

和小学生讨论“我们可以从哪些方面做到有礼貌”。

1. 礼貌用语，如使用见面语“您好”、感谢语“谢谢”、致歉语“对不起”、告别语“再见”、请求语“请”等；知道礼貌称谓，如不直呼家长及长辈们的名字，不给他人起绰号；懂得礼貌问好，如见到长辈、教师要主动问好。

2. 礼貌行为，如敲门的时候动作要轻、敲三声；握手时伸出右手，目光直视，笑脸相迎；明白餐桌礼仪，如在家用餐时，不抢在长辈前上桌或动筷，不乱翻菜碟等。

三、情景模拟

进行情景模拟，与小学生一起创设“到朋友家做客”“寻求帮助”“向长辈问好”等情景，让小学生通过角色扮演，在情景模拟中学会礼貌言行，体会、感悟并自主把握怎样才是“有礼貌”。

四、自我约束

表扬是鼓励、启发、教育小学生的一种非常重要的方法。表扬的形式多种多样，除了口头表扬外，还可以与小学生一起制定“我是有礼貌的小学生”自律表，一起商议积累多少个笑脸可兑换什么礼物。每日由小学生自己回顾、自贴笑脸，将有礼貌的行为逐渐固化，将他律转变为自律。

“我是有礼貌的小学生”自律表

内容	言行1	言行2	言行3	言行4	言行5
星期一					
星期二					
星期三					
星期四					
星期五					
星期六					

续表

星期日					
目标及奖励					
备注	1. 内容：建议尽量填入显性的语言或者行为，便于小学生自我评价，如礼貌问好、用餐守礼仪； 2. 目标为多少个笑脸，对应什么奖励，如 25 个笑脸兑换一件期待已久的小物品；30 个笑脸兑换一次户外之旅等，具体可由小学生自定。				

五、榜样示范

我国现代学前儿童教育家陈鹤琴在《家庭教育》一书中曾提到："孩子的诚实、礼貌等方面的品德教育要从家庭教育开始，家长要以身作则，这样才能培养孩子的良好习惯。"[148] 所谓言传身教，在此过程中，家长要发挥示范作用，从我做起，为孩子们树立一个学礼、知礼、懂礼、行礼的好榜样。

马杰：

四川省简阳中学教师，中学数学高级教师，本科学历；成都市优秀青年教师，简阳市骨干教师、优秀班主任、学科带头人；参与省级课题的主研。辅导学生参加全国高中数学竞赛，多人获得国家、省、市级奖项；多篇论文获省、市级奖，并在省级及以上刊物发表。

引导中学生爱人敬人

"仁爱有礼"是一个传统文化概念，孔子认为仁爱的根本就是孝悌，孝父母、敬兄长；孟子认为仁爱要推己及人。在古代，不仅有很多人对"仁爱有礼"的概念进行了阐释，而且也衍生出不少伦理制度。然而，在现实生活中，"仁爱有礼"更多的是一种文化象征，表示我们有着优秀的文化传统，比起行为选择的标准，它更像行为评判的标准。"仁爱有礼"对人的影响在潜意识层面，即在做出一个举动之前不会想它是否符合仁爱的要求，而是在不自觉中根据习惯做出判断。

目前的大部分中学生知晓一些有关"仁爱"的名句，比如"爱人者，人恒爱之；敬人者，人恒敬之"等，但不甚了解爱人、敬人的品格价值，更谈不上躬身力行了。有鉴于此，就中学生爱人、敬人之品格培养提出如下建议：

一、方式多样，首在启蒙

作为站在德育第一线的教师，在教书育人的过程中要让学生真正懂得何为爱人敬人。古人说："仁者爱之。"今人说："爱是世界上最美的语言，生命旅程因爱的陪伴而美丽。"古有孝感天地的"黄香温席""王祥卧冰求鲤"和体现兄友弟恭的"孔融让梨""王览争鸩"。今有家长的叮咛，同学的问候，是爱的体现；朋友的援助，教师的启迪，是爱的升华。教师要教育学生由爱亲人、敬亲人延伸到爱他人、敬他人。学生在踏进校门的第一天，学校不应急于开展军训，而是应先教授学生何为"尊师重道"。上课要向教师问好，离开要向教师告别，路遇教师要鞠躬行礼，教师讲话要认真聆听，教师递予的东西要双手接过，不得直呼教师的姓名等。如果遇到不懂礼貌的学生，教师要及时进行交流、教育。只有教师和学校重视起来，学生才能愈加自觉。

二、环境熏陶，自觉成长

俗话说："近朱者赤，近墨者黑。"学校是塑造学生品行的基地。学校以班级活动为单位创建以"爱人敬人"为主题的班级物质文化建设（如黑板报、墙报、标语、宣传画）和精神文化建设（如班课、舆论导向、班爸班妈导引），通过良好环境的打造来促进学生的发展（即养成良好的行为习惯，树立正确的认知观、价值观）。但在现实中，有一部分中学生容易形成自己的小团体，或者以自我为中心，缺乏同学间的互爱。因此，教师可以多举办一些团体活动来创设学生之间互动互爱的环境，如春游、秋游、野餐、参观博物馆等研学活动，或通过更换座位让不同的学生进行交流，增加学生间互爱的机会；开展集体活动增强学生间的信任感，培养团结协作的能力，让同学们在环境的熏陶下自然成长。

三、知行合一，水到渠成

目前，很多中学生存在一个共同的问题，就是知行脱节。在校和在家的表现不一样，教师在和不在两个样，令敬人、爱人始终停留在纸上。儒家的"仁爱"思想也是从"亲亲"到"仁民"再至"爱物"，即由亲情之爱延伸至爱他人再到爱万物。所以，家庭教育就显得尤为重要。家长首先要以身作则，让孩子有学习的榜样，然后让孩子去实践如何爱人、敬人。当家里有人来访时，家长可以选择让孩子去接待，包括打招呼、带坐、倒水、带领小朋友玩耍等，培养孩子爱人的能力。

知爱才会懂爱，懂爱才会惜爱，惜爱才会践行爱，践行爱才会收获爱。

培养中学生做谦谦君子

谦谦君子给人的感觉是一种形象，要明白它只是品质的一个方面，不是单纯的人设。谦谦君子强调的是在特殊情况下的一种镇定、谦虚的状态，不需要用固定、严苛的模式去评判。

君子是中国传统文化里的一种理想人格。人们对君子的概念是“谦谦君子，温润如玉”，这句话是金庸老先生在《书剑恩仇录》里写的。“谦谦君子”最早应见于《易经》谦卦：“谦谦君子，卑以自牧也。”“温润如玉”大抵出自《诗经》：“言念君子，温其如玉。”要培养中学生做谦谦君子，首先要培养他们具备如下品质：

一、破胆沉舟，虚中乐善

无论在什么学校、什么班级，都会存在成绩有差异的学生。针对这样的现象，教师要因材施教。例如，对于学困生，要实施“破胆”行动，逼迫他们发问。对于性格内向的学生，教师要主动找他们，针对不懂的问题进行讲解，讲解中一定要有耐心，如果发现学生仍然有疑惑，要多讲几次，并鼓励他们下次多向老师请教，让他们明白问同学和问老师是有区别的，以使他们养成良好的习惯。而对于成绩突出的学生，要让他们明白虚心才能使人进步，学会与人分享会有更多的收获，自己懂了算不上真正的懂，让别人也懂了才是真正的懂；一个人优秀并不是真正的优秀，身边的人都优秀，自己才会更优秀。

二、明辨是非，以直报怨

儒家讲格物致知，通过学习探究，从中获取智慧，进而明辨是非。但很多中学生喜欢人云亦云，类似传播学中的一个理论——沉默的螺旋[149]，即意见一方的沉默造成另一方意见的增势，如此反复反而形成了本末倒置。

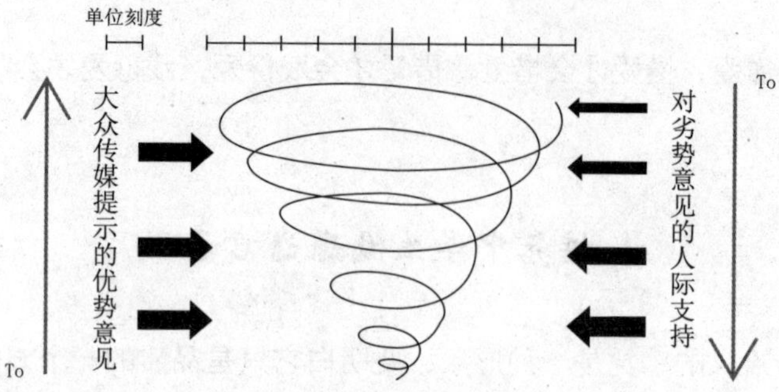

此时，教师需要创造一个民主的课堂，鼓励学生积极发表自己的观点，错了再来，以便充分暴露学生的问题，培养学生的思考能力。

另外，受现代社会现象的影响，中学生难以明辨是非善恶，误把“哥儿们义气”当作真正的友谊，为了兄弟打架斗殴。但正所谓“君子动口不动手”，对于打架斗殴事件，教师要引导学生“以直报怨”，即以“适当的代价回报恶行”（注意这里说的是“适当”而不是“等价”），不是以牙还牙，以眼还眼。要成为君子，就要有礼的约束，对于恶行，要采用公正合理的方式予以回击。在学校，校规是公正合理的方式；在社会，法律是公正合理的方式。教师需要在平时的教学中不断灌输这样的理念。

三、仪表端庄，知恩守礼

要培养学生做一个谦谦君子，不能只偏向内在品格的培养，也要注意仪容仪表，因为着装整洁是对他人基本的礼貌。在家里，家长要对孩子的日常生活进行指导。例如，早晨起床后要提醒孩子整理床铺、更换着装；平时在家要提醒孩子的坐姿，时刻注意孩子的语言规范。家长不能只顾孩子的学习，而忽视了孩子的全面发展，要加强自我修养，为孩子做好表率。在学校，教师不仅要对学生进行日常着装检查，教师自身也要着装大气、举止优雅、语调温和。很多问题的解决都需要家校联合才能更见成效。

此外，君子当知恩守礼。如今很多家长不愿意让孩子受苦而溺爱孩子，使孩子认为这种爱理所当然，全然不懂感恩。家长只施予爱而不要求孩子回报爱，实际上会害了孩子。家长应该给孩子讲明白关心关爱家长也是孩子的义务。然而，有些孩子把这一切当作理所当然，更有甚者，漠然地对待关爱自己的人。要解决这个问题需要家校联合，家长转换身份，成为孩子的朋友，和孩子就生活问题多进行交流探讨，而不是一味地迁就。在学校，教师可鼓励学生写感恩信，召开主题班会，让每个学生回忆家长为自己的付出。同时，教师可以让孩子制定一个目标，为关爱自己的人做一件有意义的事，并持续不断，直到成为终身习惯。

另外，有些大学专门建立君子书院以培养学生的君子品格，中学也可以借鉴学习。例如，在班会课上开设“君子论坛”，在校网上投放相关资料供学生学习，艺术课也可多增加琴棋书画，以陶冶学生的情操。

陶行知先生以“爱满天下”为原则，为我们诠释了大无畏的仁爱。“仁爱有礼”是一个永恒的话题，然而在今天的教育中，很多人过多地在乎升学率而丢掉了我们的精神文化。我们应该重拾优秀传统文化，以“仁爱有礼”为生活的准则，让孩子在爱人敬人、谦谦有礼的品格下绽放出幸福的人生之花！

第二节 诚实守信

唐静：

四川省南阳市南街小学附属幼儿园教师，毕业于四川幼儿师范高等专科学校，学前教育专业。绵阳市南街小学附属幼儿园班主任、教研组长。参加绵阳市涪城区青年教师写作比赛，《我和我的孩子们》荣获区级二等奖；参加绵阳市涪城区班主任演讲活动，荣获区级三等奖；参加绵阳市高新区发展局教师技能大赛，说课荣获二等奖。

正确应对学前儿童“说谎”的行为

德国的教育专家多罗特·克雷奇默说：“如果能采用一种平静、镇定、理解的方式对待孩子的说谎，那么从一开始就能避免许多谎话和不必要的争论。”那么，对于爱撒谎的孩子要怎样才能真正做到既不伤害孩子的人格自尊与发展自信，又能纠正孩子说谎的行为呢？孩子的说谎行为大致可以分为两类：无意对他人说谎和有意对他人说谎。

一、无意说谎

低龄学前儿童的认知水平较低，处于以自我为中心的阶段，在期望得到他人表扬的心理驱动下，常把所见所闻融入虚构世界并加以创编，从而出现无意说谎的行为，呈现为想象性、虚荣性、创造性的说谎形式。

[案例] 晨间活动时，小女孩露露在同伴、教师面前提到："你们知道吗？我妈妈是科学家，她在月球上工作，专门负责晚上让月亮按时出现。"看她神采奕奕的样子，同伴们都向她投去了羡慕的眼光。

当孩子出现无意说谎行为时，适宜的做法是：

（一）提高认知水平

学前儿童时期的最大特征就是心理发展的水平与年龄有密切联系。那么，要怎样才能提高学前儿童的认知水平呢？

1. 培养观察能力。成人可以适当地在这方面多多引导，比如多看图片，让孩子多表达，孩子就会对周围的事物认识得更加深刻。例如，在上述露露小朋友的案例中，我们可以通过绘本、视频让露露了解月球常识、人类登月等。等露露明白后，自然不会再说妈妈在月球工作，负责让月亮按时出现。

2. 接触外界环境。学前儿童认知能力的提升与很多因素相关，成人要创造机会向孩子普及生活常识，开阔眼界。例如，家长可以带孩子到动物园、植物园等，培养学前儿童对周围事物的好奇心，让他们更加希望去了解周围的环境，如此他们的认知能力就会不断潜移默化地增强。

（二）鼓励孩子学会欣赏和赞扬别人

孩子学会了欣赏和赞扬他人，往往可以帮助我们从根本上减少和纠正孩子"说大话"的习惯，从而使他们逐步养成谦虚和脚踏实地的良好性格。

（三）增加学前儿童的自信心，了解其真实想法

很多时候，孩子爱吹牛是不自信的表现，他们会把内心渴望的事情当作事实讲出来。因此，家长要从小注重培养孩子的自信心，多鼓励，多与孩子沟通。

二、有意说谎

[案例] 林林是一名大班的小男孩。一天，林林入园时非常伤心，一直在哭泣。老师便向妈妈询问了原因，原来林林早上不小心把妈妈新买的盘子摔碎了，妈妈看见后非常生气，问林林怎么回事，林林胆怯地说道："不是我，是爸爸摔碎的。"妈妈知道林林在说谎，于是非常严厉地责骂了林林。

作为孩子，不可能不做错事，家长在对待行为过失时的态度和处理方法会极大地影响孩子的诚信品质。过分的严厉惩罚会适得其反，直接让孩子在心理上产生阴影，使得亲子关系紧张。

皮亚杰是研究学前儿童说谎认知的代表性人物。他将儿童从婴儿期到青春期的认知发展分为感知运动阶段、前运算阶段、具体运算阶段、形式运算阶段，而学前儿童属于前运算阶段（2—7岁），即该阶段的学前儿童会自然而然地按照自己的欲望来歪曲客观现实。引起这一现象的原因如下：

（一）做错事后害怕受到惩罚

有的家长很严厉，孩子做错了就大声责备，久而久之，孩子一旦出错便会想办法掩盖错误。林林的妈妈就是这样，只要林林犯错，她就极其严厉，不给孩子解释的机会，甚至大打出手，从而导致林林撒谎。

（二）受家长言行影响而撒谎

如果孩子经常看见家长说谎，便会潜移默化地模仿。

（三）为达个人目的而撒谎

随着年龄的增长，孩子有时提出直接的要求会被拒绝，于是为了得到自己想要的东西而编造谎言。

用什么样的方法来纠正孩子说谎呢？建议的教育对策是：

（一）给孩子足够的尊重

注意教育方式，要正确地选择合适的教育方法，不仅让孩子清楚地认知到说谎其实是个重大错误，也要保护孩子的自尊心，不要让孩子受到任何伤害。

1. 不要在公开场合批评孩子，建议采取单独谈话的方式；

2. 阐明说谎以及被他人欺骗的潜在不良危害，同时明确警告下不为例；

3. 给予孩子改正的机会，相信其今后一定能做到。

（二）让教育更有策略

1. 耐心指导。家长应认真地分析孩子所犯下的错误，并明确告知孩子错在何处，从而引导孩子使用正确的解决办法。孩子只有从根源上认识到自己的错误，才会找出解决问题的办法，积极主动地想办法弥补和改正。

2. 学会赞美。首先要有限度地表扬他的诚实，然后再妥善处理他的错误，千万不能因为孩子已经说出了自己所犯的一些错误而狠狠地惩罚他，这样会导致他为了逃避家长的责罚而隐瞒实情。在上述案例中，我们和林林妈妈沟通后，她不再苛责孩子，而是允许林林犯错，并且耐心地听林林讲述犯错的原因。渐渐地，林林不再说谎了。

3. 寓教于乐。学前儿童的年龄尚小，喜欢玩耍，对大人的说教全当耳旁风，左耳进，右耳出。明代思想家王守仁曾说："今教童子，必使其趋向鼓舞，中心喜悦，则其进自不能已。"所以，成人最好通过学前儿童喜闻乐见的形式，让孩子在快乐中接受诚信教育，培养其诚信品质。[150] 例如，陪伴孩子阅读绘本《艾迪，说到做到》《诚信的大黄狗》《最重要的事》，陪伴孩子看电影《阿甘正传》《木偶奇遇记》等。充分利用这些方法，给孩子灌输诚实正直的含义。家长和孩子还可以一起表演一些生动的故事，通过互动，能让孩子更加深刻地领会什么是诚实守信，从而形成诚信的品格，增进亲子关系。

总而言之，对学前儿童的说谎行为，不要轻易地给学前儿童“定性”，我们应该给予理解和帮助，更要多一些耐心和爱心，采取不同的教育方法来解决问题。

培养学前儿童诚实守信的优良品格

2006年3月4日，胡锦涛同志在参加全国政协十届四次会议民盟、民进界委员联组讨论时提出社会主义荣辱观，突出强调“要以诚实守信为荣，以见利忘义为耻”。可见对于一个公民来说，“诚信”是何等重要。学前儿童时期是品德形成的关键期，因此培养学前儿童诚信的优良品格具有重大意义 。

[案例] 茜茜是中班的一个小女孩，性格活泼开朗。一天，在去幼儿园的路上，她看见卖气球的，便要求爸爸给她买。爸爸急着上班说：“好，你在幼儿园乖乖的，爸爸下午接你时给你买。”在班上，茜茜很神气地对同伴说：“今天下午爸爸要给我买好看的气球哦。”下午接孩子的时间到了，茜茜高兴地朝爸爸跑去，可是爸爸却两手空空。茜茜失望地说道：“我今天在幼儿园老师还奖励我小红花了，你为什么没给我买气球呢？”爸爸不耐烦地说：“快点儿，今天还要赶去奶奶家吃饭，下次再给你买。”

其实，学前儿童的言行是否诚实守信在很大程度上还是取决于家长和教师的教育。如果学前儿童出现言行不一、不愿意履行诺言的行为，我们提倡对学前儿童适宜的教育是：

一、良好的诚信品格的培养从家庭起步

（一）做学前儿童的榜样

家长须身正为范。孔子曰：“ 其身正，不令而行；其身不正，虽令不从。” 我国古代曾子“杀猪取信”的故事影响深远，这就是家长诚实守信、以身作则的最好典例。

（二）营造诚恳、互信的和谐家庭氛围

一个自由安乐的环境对培养学前儿童诚实守信是非常重要的。只有在轻松和谐的家庭环境下，学前儿童才能把家长当成知心朋友，才能敞开心扉，真诚以对，并做到言而有信。

二、立足于学前儿童的身心发展，因材施教

个体道德的发展是分阶段的连续的过程。美国心理学家科尔伯格把儿童的道德发展分为三种水平、六个阶段。学前儿童诚信的发展属于前习俗水平（9岁以下）中的以下两个阶段：1. 惩罚与服从道德定向阶段。这一阶段，学生服从权威或规则只是为了避免惩罚，认为受赞扬的行为就是好的，受惩罚的行为就是坏的；2. 相对功利道德定向阶段。这一阶段学前儿童的道德价值来自对自己需要的满足。对这一年龄阶段的学前儿童进行诚信教育时，家长和教师就要严肃认真地对待学前儿童的第一次"说谎"行为。[151] 让学前儿童对自己的言行负责，自己做事自己负责尤为重要；让他（她）学会自我反省、道歉，尽力加以补救，最终明白"一人做事一人当"的原则和道理。每一个学前儿童都是在无数个"第一次"中悟出真谛，逐步走向成熟的。抓住了"第一次"，就能让学前儿童在错误的过程中反思，增强辨别是非的能力，明确诚信做人的重要性。

三、根据年龄特点，科学教养学前儿童

（一）理解

耐心地用各种教学方法，冷静地仔细倾听学前儿童的各种想法，分析其中的原因。加强家庭与学校之间的联系以及家长与教师之间的配合，也是引导和纠正学前儿童说谎行为的有效方法。

（二）鼓励

对于学前儿童而言，如果好的诚信行为始终得不到关注和广泛赞同，他们很容易就会丧失热情。所以，当学前儿童出现诚信的行为时，应该及时发现并加以鼓励和表扬，让学前儿童感受到诚信带来的快乐，产生积极的情绪导向，从而发自内心地督促自己成为诚实守信的人。

（三）培养

1. 故事引入法。讲故事是学前儿童喜欢的活动之一，它通过形象生动的语言，将一些浅显的道理寓于其中，是对学前儿童进行教育的好帮手。教师和家长可以通过一些简单易懂的诚信故事来教育学前儿童说谎是不好的。

2. 观察分析法。对幼儿进行观察和分析，具体问题具体分析，加强幼儿诚实的品质。[152]

（四）实践

在学前儿童的道德养成中，往往要经历“实践—认识—再实践—再认识”这样一个无限的发展过程。学前儿童的道德认知、道德情感、道德意志都是在这些基本的实践中形成的，在此基础上，才有可能形成自觉的道德行为。要把学前儿童培养成有道德的人，首先要培养学前儿童的诚信品质。家庭和幼儿园，为学前儿童的生活实践提供了一个平台，因此要充分利用这一优势，在生活中培养学前儿童的诚信行为。例如，在与人交往中，要让学前儿童诚实待人、不说谎话、说到做到、心口一致、言行一致，学会关心他人、帮助他人，对他人富有同情心；在对待学习上，要守时、守信，家长要善于捕捉每一次教育时机，从日常生活里的每一件小事中，及时对孩子进行诚实守信教育，让孩子知道诚实守信是好的品行，并在生活中养成这种品行。[153]

邓嘉：

四川省成都市武侯科技园小学教师，成都市武侯科技园小学德育主任，中小学一级教师，管理学学士，成都市武侯区学科带头人，成都市骨干教师；教学科研专长：小学生德育素养培养、德育课程建设、班主任团队建设等。

引导小学生正确面对犯错

小学阶段是孩子习惯和性格形成的关键时期，犯错是孩子成长过程中不可避免的问题。“不贵于无过，而贵于能改过”，这是我国明代著名思想家王守仁勉励弟子的话，即一个人的可贵之处不是不犯错，而是能够正确面对错误并虚心改过。

如今的小学生普遍自尊心强而自制力差，面对错误时常会通过各种方式逃避责罚。和小伙伴发生矛盾时，他（她）会推诿，“是他（她）先……”；做错事情时，他（她）会狡辩，“你又没说不能……”；面对家长的批评时，他（她）更会出现不诚实的行为，“我没有……”或是怯懦哭泣、不讲话。对于孩子这种面对错误的态度，家长难免心烦气躁，冲动之下极可能对孩子说出不该说的话，如“究竟要我说多少遍你才听？”“你看看 ×××，再看看你自己！”“你脑子有问题吧？”“哭什么哭，哭能解决问题吗？”……或者做出不该做出的举动。这都可能会对自己和孩子产生极为不良的影响，甚至酿成大错。引导孩子正确面对错误，培养孩子诚实面对错误并勇于担当的品质，需要家长学会管理自己的情绪，冷静分析，对症下药。

一、家长要学会控制自己的情绪

当孩子犯错时，家长要克制自己的情绪，冷静下来才能对孩子所犯的错误有一个客观公正的评判，才能帮助孩子找出犯错的原因和改正错误的方法。教育家陶行知先生用“四块糖果”的故事告诉我们，很多时候，微笑比严厉更有力量，赏识比批评更有效果。滴水穿石胜过狂风暴雨，平心静气的交流比斥责打骂更能达到我们的教育目的。

二、选择有效的沟通方式

（一）选择合适的交流场合，保护孩子的自尊心

孩子犯错时应及时制止，但不要在公众场合或外人面前对孩子说教，以免孩子的自尊心受损，低段的孩子更易留下心理阴影，会让孩子变得自卑；高段的孩子会感觉很没面子，会打击其自尊心，还可能会让他（她）对家长心怀不满，影响亲子之间的感情。

（二）客观公正，给孩子说话的权利

家长希望孩子诚实坦白地面对错误，就要客观公正地去听听孩子自己的说法。有些孩子或许认为他（她）做的事情是对的，也有可能犯错的背后有其他原因。听一听孩子的声音，客观公正地对孩子进行教育，不委屈、冤枉孩子，让孩子知道自己错在哪里，这样才能够让孩子及时地改正过来。

（三）达成共识，家长意见要统一

孩子犯错，对孩子进行教育的时候，家长的教育意见要统一。不要在教育孩子的时候，家长们出现意见分歧，最终教育孩子未遂，家长之间反而产生了矛盾。

（四）就事论事，家长教育要适度

家长对孩子的教育要就事论事，不要偏离主题无限延伸，应该适可而止，不可发泄情绪、反复说教。过度的说教容易让孩子把家长的话当作耳旁风，甚至引

起孩子的反感。当孩子认识到错误以后，可以让孩子自行反思，这样才能收到更好的教育效果。

三、培养孩子诚实面对错误并勇于担当的品质

（一）循循善诱，引导孩子换位思考

对孩子进行换位思考教育，当孩子犯错的时候，跟孩子说说他（她）的这种行为给别人造成的影响。“如果别人这样对你，你会喜欢吗？”这种换位思考的方式让孩子更容易接受，使其以后不再犯类似的错误。

（二）分析错误，帮助孩子寻找正确的解决方法

在孩子认识到自己的错误后，家长要肯定孩子的认错态度，积极帮助孩子分析错误的原因，鼓励孩子找到正确的解决问题方式，促使孩子养成遇到问题三思而后行的好习惯。

（三）适度惩罚，教育孩子勇于担当

做错事情就必须要承担相应的责任，家长就具体事件和孩子进行讨论，商量出弥补和惩罚的方式。惩罚的目的是引起孩子的重视和敦促其改正错误，方式和力度要适中，要让孩子心甘情愿地接受。如果家长按自己的意愿强迫孩子接受，则很难达到教育目的。

（四）宽容理解，关注孩子的心理健康

孩子犯错后，情绪往往会比较低落，家长在批评教育后，应及时给孩子一些心理抚慰。家长可以从语言上来安慰孩子，如“我知道你是个聪明的孩子，自己知道怎么做”；也可以从行动上安慰孩子，如给他一个拥抱，让孩子感受到家长的爱和信任，从而更有信心去改正错误。

（五）持续关注，巩固对孩子的教育成果

在批评教育后，家长应持续关注孩子对同类事件的处理方式，对有进步的地方及时表扬，增强孩子的信心；对还有待加强的地方适时提醒鼓励，帮助孩子克服困难。

想要孩子正确地面对错误，家长就必须懂得宽容和理解，要多一点耐心，引导孩子正视错误并有效地纠正错误，进而培养孩子诚实、勇于承担责任、知错就改的好品质。

培养小学生守时的好习惯

守时是一种素质，是诚实守信的基础。做一个守时的人，不仅是对别人的尊重，更是对自己的尊重。在与他人相处时，守时代表着自律、有责任心，会让人感觉值得信赖。在自己的生活中，守时代表个人有管理时间的能力，可以有计划、有责任心地学习和生活。

生活中，家长常常会跟孩子有这样的约定："只看一个小时电视""玩半小时手机""玩一个小时就回家""在规定的时间内完成学习任务"……最终结果往往是因为孩子拖延推诿导致家长催促责备。小学生通常时间观念不强，认为什么事都可以拖拉几分钟，不知道守时对于自己和他人的重要性。有的家长认为孩子还小，不用对时间要求那么严格。长此以往，孩子就不会严格地要求自己遵守时间规定，导致在与他人的交往中不守时也成了常态。

守时是一种美德，更是一种承诺和责任。想要培养孩子守时的好习惯，家长可以从以下几个方面做起：

一、引导孩子树立正确的时间观念

家长可以利用名人守时的故事教育孩子，让孩子明白守时是一种优秀的品质，许多优秀杰出的人都把守时作为基本道德要求。鲁迅先生从小刻"早"字为铭，严格要求自己不再迟到，而且时时早，事事早，并为之奋斗了一生。法国显赫一时的政治家、军事家拿破仑，一次宴请部下的几位将军，并在饭后议事。那几位将军却迟到了。他便一个人先吃起来，等他们到后，他已经吃完了。他对他们说："诸位，聚餐的时间过了，现在咱们开始研究事情吧。"他丝毫不理会那些不守时的将军们的饥饿和窘境。

生活是最好的课堂，家长要学会在实际的情境中引导孩子，如搭乘火车或飞机时、购买外卖时，给孩子分析守时和不守时会有怎样不同的后果，使其明白守时对自己和他人的重要性，以培养孩子正确的时间观念。

二、帮助孩子制订守时计划

很多家长都有同样的烦恼，一天要催孩子无数次，起床催、作业催、睡觉还是得催。结果反而让孩子形成依赖，家长不催我就不做。西方大部分国家的家庭都不会以孩子为中心，家长们会从小教育孩子要靠自己而不依赖家长，从一点一滴的小事去训练孩子的独立能力。家长不妨和孩子一起制订一个守时计划并按时完成，这样不仅能逐步培养孩子不依赖、自觉守时的习惯，同时也会帮助孩子节约时间、提高学习效率。制订计划时，家长应注意以下事项：

（一）聆听孩子的意见

家长和孩子一起讨论相关约定，尊重孩子的想法，共同制订一个可以长期执行的守时计划，孩子对规则认可，才会自愿去遵守。

（二）合理规划时间

守时规则中需要一个科学的作息计划表，要求孩子按时起床、按时到校，在规定的时间内完成相应的任务。这样孩子就能够慢慢地养成规律的学习生活习惯，不再让家长催促，做事也不会拖拉。

（三）协助孩子制定目标和奖惩规则

目标可以分为一周一结的短期目标、一月一结的中期目标以及一学期一结的长期目标。如果孩子达成目标，家长应及时按约定给予奖励，反之亦然。

三、做好孩子守时的同行者

（一）做好榜样

家长要想让孩子养成守时的习惯，就要做到身体力行，用自己的言行给孩子做榜样。孩子擅长模仿，家长许诺孩子的事情一定要办到，和孩子约定好的事情也一定要按时办到。比如要求孩子不玩手机，家长就不能随时拿着手机玩。

（二）戒掉催促

闹钟是代替家长提醒孩子守时的好工具，巧用闹钟对培养孩子守时的习惯很有效。家长可以让孩子利用日程闹钟功能，设置重要的时间点。在闹钟提醒的各个时间点，孩子必须按照事先的计划来执行，从而慢慢形成不依赖家长的好习惯。

（三）及时纠错

小学生的自律性差，当孩子出现拖延或不想按计划行事时，家长要温和而坚定地予以拒绝，并及时鼓励其坚持，绝不能因为孩子的任性或哀求而心软妥协。

（四）坚持不懈

习惯的养成是一个漫长的过程，家长既要工作又要忙于家务，对孩子的监督容易松懈，于是孩子认为不按规定执行也可以，导致以后家长管理孩子的困难增加，以致规则很容易流于形式。孩子好习惯的养成离不开家长的鼓励和陪伴，教育是一场修行，孩子的坚持背后是家长的坚持和决心。

梁仙杨：

四川省简阳中学教师，中学语文一级教师，本科学历，简阳市优秀班主任；多次在市级德育研讨、教学研讨、班主任技能大赛中献课并获一、二等奖；多个科研课题在省、市评比中获奖；多篇文章在省级刊物发表；多次在高考教学评比中获市级“优秀学科教师”称号。

中学生考试作弊心理引导

考试是一种通过书面、口头提问等形式，来判断学生学习情况的主要手段。随着考试难度的不断加深和形式的多样化，学生考试作弊的现象越来越严重。那什么是作弊呢？《现代汉语词典》对此的界定为：“作弊，指用欺骗的方式做违法乱纪和不合规定的事情。”在长期的考试竞争压力下，学生容易积聚不良心理，如虚荣、自卑、侥幸、怕家长等，长此以往，就会出现考试作弊的现象。那么，作为教育工作者，应当怎样正确地引导呢？我们可以从以下几个方面入手：

一、增设心理课程，重塑考试诚信品格

中学生容易发生考试作弊的行为，和自身的心理状态有着一定的关系。此处举一案例：

在物理考试过程中，学生 A 用手机作弊，被监考教师发现，事后问他：“你为什么要抄答案呢？”学生做了如下回答：害怕自己成绩不好，被同学看不起，也担心家长看到自己的成绩，会伤心，自己觉得对不起他们，所以，就只有……

面对这种情况，学校可开设心理健康课，选择一线优秀的心理健康专业教师或权威的心理教育学专家，借助学校课堂平台，利用心理教育方法和手段，提供专业的心理咨询服务，以帮助学生调整考试作弊的心理，重塑考试诚信品格，促进中学生的身心健康和谐发展。

二、开展主题班会，签订诚信考试承诺书

学生在学校，会接触多种课型，其中班会课是体现学校德育的一种重要课

型。它以学生、情景、活动为中心，无形中成了道德教育的有效载体。

在此课堂中，我们可以开展丰富多彩的主题班会活动，如通过情景剧表演来形象地诠释考试作弊的弊端；举办以“考试作弊，有害无益”为主题的手抄报、演讲比赛等。让学生在形象中感受，在互动中交流，教师适时引导学生以求真务实的态度对待考试，认识到作弊的危害；同时让学生签订诚信考试承诺书，树立诚信应考的理念，培养诚实守信的品格。

在班会课后，针对个别特殊学生，教师可以私下单独进行交流，做一个让他人信任的倾听者；还可通过书写班会课的感悟，让不善言辞的学生在感悟中表达自己对考试作弊的看法。然后，教师给予合理的建议和有效的干预，在潜移默化之中加强思想教育。

三、以身作则，角色互换

孔子曾说：“与善人居，如入芝兰之室，久而不闻其香，即与之化矣。”放在教师身上，其实就是教师的以身作则会对学生的行为起到熏陶作用。正如张双、田旭所言：“教师榜样的教育力量使学生在不知不觉中受到潜移默化的陶冶。”[154]鉴于此，我们建议的做法是：学生在进行考试时，教师可以和学生同台竞技，在考场上，展现诚信考试的风貌，示范引领学生诚实面对，绝不掺假；同时，监考教师应当加强监督，绝不做与监考无关的事情，以身作则，严肃考风、考纪；还可以进行角色互换，让学生身临其境地体会严格监考的重要性，明白诚信考试才是最公平公正的竞争手段。

四、加强家校共育，了解学生动态

家长是学生的第一任教师，要想了解学生的动态，教师就要及时地和家长交流，以便第一时间互通有无，缓解学生因为怕家长而考试作弊的心理压力。笔者建议家长先了解自己的孩子为什么会有这样的心理，然后对症下药，降低自己对孩子的期望值，减轻孩子怕家长、觉得对不起家长的心理负担，并以安慰的语言鼓励孩子，如“就算考差了，也没有关系，只要你自己尽力了就好”“一次考差了，不算什么，下一次我们再努力去考就行”“考试只是检测你当前的学习情况，又不能断定你的未来怎样，爸爸、妈妈相信你”……有了家长的正面引导，学生在考试过程中，就不会有过重的心理负担，会尽可能以一种淡定从容的姿态去面对考试，从而展现中学生诚信应考的精神风貌。

引导中学生在朋辈关系中做到以诚待人

中学生在日常的朋辈交往中，无论做什么事情、结果如何，都应该做到“以诚待人”。那什么是“朋辈”呢？百度百科的界定是：“同辈的友人或者志同道合的友人”。从中不难看出，他们是在年龄、经历、情感和追求等方面极其相似的一群人，志趣相投是连接“朋辈”的最强支撑。

那什么是“以诚待人”呢？在我国古代的《孟子》一书中，对于“以诚待人”有这样的记载：“诚者，天之道也；思诚者，人之道也。”这句话的意思是：诚实是自然的规律，追求诚实是做人的规律。为了让中学生能够在朋辈关系中更好地做到以诚待人，我们可以从以下几个方面着手：

一、学校培养以诚待人的品格

学校是学生最常见、最主要的学习和生活的环境。美国著名教育家杜威曾说：“当一个社会对现实的道德状况不满意时，它首先应求助于教育。”由此可见，学校的教育应当承担起这份责任，培养学生以诚待人的品格。

（一）创办特色活动

围绕着“以诚待人”的主题，学校可以创办多种特色活动。例如，微视频大赛，让学生选用一些经典小故事，如曾子杀猪、华歆以诚待人、陶行知教子等；也可以自创剧本，从朋辈人际交往层面，进行多角度的刻画和宣传；征文比赛，将以诚待人的观念融入文字之中，使学生时刻谨记，并付诸实践，达到“知行合一”的效果；画意展览，参展作品可形式多样，如书法、漫画、手抄报等，尽情地描绘图景。引导学生从文化的价值功能解读寓意，进而将“以诚待人”当作为人处世的基本准则。

（二）增设特色课程

学校可以增设“人际交往修身课”，开辟“以诚待人”的人际交往课程专栏，从学生发展的各个方面，进行针对性的指导，并选定专人，或者邀请大家名人来进行讲座，拓宽学生视野，使学生明白“以诚待人”的社会价值。

二、引导注重以诚待人的言行

中学生在朋辈中的交往，贵在真诚。《庄子》一书中也对“诚”有价值的认识，“不精不诚，不能动人”。正所谓“以诚感人者，人亦诚而应”。学生在对待朋辈时，要把自己想象成对方，努力做到让自己的行为合乎情理。中学生要想得到这份真诚之心，可从如下几个方面进行：

（一）要预先了解朋辈者的性情，交付真心

“投我以桃”，才能“报之以李”。将心比心，学生之间的交往自然和谐温馨。

（二）谦虚和善，友爱待人

遇人遇事，不要用傲慢、蛮横的言行去对待，这样会让对方避而远之，甚至产生嫌隙；应当在态度上谦虚和善，以一颗友爱之心，诚心交往，用心经营，增进朋辈之间的感情。

（三）对待事情要实事求是，绝不弄虚作假

在班级中，对待学习、班务工作等不能投机取巧、耍花招；对自己所犯的错误不欺瞒，对朋友所犯的错误不包庇，对人对事力求诚实，更要鼓励知错就改；对他人的承诺一定要努力去兑现，若是没有兑现，则要虚心诚恳地向对方表达歉意。

（四）善于倾听，懂得分享

在朋辈交往中，不论出于何种情况，都要善于倾听他人的言语，明白对方的言中意，了解对方的言外意，进而在尊重信任的基础上，相互分享喜怒哀乐，以达到互帮互助、共同进步的效果。

三、家庭营造以诚待人的温馨氛围

家长是孩子成长的榜样。家长的一举一动在潜移默化中会影响孩子的一生。因而，在孩子的成长道路上，始终离不开家庭教育。家长自身应当做到以诚待人，做好孩子的表率。家长不要把社会中的尔虞我诈、欺瞒哄骗等不良做法带给自己的孩子；同时，家长要努力营造浓郁的家庭氛围，温暖、滋润孩子的心灵。多列举一些社会中以诚待人、受益终身的例子，帮助孩子塑造美好的品格，引导孩子树立正确的人生观和价值观。

第三节 包容豁达

李佳霓：

四川省绵阳市南街小学附属幼儿园教师，毕业于四川幼儿师范高等专科学院，担任校内通讯员；荣获 2019 年秋季园内教研培训比赛一等奖，2018 秋季园内赛课二等奖。

培养学前儿童乐于分享的好习惯

《孟子·离娄下》曰："大人者，不失其赤子之心者也。"所谓赤子之心，即形容人们在孩童时代就有一颗善于分享、乐于助人的心。我们将这种与人为善的行为称为"亲社会行为"。"亲社会行为"是指有利于别人的行为。作为"亲社会行为"的典型表现，儿童分享[155]行为的发生发展及其影响因素一直受到各界的广泛关注。

分享是学前儿童社会性发展的重要内容，是一种互惠性"亲社会行为"，也是个人和他人和谐交往的基础，同时也被人们视为一种美德。学前儿童的分享从来不是与生俱来的，首先要让学前儿童体会到分享的快乐才能使其产生分享的动力，进而主动分享。大量资料表明，人的社会能力和各种性格、习惯都将在学前儿童时期形成。也就是说，这个时期是孩子一生的发展基础期，错过了这个时期，有些习惯就很难再纠正，所以要在这个黄金时期进行适当的引导。

一、学前儿童不愿意分享的原因

不同年龄段学前儿童的认知能力由性质不同的思维模式构成，只有在认知能力达到相应水平时，学前儿童才有可能表现出分享式"亲社会行为"。

（一）学前儿童不具备乐于分享的概念

哈佛大学的研究小组曾经做过一项关于学前儿童分享能力的调研，采访了大量家庭，调查显示 51% 的 2 岁儿童不具备分享的能力。学前儿童处于以自我为中心的阶段，不具备主动分享的认知能力。应对年龄段较小的学前儿童进行分享式“亲社会行为”的引导。

（二）自我意识让学前儿童变得“自私”

相关研究表明，学前儿童的自我意识会在2岁开始成熟，他们开始明白“我”是谁，理解“我”的东西是我自己的，从而开始产生强烈的占有欲。占有欲导致他们对自己所有物的保护欲空前强大。例如，学前儿童在玩滑梯这类公共设施时，会将其理解为“我”的物品，产生强烈的占有欲，如有其他“入侵者”便会被激怒。

（三）乐于分享的基础——共情

共情是一种理解他人感受和思想的能力，是让学前儿童能体会到分享可以带来快乐的基础。但是，因为学前儿童的年纪过小，一开始他们并不具备替他人思考的能力，所以需要引导学前儿童让他们懂得每个人都有自己的想法，而这些想法是不同的。当他们意识到自己的分享行为会使别人开心、可以得到积极的反馈后，学前儿童的分享意识才会得以建立。

二、遵从自愿分享原则

相关调查表明[156]，我国的学龄前儿童缺乏分享行为；4—5岁的学前儿童在考虑问题时总是从自己的感觉、观点出发，而不知道别人观点的存在及不同，更不能自觉地从别人的立场或角度上考虑问题。这时，他们只知道维护自己的利益和快乐，而不能想到或理解别人的渴望心情。

案例分析：4岁半的秋秋活泼可爱，她从小由爷爷、奶奶带大，爷爷、奶奶对她也是有求必应。有一次，爷爷、奶奶带她去小区玩，她看见了自己喜欢的滑梯，便想去玩。但是，上面已经坐了另外一名小朋友，她便直接过去把那名小朋友推开，导致小朋友手臂刮伤，对方的家长便与秋秋的爷爷、奶奶发生了争吵，最后闹得很不愉快。秋秋在幼儿园也经常与其他小朋友争抢玩具并争吵，从无抱歉之意。

我们能发现上述案例中的学前儿童没有分享的意识是因为缺乏共情能力，而这源于家人很少教育她关注别人的感受。针对学前儿童不愿意分享的问题，我们可以采取如下措施：

1. 找机会和孩子一起讨论别人的感受，使其学会换位思考。

2. 在学前儿童只剩最后一点零食时去询问其可否分享给他人，并记录学前儿童的回答。

3. 给学前儿童提供接触陌生人的机会，多参与社会性活动有助于其社交能力的培养。

4. 在学前儿童向家长索取某件物品时表示拒绝，表明自己很喜欢这个东西，不愿意分享。让学前儿童意识到分享不是理所应当的。

这样，学前儿童对于分享将会有更深层次的了解，他们会明白在分享的同时也不要忘记自己内心的需求，不需要为了满足他人的欲望而勉强自己去分享，不需要为这种不愿意与对方分享的心理而感到羞愧。同时，让学前儿童体会到不要主动向对方索取自己想要的某个东西，也不能因为对方不愿意分享而生气，因为分享应该建立在双方自愿的基础之上。

三、教育启示及干预方案

随着学前儿童年龄的增长和社交范围的不断扩大，大部分学前儿童面对他人时会积极地分享，少部分学前儿童仍然不愿意分享，甚至与他人发生冲突。为了避免这种现象，本文提出以下教育建议：

（一）促进学前儿童共情能力的发展

研究表明，学前儿童的共情能力与其分享行为相关。在学前儿童教育中，我们可以采用角色扮演的方式让学前儿童换位思考，站在他人的立场上，体验他人的感受，理解他人的想法，从而提高学前儿童的共情能力。开展角色游戏《小兔弄坏了小熊的蛋糕》，让学前儿童分角色担任小兔和小熊，正确引导学前儿童分别站在小兔和小熊的立场上思考，以达到融洽相处的目的。

（二）构建良好的教育环境

首先，教师应具有良好的价值观、优秀的个人品质，以此为基础给学前儿童带来一个良好的教育环境。鼓励学前儿童互相分享好的学习方法，分享家中的趣事，而教师应积极地回馈，让学前儿童受到鼓舞而乐于分享。家庭环境也对学前儿童的分享行为具有重要影响。在日常生活中，家长应秉持分享这一理念，并将教育融入生活，为学前儿童树立榜样，以此促进学前儿童分享行为的发展。

综上所述，学前儿童分享行为的培养需要多方面共同配合，要运用适当的教育方法，建立良好的社会关系，以促使乐于分享的好习惯的形成。

培养学前儿童宽容大度的良好品质

国内有研究者从青少年认可的“亲社会行为”研究中发现[157]，在青少年提名的 43 类“亲社会行为”中，56.32% 涉及协调交往关系、个人特质等行为，包括宽容、怡人、增进友谊、体谅他人等16种行为，其中宽容的提名在所有43类行为中占到17%。可见，这是学前儿童、青少年所认同的“亲社会行为”。

老子说：“善者吾善之，不善者吾亦善之，德善。”“海纳百川”的胸怀就是宽容的精神，而以“善”对待“不善者”，则实际包含了“宽恕”之意。孔子认为“宽则得众”，可见孔子把“宽”看作评价一个人品质的重要标准。“宽”“容”，自古以来都被认为是中华民族的传统美德。

美国著名文学家爱默生说过：“宽容不仅是一种雅量、文明、胸怀，更是一种人生的境界。宽容了别人就等于宽容了自己，宽容的同时，也创造了生命的美丽。”这种优秀的品格是孩子的立身之本，会使孩子终身受益。

一、案例分析

每个家庭对于学前儿童的教育都非常重视，而在学前儿童的心性培养中，培养其拥有宽容大度[158]的良好品质更是重中之重。而优秀品格的形成在很大程度上取决于家长从小对学前儿童的教育。这里有两个案例跟大家分享。

案例一：今年4岁的圆圆是一个性格外向、活泼好动的小男孩，有一次在堆积木时，他缺少一块需要的积木，便直接从其他小朋友那里抢了过来，导致那名小朋友号啕大哭。那之后也发生了好几次这类的事情，导致班上的其他小朋友不愿意与其玩耍。老师向家长了解到，原来圆圆在自家小区也经常和小朋友发生争吵，但是家长没有进行相应的教育，所以导致了如今的情况。

案例二：童童是一个四岁半的小女孩，她最喜欢背的小书包被一个小朋友用水彩笔乱画一通。事后，老师让那个小朋友给童童道歉，但童童没有接受他的道歉，表示自己不会原谅他，并称他再也不是自己的好朋友了。

通过如上案例，我们需要了解的是，因为学前儿童的自主意识较强，在遇到纷争时首先考虑的是自己的利益，无法做到宽以待人。沃尔泽在《论宽容》中把宽容描述为一个对待差异性的态度“连续谱”[159]，个体文化背景的差异往往以个体差异的形式表现出来。教育者不应仅仅为了提倡美德本身而提倡宽容大度，而应当关注宽容大度在学前儿童日常生活的真实冲突中所起的作用。相比教给学前儿童对待差异的正确态度，更重要的是鼓励他们面对具体的差异性特征。

二、基于差异性的宽容大度教育

（一）责任感的培养

有责任感的学前儿童能更好地自律，一个拥有了责任感的孩子才会站在对方的角度思考问题，这会为其培养宽容性格打下坚实的基础。

（二）在人际冲突中，培养学前儿童的宽容大度之心

通过上文的案例，我们可以得出结论：宽容大度不是无条件的退让，当这件事使当事人感到为难时，他选择不宽容对方是没有任何问题的。一件具有攻击性的事件严重与否，往往带有主观性，在外人看起来微不足道的事情，有时对当事人却会造成很大的伤害。在对学前儿童进行了正确引导后，学前儿童对宽容大度有了一个模糊的认知概念，这个时候家长应该乘胜追击，多给学前儿童创造实战环境，把教育融入生活，这样给学前儿童带来的影响才会深远。家长在家时可以和学前儿童一起玩耍，当家长不小心推搡致学前儿童摔跤时，看一下他（她）会是什么反应，是摔倒大哭还是大方起身说没关系呢？在这种场景下，我们便能直观了解学前儿童究竟是否会用宽容大度的态度对待对方。家长还可多带学前儿童参加集体活动，在这种活动中所接触的人对于学前儿童来说都是非常新鲜的。当学前儿童与他人发生争执或在玩耍过程中受到推搡时，家长在一旁观察学前儿童是如何反应的。如果学前儿童反应过激，家长便可上前引导，“没关系的，摔跤当然会痛，但是你也没有受伤是不是？小朋友们玩游戏摔跤是很正常的，对不对？”在进行了常规式的宽容教育后，再做具有差异性的宽容教育，家长可采用故意的方式去损毁学前儿童最爱的物品，这种情况下看学前儿童是否还会原谅家长。让他（她）在这种截然不同的情况下明白，不是所有的事情都可以宽容大度地去原谅对方；明白个体的差异性，宽容大度的前提是自己内心的平衡，如果这种平衡失调了，便不需要再用宽容大度这种品质来约束自己。在家长的多次引导下，学前儿童就会形成一个模糊的概念，他就会知道在什么情况下自己不需要去计较，在什么情况下可以选择不原谅对方，更认识到宽容大度的真正含义。

三、宽容教育的启示

当今的学前儿童面临的是一个多元、开放的环境，这就意味着差异不可避免。所以，我们在培养学前儿童宽容心的同时，还需要让他们了解自身与他人的差异；让他们明白，宽容并不是无条件的让步和自我牺牲，是在不违背自己内心平衡的情况下做出的行动，即让他们感知到“宽容”是自己自愿的选择，而不是被迫无奈的选择。

宽容教育，对学前儿童的个性发展和良好人际关系的建立，都有着非常重要的意义。倡导实施宽容教育就是要充分挖掘出幼儿的内在潜质，以适应新的社会需求，不断培养孩子们具备创新精神，创新思维。[160]

李勇进：

四川省成都市金兴北路小学教师，小学高级教师，四川师范大学小学教育专业毕业；1991年参加工作以来，长期担任班主任和语文学科教学工作；撰写的示范作文《我爱家乡的大米》《铁猫》曾获全国小学语文教师“下水作文”比赛两个一等奖，小学综合实践示范课《中国象棋中的中国传统文化》获武侯区赛课一等奖，撰写的教育科研论文多次在市、区级获奖；2016年9月被评为武侯区“先进教育工作者”。

在帮扶灾区孩子的活动中，引导小学生胸怀天下

2020年春节，一场突如其来的疫情在神州大地上肆虐，广大医护人员、警察、战士以及许许多多的普通志愿者日夜奋战在抗击疫情战役的第一线。他们不畏牺牲、甘于奉献，是一群可敬的“逆行者”，是新时代的英雄。作为一名小学生，在当前疫情防控的严峻考验下，我们要和家人在一起，响应党和祖国的号召，在家里尽量不出门、不聚餐，静下心来学习生活，与大家共同筑牢一道安全防疫墙。

窗外已然阳光明媚，小草青青，绿树新芽，鸟语花香，好一派生机勃勃的春光春景！虽然疫情暂时禁锢了我们的身体，但它无法锁住我们的心灵。这场与疫情殊死抗争的战役也让我们每个小学生看到了许多英雄事迹，学到了许多课外知识，养成了正确的生活习惯，更懂得了什么是责任，什么是感恩，什么是爱国。

伟大领袖毛泽东主席在学生时代就有“自信人生二百年，会当水击三千里”的雄心壮志，敬爱的周恩来总理也从小就立下了“为中华之崛起而读书”的非凡志向。“两耳不闻窗外事，一心只读圣贤书”的封建旧时代已远去，21世纪的今天，作为共产主义事业的接班人、祖国未来的主人，小学生不仅要努力学习科学文化知识，还要关心身边的事、学校的事、国家的事乃至世界的事，做到“风声、雨声、读书声，声声入耳；家事、国事、天下事，事事关心”。小学生只有从小立下胸怀天下的志向，才能明辨是非，长大才能用自己的智慧和气魄改变未来。

亲爱的小朋友们，虽然我们现在暂时只能待在家里，但我们不应该颓废，不

应该懒惰，不应该整天沉迷于电脑游戏或无所事事，而应振奋起精神，乐观开朗，胸怀天下，从身边的事做起，学会做人，学会生活，学会自我管理，学会放眼世界。

1. 做到按平时上课的作息时间来规划每天的学习生活，用健康乐观、热情开朗的心情迎接每一天。

2. 坚持学习。学习如逆水行舟，不进则退。在家可采用网上学习、线下自学等方式努力做到“停课不停学”。这场疫情让我们看到了未知世界的可怕，体会到了科学文化知识的重要性，我们人类只有努力学习，不断研究，才能探索未知世界，拯救人类自己。

3. 养成每天收看中央电视台《新闻联播》的习惯，关心国内外大事，关注疫情，掌握正确的防疫知识，学习抗疫英雄们的先进事迹。

4. 每天积极主动地联系学校的老师，如实汇报自己在家的防疫情况和自身健康状况。在正确做好自身防疫的情况下，帮助和提醒因事需要外出的家人做好防护，做到不造谣、不信谣、不传谣。

5. 坚持与家长沟通交流，每天抽出一定的时间与爸爸、妈妈讲讲当天的学习情况、学到的新的防疫知识、了解到的国家大事等。

6. 劳逸结合。每天坚持做一些适合在家里做的体育锻炼（如徒手操、眼保健操等），协助家长完成一些力所能及的家务活（如择菜、洗碗、收拾屋子等）。

7. 培养一项自己喜欢的健康业余爱好（如看书、写字、画画等），从中学到知识，学会技能，寻到乐趣，丰富学习之余的生活。

8. 试着养成写日记的习惯，坚持写一写自己在家防疫期间每天的所看所听、所学所得、所思所感等，让自己的这段人生经历丰富充实起来。

小朋友们，在灾难面前，我们要学会调整心态，坦然面对；在抗击疫情的过程中，不断树立自己正确的价值观、人生观、世界观，培养坚强不屈的品格，树立胸怀天下的志向，真正与祖国一起成长。

引导小学生正确应对被冤枉

冤枉，是指没有事实根据而将无辜的人诬指为有罪，让无过错的人受到指责的现象。日常生活中，有些话、有些事明明不是我们自己说的做的，却偏偏被人冤枉，被误认为是自己所说所为。为什么会发生被人冤枉的事呢？因为我们每个人的性格脾气、说话办事方式大都不相同。俗语说“人上一百,五颜六色”，再加上交往中如果沟通、交流不畅，理解、信任不够，就难免产生误会，发生冤枉别人和被别人冤枉的事情。

小学生因为年龄较小，认识上普遍存在偏激、心理素质较弱、缺乏一定的判断力等特点，所以能承受的外界压力非常有限，有时哪怕因为一些很小的事情被冤枉，也很可能引发小学生的挫折感。被冤枉后，有的暗自伤心，从此神情忧郁，萎靡不振；有的自暴自弃，从此自毁前程，以烂为烂；有的甚至当场发作，钻牛角尖，激化矛盾。其实，“人非圣贤，孰能无过”，作为普通人，恐怕没有人能保证一辈子不发生冤枉别人和被别人冤枉的事情。所以，如果出现了被别人冤枉的事情，也是人生中很正常的经历，不必太小题大做，也不必太伤心难过，只需正确应对，它就会像昨天的日历一样，随着时间的推移，轻轻一翻就过去了。

被冤枉时，小学生该如何正确应对呢？

一、以宽容之心去应对

“海纳百川，有容乃大”“宰相肚里能撑船”，这些名言都告诉我们要拥有一颗宽容的心，对待别人要宽容大度。我们的心就好比一间屋子，那里面既然装得下表扬、赞美、鼓励等，那么也应该装得下批评、挖苦、诬陷等。只有把这些好的、不好的统统装进我们的心里，包容它、消化它，才能把我们的心脏锻炼得更强大，使我们的心胸更宽广。宽容别人的过失，不要用别人的过失来折磨和惩罚自己。“清者自清，浊者自浊”，乌云挡不住阳光，真相总会有浮出水面的一天！

二、学会沟通，学会倾诉

当被别人冤枉时，我们应学会想办法心平气和地向对方讲明自己的想法，以增进理解，消除误会隔阂。沟通一定要注意时机，注意方式方法。当对方态度偏激、脾气暴躁时，不要急着辩解，以免矛盾升级造成更不好的后果。这时候，可以寻求别人的帮助，向家长、老师或朋友倾诉，请求他们出面从中调解，搞清事情的真相，澄清误会。被冤枉时，切莫一个人闷在心里，暗自伤心难过，这样只会越陷越深，最后在伤心的泥塘中难以自拔。要知道，高兴的事与人分享，可以让更多的人高兴，自己的高兴一点不少；而伤心的事向人倾诉，可以让更多的人分担你的伤心，多一个人，自己的伤心就会减轻一分。

三、调整好自己的心态，以积极的态度面对

被冤枉时，我们要学会调整好自己的心态，消除烦恼，以积极的态度去面对。可以反省自己的所作所为是否恰当，有则改之，无则加勉。千万不要灰心丧气，从此自暴自弃，这样下去，反而成了用自己的行为印证被冤枉的内容，这是一种多么愚蠢而不可取的行为啊！所以，被冤枉时，我们要付出更多的努力，比原来做得更好，取得更大的成绩或效果，使其不攻自破，自己烟消云散。将被冤枉变为鞭策我们学习生活的动力，这样，既消除了被冤枉的影响，又取得了进步，何乐而不为呢？

四、转移视线，做自己喜欢的事情

被冤枉时，心里难受，如果偏偏身边又暂时没有可以倾诉、依靠的对象，我们不妨试着把这件事抛在一边，做一做自己喜欢的事情，如看看课外书、听听音乐、玩玩小游戏等，分散自己的注意力，减轻其对心灵的伤害。

最后，在家庭生活中，每位小朋友的爸爸、妈妈都应该努力为孩子营造一个真诚、信任、民主、和谐的家庭氛围。作为最熟悉、最了解孩子的家长，要尽最大可能避免冤枉孩子，以免对孩子健康人格的养成造成不利影响。如果家长不小心冤枉了孩子，请立即放下家长的架子，主动真诚地向孩子道歉，取得孩子的谅解，舒缓孩子的情绪。对于小学生来说，拥有家长的爱就是拥有了全世界，如果孩子在外面受了冤枉，家长应该给他们更多的爱，用爱温暖他们受伤的心灵。

段昕：

四川省简阳中学语文教师，简阳市骨干教师，简阳市优秀教师，文学学士；在省级刊物上发表多篇论文，曾获市级、国家级优质课一、二等奖，多次辅导学生参加各类竞赛并获省级、国家级奖项，始终坚持在教育教学中求真、务实、创新。

引导中学生受了委屈后积极调整自身情绪

苏东坡少年得志，中年后连遭贬谪，他却将这种跌宕起伏的人生经营得有模

有样，这都得益于他善于调整自身情绪。对于如何引导中学生在受委屈后积极调整自身的情绪，以豁达的人生态度积极乐观地面对生活，我们有如下建议：

一、了解中学生成长的阶段性特点

12—18岁，是孩子成长的第二个叛逆期，孩子有了独立自主的意识，他们渴望获得尊重、获取认同。基于此特点，我们首先要让他们感受到被尊重、被认同。

（一）以平等的姿态与孩子相处

大人须杜绝居高临下的家长式作风，切忌强制孩子按照家长的意愿做事，应放低姿态，听取孩子的心声，以平等的方式与孩子交流。大人犯错时，要敢于正面、及时地向孩子承认错误。例如，当孩子指出大人们在用餐的同时使用手机是个坏习惯时，家长不可回避问题，不可以工作为借口敷衍搪塞，更不可以长辈的身份强行压制孩子的质疑。家长应正面肯定孩子的观点，做出自我反思，提出整改方法，确保不再发生类似的事情。这样，既给予了孩子尊重，避免了孩子产生委屈的情绪，又让孩子明白了责任与担当。

（二）使用恰当的沟通方式

基于本阶段孩子的心理特点，家长和老师应“和善而坚定”地指出孩子的缺点，可采用“你最近……做得特别的好，只是，如果……那就更好了”这样的沟通方式，并针对孩子的缺点提出合理化建议。每次多提优点，少提缺点，关键在于解决问题，使其感受到被尊重与被认同，避免其产生消极情绪，促进其健康成长。

二、以身作则

教育专家李镇西先生曾于文章《最好的教育莫过于感染》中强调以身作则的重要性。的确，《后汉书》有载：“以身教者从，以言教者讼。”如果家长只是一味地向孩子提出要求，却从不给孩子做出好的示范，又怎能得到孩子的认可呢？消极的家长难以培养出乐观的孩子，希望孩子成为什么样的人，家长就必须先成为那样的人。

（一）调整好自身情绪

家长自己应具备豁达的人生观，以实际行动让孩子明白，如果生活是个解不开的结，不妨系上一朵花。遇事不抱怨，积极寻求解决方法，是豁达；受委屈后不消极悲观，不盲目报复，是豁达；人不知而不愠，也是豁达。豁，就是给被困的心凿一个出口；达，即不以物喜、不以己悲，始终有一个淡然的安心之处。孩子是大人的影子，大人是孩子的榜样。家长做到了，孩子自然也就做到了。

（二）正面、恰当地应对孩子对大人的误解

由于年龄、阅历的差异，孩子和大人看待问题的角度和处理问题的方式必然不同。当孩子难以理解家长行为背后的善意与关爱时，建议家长采取正面且恰当的方式和孩子进行沟通。例如，对孩子进行手机管控。家长管控手机，固然是因为关心孩子的身心健康、学业成长，但由于孩子的年龄段心理特征，他们会认为自己不被尊重、人身自由受到了限制，甚至认为这是家长不理解自己、不爱自己的表现。针对这种情况，家长切忌独断地回应："不行就是不行！"应晓之以理地告知孩子大人行为的初衷，阐明使用手机的利弊以及被误解的心情。家长可与孩子面对面交流，也可间接交流（书信、短信、转述等），以行动告诉孩子，每个人都可能遭遇误解，但我们可以通过沟通寻求他人的理解。

三、给予孩子正确的方法引导

人生在世，遭遇误解、非议实属难免，教给孩子调整情绪的方法尤其重要。

（一）自我认知的方法

引导孩子辩证、全面地认识人性，使其明白"人无完人"的道理。既然"人无完人"，那么，因对方的过失而受了委屈，是否可以淡然一笑、既往不咎？既然"人无完人"，自己也并非完美，那么，受委屈后，能否反省自己的过失，避免再次发生？

（二）主动沟通的方法

受委屈后，如不能通过自我认知的方法来调整情绪，为避免压抑崩溃，需使用恰当的沟通方法：

1. 直接沟通。即与当事人面对面交流，通过语言、神态、肢体语言等，真诚、友善地表达自己的看法和心情，当面取得对方的理解，自己就能得以释怀。这种沟通方法应避免情绪激动、言辞犀利。

2. 间接沟通。通过书信、短信等方式与对方联系，实现沟通的目的；也可通过中间人的转述，以寻求对方的理解。

（三）排解情绪的方法

受委屈后，如无法通过自我认知的方法来调整情绪，也不愿与对方进行沟通，还可选择向好友倾诉或记日记等方式排解情绪。

了解孩子成长的阶段性特点，通过感染的力量，给予孩子正确的方法引导，赋予其调整自身情绪的能力，可帮助孩子树立豁达的人生观，创设更广阔的生长天地。

引导中学生养成换位思考的思维习惯

换位思考，即设身处地为他人着想。要养成换位思考的思维习惯，首先，要学会包容。包容，是仁爱，是“海纳百川，有容乃大”的豁达与博大。其次，要明白“己所不欲，勿施于人”的道理，这是尊重他人、平等待人的体现。关于如何引导中学生养成换位思考的思维习惯，我们有如下建议：

一、以身示范

教育家陶行知先生曾于文章《师范生的第二变——变个小孩子》中提出，“我们必得会变小孩子，才配做小孩子的先生”，这句话是强调为师者学会换位思考的必要性，同样也适用于家长。

孩子们常把家长苦口婆心的教育当作耳旁风，或嘴上承诺改正，行动上却迟缓或照旧。真的是孩子冥顽不灵、不可救药吗？我们可做如下思考：假如我们费尽心思地培育一盆花，花的长势却不好，我们会责怪花吗？不会。我们会分析花长势不好的原因，不喜水吗？不喜光吗？从而就其生长特性来改变培育方式。同理，我们也应从孩子的心理特性出发，知孩子所想，明孩子所为，站在孩子的角度思考问题、解决问题。我们要坚持换位思考，用“我想，你是否是……想的？”“你觉得……”等交流方式与孩子沟通，在长期的感染、启发下，孩子便也会学着换位思考。

二、角色互换

角色互换可以让孩子真切地体会到对方的真实感受，从而避免从自己特定的角度去看待他人的态度与行为，学会换位思考。

现在的孩子，多处于养尊处优的状态，不太理解家长疲于工作同时兼顾家庭的辛苦，对家长的付出不屑一顾，甚至百般挑剔。我们可以尝试让孩子和家长互换角色。如果同妈妈互换角色，仅 24 小时之内，除工作以外，孩子便会经历准备三餐、收拾餐具、整理房间等一系列琐碎的事。当孩子切实体会到妈妈的劳累、不易之后，自然而然地就会站在妈妈的角度思考问题，以往对妈妈的不理解自然也就变为理解了。

日常生活中，我们还可以尝试让孩子与师长、朋友、兄弟姊妹等互换角色。

三、通过家庭会议定期开展感激活动

心存感激才能以一颗包容的心善待他人。我们可以通过家庭会议，以向每个家庭成员致谢的方式为孩子做出示范，引导孩子发现彼此的善意，并学会用语言表达自己的意愿和感激。活动中，通过相互之间的感激致谢，我们不仅传达了自己的意愿，而且了解了他人的内心需求。通过定期、反复的感激活动，孩子会在这种积极的氛围中养成换位思考的思维习惯。

“感激卡”可做如下设计：

感激卡			
感激对象	感激事由	我的感受	感激人
爸爸			
妈妈			
哥哥			
……			

（注：“感激对象”可根据家庭实际情况调整；“感激事由”即因何事而心存感激，也是“感激人”的内心需求；“我的感受”，即“感激人”受到的启发。）

通过以身示范和适时的角色互换，以及感激活动的积极熏陶，潜移默化中，孩子们就会养成换位思考的思维习惯，从而以一颗包容的心善待世界，赢得幸福的人生。

第四节　自信坚韧

赵琦：

四川省绵阳市南街小学附属幼儿园教师，毕业于四川省绵阳师范学院，学前教育专业，本科学历，绵阳市南街小学附属幼儿园教研组长、优秀教师；绵阳市涪城区科学活动赛课荣获区级二等奖，绵阳市涪城区班主任演讲荣获区级三等奖，绵阳市涪城区青年教师歌手大赛荣获区级二等奖，绵阳市涪城区教玩具制作荣获区级三等奖，绵阳市涪城区青年教师写作《我和我的孩子》荣获区级三等奖。

建立学前儿童的自信心

人的很多优点都属于内在品质，无法从外表上看出来，需相处之后才能知道，比如善良、细心、勇敢、独立，但有一种优点是写在脸上的：自信心[161]，萧伯纳说过“有自信心的人，可以化渺小为伟大，化平庸为神奇”。

没有自信的人会很轻易地放弃任何努力，表现出自己是无用的，而且有时还故意做出逆其道而行之的事情。这时只要给自己一个适时的鼓励，得到一种自我满足，即自尊感和成功感，就能呈现出完全不一样的新面貌。

德国著名天文学家开普勒[162]，4岁时出天花，留下一脸麻子的后遗症，后来又患猩红热，高烧烧坏了眼睛，成了高度近视。他终身饱受疾病折磨。但他从未失去自信，在贫病交加中以大无畏精神研究了20余年，建立了“行星运动三定律”，为牛顿发现“万有引力”打下了基础。他的重要著作有《宇宙的神秘》《哥白尼天文学概要》《宇宙和谐论》等。从天文学家开普勒的故事可以了解到，自信是成功的第一秘诀，有了自信你就能战胜自己。

心理学指出，3—6岁的学前儿童处在心理成长发展和人格形成的关键时期，各种个性开始发生和初步形成，虽然还没有定型，但它却是未来性格形成的基础。《幼儿园工作规程》中关于幼儿园保育和教育的主要目标，其中一点就是培养诚实、自信、好问、友爱、勇敢、爱惜公物、克服困难、讲礼貌、守纪律等良好的品德、行为和习惯，以及活泼开朗的性格，强调对学前儿童进行心理健康教育与人格教育。而自信心是人的心理素质的核心内容之一，它既是人的个性发展的核心问题，也是影响人的生活的最为关键的问题。如今很多学前儿童的自信心都非常脆弱，需要得到家长很多的关心和保护，否则便可能会迅速凋谢和枯萎。那么，怎样才能帮助学前儿童在生活中建立良好的自信心呢？

一、陪伴学前儿童

1. 家长的陪伴对学前儿童的成长至关重要。陪伴不仅能让学前儿童感受到家长的爱，也能让家长有更多教育指导的机会。

2. 陪伴不是陪同，不是看管，不是物质满足，更不是说教和监督，而是用心地与学前儿童交流，让学前儿童感受到关爱和被密切关注的美好感觉，激发其自信心。

下面以周末时间为例，给予家长一些陪伴建议。

附：亲子周末计划表

时间	具体计划
8:00—8:30	起床 自己起床、穿衣、叠被、洗漱，培养学前儿童的生活自理能力
8:30—9:00	吃早餐 跟家人一起共享早餐，帮忙准备和分发餐具
9:30—10:15	快乐运动 亲子韵律操，强身健体开启活力满满的一天
10:30—11:00	主题活动 亲子手工、阅读或尝试一起劳动
11:00—12:30	午餐 和家长一起准备午餐
12:30—14:30	午休 做一个甜甜的美梦，养精蓄锐
15:00—17:00	户外活动 亲子足球，或者散步到公园进行亲子游
17:30—18:30	晚餐 做餐前准备，如择菜、洗菜、擦桌子、摆放碗筷
19:00—20:00	亲子游戏 与家人一起“居家表演”，进行文艺大联欢
20:00—20:30	洗漱时间 尝试独立洗漱

续表

时间	具体计划
20:30—21:00	亲子睡前阅读 睡前一同阅读绘本，能够增进亲子之间的感情
21:00—21:30	睡觉 睡前互道晚安，感谢相互的陪伴

二、尊重学前儿童，提高学前儿童的自信心

（一）尊重学前儿童的决定

不要总是替学前儿童做任何决定，可以适当地给一些建议或提出意见，培养他们自主决定的能力。

（二）充分尊重学前儿童犯错

学前儿童在探索世界的过程中，一定会显现出很多的优缺点，此时要充分地尊重关心学前儿童。如果家长和教师经常批评、指责学前儿童，以否定的态度来对待他们，就会使其怀疑自己的能力，认为自己真的很笨、很差或行为很不好。这种经常性的、消极的自我情感一旦固定下来，就会逐渐形成自卑心理，从而产生畏缩、逃避的行为反应。

（三）学前儿童在自我意识形成的过程中，对家长有较强的依赖性，家长的行为以及语言会在很大程度上影响学前儿童

与学前儿童沟通交流时可以发现，积极鼓励学前儿童，会影响学前儿童的心理素质。《法制报》曾采访报道过一位少年犯的犯罪过程。小的时候，他生性比较调皮好动，家长常指责、惩罚他。一次，由于犯了错误，家长对他失去了信心，周围的成人也否定他，说他“无可救药”“坏透了”。渐渐地，他对自己失去了信心，索性破罐子破摔，最终走上了犯罪的道路。学前儿童犯错时，家长要予以尊重和理解，并及时与学前儿童交流沟通，引导学前儿童改正自己的不足。当学前儿童做出不符合成人期望的行为时，不要否定他，而要用微笑和鼓励静待他的绽放，这才是给学前儿童最好的陪伴。

（四）为了提高学前儿童的责任感，生活中要有意识地教给学前儿童一些知识并布置一些任务

如果学前儿童遇到困难，家长要及时给予指导，让学前儿童有更多的机会独立完成，以培养其持之以恒、认真负责的好行为、好习惯。

三、鼓励与赞扬学前儿童勇于尝试，体验自信带来的快乐

（一）鼓励学前儿童去户外社交，寻找陌生小伙伴一起玩耍，培养他的自信心

家长要认真对待学前儿童的每次提问，跟他一起寻找答案，寻找答案的过程也会增强学前儿童的自信。

（二）尝试让学前儿童成为“小当家”

家长可以带学前儿童一起去超市，让学前儿童用自己的零花钱独立购物，逐渐地让学前儿童合理理财和当家做主，这会增加他在家庭生活中感受到的乐趣并建立自信心。

（三）积极引导、帮助学前儿童，给予学前儿童在公共场合表现自己的机会，放手让学前儿童表达并展现自己

当学前儿童积极参加各种表演时，无论呈现的效果如何，都要鼓励和赞扬，这样会充分锻炼学前儿童的个人能力，使其树立自信心。

四、培养学前儿童自信心的有效对策

（一）营造和谐氛围，为学前儿童创造表现机会

可以让学前儿童通过亲身实践的方式正确认识自身的能力。例如，可以通过各种各样的方式培养学前儿童的自信心，如担任值日生、播音员、教师小帮手等，让学前儿童为同伴服务的同时，最大程度上在同伴面前展示自己的优势，从而增强自信心。除此之外，教师可以适当举办一些“演讲比赛”等活动，让学前儿童上台讲故事。尤其是比较内向的学前儿童，让其上台演讲并要给予适当的鼓励，同时为学前儿童营造和谐的氛围，为其创造表现的机会，让学前儿童的社交能力得到一定程度的提升。最后，利用强弱搭配的方式培养学前儿童的自信心以及关心周围生活的品质，从而提升其自信心。

（二）对学前儿童的期望值及时做出调整

教师要适当让学前儿童独立完成任务，要根据学前儿童的个性差异为其提供表现自身能力的机会，选择难度递增的方式帮助学前儿童不断完善自身，强化其为集体服务的意识，促进学前儿童各项能力综合发展，使其在熟悉的环境下获得成就感，进而提升其自信心。

（三）强化家园教育

学前儿童只受到教师的表扬与鼓励是远远不够的，家长的引导与肯定也对培养其自信心有极大的作用。因此，相关教师要将“家长是学前儿童的第一任教

师”的思想贯彻落实到每位家长心中，向家长宣传培养学前儿童自信心的重要性；强化家园教育，定期召开家长会，了解学前儿童在家的情况以及家长的教养方式，根据相应的问题给予适当指导；同时加强与家长间的沟通交流，积极探讨培养学前儿童自信心的方式，从而促进学前儿童向着健康的方向发展。

总而言之，自信心的教育是一项复杂而长期的工作。要真正实现这种教育的价值，就必须从学前儿童生活的具体问题出发，让学前儿童在具体的生活中体验自己的感受和变化。教师和家长应充分认识自信心对人成长的重要性，保护学前儿童的自信心，让学前儿童拥有自信。

培养学前儿童勇于探索的精神

著名教育家陶行知盛赞“小孩是再大不过的发明家”，可许多家长却厌烦学前儿童不停地问问题，对学前儿童的问题不是敷衍了事，就是不予回答，甚至轻蔑学前儿童的问题，殊不知这样的行为会压抑学前儿童的求知欲望，扼杀学前儿童的探索精神。《幼儿园教育指导纲要（试行）》中明确指出：幼儿园要尽量创造条件让家长和学前儿童切切实实地参加生活科学的探究，使他们亲身感受到科学探究的过程和方式，发现科学的乐趣。因此，学前儿童时期科学探索创新的精神和教育，也对学前儿童的成长和发展具有极其重要的意义。所以，我们应根据学前儿童的心理特点，培养他们勇于进行尝试、勇于探索的创新精神。那么，如何才能激发并培养孩子儿童时期的探索创新精神呢？[163]《3—6岁学前儿童学习与发展指南》指出学前儿童在科学研究上应有以下几个目标：

1. 亲近自然，喜欢探究；
2. 具有初步的探究能力；
3. 在探究中认识周围事物和现象。

也就是说，学前儿童具有在解决实际问题的过程中发现、理解事物本质和事物间关系的能力，其实可以分解为三大能力：兴趣、能力、观察力。在日常生活中，我们可以注意以下三点：

一、珍视学前儿童的提问

爱因斯坦指出：“提出一个问题比解决一个问题更重要。”可见问题教育是培养学前儿童社会科学素养的一个重要组成部分。家长是学前儿童的第一任教师，能在第一时间启发学前儿童从生活中找到问题答案。当家长和孩子一起乘坐公交车时，孩子可能会问车子在高速启动时，车上的乘客为什么会往后倒；当车子紧急刹车时，乘客为什么会往前倒。家长一定要珍视孩子的提问，因为孩子提出的问题是科学探究的起点和动力。好奇是幼儿阶段的年龄特点，好奇心是幼儿探索的动机基础和内在动力，正是强烈的好奇心使幼儿保持探究的热情和积极性。[164]

二、善待学前儿童的玩耍

在生活中，玩耍可以培养学前儿童的观察和实验能力。当学前儿童把一个好端端的闹钟拆得七零八落时，当学前儿童把玩具弄得散落四处时，当学前儿童把洁净的房间搞得乱七八糟时，你可能会批评他、指责他。虽然学前儿童的这些行为看似带有破坏性，但这恰恰是学前儿童对事物的最初探究，科学探究过程中的猜想与假设、观察与实验、合作与交流等都要通过活动来完成。学前儿童的玩耍就是一种有益的活动，这种活动有利于他们学会探究的过程。

在教学中，教师除了要及时发现学前儿童在生活中感兴趣的问题和事物，还要鼓励他们亲自实践，可以让他们收集废旧的材料，自己设计制作玩具，培养他们的自主探索精神和自主动手能力。在幼儿园的教学活动中，应根据学前儿童的特点和实际的情况，引导他们自由地探索，自主发现问题，并能亲自实践解决问题。

美国心理学家阿瑞提认为："创造性是儿童所生活的社会环境培养出来的，活泼而好奇的幼儿对周围环境具有丰富的感受性，在与外界相互作用中逐步养成创造精神。因好奇心而受到奖励的幼儿，就会进一步增强好奇心，进一步去探索。相反，因探索新经验而受到惩罚的幼儿或者由于其他而受到冷遇的幼儿，就会限制自己的活动和接触经验世界的范围，从而影响其自信心和创造性能力的成长和发展。因此，要培养幼儿的创造力就必须在全社会创设有利于创造力发展的精神环境，尤其是教师要善于营造一种宽松融洽、生动活泼的心理环境，为幼儿的创造思维提供一个自由驰骋的心理空间。"[165]

三、发现、保护和培养学前儿童的兴趣

兴趣是学前儿童的潜能得以挖掘的完美工具。瑞士著名的心理学家皮亚杰说："所有智力面的工作都要依赖于兴趣。"培养学前儿童的兴趣时，一要善于发现和了解学前儿童的兴趣，并发展其中心兴趣；二要善于激励学前儿童，挖掘其潜

能，培养其天赋；三要培养学前儿童对兴趣的专注力。学前儿童做事时，应养成能排除外界干扰并在规定的时间内完成的习惯；对于学前儿童感兴趣的问题，要激励他寻根问底、深入思考和实践探索。

能量守恒和转换定律的发现者之一英国物理学家焦耳，1818 年 12 月 24 日出生于英国曼彻斯特，父亲是一个酿酒厂厂主，他从小就跟着爸爸酿酒，没有接受过正规的教育。但是，他从小勤奋好学，经常一边劳动一边识字，后经别人介绍认识了著名化学家道尔顿，并在他的指导下学习了数学、哲学和化学。这些知识的学习为焦耳后来的研究奠定了基础，他常常自己动手做一些关于电、热之类的实验。通过不断地学习和认真地观察计算，他终于发现了热功当量和能量守恒定律，成为一名出色的科学家。[166]

总而言之，在人生的漫漫长路中，探索精神是学前儿童通往成功所必不可少的品质。一个孩子如果没有探索精神，那么他对周围的事物便会漠不关心，也就难以发现问题，更谈不上运用发明创造来解决问题了。因此，在培养学前儿童的探索精神时，要经常鼓励他们接触那些在学校不常接触到的知识，并引导他们进行深入细致的思考和探索。

潘宇：

四川省成都市红牌楼小学教师，成都市骨干教师，成都市优秀班主任，武侯区语文学科带头人，所带班级多次被评为“武侯区先进班集体”；她热爱语文，热爱阅读，热爱行走，从教 20 年来，一直坚持追求真实、有效、灵动的语文课堂教学。

帮助自我认同度低的小学生重拾自信

自我认同指的是一个人能够理智地看待并且接受自己以及外界，能够精力充沛，热爱生活，不会沉浸在悲叹、抱怨或悔恨之中，而且奋发向上，积极独立，有明确的人生目标，并且在追求和逐渐接近目标的过程中，会体验到自我价值以及社会的承认与赞许。简言之，就是自己对自己所思所做的一种认可感。自我认同是建立自我自信的内修之路。[167]

我们都知道，自信是身心健康的重要标志之一，因为自信而取得成功的事例比比皆是，许多家长都知道自信对于孩子的成长有着不可估量的重要作用。其实，几乎每一个孩子在出生时都拥有美好的天性，他们对这个未知的世界充满着好奇和探索欲。但是，随着年龄的增长，这种天性有意无意地受到外界的影响，这些影响如果是好的，孩子就会朝着健康、良性的方向发展，形成较高的自我认同度；反之，孩子就会变得逐渐失去自信，形成较低的自我认同度。

那么，我们如何帮助自我认同度低的小学生重拾自信呢？

作为家长，需要先反思一下，为什么孩子会变得自我认同度低呢？让我们一起从家庭养育的方式上探寻答案，并一同寻找对策。

一、包办代替，过度保护，不给孩子话语权和成长的空间

有的家长总是觉得孩子还小，任何事情都想替孩子完成，不给孩子做选择的机会。即使是孩子可以独立完成的事情，比如对于一个小学生来说，收拾自己的房间和物品，清洗自己的红领巾、手帕和袜子是完全可以独立完成的，但有的家长仍然要事无巨细地安排好之后才肯让孩子去做。并且，在孩子自己去做的过程中，家长又觉得孩子总是笨手笨脚而忍不住干脆替孩子完成，不给孩子成长的空间。有的家长对孩子过度保护，特别是家里只有一个孩子的家长，常常以不安全为由，剥夺孩子大胆尝试、积累成长经验和获得成就感的机会。他们不是教孩子如何学会自我保护，而总是说这样不行，那样也不可以，长此以往，会让孩子遇事畏缩，养成没有家长首肯就不敢轻易尝试新鲜事物的习惯。还有的家长以孩子思想太幼稚、尚未成熟为由，或者以“孝”字当先，不允许孩子提出任何意见，对长辈不能有一点反驳，要孩子绝对地顺从。

在这样的环境中长大的孩子，失去了思维发展与能力提升的机会，不能获得自己完成挑战与成长的满足感。久而久之，就会开始忍不住自我怀疑，觉得自己什么事情都做不好，什么都不敢选择，总要问别人是不是正确，对自我的认同度也就很低了。

对策：家长要学会放手，给孩子布置力所能及的任务，完成后要及时表扬。无论孩子做得好坏，家长都要给予鼓励，使孩子感受到经过自己的努力而取得成功的乐趣，并且逐步增强独立做事的信心，获得良好的自我认同。

二、孩子遭遇挫折与失败以后，情绪化地挖苦和打击

没有谁的成长是一帆风顺的，谁都有遇到挫折和失败的时候。尤其是孩子，他们在学习新技能的过程中难免会失败。最简单的，比如孩子的学习成绩暂时没有达到家长的期望，这个时候如果家长对孩子进行数落或者批评，并且去表扬别

的孩子，长此以往，孩子就会开始否定自己、自暴自弃，认为自己就是比别人差，从而形成过低的自我认同度。实际上，家长的抱怨和指责只会让事情变得更糟，再加上有些家长自我情绪的控制力较差，在生气的时候往往口不择言地对孩子进行挖苦和打击，这会让孩子更加无地自容，久而久之，便毁灭了孩子的自信心和学习探索的兴趣。

对策：家长要学会控制自己的情绪，站在孩子的角度替他思考，遭遇失败和挫折的他已经感到懊恼和难过，作为家长，就不要再把自己的失望和打击表达出来，给孩子“雪上加霜”了。如果真想帮助孩子建立信心，那么就请家长先真心地表扬孩子勇于挑战的精神，之后耐心地进一步引导孩子面对失败和挫折并进行思考，帮助孩子正视错误，并给他良好的建议。如果家长和孩子这样进行沟通，孩子就能够感受到来自家长的包容与接纳，觉得家长是在关心事情的过程，而非对失败结果的指责。同时，孩子获得了家长的指导和建议，明白了家长愿意和他一起寻找解决问题的方法，那么他对未来改正错误是有所期待的，也不会因为失败就不乐意再去尝试。这能很好地保护孩子的自信心，不会对孩子的自我认同度造成打击。

三、因为“谦虚使人进步”而吝啬对孩子的表扬

中国传统文化里有一种流传较广的观点——“谦虚使人进步”。的确，那些有真才实学的人往往虚怀若谷、谦虚谨慎，能够不断在自己的领域中获得进步和成长。但是，有些家长在对孩子的教育中，因为恪守这句话，所以对孩子成长中取得的进步舍不得表扬，担心一表扬就让孩子骄傲而退步；或者总是过高过严地要求孩子，总是觉得孩子还有很多地方不如别人，总喜欢把孩子与那些最优秀的孩子进行比较，吝啬对孩子的肯定和表扬。殊不知，每个人与生俱来都期望获得他人的认可与欣赏，孩子更是如此。家长总是看不到孩子的优点，只看到孩子的缺点，这会让孩子觉得自己无论付出多少努力都不够好，长久下来就会认为自己无能。哪怕孩子已经非常优秀，其自我认同度也依然保持在一个很低的状态，这将会大大阻碍孩子长远的发展。

对策：家长不要吝啬对孩子的表扬，要给孩子适当、适时的表扬；不要只是简单地称赞孩子“你真棒”，而要将表扬具体落实在孩子付出的努力上。即使孩子当下做得并不突出，家长也要先认可孩子的表现是不错的，可能有些地方做得还不够好，但只要继续努力，相信下一次一定会做得更好。在这样长期积极的暗示下，孩子的自信心就会不断增强，自我认同度也会不断提升。

引导小学生养成不怕困难的精神

遇到困难就躲，想放弃，是大多数人的通病。可是，人生旅途中，总会遇到各种困难和挫折。俗话说：“不经历风雨，怎能见彩虹？”对于孩子来说，每战胜一个困难，其实就是在成长的道路上又迈进了一大步。经过这样一个又一个困难的磨炼之后，他们才会获得真正的成长。那么，作为家长，应该如何引导小学生养成不怕困难的精神呢？

一、学会“无条件”地接纳孩子，帮助孩子提升抗挫能力

为什么有些孩子在遭遇困难与挫折后会一蹶不振、伤心自卑，而有些孩子却能坦然接受失败，继续保持努力，甚至越挫越勇？荷兰大学心理学家埃迪·布鲁梅尔曼和其他研究者曾经做过一个实验。在实验中，研究者让一群孩子思考自己被周围人接纳的情况，比如无论自己做错了什么，都会被家长爱吗？是不是自己表现好时，家长才对自己好，否则家长就会对自己不好？通过研究发现，那些能够被家长无条件接纳的孩子，他们的情绪和心态常常处于乐观的状态，能够形成健康与理想的积极心理。

由此可见，作为家长，学会无条件地接纳孩子是多么重要。尤其在孩子遭遇失败的时候，不打击、不嘲笑，而是能够和孩子站在一起，接纳孩子，鼓励孩子，帮助孩子，那么，孩子就会有积极的情绪面对困难和挫折，涌现出继续挑战困难的勇气——因为，他们“不是一个人在战斗”，他们有家长无条件的接纳、信任、支撑和关爱。

二、注重对过程而非结果的肯定，鼓励孩子勇往直前

在生活中，我们能够看到这样的现象，如果一个孩子很在乎自己做得怎么样，很害怕自己做不好，很担心自己会失败，那么当他遇到困难的时候，甚至在困难还没出现的时候，他就会因为这样的担心而很快选择放弃。究其根本，就是因为家长在教育孩子的时候太注重结果而非过程。一旦孩子发现如果结果没达到预期，就会被家长责备，长此以往，当孩子面对困难、面对挑战时，就会开始自我否定和逃避。

相反，如果家长关注的是过程，能够在这个过程中体谅孩子的感受，并给予

用心的关怀和陪伴；看到孩子做出的努力和尝试，不去批评、做伤害孩子自尊的事情，并不断地给孩子以肯定与鼓励，即使孩子最后失败了，家长也依然对孩子在过程中的认真努力给予肯定，帮助孩子总结失败的教训，调整应对困难的策略，那么，孩子就会在家长的鼓励之下不断战胜自己，勇往直前。

三、通过一个一个的小目标，强化孩子的“目的感”，培养“恒毅力”

“恒毅力”指的是你有一个清晰的“长远目标”，并且一直保持高度的热情去实现这个目标，即使当下不断遭遇失败，并且看不到成功的希望，你也依然选择相信最终可以达到这个目标。在《恒毅力：人生成功的究极能力》这本书中，作者达克沃斯和他的团队通过研究发现，一个人的“目的感”越强烈，他的“恒毅力”就会越强，战胜困难的动力也就最大。[168]

因此，我们可以帮助孩子从一个小目标的建立，到突破，再到新目标的建立，最后再突破的逐步进阶的过程中，让孩子感受到直面困难、突破自我的成就感，不断强化孩子的“目的感”，培养孩子的“恒毅力”，激发孩子战胜困难、挑战自我的热情。

四、“身教重于言教”，家长要为孩子树立直面困难的榜样

家长是孩子最重要的教师，孩子无时无刻不在观察着家长的一言一行，并在潜移默化中模仿着家长。同样的，家长也会在生活中遇到这样那样的困难。当遇到这些困难的时候，如果家长能够在孩子面前表现出不逃避、不退缩的姿态，能够以顽强的意志力直面困难，并运用智慧和策略来解决问题，那么家长的榜样示范就能在无形中变成一股强大的力量，成为孩子战胜困难时的勇气。

王玲玲：

四川省简阳中学教师，高中语文教师，中学一级教师，本科学历；曾获成都百万职工技能大赛中小学教师技能赛一等奖、成都市“一师一优课”二等奖，省级公开课获一致好评，课题获成都市教师小课题优秀研究成果二等奖。

重建中学生在人际交往中受挫的自信心

人际关系是中学生学习生活中不可或缺的组成部分。与朋友的良性交往有利

于中学生的学习和身心健康。如果在人际关系中遭遇挫折，就可能产生消极情绪，甚至丧失人际交往的自信心。从心理学角度讲，“挫折是个体在有目的的活动过程中遇到障碍或干扰而产生的心理状态[169]”。那么，人际挫折就是在人际关系和人际适应上遇到阻碍而产生的失望、痛苦、沮丧不安等情绪反应。

中学生由于性格差异、学习落差、家庭环境等因素，不能与同学建立良好的人际关系，容易被朋友误解、指责甚至被冷落、排挤，变成一座孤岛。

那么，如何重建中学生在人际关系中受挫的自信心呢？我们可以从以下几方面着手：

一、调整交往方式

想改变别人对自己的态度，要从改变自己开始。中学生遭遇人际挫折，常常与交往方式不妥有关。我们需调整交往方式：

（一）学会分享

不要只想收获，不想付出。学习资料、美味零食、心里秘密的分享，可以打破人际关系的阻碍。

（二）学会换位

不能总以自己为中心，要学会换位思考。站在对方的角度，那些可能引起他人不悦的话语，就不会破口而出。友谊的冰墙也会因为你的体贴而融化。

（三）学会微笑

微笑是破冰的良性催化剂。我们可以通过微笑传递善意，并逐步拉近距离，然后让他人更全面地了解自己，进而喜欢自己。

（四）学会赞美

“一个永远不欣赏别人的人，也就是一个永远也不被别人欣赏的人。”赞美之于人心，如阳光之于万物。[170] 学会真诚地赞美，可以润滑人际关系。

二、积极参与班级活动

班级活动能够凝聚人心，遭遇人际挫折的中学生可以通过参与班级活动来重获友情与信心。积极参与班级活动（比如运动会、拓展活动等），为班级荣誉勇敢付出，对获得荣誉的同学由衷赞美，让同学们真切地感受到你主动融入的愿望和发自内心的真诚。

三、积极参与合作性运动

运动有助于宣泄不良情绪，塑造健康身心。遭遇人际挫折之后，中学生可以参加篮球、足球等合作性运动来重塑信心。不善与人交流的同学，在互相协作中加深交流，通过自身努力获得认可，可以进一步增强自信。而相对自我的中学生，也可以在这些团队运动中领悟平衡与和谐的真谛，学会谦让与合作，从而重获友情。

四、积极参与学校社团

学校社团是相对自由、充满活力的组织。参与自己喜欢的活动社团，不仅可以释放来自人际交往的压力，还能在这个更具有社会性的团体中获得更多人际交往的实践技能，让学生更自如、更成熟地面对自己的人际挫折，进而改善自己的人际现状，增强自信。

五、适当学习一些交往技巧

在实践智慧不足的情况下，中学生可以借助一些专业书籍来帮助自己。《交际与口才》《说话心理学》里生动的案例和平实的说理，能给陷入人际交往困境中的中学生提供帮助。

"没有友谊，世界仿佛失去了太阳。"当中学生陷入人际交往的困境时，我们不妨用以上方式引导他们重建自信。当然，除了这些，家庭环境的友好和谐、学校心理健康教育的不缺位也非常重要。

引导学生养成持之以恒的学习习惯

毛泽东同志说："百丈之台，其始则一石耳，由是而二石焉，由是而三石，四石，以至于千万石焉。学问亦然。今日记一事，明日悟一理，积久而成学。"毛泽东同志的话言明了学习的真谛。学习好比登山，要一步一步登攀。不少中学生步入中学校园时充满激情，定下立志追求的目标，但在漫长、艰辛的学习过程中却逐渐削减了热情，变得懈怠，最后追悔莫及。

因此，养成持之以恒的学习习惯就显得尤为重要。养成持之以恒的学习习惯就是通过培养形成一种良好的、持久的学习行为习惯，是提高学生学习质量的保障。[171]

中学生由于缺乏对学习的正确认识、自我认知不足、抗挫力较差、自律性不强等因素，往往不能持之以恒地学习。

怎样才能引导他们养成持之以恒的学习习惯呢？我们可以从以下几点来入手：

一、给予中学生榜样的力量

历史上有很多名人的成就和他们持之以恒的学习习惯有着紧密的联系。例如，年幼时的曾国藩资质平凡甚至愚笨，《岳阳楼记》一夜没背会，还不如一个小偷背得快。但是，他坚持背诵学习，终中进士，进而在政治舞台上大显身手。以名人为榜样可以激励学生树立目标，奋起追求。我们可以引导学生阅读相关的名人传记（如《曾国藩传》《居里夫人传》），让学生从前人身上汲取力量。

除了先辈，我们还可以从学生的身边寻找榜样。教师可以为学生指定一个榜样目标，制作《“一追一”学习表》，督促学生追赶，让学生在潜移默化中产生自我实现的需求，继而形成持之以恒的学习习惯。

附：“一追一”学习表

“一追一”学习表		
追赶项目	追赶榜样	实现情况
每月必读书阅读本数 / 页数		
每日作业完成时间		
每周听力完成打卡次数		
每周课堂回答问题次数		
每周作业优秀次数		
周考成绩排名		

二、引导中学生明确学习目标

首先，教师和家长要引导学生正确认知学习是与自我紧密相关的事情，与他人关系不大。其次，教师可以给予学生恰当的生涯规划指导，让学生对自我的性格、兴趣、智力水平等有较为科学的认识，进而设定自己的目标。

对于相对长远的目标，教师可以引导学生化大为小。学生可以先定下一个个小目标，设定时限，严格要求自己完成。例如，早上阅读半个小时，中午完成一篇英语阅读训练，晚上十点前完成家庭作业等。在完成一个又一个目标的过程中，学生持之以恒的习惯也就自然得以养成。

三、教给中学生一些适宜的学习方法

（一）在情绪状态较好时，先难后易

情绪状态较好时头脑清晰，学生会对难题少一些抵触，难题有望迎刃而解。趁着攻克难题的喜悦，学生自然不会放弃简单的内容。

（二）在情绪焦躁或感到疲乏时，可以调节学习任务

在数学难题难以捋清时，不妨做做语文；在深陷于物理定理的泥潭时，不妨看看英语。在任务转换过程中，学生的大脑也得以调节，所谓一张一弛，学习有道。

（三）提前学习，充分准备

对于课堂学习感到困难的学生，一定要先预习，课堂跟上了，学习焦虑就没有了，学习步入正轨，也就能持久延续下去了。

四、帮助学生形成破笼思维

部分学生遇挫后，会形成畏难的惯性。他们一旦碰上稍有难度的题，就反复暗示自己，这个太难了，我不能解决。这样积久成弊，学习就难以持续下去。我们要在鼓励他们的同时引导其反复给予自己积极的暗示，努力打破自身的心理牢笼。

五、组织合作学习是一个很好的方式

对于一些不能严格自律的中学生，一定要辅以他律，要做到当天任务当天检查。学习小组就可以发挥重要的作用。例如，在最近的疫情背景下，学习小组可以用学习打卡的方式加强互相监督，督促怠惰者持续学习。

附：合作学习打卡时间表

合作学习打卡时间表	
7:40	晨读打卡
8:25	上午第一节课上课打卡
14:25	下午第一节课上课打卡
18:30	英语听力打卡
19:35	每日阅读打卡
21:30	每日作业、笔记打卡

六、家长的参与也很重要

因为对孩子的学业感到无能为力，很多家长就疏于对孩子的陪伴和交流，这样会导致孩子产生孤军作战的不平衡感。家长在孩子的学习生涯里要多给予陪伴，及时鼓励与提供帮助。当孩子遇到难题的时候，家长可以提供解决的途径；当孩子取得一点进步时，应及时给予鼓励；当孩子有厌学怠惰的苗头时，应及时给予警策。同时，家长要以身作则，在工作上持久地追求上进，把积极的能量传递给孩子，辅助孩子养成同样的好习惯。此外，家长要尽量给孩子营造安静、单一的学习环境，避免孩子因为外界干扰而转移注意力。

“成功非侥幸，勤奋是无敌。”成功必然需要持久有效的学习过程。家长都不免有怠惰的时候，何况是一个成长中的中学生。以榜样和目标为引领，以他律相辅助，将有助于中学生养成持之以恒的学习习惯。

第五节 自立自律

陈钰：

四川省绵阳市南街小学附属幼儿园教师、校内通讯员，毕业于四川省南充市职业技术学院，学前教育专业，大专学历；曾在青年教师健康领域赛课荣获一等奖，早操编排理论与实操荣获一等奖。

提高学前儿童的生活自理能力

生活自理能力[172]是指人们在日常生活中照料自己的行为能力。简单地说就是自我服务，自己照顾自己，是一个人应该具备的最基本的生活技能，包含生活、学习、社会交往方面以及在心态上能够独自承受各种压力。

学前儿童生活自理能力[173]主要指日常生活自理能力，即掌握生活自理的技能，提高动手能力；感受自己的成长，树立自立意识；养成自己做事的好习惯，积累自理生活的经验。随着学前儿童能力的逐渐增强，会从生活中的照顾自我逐渐扩展至照顾他人，提高社会人际交往技能，从而更好地适应社会，能处理人际关系等。

著名教育家陈鹤琴先生提出："凡是儿童自己能做的，应当让他自己做。"家长越积极，孩子越懒惰。例如，皓皓是一个小男生，家里人对他较为纵容，全家人都围着他转。爷爷、奶奶更是宠溺他，饭来张口，衣来伸手，这种环境造成皓皓的自理能力弱于大多数同龄学前儿童。以至于到了幼儿园里，许多事情都需在教师或其他同学的帮助下完成。错误的教育理念不利于学前儿童感受自我存在的价值，获得自我认同感，对社会的适应能力也相应欠缺。

"冰冻三尺，非一日之寒。"学前儿童生活自理能力的教育与培养不是一两次就能完全奏效的，学前儿童生活自理能力的获得也需要一个漫长的过程。在此漫长的过程中，我们应尽可能为学前儿童提供一个锻炼的机会和实践的平台。教师和家长要施以言传身教，辅以耐心细致，做到家园合作，在尊重学前儿童身心发展规律的前提下，给予科学的教育教学，为学前儿童能力的获得提供有力帮助。

那么，如何在日常生活中提高学前儿童的生活自理能力呢？

一、了解学前儿童生活自理能力的内容

随着社会的快速发展，越来越多的人开始逐步重视儿童学前阶段的教育，对学前儿童的各个领域进行研究与推广。为深入贯彻《国家中长期教育改革和发展规划纲要（2010—2020 年）》和《国务院关于当前发展学前教育的若干意见》（国发〔2010〕41 号），指导幼儿园和家庭实施科学的保育和教育，促进学前儿童身心全面和谐发展，教育部于 2012 年 10 月 9 日正式颁布了《3—6 岁学前儿童学习与发展指南》。《指南》中明确提出 3—6 岁学前儿童生活自理能力的内容。

附：《3—6 岁学前儿童学习与发展指南》中基本生活自理能力内容

年龄	生活自理能力内容
3—4 岁	在提醒下，按时睡觉和起床，并能坚持午睡。
	喜欢参加体育活动。
	在引导下不偏食、不挑食，喜欢吃瓜果、蔬菜等新鲜食物。
	愿意饮用白开水，不贪喝饮料。
	不用脏手揉眼睛，连续看电视不超过 15 分钟。
	在提醒下，每天早晚刷牙。
	在帮助下穿脱衣服或鞋袜。
	能将玩具和图书放回原处。
	能熟练地用勺子吃饭。

续表

年龄	生活自理能力内容
4—5 岁	每天按时睡觉和起床，并能坚持午睡。
	喜欢参加体育活动。
	不挑食、不偏食，不暴饮暴食，喜欢瓜果、蔬菜等新鲜食品。
	常喝白开水，不贪喝饮料。
	知道保护眼睛，不在光线过强或过暗的地方看书，连续看电视不超过 20 分钟。
	每天早晚刷牙，并且方法基本正确。
	能自己穿脱衣服、穿脱鞋袜、扣纽扣。
	能整理自己的物品。
	能用筷子吃饭。
5—6 岁	养成每天按时睡觉和起床的习惯。
	能主动参加体育活动。
	吃东西时细嚼慢咽。
	主动饮用白开水，不贪喝饮料。
	主动保护眼睛，不在光线过强或过暗的地方看书，连续看书不超过 30 分钟。
	每天早晚刷牙，方法正确。
	能知道根据冷热增减衣服。
	会自己系鞋带。
	能按类别整理好自己的物品。
	能使用简单的劳动工具或用具。

从生活自理能力内容中不难发现，看似简单的事情，很多学前儿童却难以做到，如不挑食、不偏食、自己系鞋带、独立穿脱衣服等。学前儿童生活自理能力除了应能够自己照料自己，还应能够参与一些力所能及的家务事。

二、为学前儿童生活自理能力的获得创设条件

面对学前儿童生活中的任性与懒散，我们要给予提醒与督促，同时反思一日活动的制定是否科学合理。在一日活动中，不仅有生活活动，还包括游戏活动与学习活动等，各项活动对学前儿童自理能力的发展都具有重要价值。那么，如何科学地安排一日活动呢？

（一）制定合理的作息时间

遵循早睡早起原则、安排合理午睡，保证每日睡眠时间在 10—11 小时左右。

三餐时间应固定，三餐时间相隔3—4小时，进餐时间不少于20分钟。看电视及电子产品的时间不超过30分钟。阅读、绘画时间不宜过长，避免眼睛疲劳。

（二）动静结合

室内与室外活动相结合，避免长时间看书、看电视，以免造成眼睛疲劳。《3—6岁学前儿童学习与发展指南》中建议为了保证学前儿童适应季节变化的能力，每天的户外活动时间不少于2小时，其中体育活动时间不少于1小时。

（三）环境创设

如家中刷牙、洗脸台面的高度是否适宜，学前儿童是否能够独立使用；被子大小是否利于学前儿童自己叠放；饮水处是否方便学前儿童自取。家长要尽可能专设利于学前儿童自理能力培养的条件。

三、培养学前儿童的动手能力

学前儿童生活自理能力的提高建立在他们身体各部位的动作技能完善的基础之上，如刷牙、洗脸、进餐、系鞋带等都需要手臂和其他部位相互协调才能完成。因此在提高学前儿童生活自理能力之前，应先提高其动手能力。

（一）学会放手

随着“二胎”政策的实施，二胎家庭日益增多，但独生子女家庭仍占较高比例，“包办代替”现象仍然明显。例如，给学前儿童喂饭、为学前儿童穿衣物、为学前儿童收拾玩具等。这些“包办”行为的背后看似有着对学前儿童无穷的爱，实则严重阻碍了学前儿童动手能力的发展。家长应学会放手，教育学前儿童自己的事情自己做。家长要抓住日常生活中每一个可利用的实践机会，如鼓励学前儿童独立穿脱衣物、进餐、如厕等，或以“劳动小帮手”的游戏来引导学前儿童参与洗菜、叠衣服等家庭劳动；还可为学前儿童提供收纳箱用于收纳和存放自己的玩具和书籍等生活用品。这样，在锻炼学前儿童动手能力的同时，也能提高学前儿童的生活自理能力。

（二）建立自信心

为学前儿童提供一些他们能独立完成的任务，如收拾碗筷、帮助他人，完成后家长要及时夸奖并认同学前儿童。如遇失败不要一味责备，以免打击其积极性，家长可为学前儿童提供相应建议，以帮助其完成。在此过程中，可以让学前儿童感受自我存在的价值，同时不断超越自己并在成功的喜悦中建立自信心。当学前儿童拥有自信心后，原本不能轻易解决的问题也能在不经意间迎刃而解。

（三）游戏中发展

《3—6 岁学前儿童学习与发展指南》中提示我们："游戏是促进幼儿学习与发展的重要途径，没有游戏就没有发展。"因此，我们可以通过效仿蒙台梭利课程中有趣的游戏来锻炼学前儿童手部精细动作的发展。例如，剥豆子、勺子运豌豆、拧瓶盖、撕纸片等，具体要根据学前儿童自身情况选择。

培养学前儿童的规则意识

孟子曰："不以规矩，不能成方圆。"何为规则？规则是行为与道德的尺度，规则无处不在，大至国家法律，小至家中训诫。何为规则意识[174]？规则意识即发自内心的、以规则为自己行动准绳的意识。规则本无美感可言，但只有拥有自觉遵守规则的意识，才会拥有和谐有序的社会环境，才能使世界更加美好。

华东师范大学哲学系教授童世骏称："公民道德建设的一个重要方面是培养公民的规则意识。无论是社会公德、职业道德还是家庭美德，如果没有道德规则意识与之对应，就仅仅是一些外在强制，甚至还会沦为一纸空文。"[175]

《幼儿园教育指导纲要（试行）》的社会领域中就明确指出："要在共同的生活和活动中，帮助幼儿理解行为规则的必要性，学习遵守规则；对幼儿进行规则意识的培养，帮助他们形成规则意识，也是培养健全人格、适应社会需要的人才的必要环节。"因此，对学前儿童规则意识的培养显得尤为重要。那么，规则意识的培养对学前儿童的成长具有怎样的重要性呢？

一、规则意识对学前儿童成长的重要性[176]

（一）有助于学前儿童养成良好的思想观念和生活习惯，促进其身心健康发展

学前儿童初次接触社会，从了解社会中的规则开始逐步建立思想观念，因此，想要培养学前儿童良好的思想观念及生活习惯，就必须重视规则意识的培养。

（二）有利于帮助适龄学前儿童更好地适应家庭和社会，更好地健康成长

优秀的规则教育对学前儿童诚实守信等各方面的品质起积极作用，为以后在社会中的生活、学习以及为人处世奠定基础。

（三）有利于培养学前儿童的独立性和善于辨别是非的思维能力

学前儿童思维的宽度来自看到这个世界的多样性，其中包含社会中的种种规则，如不能随地乱扔垃圾、打人是不对的等。这样的规则约束，使学前儿童的理性思维得到更好的发展，明辨是非的能力随之提高。

我们认识到学前儿童规则意识的重要性，规则意识中容易出现诸多误区这一问题就更加凸显出来，从而引发一系列问题。

二、学前儿童规则意识培养中易出现的问题

（一）忽视学前儿童的天性

天性分七种[177]：游戏、模仿、好奇、成功、户外、合群、赞扬。当采用不当的教育理念或使用禁止性的规则去限制学前儿童的活动时，学前儿童应有的活力与创造力就会被剥夺。学前儿童是独立的个体，有自己的想法、意愿与选择，要想教育学前儿童就要先尊重学前儿童。

（二）忽视家园合作的重要性

学前儿童的一日生活大都是在家庭和幼儿园中度过的，家园之间的教育理念不一致对学前儿童来说是个大危机，不利于学前儿童正确是非观的形成，严重时可导致学前儿童具有双面型人格。因此，家庭与幼儿园之间要保证教育理念的高度一致。

（三）忽视规则意识的建立

学前儿童因年龄小，懵懂无知，对规则没有良好的认知，不明白规则制定后是需要遵守的，也不明白规则为他们带来了什么样的好处。因此，我们需要帮助学前儿童从小开始逐步建立规则意识。

【故事分享】从小培养规则意识：在斑马线信号灯处，一位妈妈推着婴儿车正等待着，车中的孩子看起来一岁左右，还不太会讲话。在等待过程中，妈妈一直温柔地告诉孩子："宝贝，我们现在还不能过去，因为对面的灯现在是红色的，你看到了吗？要等灯变成绿色我们才能够走哦。"孩子听得很认真，等灯变成绿色时，她兴奋地伸出小手指着对面的绿灯，嘴里还咿咿呀呀地说着话。妈妈笑呵呵地看着孩子，说着："对，宝贝真棒！现在是绿灯啦，我们可以过去啦！"对此我们可以感受到这位妈妈对学前儿童从小培养规则意识十分重视，采用的方法也是行之有效的。学前儿童由于受年龄、个体差异等内部因素的影响，对于周围的事物往往缺乏正确的认识和判断，同时也受外部因素的影响，因此我们需要根据学前儿童的自身情况因材施教。

三、学前儿童规则意识和执行规则能力培养的策略[178]

著名教育家叶圣陶曾说：“教育是什么？往简单方面说只需一句话，就是培养良好的习惯。”而良好的行为习惯建立在良好的规则意识和执行规则的能力上。

（一）时间规则的培养

时间概念对学前儿童来说十分抽象，如何才能更好地进行培养？让学前儿童理解时间规则，体验规则的重要性，而不是处于被接受、被安排、被命令的状态。以幼儿园规定的入园时间为例，面对学前儿童迟到的情况，首先与其探讨为何时常迟到，迟到的做法是否正确；其次，分析迟到的坏处，如错过晨间游戏等；最后，与学前儿童共同商量解决办法，制订早睡早起的时间计划表并在家长的督促下执行。家长不应以孩子起床晚等作为借口为其推脱。以此建立学前儿童的时间观念，培养守时守信的良好品质。

（二）游戏规则的培养

对学前儿童而言，游戏为一日生活中的基本活动，也是最有效的学习手段。规则要建立在学前儿童充分的理解之上，因此游戏前要详细地为学前儿童讲解游戏规则，也可与学前儿童共同讨论并制定游戏规则，充分体现以学前儿童为游戏主体。如何让学前儿童遵守游戏规则呢？让学前儿童常与同伴一起玩游戏，共同制订游戏规则，在游戏中设立奖惩。在反复多次的实践操作中，让学前儿童学会自觉遵守游戏规则。游戏规则的制定与培养不仅能激发学前儿童的社会主人翁意识，同时能促进学前儿童更好地了解与遵守游戏中的规则。例如，进行“小超市”的区角游戏时，让学前儿童根据已有的生活经验共同探讨并制定游戏规则，规则之一：排队结账。在学前儿童的多次结账体验中，增强其排队意识，形成规矩并延续至生活中。

（三）生活规则的培养

生活规则不仅包括进餐、游戏、时间等规则，还包括道德规范与法律法规。这就要求家长以身作则成为值得学前儿童模仿的人，不随意辱骂、殴打他人及孩子，守诚信，成人犯错也要勇于承认并道歉。教师和家长要潜移默化地影响学前儿童，为其成长树立良好的形象和榜样。家庭与幼儿园也要实行联合教育，统一教育观念，共同促进学前儿童生活规则的培养。

概括而言，要想培养学前儿童自立自律的良好品质，离不开家庭和社会的共同努力。自理能力和规则意识的培养，能帮助学前儿童更快地适应家庭与社会，能确保学前儿童在以后的生活及学习中独立思考，同时保障学前儿童在脱离家庭的羽翼后，依旧可以健康茁壮地成长。只有通过不断地积累和实践，才能提高自理自律能力，才能确保学前儿童身心健康发展，同时也为开展其他教育教学活动提供基本保证。

钟宏燕：

四川省成都市新津县花桥小学副校长，成都市“教育改革女先锋”，成都市“优秀德育工作者”，成都市武侯区名校长工作室成员，新津县学科带头人。

培养小学生的情绪管理能力

情绪管理是一种能力，善于管理自己情绪的人总是能与人和睦相处，也能让自己更有幸福感。但是，对于成年人来说，管理好自己的情绪都是一个很难的课题，对小学生就更不必说了。所以，我们常常看见许多孩子很“熊”，他们也许会因为一点儿小事就大哭大闹、蛮不讲理，甚至大打出手；遇到一点儿困难就畏惧、退缩……遇到这种情况，我们通常认为孩子太任性，太没有教养。我们可能会去指责，会对他说：“你又闹什么情绪？这点儿小事有什么好哭的？你怎么可以这样不讲理呢？”孩子在一味的不认可和不理解中容易变得更加压抑、自卑、冲动和暴躁，甚至到了青春期情绪大爆发导致叛逆，做出令人意想不到的事情。

其实，孩子在遇到事情时有情绪是正常的。情绪有积极的，就一定会有消极的，但没有对错之分。我们只有去引导孩子允许、理解、接纳自己的情绪，管理好自己的情绪，才能够让他们健康快乐地成长。那么，如何培养孩子管理情绪的能力呢？我们可以这样做：

一、懂得解读孩子的情绪

不管是家长还是孩子，都应该认识到，人有多种情绪是正常的，感觉自己受了委屈可以哭，被别人欺负了可以发火、生气，事情没做好可以伤心、难过……人的喜怒哀乐是一种心理和生理状态。人的情绪有好有坏，有长有短，不要因为负面情绪就否定自己或者有负罪感，更不要觉得自己做了错事，是坏人。一定要让孩子明白，所有的感觉和情绪都是可以被接纳的，但不当的行为则必须被规范。

同时，面对孩子的负面情绪，家长要坦然、从容地去对待，悦纳孩子的消极情绪。同时，作为成年人，家长不要将孩子的情绪与自己生活的劳碌、工作的压力联系在一起，先管理好自己的情绪，才能帮助孩子管理好他的情绪。

二、学会倾听孩子的情绪

孩子闹情绪时，我们需要把握处理方法和说话方式，引导孩子说出心里的真实想法，才能有效地解决问题。即使他此刻出现了一些不当的言语和错误行为，也一定要先接纳孩子的情绪，不要剥夺他对自我行为判断的权利。

例如，孩子正玩得开心，你提醒他弹钢琴的时间到了，他虽然去了，但你还是从他走向钢琴的步伐和琴声中听出了他的极不情愿。这时候，我们是立马“武力镇压”，还是忽视他的情绪？

我们需要做的是等待。他将地板踩得啪啪作响，把钢琴弹得砰砰作响，家长要琢磨一下为什么会有这种表现。等他练习完毕后，将他带到自己的身边，问他：“今天怎么了？为什么不高兴？”他可能会告诉你，他正在做一件自己感兴趣的事情，你却要求他去做一件自己不感兴趣的事情，或者会告诉你他今天就是不想弹琴。我们换位思考，去理解他，并告诉他：“是的，假如今天是我，我也会不高兴。虽然今天你去弹了钢琴，但是你觉得达到练习的效果了吗？既然我们制订了学习计划，就应该按计划来完成。如果你觉得计划不合理，我们可以重新讨论和修改。”这时，你可以拉拉他的手，摸摸他的头，或者抱抱他，让他感受到你的理解。这样，他的心里就会舒服许多，同时也知道了，不满时发泄情绪并不能使事情变得更好。

三、引导孩子纾解自己的情绪

等孩子的情绪缓和以后，我们就需要引导他们从另一个角度去看待问题，给出适当的建议，进而解决问题。

例如，孩子在和小伙伴玩耍时，不小心被小伙伴碰疼了，他觉得被小伙伴欺负了，所以生气。我们可以提示他：“小伙伴是故意的吗？他平时对你好不好？”

假设明天就要演出了，孩子觉得很紧张，担心明天会表现得不好。我们可以和他一起练习明天要表演的内容，再回顾一下各项准备工作是否都做好了，最后告诉他，结果并不重要，只要过程中自己已经努力了就好。

我们还可以让他写出来、画出来、唱出来、动起来，让他的情感得到宣泄。在这些活动的过程中，孩子会审视自我的心路历程，将情绪通过动能转化出来，透过这些方法洞察自己的情绪，他会对自己的状态看得更清晰。

四、帮助孩子管控自己的情绪

（一）让爱常驻心中

心理学家塞利格曼强调：构建孩子的正向情绪并不是教孩子盲目乐观，或者否认、避免负面情绪。用你无限的爱和有底线的支持为孩子编织一张“情绪安全网”。

（二）做好孩子的榜样

父母就是孩子最好的教师，家长处理情绪的方式和态度就是孩子最好的典范。

（三）积累人生阅历

阅读、社会实践、亲子活动等，能开阔孩子的视野，增进与他人的感情。他会学习尊重自己和他人的感受，更容易察觉别人的情绪，为别人着想。

引导小学生使用电子产品可控且有效

当今社会，人们离不开电子产品，我们的孩子不可避免地要接触电子产品。尤其是在“停课不停学”期间，小学生们就有了更多正当的理由玩起电子产品。然而，电子产品是一把“双刃剑”，对于怎样引导孩子使用电子产品可控且有效，我们要认识以下几点：

一、让孩子认识到过度使用电子产品的危害

我们之所以要讨论该如何管理和控制孩子对电子产品的使用，是因为过度使用电子产品会造成很多危害，如导致近视和肥胖，影响脊柱发育，降低孩子的协调性，影响语言和认知发展，影响社交技能发展，让孩子不愿主动学习，影响想象力发展……而且网络信息良莠不齐，小学生容易被误导，有潜在危险。

给孩子讲清楚过度使用电子产品的危害，让他意识到如果自己处理得不好，是多么可怕的事情，这是非常有必要的。

二、合理使用电子产品的方法

电子产品正改变着我们的生活方式，这是因为它真的全方位地为我们的生活

带来了快捷、便利，因此，小学生也是需要学习合理使用电子产品的，而不是与之绝缘。那么，作为教师或者家长，理应教给孩子合理使用电子产品的方法：

1. 使用电子产品时，要有足够的光线，把环境光线调亮，降低电子产品的亮度，光线不好或者关灯后千万不可使用。

2. 使用的过程中，要保持正确的姿势，使用之后采取如眼保健操、远眺、看绿色植物等有效的方式缓解眼睛疲劳。

3. 使用电子产品必须要有时间限制，每隔 15 分钟应休息一下，一天累计不超过 1 个小时。上学期间非必要，严禁使用电子产品。

4. 寻找适合孩子年龄的生活工具，比如找一些 App，让他去配音、去绘画，做个“美篇”记录美好生活等。

5. 在网络上，你所有的轨迹都是可以被查看的，你所做的事都会被记录。所以，禁止查看非法网站，涉及色情、暴力等内容的应予以举报。

三、教师和家长的榜样示范

家长使用电子产品的频率和时间会直接影响到孩子。不能当着孩子的面长时间玩手机。大人整天玩微信、刷抖音，机不离手，还怎么去要求孩子不玩？家长也不能将玩电子产品作为“奖励手段”，如“你把作业做完就可以玩”“你不要在我身边转来转去的，去玩手机”；更有甚者，家长在打麻将，孩子就在旁边玩手机……这些都是非常不可取的。

我们可以和孩子讨论，共同制定一个规则，共同遵守。笔者相信，如果家长能做到，在你的示范下，孩子也能做到。

其实，如果家长能挤出时间，陪伴孩子多做一些亲子活动，他自然就没有时间沉迷于电子产品了。我们要培养孩子广泛的兴趣爱好，而不要让他们的爱好只有玩手机，要让他们发现还有更多比玩电脑、玩手机更好玩儿的事情。如果孩子有自己的业余兴趣爱好，生活丰富多彩，他们就不会整天惦记着手机里那些虚幻的东西了。

四、技术管控

有许多家长因为很多的原因没有办法监督孩子，我们可以征求孩子的意见，通过技术手段来控制他们对电子产品的使用。下面告诉大家几个方法：

（一）对于 iPad、iPhone 类型设备的管控 [179]

1. 打开设置→通用→访问权限→设置访问密码；

2. 设置“访问限制”，包括可以访问哪些程序；

3. 将“音乐、博客、新闻”中的内容设置成“儿童适宜”。

（二）对于安卓系统的管控 [180]

1. 以华为手机为例，打开设置→高级设置→学生模式。打开“学生模式”主开关，即可进入学生模式；

2. 点击“设置受限应用”，进入设置受限应用界面，通过开启受限应用的开关进行设置；学生模式提供了规则名称、周期、时长、时间段等内容供家长设置；

3. 家长可点击进入“应用统计”，在此可以查看详细的应用使用情况。

（三）网页白名单 [181]

1. 在控制面板找到 Internet 选项；

2. 找到内容→内容审查程序，点击“启用”；

3. 在“许可站点”中添加可以使用的网站网址，点击“确定”。

（四）Windows（Win7 以上系统）的管控

1. 在控制面板搜索“家长控制”，并打开；

2. 新建一个新用户，设置为“儿童用户”；

3. 设置使用计算机的时间和可以使用的程序。

不过，对于小学生电子产品使用的管控，除了教师、家长的外力管控以外，最终还是要让孩子学会自律——自我管控。由他律到自律是一个非常不容易的过程，如果最终能够达到这样的效果，才能真正令人安心。

何学琼：

四川省简阳市简阳中学语文教师，中小学一级教师，汉语言文学硕士；简阳市教坛新秀，参研的课题曾获得省、市级奖励，多篇论文见于各大省级刊物；辅导多名学生获得省、市级征文、演讲比赛一等奖。

培养中学生吃苦耐劳的好品质

吃苦耐劳是一种能经受艰苦和劳累，在困难、挫折、磨难等面前不退缩、不气馁、不放弃的精神品质。在中学生的日常生活中，常出现下列现象：遇到困难，一蹶不振；升旗仪式集会，频频晕倒；一上体育课，便叫苦连天，不愿参加；班级劳动日，“出工不出力”，打扫敷衍；周末在家，晚睡晚起；疫情影响，网上听课，却频现假学习、假努力等现象……在疫情期间，家长与孩子相处的时间较长，更容易发现孩子存在不能吃苦的问题。家长如何在家培养中学生吃苦耐劳的品质呢？我们有以下建议：

一、明确培养中学生吃苦耐劳品质的重要性

《孟子·告子下》中的“故天将降大任于斯人也，必先苦其心志，劳其筋骨，饿其体肤，空乏其身，行拂乱其所为，所以动心忍性，曾益其所不能”便是对“吃苦耐劳”的形象阐释。社会日益发展，今天的中学生只有具备吃苦耐劳的精神品质，才能成为明天实现中华民族伟大复兴的强大力量；也只有砥砺品德、磨炼意志，才能实现中学生自身全面发展的目标。培养中学生吃苦耐劳的品质能够：

1. 帮助孩子在困难、挫折等面前养成迎难而上、永不言弃的习惯；
2. 树立孩子朴素的劳动观念；
3. 培养孩子艰苦学习、自立自强的品质；
4. 增强体质，促进孩子德、智、体、美、劳全面发展；
5. 培养孩子敢于担当、勇于担责的品质。

二、培养中学生吃苦耐劳品质的策略

（一）帮助孩子设立学习目标并努力实现

帮助孩子设立学习目标，达到合理规划时间、养成自律习惯的目的。例如：

学习计划表

时间	学习任务	学习效果
8:30—9:10	第一节课内容	
9:20—10:00	第二节课内容	
10:10—10:50	第三节课内容	
11:00—11:40	第四节课内容	
15:00—15:40	第五节课内容	
15:50—16:30	第六节课内容	
16:40—17:20	第七节课内容	

续表

时间	学习任务	学习效果
19:00—20:30	阅读时间	
20:30—	当日反思及第二日计划制订	

家长可以在开始的几天辅助孩子计划每日的学习任务，提前一天制订，并根据完成情况灵活调整，做到目标明确、内容细致、可操作性强，切忌目标过于空泛或远大，导致难以实现，挫伤孩子的自信心。对学习效果的评价可用优、良、中、差或自己喜欢的图形表示等级，并在之后的学习中不断调整、逐渐改善。

（二）适当分摊家务劳动

家长要改变以往对孩子无微不至的照顾方式，适当地分摊家务到孩子身上。例如，给孩子分派每天洗碗、周末进行大扫除等任务，让孩子在学习之余体验劳动的艰辛，实现孩子的尊重需求和自我实现需求，增加家庭责任感，培养孩子能吃苦的品质。

（三）采用长跑、登山、游泳等需持久耐力的运动方式

针对现在中学生普遍身体素质不强的现象，家长要坚持让孩子在学习之余，兼顾身体锻炼。而且，体育的运动方式尽量要具有持久耐力的特性，比如长跑、登山、游泳等，这样不仅可以提升孩子的身体素质，还可以锻炼孩子耐劳累的品质。

三、注意事项

（一）尊重中学生的身心发展特点

中学生的生理和心理都逐渐发育成熟，对事物有了自己的见解，通过粗暴干涉等不正确的方式对孩子进行教育并不能起到良好的效果。家长需要采用正面管教的方式与孩子进行平等的交流，让孩子感受到家长的良苦用心并愿意做出改变。

（二）注重激发孩子的内驱力

内因是事物发展的根据，外因是事物发展的条件，内因和外因同时具备才能使事物发生质的飞跃。因此，激发孩子的内驱力，让孩子意识到吃苦耐劳的重要性，对培养孩子吃苦耐劳的品质尤为重要。

提升中学生的时间管理能力

鲁迅先生曾说："生命是以时间为单位的，浪费别人的时间等于谋财害命；浪费自己的时间，等于慢性自杀。"中学生对自我时间利用和运筹的能力，对提升个人素质起着较为重要的作用。相关研究表明，学困生在时间管理意识和时间规划能力方面明显低于学优生。[182] 关于如何提升中学生的时间管理能力，我们有以下建议：

一、增强时间管理意识

管理学大师彼得·德鲁克认为："时间是一种独特、不可再生的资源，缺乏弹性、无法替代。"[183] 中国古代的谚语"寸金难买寸光阴"也道出了时间的珍贵难得。中学生应意识到自己的时间是可管可控的，在相同的单位时间内，学会合理利用时间和科学管理时间，提升对时间的利用效率，对每一个中学生来说都有着尤为重要的意义。

二、丰富时间管理策略

（一）提升学习主动性

中学生的主要任务在于学习，因此，提升时间管理能力需要提升学生的学习主动性。

学习需要、自信心和情绪情感是影响学习主动性的三大要素。[184] 因此，通过满足学生对生理、安全、社交、尊重等方面的需求，让学生追求更高层次的自我实现需求，比如需要得到别人的承认，维护自身的良好形象，想要实现自身的理想等需求，以此激发学生内在的学习动机；通过改变学习策略和"正确归因"，比如改变学习方法、正确分析学习失败的原因等，提升学生的学习自信心。在学习中取得过成就，会刺激孩子对学习的需要和情感。因此，设置难度适中、与孩子实际情况相适应的目标，可以让孩子对学习产生喜爱、期待等正向情感，提升学习主动性。

（二）进行有效的目标管理

英国谚语有云："对于一艘盲目航行的船来说，所有方向的风都是逆风。"可见目标的重要性。假如没有目标，时间管理也就失去了意义，只有先确立单位时间内的目标，才能够谈时间管理。目标管理应有三个步骤，即制定目标、实施目标和对目标结果的评价，三者缺一不可。

1. 对目标有统筹规划，设立长远目标、中期目标和近期目标。将目标逐级进行分解，更利于目标的实施和实现。

2. 可按轻重缓急、事情的重要程度进行目标排序。按照“重要且紧急”“重要不紧急”“紧急不重要”“不紧急不重要”的先后顺序完成目标，做到重点突出、统筹安排。

3. 可优先完成不喜欢又必须完成的目标，将喜欢完成的目标置后，以此提升完成目标的成就感。

4. 可利用一些时间管理工具辅助自己进行目标管理，比如日历、计划本等；还可用手机上的一些自律软件，如番茄闹钟、forest 等帮助自己远离电子产品的干扰，静心进行目标实施。

（三）加强自我监控

目标的实施过程远比目标制定重要得多。因此，严格执行目标、拒绝拖延，对目标的实施效果有着重要影响。例如，在学习环境中贴上自己喜欢的座右铭，每日睡前进行学习反思，学习偷懒时产生羞耻感，及时拉回思绪，利用上文提到的监督软件或寻求他人的监督等，均有助于加强自我监控。

还可通过阅读有关自律的书籍，如《自控力》《把时间当作朋友》《暗时间》等，以此提升自我管理能力。

（四）留出时间做其他的事

例如，进行一些日常运动，做到劳逸结合，身心共同发展，做一些自己感兴趣的事情，调节自身情绪。

三、家长共同参与

“动人以言者，其感不深；动人以行者，其应必速。”（唐·陆贽）家长作为孩子最好的教师，身教的力量远远超过言传的效果。想要孩子提升时间管理的能力，家长也应以身作则参与进来。例如，少把时间耗费在打麻将、玩游戏、刷视频等无目标、少意义的事情上，多多陪伴孩子，增进亲子感情，甚至同孩子比赛进行时间管理的训练。这样既增添了孩子进行时间管理的兴趣，又对孩子起到从旁监督的作用，共同致力于提升孩子的自律能力。

第四章

育心动情之
家国情怀、大写人生

编者按

2020年年初，一场突如其来的新冠肺炎疫情，让全国人民投入前所未有的疫情防控阻击战中。时代最可爱的“最美逆行者”不顾个人安危，缺席与家人欢度春节的温馨场面，在战“疫”中展现出“天下兴亡，匹夫有责”的赤子担当，胸怀家国，谱写大写人生，实在可歌可泣。

宋代张载曾在《西铭》中有言：“民吾同胞，物吾与也。”即人民都是我的兄弟姐妹，万物与我都是天地所生，言指仁者爱人，同时也爱世间万物，蕴含着心系苍生、胸怀天下的精神追求。家国情怀就如同一条纽带，把个人与国家、民族紧密相连。舍小家为大家、先国家后个人，从来都是中华文化的核心基因和中华民族的精神标识。中华儿女之所以能够历经磨难而信念弥坚、饱经沧桑而斗志更旺，从某种程度上来讲，就在于家国情怀的持久涵养——家国一体、休戚与共的使命感和责任心，是支撑中华民族生生不息、战胜一个个困难的重要精神支柱。就像战“疫”行动中，包括钟南山、李兰娟等一大批抗疫人员在内的国人，他们都是家国情怀的体现者和实践者。本章把“孝亲睦邻、爱国爱家、奉献担当、居安思危、遵纪守法”五个孩子18岁前的必备好素养，通过一个个鲜活的案例呈现出来，从问题解析、现状阐释和策略建议等方面，全面探讨“引导孩子学习《网络安全法》提升自我防范意识、培养利他行为、面对校园霸凌、培养留守孝亲敬老的行为习惯、建立和睦的邻里关系、体谅家长、增强家庭观念与储备家庭抗风险的应对技能、通过营造家庭和睦的氛围使孩子平稳过渡‘青春叛逆期’以及培育中学生的爱国品质、民族自豪感与热爱家乡的情感”等话题，力求阐释继承祖国优秀的传统文化，振奋国家民族精神和时代精神，为中华民族伟大复兴的中国梦而生命不息，奋斗不止。力求浸润心灵、开启智慧、言行导引，于美文经典中内外兼修。

本章聚焦孩子“四维培育”的第四个维度：**育心动情之家国情怀、大写人生。**

第一节 孝亲睦邻

罗柯：

四川省成都市第六幼儿园文庙园区教师，本科学历，幼儿园一级教师；从事幼教工作20余年，擅长开展游戏教学，并对游戏中孩子的个案观察和行为解读有一定见解；倡导“孩子是主人”的生活课程教育模式，探究以生活问题墙——激发兴趣，以生活学习墙——培养习惯，激发孩子们发现问题的自主学习能力，解决问题的自我学习能力。

引导学前儿童与亲戚朋友中的同龄人友好交往

交往能力，是学前儿童在社会交往过程中所运用的交往策略、交往技能，以及建立与协调人际关系的能力。友好行为，是学前儿童在社会交往过程中表现出的同伴间的分享、助人、谦让等行为。当这种交往需要得到满足时，学前儿童会感到特别高兴。由于现代社会高楼林立的居住环境，学前儿童自身特有的一些个性特征，再加上现在普遍的“6+1”家庭模式，学前儿童容易形成以自己为中心的惯性思维，缺乏主动与人交往的意识。对此，我们倡导家长采用以下适宜的做法：

一、做“玩伴”，愉快玩

家长做学前儿童的“玩伴”，在真实的生活场景中鼓励他们积极交往，激发其交往的意愿。

（一）在走亲访友的活动中，营造宽松的氛围，鼓励学前儿童与同伴主动交往并树立榜样

家长以身作则主动参与到学前儿童的交往活动中来，使学前儿童拥有安全感，有助于学前儿童被同伴接纳，形成良好的同伴关系。

（二）利用小朋友来访或到别人家做客的机会

鼓励学前儿童主动与别人分享玩具、图书、小零食等，鼓励学前儿童与他人接触、交谈，感受与朋友一起玩的快乐。

（三）以游戏伙伴的身份加入游戏

家长在游戏中鼓励、示范（情景表演），引导学前儿童模仿，激发其交往的意愿，促使学前儿童积极与人交往。

二、当“观众”，用眼看

家长做学前儿童的“观察者”，在问题场景中培养学前儿童解决问题的能力，使其理解同伴交往的基本原则。

（一）家长不要“过度”保护学前儿童

学前儿童在交往中往往会有矛盾甚至冲突发生，这是学前儿童正常交往中不可避免的一个环节。很多家长爱子心切、怕孩子吃亏受伤害，认为冲突是一种消极现象，有破坏性因素而应积极加以避免。殊不知这样一来，学前儿童就会慢慢回避交往，产生畏难情绪。家长只有让学前儿童在困难面前勇敢面对，他们长大后才能克服重重困难。

（二）家长不能从学前儿童的得失出发处理问题

家长首先要客观地了解矛盾冲突的关键。家长要尊重学前儿童，了解他们的想法。当家长和学前儿童解决矛盾的意见不一致时，可暂时地冷处理一下，切忌以家长的角度去打骂、呵斥。这样容易使学前儿童产生与家长的对立情绪，在以后的同伴交往中存在负面压力。当学前儿童再次遇到交往困难时，会把问题或不良情绪闷在心里，这样对其心理健康和社会交往是不利的。

（三）引导学前儿童进行换位思考，学会理解别人

当学前儿童与同伴发生矛盾或冲突时，家长可以教育他们尝试用协商、交换、轮流玩、合作等方式解决冲突。例如，引导学前儿童想想“假如你是那个小朋友，你怎么想”，让学前儿童学会理解别人的想法和感受。

三、当“顾问”，给帮助

家长在学前儿童交往的过程中要做好他们的“顾问”，在同伴交往中引导他们学习交往的方法。

（一）展现自己的才艺，开启同伴间的友好交往

展现才艺包括个人才艺表演、亲子秀等。部分学前儿童性格比较内向，不愿意出来展示自己的才华，我们可以通过一些鼓励措施，让他们大胆地表演自己的才能。这一过程一定要让学前儿童主动地参与其中，尊重孩子的意愿，千万不要让孩子感到尴尬，从而不愿意主动交往。

（二）聊同伴的优点，理解得到同伴接纳的重要性

和学前儿童一起谈谈他的好朋友，说说喜欢这个朋友的原因，引导他们多发现同伴的优点、长处；并利用相关的图书、故事，引导学前儿童懂得什么样的行为受大家欢迎，想要得到别人的接纳应该怎样做。这能帮助学前儿童逐渐形成采纳同伴观点的能力，为其主动交往奠定基础。

（三）说出自己的感受，接纳同伴的不同意见

让学前儿童明白每个人都有自己的想法，当别人的想法和自己不一样时，既能倾听和接受别人的意见，也能用语言说明不接受的理由。

（四）主动寻求帮助，学习与同伴交往的方法

引导学前儿童遇到问题时主动寻求同伴的帮助，让学前儿童积极地与人交往，充分地肯定学前儿童在其朋友需要帮助时主动给予帮助的行为，让学前儿童感受到被别人帮助是快乐的，帮助别人则更快乐；并教育学前儿童礼貌交往，不欺负弱小。

引导学前儿童对爷爷、奶奶主动表达敬爱

在日常生活中，我们经常会见到不少学前儿童对待老人、家长不够尊敬。例如，顶撞老人、不服管教；用生硬的态度命令老人为其做这做那；更有甚者，自己的愿望得不到满足时就对爷爷、奶奶大打出手。古语云："百善孝为先。"尊重老人是中华民族的传统美德，也是家庭教育中不可缺失的重要部分。我们倡导家长正面引导，适宜的做法有：

一、家长以身作则，让学前儿童理解向爷爷、奶奶表达敬爱的意义

家长对待长辈的态度，直接影响孩子对待爷爷、奶奶的态度。因此需要家长充分发挥榜样的教育作用，以身作则地做尊敬老人的带头人。在学前儿童眼里，家长的行为就是一把尺子，认为家长能做的，他就能做；家长怎样做，他就应该怎样做。所以，家长在与老人的相处中，应态度谦逊、彬彬有礼、关心照顾、体贴入微。学前儿童把家长的言行看在眼里，记在心里，表现在自己的行动中，他们会像家长一样孝敬老人。例如，在家给老人端茶送水；在公共场合给老人让座让道。

二、主动了解爷爷、奶奶的生活，萌发表达敬爱的情感

想要学前儿童主动地对爷爷、奶奶表达敬爱，首先要让他懂得爷爷、奶奶的艰辛，学前儿童心存感恩，才会发自内心地去尊重家长、孝敬老人。学前儿童可以和爷爷、奶奶做什么呢？看看家中的老照片，虽然现在智能手机非常普及，但相信每个家庭依然都有自己的老照片，爷爷、奶奶更是如此。家长可以拿出老照片，和孩子一起倾听爷爷、奶奶年轻时的各种故事，让学前儿童明白自己的幸福生活来之不易，懂得生命既是有规律的，也是有延续性的。

三、基于生活，学习表达敬爱的方法

家长可以借助老人的生日、重阳节、端午节、元旦、春节等有关节日，通过谈话、点拨、暗示，诱发学前儿童的敬爱行为。例如，询问学前儿童："明天是××节，××日子，你应该做些什么？怎样使爷爷、奶奶高兴呢？你想为爷爷、奶奶准备什么礼物呢？"家长还可以鼓励学前儿童用折纸、画画、唱歌等形式多与爷爷、奶奶交往，增进相互之间的感情。在日常生活中，要鼓励学前儿童主动帮爷爷、奶奶做事情，如帮助老人按摩肩膀、收拾房间、整理衣服，让学前儿童参与到家庭日常活动当中，用礼貌的语言关心、慰问爷爷、奶奶等。在这日复一日的平凡日子中，让孩子感受和爷爷、奶奶在一起的快乐时光，也流露出孩子对爷爷、奶奶的感情和用心程度。

四、多种互动，体验表达敬爱的愉悦

日常在家，除了引导学前儿童用语言慰问来关心爷爷、奶奶外，还可以让学前儿童与爷爷、奶奶一起做游戏。例如，和爷爷、奶奶一起绘画、一起贴贴纸等，让学前儿童在嬉笑欢乐的氛围中给爷爷、奶奶带去幸福感，表达对爷爷、奶奶的关心和爱护。另外，学前儿童可以和爷爷、奶奶一起阅读故事。亲子阅读的益处很多，种类也多种多样。其中，对爷爷、奶奶表达爱的读物也有很多，比如《先左脚，再右脚》《没关系，没关系》《为爱朗读》等。不妨让学前儿童和爷爷、奶奶一同进行亲子阅读，阅读过程中的亲情流露，不仅能让学前儿童感受到爷爷、奶奶对自己的关爱，更能增进隔辈亲子之间的亲密关系。

郭春燕：

四川省成都市高新三岔中学教师，汉语言文学专业，本科学历，中学语文二级教师，简阳市优秀学科教师；论文《浅谈如何改变高中语文教学理念》在《新课程》发表，参与成都市课题“优秀乡土文化语文实践活动”的研究。

培养留守中学生孝亲敬老的行为习惯

孝亲敬老，即孝顺父母，尊敬长辈。古人说“孝为德之本，百行孝为先”，孝亲敬老的传承和践行对于构建和谐家庭、和谐社会有着重要的意义。刘志军在《留守儿童的定义检讨与规模估算》中指出：“留守儿童特指那些不能随外出务工、经商或从事其他活动的父母一起生活而留在家乡由代理监护人教养或自我照顾的18岁以下的未成年人。”[185] 留守中学生是留守儿童的一部分，这一群体大部分由爷爷、奶奶照顾，缺少家长的关爱和家庭教育的引导，与家长的感情淡漠，有的甚至拒绝与家长沟通，稍有不顺便乱发脾气，不知体谅、孝敬父母、长辈。长此以往，家庭关系变得非常紧张。那么，怎样才能培养留守中学生孝亲敬老的行为习惯，让家庭和谐幸福呢？

一、建立良好亲子关系，打下孝亲敬老的基础

中学生学习任务繁重，而留守中学生的家长长期在外，缺少家庭教育的时间和空间。孩子和家长长期缺少沟通，冲突不断，亲子关系紧张。这时要求孩子孝亲敬老只会适得其反。怎样才能建立良好的亲子关系，为培养留守中学生孝亲敬老的行为习惯打下良好的基础呢？首先需要家长注意建立良好的亲子关系，适宜的做法有：

（一）敞开心扉，主动走进孩子的世界，寻求有效的沟通方式

1. 父母要做好家长的角色，和孩子沟通时尽量保持愉悦和稳定的心情，塑造一个温暖亲近的形象。

2. 可以和孩子约定“亲子时间”，寻求共同的话题。如一起阅读杨绛的《我们仨》等，或一起观看影视剧《小鞋子》《哪吒》……增加亲子交流，寻找共同话题。

3. 利用通信网络的便利，缩短与孩子的空间距离。家长要定期定时地和孩子

进行语音、视频通话，时刻关注孩子的心理变化。

（二）正确看待孩子的青春“叛逆”期，尊重孩子的自尊心和自信心

正处于青春期的中学生，经历“叛逆期”是正常的成长过程，家长不要因不在孩子身边而过于紧张、担心，更不要简单粗暴地压制。家长要了解孩子的心理诉求，不要替孩子做决定，相信孩子的判断力，重视、认可孩子的行为，及时帮助孩子解决问题。遇到不合理要求，家长要少用指责的话语，尽量用温和的态度解决问题。

（三）不要试图去掌控孩子，给孩子成长的独立空间

孩子已是中学生，遇到分歧时，家长不要反复使用唠叨、控制、体罚、说教、命令等手段试图掌控孩子，更不要企图通过亲情感化或亲情示弱来对孩子施压，这样只会使矛盾升级。通过平等、民主、坦诚的对话，营造宽松的成长环境，给孩子独立思考、反思的空间。

（四）理性面对分歧，拒绝使用家暴

亲子之间出现矛盾时，家长要做好自己的心理暗示，控制好情绪，尽量避免和孩子进行情绪对抗。家长要搞清楚前因后果，和孩子耐心沟通，一起分析并解决孩子的问题。在教育孩子的过程中，家长要合理坚持自己的原则，不能毫无原则地包容妥协，但不能使用暴力。青少年的自尊心强，心理敏感而脆弱，家暴只会加剧亲子关系的恶化。

二、树立好家风，根植孝亲敬老的意识

家风、家教和门风，就是一个家庭的风气、风格和风尚。家风对孩子的举止行为具有深刻、持久和潜移默化的影响。老子在《道德经》中说：“是以圣人处无为之事，行不言之教。”也就是说，良好的家风，需要家长以身作则，用自己的言行来教导孩子，这样的行为胜过千言万语。常言道“子不教，父之过”，如果家长在日常生活中没有树立孝亲敬老的家风，那么孩子很难主动地去孝顺父母、尊敬老人。那么，家长应该怎样给孩子树立孝亲敬老的榜样呢？

1. 经常跟年事已高的父母联系，聊聊家常，关心他们的日常起居；

2. 尊重父母的生活方式，努力使父母心情愉悦；

3. 过年过节回家，不让父母操劳，主动承担过节事宜；

4. 让孩子参与家长孝亲敬老的过程，如在父亲节、母亲节、生日、传统节日等，让孩子给老人准备礼物、帮老人分担家务等；

5. 让孩子看见自己的辛苦，要让孩子知道年老力衰的不易，教育孩子要懂得

孝亲敬老；

6. 父母生病时，悉心照料；对父母的经济供养要到位，不做"啃老族"。

三、培养孝亲敬老的好习惯，从我做起

1. 经常和家长、长辈联系，聊聊家常，关心他们的工作和生活；

2. 理解、体谅家长、长辈的辛苦，不提超出家长能力范围的要求；

3. 在家要分担家务，减轻家长、长辈的负担；在外要尊敬老人，帮扶老人；

4. 在特别的日子，如家长、长辈的生日或传统的节日，及时给予问候，为家长、长辈准备礼物，以表孝心；

5. 家长、长辈失落时，及时安慰；生病时，悉心照料；

6. 讲礼仪，懂礼貌。与家长、长辈有分歧时，不闹情绪，要讲道理，争取得到家长、长辈的支持；

7. 努力学习，做好自己分内的事，让家长、长辈为自己的成长感到高兴和骄傲；

8. 学会自我保护、爱惜生命，这也是对家长、长辈的孝顺；

9. 适时参加"孝亲敬老"活动，如参加社区、村社举行的"孝亲敬老活动"，到敬老院做义工等，不断提升自己孝亲敬老的能力，自觉培养孝亲敬老的行为习惯。

留守中学生养成孝亲敬老的好习惯，不仅会拉近家庭成员之间的距离，改善亲子关系，增加家庭生活幸福感，还可以让孝亲敬老的美德在心中生根、发芽、开花、结果，为促进社会主义公民道德建设作出应有的贡献。

在社会实践活动中，引导留守中学生建立和睦的邻里关系

社会实践活动是课堂教学的延伸和补充，不仅可以把在课堂上学到的知识同社会实践联系起来，还可以锻炼学生的实践能力，培养学生的社会责任感。[186]留守中学生是留守儿童的一部分，"留守儿童特指那些不能随外出务工、经商或从事其他活动的父母一起生活而留在家乡由代理监护人教养或自我照顾的 18 岁以下的未成年"[187]。关于邻里关系，宣兆凯认为："邻里是在地域的相互靠近这一自然条件上，结合了好友往来和亲戚、朋友关系而逐步形成的守望相助、共同生活的小群体。"[188]时代变迁，经济飞速发展，《孟子》中"乡田同井，出入相

友，守望相助，疾病相扶持”的和睦邻里关系已经变得疏离。而留守中学生与邻里的关系则更令人担忧。

一方面，大多数留守孩子的生活轨迹是“家一学校”，家长在外务工，祖辈的教养显得心有余而力不足，加上部分家长的不重视，认为邻里交往是家长之间的事情，和孩子没有关系，这让很多孩子失去了邻里交往的时间和空间。另一方面，孩子自身没有与邻里交往的愿望，孩子回到家，要么学习，要么做个称职的“网民”，而不会主动参与到邻里交往活动中去。所以，留守孩子在村里没几个熟人，更没多少朋友，邻居成了“鸡犬相闻，老死不相往来”的陌生人。2020年春节期间，一则《疫情下的邻里关系：互送有无，好像回到童年时代》的新闻，感动了无数人，但我们不得不深思：邻里团结、互助和睦的传统美德何时变得那么遥远了？中学生作为新时代的接班人，更应该把这些优秀的传统美德传承下去。俗话说“远亲不如近邻”，引导留守中学生建立和睦的邻里关系，除了在学校学习理论知识外，在社会实践活动中，还可以这样做：

一、前期准备

组织“远亲不如近邻”相关的辩论赛；举行“睦邻友好”的演讲比赛；搜集古今邻里和谐的故事，如六尺巷、罗威饲犊、于令仪宽偷等，整理成读本等形式。教师可以引导留守中学生理解邻里关系的内涵，做好开展相关社会实践活动的前期准备。

二、成立社会实践活动小组

教师可根据学生的居住区域，划定活动区域范围。把居住地在一个方向或相近地域的学生划分为一组，并在组内做好任务分工。这样的分组，不仅方便组织活动，在相互协作完成活动的同时，还可以促进住所相近的同学之间的交往。

三、明确主题，小组制订活动计划和方案

明确以“邻里关系”为关键词，小组内部协商，组织不同主题和形式的社会实践活动。例如，以“邻里之间”为主题的调查活动；以“与邻为伴，与邻为善”为主题的采访活动；以“家有好邻里”为主题的摄影活动等。

四、实施活动，交流成果

教师指导活动小组深入学校各班级、居住的村落和小区进行社会实践活动。

活动完成后，进行总结，并相互交流。例如，通过问卷调查（见附录：关于中学生邻里关系的调查问卷）了解邻里关系现状，认识建立和睦邻里关系的重要性；通过采访活动和摄影活动，学习“与邻为善，与邻为伴”的相处之道。

五、总结，再出发

通过“邻里关系”相关的社会实践活动，学生不但认识了很多邻居，还学习了如何建立和睦的邻里关系。总结再出发，在生活中建立和睦的邻里关系，写好“我与邻居”的新故事。

古语云：“内睦者家道昌，外睦者人事济。”和睦的邻里关系是创造和谐家园和良好生活环境的重要前提。通过各种社会实践活动，引导留守中学生走出家门，建立和睦的邻里关系，不仅能够收获好邻居，还可以提升交往能力，丰富精神世界，增加生活的幸福感，更是对传统道德——“谦恭礼让、与人为善”的继承和发扬。

附录：关于中学生邻里关系的调查问卷

关于中学生邻里关系的调查问卷

您好！我们是★★★中学的学生，我们正在进行一项关于邻里关系的问卷调查。您的回答无关对错，只要能反映您的真实想法就达到了调查的目的。希望您能够积极参与。请放心，我们会对您的回答保密。谢谢您的支持与配合。

1. 您是否是留守学生？

○是　　○不是

2. 您的性别是？

○男　　○女

3. 您认识的邻居户数？

○ 0—5 户　　○ 6—10 户　　○ 11—15 户　　○ 16 户以上

4. 您知道您邻居的家庭情况吗？（姓名、职业、家庭成员）

○知道　　○知道一些　　○不知道

5. 您的邻居中留守家庭多吗？

○多　　○一般　　○少　　○不清楚

6. 你与邻居交往多吗？

○多　　○一般　　○少　　○从不交往

7. 您与邻居交往的原因是？

○日常生活　○亲戚关系　○学习　○偶遇

○一起参加某项活动

8. 您和邻居的关系如何？

○关系融洽，经常串门，互帮互助　○关系比较好，彼此比较熟悉

○关系一般，见面会打招呼　○关系不太好，常有争执

○不认识，没有交往

9. 您觉得和邻里搞好关系重要吗？

○重要　原因________________

○不重要　原因________________

○无所谓　原因________________

10. 您村里的留守中学生与邻里的关系如何？

○和睦　○一般　○疏离　○没有交往

○不知道

11. 您觉得留守中学生建立和睦的邻里关系重要吗？

○重要　原因________________

○不重要　原因________________

○无所谓　原因________________

本问卷调查主要用于了解留守中学生的邻里关系现状，受访者主要为在校中学生。1—2题，主要调查受访者性别及是否是留守中学生；3—5题，主要调查受访者对邻居的了解程度；6—9题，主要调查受访者的邻里关系现状以及与邻居交往的原因；10—11题，主要调查受访者对留守中学生的邻里关系现状的评价，及对留守中学生建立和睦邻里关系的态度。

邓莉娟：

四川省都江堰市八一聚源高级中学语文教师，中学一级教师，文学学士；从教10余年，担任班主任工作10余年，教育立足于学生的成长发展需求，注重培养学生的核心素养；德育论文多次在省、市、县级刊物发表和获奖，数次被授予都江堰市“德育先进个人”“优秀班主任”等荣誉称号。

引导中学生体谅家长

为了做好新冠肺炎疫情的防疫工作，应教育部要求，学校停课，延迟开学，学生只能在家中学习。在和孩子朝夕相处的过程中，家长对于孩子的学习和生活情况有了更加深刻的了解。多数家长吐露：无法跟孩子正常沟通，甚至几乎没有沟通，家长对孩子的内心想法无从知晓，心中充满“失控”的焦虑感；孩子学习自觉性差、习惯不好，家长操碎了心，孩子却不能体谅，嫌家长唠叨，烦躁时还会对家长大吼大叫甚至以言语相要挟；孩子对家长的忙碌和辛劳熟视无睹，更不会帮家长做事。对于这些情况，家长们苦不堪言，却束手无策。那么，我们该如何引导中学生，让他们能体谅家长对自己的良苦用心呢？

一、建立良好的沟通关系是前提

家长要正确地理解孩子成长阶段的心理发展特征，采用恰当的方式，建立有效的沟通平台。只有孩子愿意跟家长沟通，家长的引导、教育才有实现的可能。家长可以通过网络、微信公众号、阅读相关书籍等了解中学生的心理发展特征。例如，《如何说孩子才会听，怎么听孩子才肯说》这本书就给我们介绍了与孩子沟通的技巧，让家长迈出引导孩子体谅家长的第一步。

二、树立教育威信

（一）言传身教，体谅长辈的需求，教育孩子时才有说服力

时常有家长诉苦，自己在批评孩子态度恶劣时，孩子直接质疑家长曾以同样粗暴的方式对待过爷爷、奶奶，此时家长无言以对，教育就会显得苍白无力。可见在孩子成长的过程中，家长是他最亲近、最容易效仿的对象。所以，家长要给孩子树立一个好榜样，让孩子看到家长对长辈的体谅和照顾。如果家中有老人，要了解老人的需求，有好吃的要先给老人吃；逢年过节给老人送礼物；如果老人

住得较远，应该经常给老人打电话，抽时间看望老人；和老人说话时，要轻声细语；老人有疑问或者过错时，要耐心地解释和劝导等。孩子看到家长对长辈的爱，自然而然也会模仿家长的做法，以同样的方式来对待家长。

（二）以身示范，和孩子一起养成良好的工作和生活习惯

1. 合理安排作息时间；

2. 引导孩子安排自己的学习、生活事务，学会统筹兼顾。

（三）增强长幼意识，加强教育的力度

家庭成员在日常的互动中，应该明确各自的家庭角色，家长之于爷爷、奶奶、外公、外婆，家长之于孩子。有些家长不能把握住度，长幼不分，对孩子一味地顺从，没有限制，逐渐让孩子养成骄纵的性格。孩子以自我为中心，这种家庭模式如何引导孩子体谅家长？所以，家长首先要明白，自己是长者，必须建立一个正常、健康的家庭关系，树立规则意识，赏罚分明，宽严有度地教育孩子，引导孩子。

三、让孩子了解家长对孩子和家庭的辛苦付出，培养孩子的感恩意识

现在好多孩子都不知道家长的工作情况，不知道家长的钱是怎么来的，只知道向家长要钱买这买那。加之一些家长在给予孩子无私关爱的同时，没有注重培养孩子的感恩思想，孩子觉得一切的索取和获得都是天经地义的，没有感恩意识的孩子何谈体谅家长？对此，家长应当有意识地将自己工作的辛苦告诉孩子，并且将自己对孩子的关爱告诉孩子，如果条件允许，家长可以让孩子接触自己的工作和交际圈，让孩子亲身感受家长的不易。

四、给孩子机会，让体谅得到实践

有的家长对孩子关怀备至，一心想把孩子培养成才，孩子只需要专注学习，不需要做家务，有时孩子想主动帮忙，家长还横加阻拦，这样的做法扼杀了孩子体谅家长的机会。其实，当孩子想要帮家长做事情的时候，正说明他开始学着体谅家长了，这个时候家长应该给他机会，让他用自己的行动来关心长辈，让他觉得自己的体谅行为是得到认可的，是有价值的，家长喜欢他的体谅，以后他也会更乐意关注和体谅家长。

总之，作为家长，我们要和孩子一起成长，不断地学习和调整自己的教育方法和方式，这样才能让孩子学会体谅家长，让家长放心。

启发中学生理解“远亲不如近邻”

新冠肺炎疫情暴发至今，很多家人分隔各地，而最近的邻居成了我们相互照料、扶持的人。小区微信群中，总会有热心的邻居帮忙购买物资；新闻报道中，总会看到邻里之间的互帮互助；平时没有太多交集的邻里此刻成了“亲密的战友”，身在异乡的人也因此倍感温暖……这一幕幕邻里的温情守护的和谐画面让我们备受感动。作为教育者的我们应该抓住这个契机，用恰当的方式和方法让中学生理解“远亲不如近邻”的现实含义。

一、了解邻里关系的重要性

远亲不如近邻，指遇有急难，远道的亲戚就不如近旁的邻居那样能及时提供帮助。近年来的社会调查显示：邻居和谐的相处、温情的瞬间，会让现代社会的邻里之间获得“陪伴感”，消除“孤独感”，这同样是远方的亲人所不能做到的。

二、抓住契机，让孩子感知邻里情

（一）针对疫情，家长可以充分利用媒体资源、自身经历，和孩子分享与邻里相处的感受

疫情期间，电视、网络等媒体都在报道全国各地邻里之间发生的温情故事。在一个个温情的故事中，让孩子感受邻里之间的特殊情感。例如，人民政协网上就有一则社评文章《疫情下的邻里关系：互送有无，好像回到童年时代》，文中描述了疫情中的武汉人民邻里之间相互帮助的暖心画面。同样，经历过 2008 年汶川大地震的人都会有这样的感受：当灾难来临时，邻里就成了相互扶持的人，这是远在外地的亲人所无法办到的。

（二）在平时的生活点滴中，感受邻居的帮助

在平时的生活中，凡是涉及邻居帮忙的情况，家长都要让孩子知晓并且报以感谢。有老人和小朋友的家庭，可以在茶余饭后多和他们分享与邻居相处的快乐时光。这样既消除了他们的孤独感，使他们心情愉悦，家庭生活也因此增添了活力。

三、让孩子理解邻里关系需要悉心经营

（一）家长以身作则，营造融洽的邻里关系

家长要以身作则，营造融洽的邻里关系，让孩子明白施恩于人才有可能得到别人的帮助。我们可以顺手捡起邻居门口的垃圾，道一句轻声的问候，报以一个轻轻的微笑，这些瞬间就是邻里关系转化的催化剂。

（二）理性看待邻里矛盾，宽容待之

在日常的交往中，我们不难发现邻里之间既有和睦相处、彼此照应的关系，也会发生误会或矛盾。因此，为了能构建和谐的邻里关系，我们需要正确理性地看待邻里关系，用积极的心态、宽容的态度化解邻里矛盾。而此时，家长的态度和处理方式将潜移默化地影响孩子。

在社会快速发展的今天，我们的居住环境被钢筋混凝土的框架所取代，人们的思想也在发生着巨大的变化，但是社会的和谐需要我们共同来维护。“乡里乡外一家亲”的状况让我们生活在爱的氛围中，享受着和谐带来的幸福感，我们的孩子在这样的环境中成长，将来才能成为感恩社会、为社会作贡献的人。

第二节　爱国爱家

杨艳：

四川省成都市第六幼儿园文庙园区教师，一级教师，本科学历，从事幼教事业29年；先后主研市、区教育规划课题，具有较丰富的科研能力，在家庭教育方面具有独特的研究视角和思路，擅长在“互联网＋教育”背景下将信息技术与教育深度融合开展家园共育。

在亲子互动质量提升中，培养学前儿童的主动参与意识

亲子陪伴是最好的家庭教育方式，有效的亲子互动是为了引导学前儿童健康快乐地成长。但在现实的亲子互动中，家长们常常发现：自己积极主动地参与，而学前儿童却兴趣不高，主动参与的程度不够，更多是家长主导，学前儿童被动

配合。这种以家长意愿为中心的亲子互动，多数是“无效陪伴”，还可能会给学前儿童的成长带来很深的伤害。我们可以尝试这样激发学前儿童在亲子互动中的主动性：

一、从学前儿童视角出发，了解学前儿童真实的需要

亲子互动时，家长需要根据学前儿童的实际能力、性格特点以及兴趣，来激发他们主动参与的积极性。因此，家长需要立足于学前儿童的视角，对学前儿童需要互动的时机、方式充分了解，才能让学前儿童在互动中获得愉快的体验。

（一）了解学前儿童需要互动的时机

尝试了解学前儿童在什么时候最需要与家长进行互动。

（二）了解学前儿童需要互动的方式

了解学前儿童最喜欢的亲子互动内容，把握学前儿童的兴趣点，适当增加相应的亲子互动内容。

需要注意的是，当家长了解了学前儿童的需求时，应该做出积极的回应，把学前儿童的需求，对学前儿童的理解与尊重放在首位，把建议放在后面，尽量选择学前儿童需要的时间、方式和内容进行互动。

二、同伴策略，及时回应、积极鼓励

当学前儿童有积极表现的时候，家长一定要给予积极的鼓励和肯定，甚至大力的认可。当学前儿童做事情遇到困难和问题的时候，家长要帮助学前儿童找出问题的根源，引导学前儿童一起来寻求解决问题的方法，体验解决问题的成就感和满足感。这样，学前儿童才能意识到自己被关爱、被重视，不断地建立自信心，激发亲子互动的积极性。

三、巧妙示弱，平等对话

家长应尽量把学前儿童当作一个成人朋友，和他建立非常平等的关系。特别是当学前儿童表达需要时，家长要积极回应。适当的时候，家长可以示弱，非常谦虚地表达自己需要学前儿童的帮助，鼓励学前儿童以自己的方式帮助家长解决问题。

四、创新互动方式，激发参与主动性

（一）制订亲子活动周计划表

和学前儿童一起商量制订亲子活动周计划表，让学前儿童充分表达自己的想

法，家长可以提出合理化建议或者意见。制作的计划表要张贴在显眼的位置，对孩子、家长进行视觉提醒。

（二）多种多样的亲子互动

根据家庭实际情况创编亲子陪伴的新方式，丰富亲子活动内容，这样更能激发学前儿童参与亲子互动的兴趣，使其积极投入亲子活动中，如：

1. 家庭活动日：家长与学前儿童提前一周制订活动计划，如爬山、逛书店、参观博物馆、购物……根据计划进行分工并为活动做准备。学前儿童选择其中一个准备项目，在做准备的过程中会对亲子活动充满期待。

2. 家庭清扫日：将某日设定为家庭清扫日，家庭成员分工合作，共同完成家庭清扫，尝试让学前儿童完成自己感兴趣而又力所能及的家务事，如给自己的布娃娃洗衣服、整理自己的小书柜等，以游戏的情节带动学前儿童参与劳动，使其获得成就感。

3. 家庭信箱：遇到问题需要沟通时，大家可以互相写信，投进“家庭信箱”里。在“读信日”，大家可以大声地朗读自己写的信件，表达自己的想法（学前儿童的信件建议在家长的帮助下以“图符 + 文字”的形式表达）。

4. 家庭创意节目秀：家长与学前儿童一起进行传统游戏创编。在创编过程中，家长尽量鼓励学前儿童发表意见，创编后进行家庭创意节目秀。同时，家长也可以以家庭为单位与其他玩伴通过网络平台（录制短视频、音频）、同伴欢乐秀等线上、线下的方式进行展示、交流和分享，体验分享的快乐，调动学前儿童参与活动的积极性。

培养学前儿童热爱家乡的情感

从人性角度来讲，每个人都有一种强烈的归属感，培养儿童热爱家乡的情感，可以增强儿童的归属感，对儿童形成稳定的性格具有重要的意义。[189] 在实践中，我们发现学前儿童的道德情感首先指向自己身边最熟悉、接触最多的人、事、物，然后再形成抽象的爱家乡的情感。[190] 因此，我们以学前儿童的学习兴趣和内在需要为基础，以综合实践课程等方式组织指导学前儿童，增进其对家乡文化的认识，从而培养学前儿童热爱家乡的情感。

一、有针对性地挑选和利用身边的资源，创设特色课程，了解家乡的美丽

《3—6 岁学前儿童学习与发展指南》指出："归属感的产生需要幼儿对自己所生长的社会、环境有所感知。"因此，我们可以尽可能地创造各种有利条件，创设特色课程，让学前儿童了解家乡广为流传的历史故事、特色浓郁的家乡习俗、源远流长的本土文化，从而激发学前儿童热爱家乡的情感。

（一）设计主题活动网络图，架构主题活动框架

例如，开展"春天里的成都"主题活动，以成都有名的文化景观为切入点开展主题活动，设计"春天里的成都——春游宽窄"主题活动方案，预设主题活动目标、主题活动环境创设、主题网络图、家长配合等内容。其中，主题活动网络图以自主探究为主要活动方式，将健康、语言、社会、科学、艺术五大领域的内容有机地整合在一起，如下图：

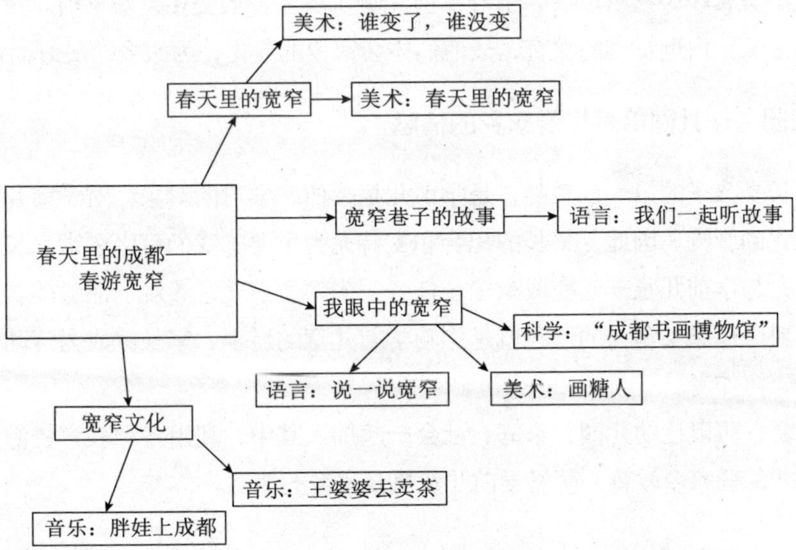

在主题活动进行中，教师可根据学前儿童的兴趣点适时调整、增加，生成新的内容。

（二）开展丰富的游戏活动，激发学前儿童热爱家乡的情感

游戏是学前儿童的基本活动。我们可以尝试为学前儿童提供更多的可以理解、可以感受、可以操作的环境内容与材料。以学前儿童乐于接受的方式，把这些家乡资源与区角活动、美术活动、游戏活动相融合，让学前儿童在说、唱、做、玩的过程中，丰富对家乡的了解，培养热爱家乡的情感。例如，开展创造性游戏：茶馆，孩子们可以通过创设"茶馆"环境，设计茶馆、收集制作游戏材

料、布置游戏场地、扮演服务员、扮演茶客、角色互动等，逐渐了解成都的茶馆文化，体验传统文化的丰富性、趣味性。建构游戏中，教师可以在了解成都天府广场基本结构的基础上，引导启发学前儿童设计搭建方案、分工合作搭建天府广场的主要建筑物。另外，教师还可以创新游戏玩法，如语言游戏“开火车”创新玩法，将地名改为成都的地名，可以是公园名、景点名……

这样，通过丰富多彩的游戏活动，在做做玩玩的实践操作中，学前儿童从观察到思维，从认识到创造，深深地感受到了家乡的美、家乡的好。

二、开展社会实践活动，感受家乡美、家乡好，为家乡而自豪

了解家乡的风土人情、文化遗址、特产美食等，是培养学前儿童热爱家乡情感的重要途径之一。教师组织参观活动、体验活动，可以让学前儿童直接体验和感知家乡的环境、文化。例如，参观熊猫基地、参观杜甫草堂、参观宽窄巷子、品尝成都美食……参观以后，引导学前儿童了解家乡的变化，对学前儿童进行由具体到抽象、由近及远的教育，让他们体会家乡的变化，为家乡的美好而自豪。

三、家园合作共同培养热爱家乡的情感

家长是孩子的第一任教师，是学前儿童模仿、学习的对象，对学前儿童有着潜移默化的影响。因此，家长的配合和支持尤为重要。我们可以邀请家长收集各种资料，与学前儿童一起完成亲子小任务，带领学前儿童参观、品尝美食、收集游戏材料……家长参与的过程就是影响学前儿童的过程，家长就成为活动开展的支持者、协作者。

总之，可以让幼儿园、家庭、社会一起加入其中，利用各种教育资源，开展多种形式的爱家乡教育，萌发学前儿童热爱家乡的情感。

王存丽：

四川省成都市高新三岔中学党支部委员、副校长，中学历史高级教师，成都市第十七届人大代表、成都市骨干教师、成都市“优秀德育工作者”、高新区“优秀党务工作者”“优秀青年教师”；高新区财商素养教育研究课题组中心组成员，曾主研市级课题《农村高中生历史学习习惯的培养研究》，获得成都市中学历史优秀论文比赛二等奖。

增强中学生的家庭观念

费孝通认为“家庭”是指人类最基本的生活单位，由夫妻及其未婚子女所形成的集团。[191]《中国大百科全书》中对家庭的解释为：家庭是由姻缘、血缘或收养关系组成的社会生活基本组织单位。[192]家庭观念则是“关于应当如何从事家庭生活和关于家庭的构成，家庭成员的行为、家庭成员之间的看法及生活存在方式的观念[193]”“是人们对于家庭地位、家庭功能、伦理、人际关系等一系列问题的态度[194]”，是家庭社会活动的一种基本认知及价值取向。

据中国心理卫生协会会员、国家二级心理咨询师翟颖分析：当代中学生，正处于青春叛逆期，自理能力增强，与家长沟通减少，对家长的情感依赖减少，对家的依恋减弱，家庭观念普遍淡薄。

徐 ×× 同学就是一个典型。他是一名寄宿制学校的中学生，家长常年在外打工，全家只有寒暑假才能团聚。而难得的相聚之时，他偏要约同学、看电视、玩手机、打游戏、睡懒觉，不爱做家务、不愿与家长交流、不愿听家长“唠叨”，一言不合就发脾气，甚至摔门而去，家庭关系十分紧张。这就是家长与子女长期缺乏共处、沟通的不良后果。

与之相反，我们的生活中也有家长与子女沟通有效、家庭观念浓厚、家庭温馨和睦的真实例子：汪 ×× 同学，家境虽不富足，但家长关系和谐，对她十分关爱，每次放假都亲自接送，为她准备喜欢的水果、零食；一到重要节日，她也会给家长打电话、送礼物，问候家长，表达爱意，是家长的贴心“小棉袄”。

那么，如何才能增强中学生的家庭观念，构建和谐幸福的家庭呢？

一、家长要营造温馨和谐的家庭环境

家不仅是居住归所，更是情感归宿，家庭环境是中学生家庭观念形成的原生

因素。温馨和谐的家庭氛围是中学生形成浓厚家庭观念的重要保证。

（一）建立和谐的夫妻关系

日常生活中，夫妻双方交流要柔声细语、和颜悦色；多倾听对方、尊重包容对方；各尽其职，分工协作，共同承担养育子女的责任。

（二）建立和谐的亲子关系

1. 家长要摆正身份，伴随子女成年，调整自身形象，切忌居高临下；多与子女沟通，严慈相济，恩威并重。

2. 多了解子女青春期成长的心理特点，多沟通，早发现、早解决子女的心理问题，化解子女成长的烦恼。

3. 家长应该尊重、信任子女，让子女感受到存在感和价值感，增强自信心，培养子女的责任感和自律性。

4. 拒绝家庭暴力，用榜样力量进行励志教育，俯下身来倾听，拉近与子女的情感距离。

家长营造一种和谐、温暖、有爱的家庭氛围，不但有利于培养中学生的家庭观念，还有利于培养中学生乐观积极、健康向上、自立自信的生存能力和人际关系处理能力。

二、中学生主动融入家庭，增强家庭观念，构建幸福家庭

（一）主动加强与家长的沟通，多抽时间陪伴家长

1. 利用与家长共餐、周末家庭小聚、家长接送路上等闲暇时刻，与家长聊聊学习、谈谈校园、拉拉家常、说说成长的苦闷与烦恼，让家长了解和帮助真实的自己，加强与家长的沟通交流。

2. 周末、寒暑假期间，减少同学聚会，少看电视、少睡懒觉、少玩手机、少打游戏，多抽空陪陪家长，逛逛菜市、做做家务，放慢生活节奏，弥补平时缺失的陪伴。

3. 利用周末、五一节等短假期，与家长策划近距离的郊外一日游，既能释放压力，又能增加与家长共处的时间；利用国庆节、寒暑假等长假期，与家长规划一场有意义的远足旅行，既能开阔视野，又能更好地陪伴家长。

4. 新冠肺炎疫情期间，在家“防疫保学”，与家长相处的时间更多了。学习之余，我们可以抽空邀请家长在家观看一场电影，如《哪吒》《银河补习班》；与家长共看一部电视剧，如《小欢喜》《少年派》；与家长一起收看《向幸福出发》《等着你》等亲情栏目，与家长产生思想共鸣，拉近与家长的情感距离。

（二）大胆表达对家长的爱意，加强与家长的情感沟通

1. 不辜负家长的辛劳，及时回应家长为我们做的一切。当家长为我们精心烹饪美食，准备生日礼物，交学费、生活费，给零花钱，发压岁钱时，我们要及时回应，说声："谢谢您，亲爱的爸爸、妈妈，长大后，我会报答你们的！"让家长感受到付出的回报，与家长产生情感共鸣。

2. 父亲节、母亲节、家长生日等重要日子，给家长送上一束温馨的康乃馨、递上一封感人的家书、打一通惊喜的电话、备一份精美的礼物，表达对家长的祝福与感恩。

3. 还可以通过发语音、发短信、发视频、寄贺卡、发 E-mail 等方式，表达对家长的爱意，感谢家长的养育之恩，加强与家长的情感沟通。

（三）增强家庭主人翁意识，勇于承担家庭责任

1. 清明节，主动参加家庭扫墓活动，祭拜祖先，传承优良家风。

2. 端午节、中秋节、春节等传统节日，看望爷爷、奶奶，外公、外婆，组织家庭聚会，与家长、亲人共庆佳节，享受家庭的美好时光。

3. 主动承担家务劳动，减轻家长的劳动负担。

4. 勤俭节约，不攀比、不浪费，减轻家庭的经济负担。

5. 努力学习，争做学优生，少让家长为自己的学习操心，减轻家长的思想负担。

6. 当家长生病时，主动问候，悉心照顾，增强家庭主人翁意识。

7. 当家长在工作生活中处于逆境、不顺心时，要耐心开导，帮助家长走出困境。

8. 当家长之间产生矛盾时，不逃避，主动当好"调解员"，化解家庭危机。

9. 多关心家长，了解他们的辛劳与不易；学会换位思考，多替家长着想，主动承担力所能及的家庭责任。

总之，家庭不仅是传播观念的场所，也是影响家庭存在形态，影响家庭成员认知及行为方式的重要因素。由此，家长要营造温馨有爱的家庭环境，中学生要积极融入家庭，加强与家长的情感沟通，共同担负家庭责任，增强家庭观念，构建和谐幸福的家庭。

在升旗仪式活动中，培育中学生的爱国品质

升旗仪式是提示国民铭记历史、爱党爱国的庄重而神圣的活动。而中学每周一次的升旗仪式，却被大多数中学生误解为形式主义，无法发自内心地完全理解

认同，无法真正体会国旗尊严、民族精神，以致中学生的爱国品质不能得到应有的培养和提升。那么，如何在升旗仪式活动中，培育中学生的爱国品质呢？

一、深刻理解国旗的内涵和升旗仪式的重要意义

我国的国旗是五星红旗，红色象征革命，五颗黄色五角星，一颗大星象征中国共产党，四颗小星象征中国共产党领导下的各族人民，四颗小五角星各有一只角正对着大星的中心，象征中国共产党领导下的革命大团结。

天安门国旗班第八任班长赵新风在其著作《国旗的故事》中写道："国旗是一个国家的标志，象征着国家的主权和尊严。我国的国旗五星红旗代表着国家的诞生，是56个民族集体结合的精神，是我们伟大祖国的标志和象征，是中华民族精神的体现。党和国家非常重视以国旗、国歌、国徽为重要内容的爱国主义教育，提倡在重要场所和重大活动中升国旗、唱国歌。"[195] 其重大意义就是提示国民不忘历史不忘国，热爱国家忠于党，珍惜国家荣誉和来之不易的幸福生活，积极为国家作贡献。

二、全面认识爱国主义的内涵

梁衡在《爱国的理由》一书中探讨了几个爱国的问题：爱国主义是对祖国的深厚感情，是对祖国的一份责任，是将个人的命运和祖国的命运紧密地联系在一起，调整个人与国家、个人与民族关系的道德规范，是一种重大的政治原则，是鼓舞和凝聚各民族的精神支柱。其最基本的内容是对祖国的忠诚与热爱。[196]

国旗是国家的象征，热爱国旗就是热爱国家的重要表现。中学生参加升旗仪式活动，是表达对国旗的热爱，也就是表达对国家的热爱。所以，升旗仪式活动有利于培养中学生的爱国主义情怀，培育爱国品质。

三、留心观看不同场景的升旗仪式，理解爱国主义的丰富内涵，感知爱国主义情怀

1. 可以利用寒暑假，到北京天安门观看升旗仪式，体验内涵丰富的爱国主义；

2. 通过影视作品、纪录片，观看抗日战争时期的升旗仪式，感知寸土必争的爱国主义；

3. 观看"新春走基层"采访栏目中，边疆界碑处的升旗仪式，体会守土有责的爱国主义；

4. 关注奥运会，观看各项赛事颁奖时的升旗仪式，理解为国争光的爱国主义；

5. 通过观看爱国主义电影《战狼》中撤侨军舰上的升旗仪式，感知热爱人民的爱国主义；

6. 观看登山运动员在珠穆朗玛峰峰顶进行的升旗仪式，体会热爱祖国大好河山的爱国主义……

通过观看各种不同场景的升旗仪式，深刻理解爱国主义的丰富内涵和重大意义，感知爱国主义情怀。

四、积极参与学校常规的升旗仪式，感知国旗力量，培育爱国品质

（一）积极主动参与每一次升旗仪式，重视每一个环节

升国旗，庄重严肃；唱国歌，真挚热情；国旗下讲话，认真聆听、入耳入心，树立爱国意识。

（二）争做光荣升旗手、护旗手

用有力的肩膀承载国旗的重量，用稳健的脚步丈量国旗的长度，用规范的节奏测量国旗的高度；严格遵守《中华人民共和国国旗法》，用责任和担当保护好国旗，维护国旗尊严、民族精神，增强爱国意识。

（三）争做“国旗下讲话”正能量传播者

根据学校德育工作安排，全力争取一次作为学生代表进行“国旗下讲话”的机会，并结合中学生实际，精心准备，及时传播爱国主义价值观，做好爱国主义宣传员和传承者，培育爱国品质。

五、参加特殊的升旗仪式，感知家国情怀，升华爱国品质

2020 年 2 月 17 日本是新学期开学的日子，由于新冠肺炎疫情的影响，学生不能如期返校，但可以参加学校创新举行的线上升旗仪式。升旗仪式中，学生代表朗诵自己创作的诗歌《致英雄》，教师代表演唱自创歌曲《守护》。国歌声响起，学生即刻起立，面对屏幕，面向冉冉升起的国旗，行注目礼，不一样的升旗地点，一样的爱国情怀。特殊的升旗仪式让中学生更加深刻地感知国旗的力量、国家的担当、民族的精神，理解“家是最小国，国是千万家”的“家国情怀”，让自己的爱国情怀得到升华。

当今大多数中学生虽然成长在国旗下，但对国旗缺乏特殊的感情，对国旗内涵的理解还不够深刻。作为当代中学生，应该通过积极参与庄严的升旗仪式，来认识国旗的分量和爱国主义内涵，培育爱国品质，弘扬爱国主义精神，实现中华民族伟大复兴，成长为“撑得起”的新一代。

羊霞：

四川省都江堰市外国语实验学校教导处副主任、高二年级主任，历史学学士，中学一级教师，教龄11年，成都市"优秀德育工作者"；曾有多篇文章在成都市、都江堰市论文评选中获奖，撰写的《九九重阳节，浓浓敬老情》班级活动方案发表于《班主任专业发展课程系列》丛书；现负责学校关于教育部基础教育课程改革都江堰实验区"问道——都江堰育人模式探索"子课题的研究。

营造家庭和睦的氛围，使中学生平稳过渡"青春叛逆期"

家庭氛围是家庭成员之间相互影响、相互制约的过程中所形成的心理情绪和环境气氛，良好而和睦的家庭氛围是孩子健康成长的重要条件，影响着孩子的人生观、价值观，也有利于孩子优秀性格的养成。[197] 和睦的、积极向上的家庭氛围，有利于中学生平稳过渡"青春叛逆期"。对此，我们的意见和建议是：

一、提高家长的自我修养，培养孩子的独立能力

苏霍姆林斯基曾说："要教育好孩子，就要不断地提高教育技巧。要提高教育技巧，那么就需要家长付出个人努力，不断进修自己。"[198] 家长是孩子的第一任教师，家庭是孩子的第一个学校，家长的个人品质、道德修养、智慧直接影响着孩子的成长。

1. 家长应具备良好的心理素质，保持乐观、开朗、宽容的态度；

2. 学习和掌握专门的教育学、心理学知识，了解孩子每一阶段身心发展的规律，正确地认识孩子青春期的特征，科学地应对孩子青春期带来的问题；

3. 构建互谅互让的夫妻关系。良好的夫妻关系是家庭的支柱，对孩子将来的人际关系、婚恋关系都将产生很大的影响；

4. 从家务劳动中提高孩子的生活自理能力，培养孩子的责任心。

二、创设和谐民主的家庭氛围

随着独立意识和自我意识的增强，青春期的孩子对外在事物都倾向于批判的态度。和谐民主的家庭氛围能够使家长和孩子相处得更加融洽，只有构建亲密的亲子关系，家长才能走进孩子的内心世界。

1. 以朋友的身份和孩子相处，将孩子作为独立的个体来看待，特别是对孩子讲话时，要保持尊重与理解；

2. 家庭事务尽量公开，让孩子明确自己就是家庭中的一分子；

3. 避免“一言堂”，对于家庭内部出现的问题，一起分析、解决；

4. 定期召开“家庭会议”，给家庭成员搭建一个平等的沟通平台。在会议上，家庭成员可以开展“批评与自我批评”，听取正确的意见；

5. 参加家庭亲子拓展活动，家庭成员在活动中相互关心、相互信任、相互交流，从而营造亲密、温馨的家庭氛围。

三、注重与孩子的有效沟通

孩子处于“青春叛逆期”的时候，正是孩子独立人格养成的时候，很多孩子情绪波动较大、易冲动，他们常常以自我为中心。家长与孩子沟通不善，就会造成交流的障碍和误解；而与孩子的有效沟通，则是家长与孩子情感交流的桥梁和途径。

1. 倾听是最好的敲门砖，学会倾听，让孩子完整地表达自己。家长在关注孩子所表达的事情的时候，其实也能舒缓其紧张的情绪；

2. 注意说话的言辞和表达的方式，用孩子能够理解和乐于接受的方式；

3. 当沟通出现障碍，“剑拔弩张”的时候，暂时回避，换位思考，等双方冷静下来再沟通；

4. 对孩子的体会、感受共情，这不仅能让孩子感觉到自己被接纳和理解，而且也能促进孩子的自我表达、自我探索；

5. 沟通的方式多元化，既可以通过面对面交谈的方式，也可以利用传统的书信的方式；

6. 给孩子更多的时间和空间，以便孩子能够安静地自我思考，弄清自我概念和自我身份，以促进自我成长。

在孩子加速成长的青春期，他们以大人的身份懵懵懂懂地了解这个世界，但缺乏辨别能力和成熟的认知；他们有着迷茫与困惑，只有家长给予无私包容和正确引导，营造和睦的家庭氛围，以理解和尊重打开孩子的心扉，才能使孩子平稳地过渡“青春叛逆期”，将温馨幸福的家作为滋养孩子一生的精神源泉。

引导中学生从诗词歌赋中体会民族自豪感

中国作为世界四大文明古国之一，传统文化源远流长，古诗文更是有着两千多年的发展历史。诗词歌赋是我们传统文化的精髓，代表着民族精神、民族气质、民族形象和民族表达。当今中学生只有理解它、热爱它、传播它，才能从中体会到民族自豪感。我们可以从以下几个方面着手：

一、给予诗词歌赋良好的载体和传播渠道

改革开放以来，欧美外来文化充斥着中国的每一个角落，对我们的青年学生造成了不可忽视的负面影响，这并不是因为他们的文化底蕴多么深厚，而是因为他们的传播渠道广泛、传播方式多样。如果我们的诗词歌赋有更多传播的渠道和载体，就能够让我们的国民更好地体会到其中的民族自豪感。

（一）鼓励开设诗词歌赋类的文化综艺节目

文化综艺节目往往兼具知识性和趣味性，深入浅出、寓教于乐，易于被大众接受。例如，《中国诗词大会》《中华好诗词》《诗书中华》，这些节目可以让青少年体会到中华民族诗词歌赋中的灵趣，延续传统文化的创造活力和蓬勃生机。

（二）在保留传统特色的前提下，实现诗词文化的产业化

将诗词歌赋融入商业产品中，比如绘画、手工艺术品、生活用品，激活诗词文化的商业价值，营造一个传统文化的大环境。

二、立足校园，通过多种形式弘扬诗词文化，让学生在诗词文化活动中体会民族自豪感

学校是一个人接受知识教育的主阵地，也是一个人成长成才的摇篮。那么，在校园中如何大力推广诗词文化以增强青年学生对国家的认同感和民族自豪感，从而铸就中华文化新辉煌呢？

（一）利用传统节日传播诗词歌赋

1. 春节贴福字、写春联，元宵吃汤圆、猜灯谜，端午吃粽子、怀屈原，中秋吃月饼、提灯笼，学校组织全校师生搜集与这些传统节日相关的诗词歌赋、风俗习惯，策划一场传统节日的游园活动，以猜灯谜、成语竞猜等趣味性强的形式体会中华文化的博大精深；

2. 举办诗词歌赋的朗诵比赛，将“象牙塔”里的学问和大众文化相结合；

3. 邀请大学中研究诗词的教授进校做专题讲座，给予学生与专家面对面交流的机会，激发学生对诗词文化的向往；

4. 开设诗词文化类的校本选修课程，如“诗歌写作课”“先秦诗歌赏析课”“宋词赏析课”等，提高学生对于诗词歌赋的写作和鉴赏能力；

5. 创办诗词文化类的学生社团，培养学生主动积累诗词的习惯，以此在校园营造浓厚的阅读氛围；

6. 读诗成曲、和诗以歌。鼓励学生用音乐的形式演绎诗词歌赋，调动古今呼应的体验。例如，王菲的《但愿人长久》的歌词来自苏轼的《水调歌头·明月几时有》，这就是将传统的诗词歌赋与现代人的欣赏习惯和审美方式完美结合的典范，可以让传统的诗词文化被更多的中学生了解、喜爱，既有趣又有效。

习近平总书记在全国教育大会上强调：“要在厚植爱国主义情怀上下功夫，让爱国主义精神在学生心中牢牢扎根。”青年学生腹有诗书气自华，我们要让他们在学习诗词歌赋中感受祖国江山的壮美多娇、中华民族的不屈不挠，感受作为中国人的民族自豪感。

第三节　奉献担当

陈维娜：

四川省成都市第六幼儿园教师，一级教师，本科学历，从事幼教工作20余年；主要擅长学前儿童角色游戏的观察与指导，对孩子的游戏行为进行深入思考，并有自己的见解；主研多项省、市级科研课题，科研论文在出版物上发表，多篇论文获得市级、区级评奖。

培养学前儿童的利他行为

利他行为是一种出于自愿的有利于他人的行为。[199] 现在的家庭，独生子女占大多数，家长围着孩子转，使得学前儿童习惯了“人人为我”，却很少理解他人的感受；加之一些家长害怕孩子吃亏，忽视了对学前儿童进行利他教育，导致“自我中心”现象较普遍。在幼儿园，我们经常看到学前儿童有霸占玩具、争抢图书等不愿意分享的行为。这些学前儿童在集体生活中过多地关注自己的利益，很少考虑同伴的感受，久而久之，会逐渐形成冷漠、孤僻的性格。那么，怎样让学前儿童学会理解、体谅，做出一些有利于他人的行为呢？我们可以尝试这样做：

一、在游戏活动中，丰富学前儿童利他行为的体验

在活动中，教师可创设一些有利的条件，引发学前儿童产生积极情感，使他们关注他人、奉献爱心。

（一）“大手牵小手”

让学前儿童在“哥哥、姐姐”的角色定位下，学着关爱、照顾刚刚入园的弟弟、妹妹们。在活动中，孩子们牵着弟弟、妹妹上洗手间，帮他们挽衣袖；和他们分享自己喜爱的玩具等。这样的活动，既可以让大孩子体验到照顾他人带来的快乐，萌发替他人着想的积极情感，也可以让小孩子在感受关爱的同时，模仿榜样，产生利他行为的倾向。

（二）“玩具分享日”

利用“玩具分享日”引导学前儿童和小伙伴一起分享玩具。当同伴忘记带玩具时，学会同情，一起分享；当自己的玩具不小心被别人摔坏时，试着去理解、宽容。即使发生争执，学前儿童也会逐渐学习交流、协商，调整自己的心态，有时甚至会做出些让步。在活动中，学前儿童将体会到分享、合作的快乐，也会渐渐懂得尊重与谦让。

（三）创造条件，让学前儿童合作完成具有挑战性的任务

在手工活动中，让多名学前儿童共同完成一幅作品；或者在体育游戏中，学前儿童合作完成一件任务；再或者在角色游戏中出现工作人员多、材料少的情况时，通过制造一些麻烦或者困难，让学前儿童置身于矛盾甚至冲突中，尝试去解决问题。此时，他们将学会体谅他人、站在他人的角度去考虑问题，往往会做出顾及他人利益和需要的决定。

孩子们齐心协力，共同制作美术作品《菊花》

二、树立榜样，激励学前儿童，激发他们做出利他行为

学前儿童的模仿能力很强，如果教师和家长及时捕捉身边发生的事件进行利他教育，往往能起到很不错的效果。例如，有小朋友主动捡起垃圾并扔进垃圾桶，教师和家长应及时进行表扬，那么其他孩子就会争相去捡拾垃圾。这种行为也许是学前儿童受到暗示后的模仿，或是从众行为，但无论自觉与否，及时给予肯定和表扬，都有助于强化学前儿童的利他行为。再如，同伴摔倒哭泣，孩子将其扶起来安慰，我们可以表扬其行为："你把朋友扶起来、安慰他，这样做很好！"除了肯定行为，教师和家长还可以赞美其品格："你真是一个关心朋友、乐于助人的好孩子！"指向性的表扬和赞美可以让学前儿童把为他人着想内化为自己的自觉行为。当学前儿童在利他过程中获得满足感和成就感时，便会更倾向于做出利他行为。

三、生活环节中鼓励学前儿童的利他行为

在生活环节中，教师可以鼓励学前儿童担当"小帮手"，以强化利他行为。例如，午餐时，为同伴端饭，餐后为大家抹桌子，起床后帮助同伴叠被子，互相检查衣着，主动收拾玩具、整理图书，取点心时不挑选等，让学前儿童在力所能及的条件下，主动地为大家服务。此外，还可利用餐前或离园环节开展经典诵读、讲述经典故事，如《孔融让梨》等，让学前儿童感受中华传统美德，将利他行为根植于生活中。

四、家园配合，共同构建利他行为的平台

（一）家长多鼓励学前儿童跟同伴进行交往，建立友好、和谐的同伴关系

让学前儿童与小伙伴在了解中学会尊重、谦让，获得积极、愉悦的情感体验，并逐渐从“自我中心”转向“心中有他人”。

（二）家长注意以身作则，关心亲人、帮助朋友，为孩子做好榜样

引导学前儿童照顾家中的植物或小动物，让孩子学会关爱生命；也可让学前儿童积极参与家务劳动，如扫地、抹桌、收拾碗筷等；教育学前儿童体贴、关心家长和长辈，如回家时给家中成员拿拖鞋，吃饭时给爷爷、奶奶夹菜，休息时帮老人捶背等，让孩子体会到爱的付出。

（三）有意识地带领学前儿童参加幼儿园或社区举办的爱心义卖、捐赠等公益活动

例如，与学前儿童一起动手，用废旧材料制作物品义卖，筹集并捐献善款，帮助一些有困难的人，让学前儿童从小养成乐于助人、奉献爱心的优良品质。

启发学前儿童敢作敢当的责任意识

责任就是应尽的义务，应承担的过失。对幼儿而言，责任感是什么？是幼儿对待自己应该做的事，在幼儿园、家庭、社会中应该遵守的规则，应完成任务时的自觉态度和行为。[200] 当代社会不仅需要有知识、有能力的人，更需要有责任感、勇于担当的人。然而，在幼儿园，我们时常看到，擦了嘴的纸巾落在垃圾桶旁，无人理睬；不喜欢吃的鸡蛋被偷偷扔到桌下；忘记带玩具却埋怨家长……责任感并不是与生俱来的，需要从小培养。那么，怎样引导学前儿童做一个有担当、有责任心的人呢？我们可以尝试这样做：

一、让学前儿童进入“角色”，明白每一个角色都有自己的责任

（一）在角色体验中理解责任

玩游戏前大家一起商量，制定规则并遵守。若有学前儿童违反规则，如不收拾材料，游戏时随意离开、争抢材料等，那么下次在该区域游戏时，他将不受欢迎。这样将使孩子意识到应为自己的过失承担责任。游戏前场地的布置、材料的摆放，以及游戏后的收拾整理，也能让孩子明确自己应承担的责任，增强其责任

意识。通过游戏分享、参观实践、观看视频，让学前儿童观察不同角色是如何工作的。在角色扮演过程中，孩子们便能模仿角色的语言、行为，履行角色的职责，逐渐培养其责任心。

（二）以“值日生”为载体，培养学前儿童的主人翁意识和责任感

幼儿园可以开展值日生活动，为班集体服务，以此培养学前儿童的责任心。但学前儿童常因玩耍而忘记自己的任务。对此，我们可以这样做：

1. 讨论值日生的工作

首先让学前儿童明确值日生要做哪些事情，可进行自由讨论，如“值日生要扫地、整理图书、关水龙头……”，借此使其明白值日生的工作职责。

2. 记录并提示

鼓励学前儿童将讨论结果用绘画的方式记录下来，并张贴在墙上形成示意图，这样可以随时提醒其应尽的工作职责。学前儿童每次协商分工后，将画有头像的小卡片夹在对应的职责图片下。这样能使学前儿童对自己应担负的职责更清楚，自觉性和积极性都会有所提高。

二、适时放手，给予学前儿童承担责任的机会

家园需同步重视学前儿童自理能力的培养。溺爱和包办会剥夺学前儿童承担责任的机会。如果不能对自己负责，就更谈不上对他人、对社会富有责任心了。首先，家长要以身作则，对自己、家人，对社会尽职尽责。其次，家长要尽量放手，让孩子自己的事情自己做。责任，从自我负责做起。

1. 鼓励学前儿童自己吃饭、漱口、睡觉、穿脱衣服、叠被子等；

2. 引导他们适当地参与家务劳动，如拿碗筷、扫地、抹桌子等，协助家人做力所能及的事情；

3. 让学前儿童自己收拾玩具。对主动收拾玩具的行为，家长要及时表扬，如“你能收拾整理自己的玩具，越来越能干了！今后就要这样，自己的事情自己做”；

4. 外出开展亲子活动前，家长可与学前儿童一起商量物品清单，让孩子参与收拾行李。例如，学前儿童根据自己的意愿，提出想带的物品并着手去准备。家长不用去干涉，收拾完毕可帮孩子检查；

5. 对即将升入小学的学前儿童，指导孩子自己制订“时间计划书”，合理安排时间，让学前儿童坚持自己整理书包，养成好习惯。

三、提供自信的舞台，激励学前儿童敢作敢当

我们不难发现有个别学前儿童总是在承担任务时逃避、退缩。他们当中有的不想做，有的不敢做。那么，怎样才能激发学前儿童想做、敢做，勇于担当的精神呢？

（一）尝试“竞选小队长”

活动前做好家园沟通，介绍活动的意义，得到家长的认同与支持。家长以家庭会议的形式，帮助学前儿童分析自身的优势，讨论参选的项目并激励学前儿童踊跃参加。学前儿童以绘画的形式在家长的协助下参与制作展板。展板的内容包括参选的项目、自身的优点、自己应尽的职责，包括如何去帮助同伴等。活动中，学前儿童根据自己制作的展板内容进行讲述。活动采取民主投票的方式进行（每人一个小圆点，贴在自己最满意的候选人展板下），将主动权交给学前儿童。

学前儿童手持自己设计的展板进行讲述

投票环节，孩子们支持满意的候选人

（二）活动中的注意事项

1. 引导学前儿童尊重同伴，对于胆小、腼腆的孩子，鼓励他们勇敢参与并对其勇于担当的行为给予充分的肯定，以此树立孩子的责任心、自信心；

2. 引导学前儿童竞选的过程应尽量公平、公正；

3. 鼓励学前儿童进行现场展示（如竞选“劳动小队长”，可以当场展示扣纽扣、系鞋带、叠被子、抹桌子等技能，也可以展示做家务的照片）；

4. 为了激励学前儿童敢作敢当，参选的项目可提供多个名额，但一定要监督学前儿童是否认真承担职责。如果没有尽到责任，或投票环节不被大家认同，应取消资格，教师也要引导他们勇敢面对、帮助其发现问题并想办法积极改进，让学前儿童对自己的行为敢于担当。

责任心是在生活中慢慢积累形成的。因此，我们应抓住身边的契机，创造机会和条件，不断激励、正确指导，培养学前儿童成为敢作敢当、有责任意识的小公民。

曾旭：

四川省成都市高新区三岔中学教师，中学英语一级教师，本科学历，德育处心理咨询室兼职教师，英语教研组长；“一师一优课” *M3 B5 Reading and Vocabulary* 获简阳市一等奖、成都市三等奖；指导校园心理剧《向美而生》，在“高新区第四届中小学校园心理剧原创剧本大赛”中荣获一等奖；论文《小组合作学习模式在英语阅读教学中的应用》在省级刊物《青少年日记·教育教学研究》发表。

通过抗疫英雄的榜样教育，激发中学生的大公无私精神

树立榜样是一种以他人的高尚思想、模范行为和卓越成就来影响学生品德的教育方法。[201] 大公无私是中国传统文化中颇具代表性的公共精神，是一种人的美好品质：指办事公平正直，不徇私情，完全为人民群众的利益着想，毫无自私自利之心，是一种公而忘私的集体主义，一种大爱。[202]

在新冠肺炎疫情抗疫期间，84 岁的钟南山院士一路奔波不知疲倦，满腔责任为国为民；与病毒竞速的张定宇，没逃过病毒折磨的李文亮、刘智明，用他们的行动诠释了初心和使命，用他们的付出彰显了责任与担当；始终坚守在自己的岗位上舍小家为大家的人民子弟兵；默默无闻、无私奉献，敢于“逆行”的全国各地支援者（王国辉等）和志愿者们（非洲小伙蒙亚等）……然而，当代中学生普遍缺乏这种大公无私的精神品质，他们集体主义观念淡薄，更关心集体对自己权益的保护。当集体利益与个人利益发生冲突时，他们主张“公私兼顾，既利人更要利己”，很少赞成“大公无私”，导致拜金主义、享乐主义、极端个人主义的滋生。

为培养中学生的集体主义思想，激发中学生的大公无私精神，我们的建议是：

一、个人方面

1. 通过网络，让中学生主动了解抗疫英雄的事迹，明白抗疫英雄背后的精神实质和时代内涵：全心全意为人民服务，公而忘私的“雷锋精神”；

2. 通过微信、微博、QQ，中学生可以积极宣传抗疫英雄的事迹，让更多人了解他们默默无闻的付出，传播社会正能量；

3. 捐赠适量的钱或生活用品，帮助全国人民抗疫，直至完全胜利。

二、学校方面

1. 建立中学生综合素质评价制度，在每年年末进行评估，对被评为“大公无私”的学生加大奖励力度；

2. 充分利用班会、晨会、国旗下讲话、黑板报、校园广播、板报画廊等载体宣传抗疫英雄的事迹，加强公而忘私的集体主义教育，激发学生对抗疫英雄的崇敬和热爱；

3. 各学科根据各自的特点，在课堂教学中对学生进行公而忘私的集体主义教育；

4. 建设班级文化、走廊文化、板报文化，大力宣扬大公无私的“雷锋精神”。

三、家庭方面

1. 通过网络，家庭长辈成员带头主动了解抗疫英雄的事迹，加强自身修养，优化自身人格，为后辈树立良好的精神榜样；

2. 茶余饭后空闲时，有意谈谈抗疫英雄的事迹，潜移默化地帮助中学生强化大公无私的奉献意识；

3. 家庭长辈成员要以朋友的身份，耐心、仔细、谦虚、尊重地听取中学生对抗疫英雄事迹的看法和观点。

四、社会方面

1. 提倡奖励对社会、集体作出重大贡献的大公无私之人，如优先购房、购车、孩子入学、求职等；

2. 各种大众传媒、广播节目和电影产品，创作、编辑、出版更多更好的关于抗疫英雄事迹的图书、报刊、音像制品和电子出版物，为中学生提供有益的精神食粮，营造良好的社会风尚和道德氛围；

3. 有关部门可以制定相关政策，确保博物馆、纪念馆、文化馆等场所免费或优惠向中学生开放，并鼓励全社会各方面力量参与中学生文化设施的建设；

4. 成立督导机构，对各级组织部门以及学校的德育工作进行督促和检查，并对督导结果及时进行通报。

简而言之，春风化雨，润物细无声，耳濡目染之下，大公无私的优良品质就会扎根于中学生的心中。

培养留守中学生主动帮扶邻里伙伴的服务意识

留守中学生[203]是指由于父母双方或一方外出务工而被留在家乡，未能与父母一起生活的中学生。中学生的留守或者亲子分离，经常意味着情感被剥夺，其所得到的来自父母的关心和照顾比普通中学生要少，这种亲子分离势必会给他们的身心发展带来很多问题。解决途径之一，就是让留守中学生培养起主动帮扶邻里伙伴的服务意识。[204]《现代汉语词典》中对“服务”的定义是“为集体（或别人）的利益或为某种事业而工作”，即服务是为集体、他人、事业提供的，其行为是很高尚的。“服务”已成为一种美德。

一、帮扶邻里伙伴的服务意识对留守中学生具有重要作用

（一）有助于树立责任意识

近些年，部分留守中学生唯我独尊、不思进取、道德缺失、任性自私、性格孤僻、心理脆弱。在家庭里，家长将其视为掌上明珠，无意识中给留守中学生形成了以“自我为中心”的不平等的家庭成员关系，从而造就他们只知索取爱，不知付出爱，缺乏爱心。通过帮扶邻里伙伴，可以逐步树立其责任意识。

（二）有助于树立团队意识

留守中学生从小多与长者相处，缺少伙伴，表现得过于自我、自私，不关心他人，缺乏服务意识，没有团队精神，难以与人相处。通过帮扶邻里伙伴，可以逐步克服他们以“自我为中心”和自私自利的价值倾向，树立互助、共赢的团队意识。

（三）帮助别人，完善自己

如果留守中学生对邻里伙伴有比较多的支持，如在饮食、居住、学习、思想等方面，能成为他们遇到困难或挫折时倾诉和求助的对象，邻里伙伴的生活和学

习就会五光十色。对留守中学生而言，容易在他们心里沉淀积极的内容，帮助他们获得越来越强大的心理能量，他们在人际交往中也较易理解同伴的情绪，替伙伴们着想，因此在遇到逆境时，他们的心理也相对能够收放自如，何愁未来人生不会成功！

二、培养留守中学生主动帮扶邻里伙伴的服务意识的途径和方法

古代的“千金买宅，万金买邻”“远亲不如近邻”“孟母三迁，择邻而居”等俗语，都在讲述邻居的重要性。而在现实生活中，很多邻里伙伴却成为近在咫尺的陌生人，没有了传统邻里关系的融洽，所谓“村里无熟人，出门没伙伴，放假宅在家，有事找老妈”。那么，如何改变这种现状，培养留守中学生主动帮扶邻里伙伴的服务意识呢？我们的建议是：

1. 主动结识邻里伙伴，加 QQ、微信，常与邻里伙伴交流，成为好朋友；

2. 与邻里伙伴一起打扫楼道，清理垃圾、杂物，见到纸屑、塑料袋就捡，从不起眼的小事做起，强化环保意识；

3. 捐赠不过时又适用的图书、学习资料、玩具、衣物给邻里伙伴；

4. 邻里伙伴家遇到急事，主动帮忙；给邻里伙伴过生日，送温暖；

5. 假期期间，邻里伙伴及家人出门时，帮他们看家，防火、防盗，留意他们家的动静；

6. 帮助邻里伙伴树立正确的“三观”（世界观、价值观、人生观）；

7. 学习上，从预习、上课、作业、复习、课外学习等方面，和邻里伙伴谈谈自己较好的经验，帮助邻里伙伴提高学习成绩。

总之，当留守中学生看到邻里伙伴有困难时，要主动帮扶。播种爱心，心中会长出温柔明亮的花朵，感动别人的同时，自己也会收获喜悦、幸福与慰藉。希望留守中学生可以克服环境的制约，创造成功的人生！

胡耘学：

四川省都江堰市外国语实验学校教师，中学一级教师，文学学士；教龄16年，长期从事中学语文教学一线工作，并兼任班主任工作及德育工作；其间，曾借调至都江堰市教育局和都江堰市委宣传部；多篇论文在四川省成都市、都江堰市获奖，并有数篇论文刊载于省级报刊。

激发中学生在班级事务中的主观能动性

中学生正值青春发育期，既是增长知识水平和能力技艺的阶段，又是人生观、价值观、世界观基本形成和完善的阶段。他们既努力去认知周围的人和环境，也渴望被环境和集体认同、肯定，让自己获得存在感和成就感。但是，中学生里有部分学生在班级事务中表现得不主动、不积极，懈怠甚至逃避，不作为。这与青春飞扬、激情澎湃的中学生气质格格不入。这不但影响到班级事务工作的正常开展，更影响到自我身心健康的发展和人格品质的完善。那么，如何去激发中学生在班级事务中的主观能动性呢？我们提倡的做法是：

一、培养学生的集体荣辱观、大局观，促使学生树立整体意识

任何人的存在，都是包含在社会和集体中的，没有一个人可以脱离社会和集体而孤立存在，这是由人的社会属性决定的。每个人都将面临集体、社会的全面检验，是被众人接纳还是抛弃，关键取决于是否做到“人人为我，我为人人”。我们可以先从以下几个问题入手：

1. 这个班级是否是某一个人的班级？
2. 这个班级给每个成员带来了什么？
3. 班级的每个成员是否应该为这个大家庭做点什么？
4. 个人欲望是否应该高于班级利益和荣誉？
5. 生活在一个有荣誉感的班级中是否感到安全和幸福？

如果学生在回答中能清醒地认识个人和集体的正确关系，那就证明这个学生树立了正确的集体荣辱观和班级集体意识。反之，则无。教师应因势利导、顺势而为，引导帮助学生做出正确的回答，辅助其建立集体意识和全局观念。

二、在班级事务分工统筹安排中要做到人尽其才、人事相宜

教师要善于用智慧的眼光去发现每个学生的闪光点，做一个知人善任的伯乐。根据性格各异的学生的兴趣爱好、特点专长安排不同的班级事务，做到事情因人而异、人事相宜。

1. 文艺特长生可做才艺表演、风采展示工作；

2. 演讲能力强的可做宣传宣讲工作；

3. 组织能力强的可做班级活动组织工作；

4. 文笔优美、文字功底强的可做总结汇报、宣传教化工作；

5. 学习能力强的可做学习带动工作，每天为班级讲解1—2道难题，为后进生提供答疑、支持；

6. 形象气质佳、表达能力强的可做主持、朗诵工作；

7. 自律自控强的可做纪律检查工作，维护班风班纪；

8. 吃苦耐劳、身体素质好的可做体力工作，协助完成班级任务；

9. 机敏活泼、灵活性强的可做设计谋划工作，做到创意无限；

10. 正直踏实、原则性强的可做统计工作，做到数据真实可靠。

这些能力都必须是以热爱班集体为底色，以强烈的使命感、责任心为基础的。有了德与才的有机结合，相得益彰，才能达到“事因人而成，人因事而显”的效果。

三、教师要全身心融入参与，做到师生同心，师生同在

1. 教师统筹班级事务大局，把控班级事务整体部署；

2. 教师在班级事务开展过程中全程跟踪、察看、询问，让学生随时感觉到有主帅，有主心骨与他同在；

3. 教师及时了解班级事务的难点、学生的关切点；

4. 鼓励学生发挥才智，自主解决班级事务中出现的困难和阻力；

5. 教师多鼓励少批评，用艺术的语言鼓舞班级成员；

6. 建立激励机制，将优秀的成员作为表率，赞扬表彰。

培养中学生为社区做公益活动的习惯

中学时代，学生在学校的时间远远超过在家、在社区院落的时间，很多中学生往往只具备书本知识而缺乏社会知识，我们不能忽略了在社区存在的学生锻炼其才干的价值。我们可以利用寒暑假期、周末假期这两种空档和社区这个就近的平台为中学生创造增长社会见识、磨炼意志的良好契机。社区服务、社区公益是中学生进行社会实践的一种有效途径，也是他们进入社会，与社会打交道的第一步。关于如何培养中学生为社区做公益活动的习惯，我们可以尝试以下做法：

一、树立学生的自信心，明确知行结合、学以致用的重要性

要让中学生迈出家门，首先要解决其自信不足的问题，鼓励其尝试力所能及的工作，先易后难，逐步提升。

1. 分析并指出学生的优势和特长，突出其品质特点和能力专长所在，克服学生的畏难情绪；

2. 明确社区和家庭的空间关系和隶属关系，学会并懂得邻里互助、邻里守望；

3. 结合新冠肺炎疫情，教育学生学习不是纸上谈兵，服务社会才是学习的最终归宿（列举医护工作者、人民警察、社区工作者、农民工、志愿者等）；

4. 明确做社区公益是另一种形式的学习，社区是学校的另一种存在形式，做社区公益既有意思，又有意义；鼓励共建共荣，共创共享。

二、主动到城市志愿者中心或社区报名注册成为志愿者

1. 积极进行家校沟通，获得家长的积极支持与全力配合；

2. 学生向社区上报本人信息，填报学生特长及兴趣爱好，并注明服务时段；

3. 等待社区分配服务任务，做好服务社区群众的心理准备；

4. 社区、学校共同建立志愿者评价与激励回馈机制。社区单独建档建卡，详细记载每次服务时间和服务项目，并将其纳入公民道德模范评价体系，学校纳入评优评先体系。

三、根据时间安排，制订科学合理的公益服务计划

1. 周末服务可安排非连续性或临时性的服务项目。例如，图书管理、活动场地的布置和摆设、会场秩序引导、参加演出等。

2. 寒暑假可安排连续性或长期性的服务项目。例如，辅导留守儿童寒暑假作业，开设绘画、书法、舞蹈、音乐才艺兴趣班，照料社区老人生活起居，文明安全出行劝导，防灾减灾知识宣传，为群众写春联、贴春联等。

3. 根据年龄的增长变化，可设置多样化、高端化的服务项目。开创社区传统项目之外的服务内容，促进自己创造性地开展工作和服务活动，展现中学生的创造力和想象力。例如，引导社区小学生开展航模、无人机、机器人探究，开展我爱发明探究，开展动漫制作、摄影创作，开展话剧、戏剧表演等。

4. 根据时节和地域制定适宜的服务内容。（1）社区组织节庆活动时，注意体现节庆特点。例如，开展春节包饺子、元宵节滚元宵、端午节包粽子等活动。（2）社区开展文明城市创建活动时，要融入本土文化和地域特色。例如，都江堰的社区可以凸显道家文化、山水文化、熊猫文化、林盘文化、农耕文化等。

5. 写公益服务随笔，记录自己的体验感受和心得体会，注重思想积淀和境界提升。

第四节　居安思危

张梅：

四川省成都市第六幼儿园教师，教育管理本科毕业，学前教育高级教师；主要研究方向：幼儿同伴关系、幼儿园游戏的观察与指导等；执笔的论文曾在《教育导报》《成都教育》《教育现代化研究》等刊物发表。

帮助学前儿童应对突如其来的变故

童年的玩伴、童年的奇思妙想、童年的糗事……让童年像朝阳初升的天空，充满无穷的变幻；像光彩琉璃的游乐场，充满无尽的快乐。让童年时期的你我

他，在睁大眼睛看世界时，满是美好、轻快、亮丽的生命体验。在儿童的头脑里，会自然而然地认为：生活就是如此美好。2020年1月，全国各地相继出现被新型冠状病毒感染的肺炎病例，随着传播范围的扩大，让每一个身处其中的中国人都产生了不同程度的疑惑、迷茫，或是紧张、担心，甚或是忧虑、恐惧。成年人尚且有如此多的负面情绪、心理问题，何况是年幼的学前儿童。对于生活中突如其来的变故，家长和教师可以通过以下做法帮助学前儿童：

一、了解并接纳自己的情绪，正确看待变故的发生

作为成年人，知道生活中存在“天有不测风云，人有旦夕祸福”的道理。当面对突如其来的变故时，不同的人会有不同的情绪感受。若是家长和教师过度紧张、恐惧，会直接影响到身边的学前儿童。家长可以通过朋友式的“亲子聊天”，让学前儿童把自己的感受讲出来，在倾听与交流中舒缓学前儿童内心的紧张与压力。在进行“亲子聊天”之前，家长首先要在理解、接纳自己情绪的基础上，管理控制好自己，等自己安静平和后，再开启亲子对话。其次，注意交流的环境应该是轻松愉快的，沟通的方式应该是学前儿童能理解的。通过家长和学前儿童面对面的聊天，让其明白：面对突如其来的变故，出现任何情绪都是正常的，了解并接纳自己的情绪，是应对变故的基础。

“亲子聊天”建议话题：

1. 说说我现在的感觉。

2. 我的情绪是怎样变化的？

3. 看看周围的大人，他们有什么变化？

4. 感觉很害怕有错吗？

5. 大人会紧张担忧吗？

6. 面对突如其来的变故，我特别想让爸爸、妈妈做……（爸爸、妈妈特别想做的事……）

7. 太紧张时，我的身体感受是……

二、欣赏优秀的儿童文学作品，涵养阳光积极的生活态度

学前儿童因为知识技能和生活经验的不足，面对突如其来的变故，通常不能像成人一样去分析思考。若身边的家长处理不当，很容易让年幼的学前儿童产生对未知生活的恐惧，严重的可能产生心理疾病。优秀的儿童文学作品，能以儿童的视角与心境，在各种各样的场景中幻变出多姿多彩的儿童世界。家长通过亲子

阅读，引导学前儿童将自己代入一个个虚拟的角色，产生移情或共鸣，以此培养积极阳光的生活态度。在书页翻动中，家长可以帮助学前儿童理解：任何突如其来的变故最后都能解决，一切都会好起来，最终引导学前儿童用阳光积极的态度去面对生活。

亲子阅读推荐一：绘本故事《我好担心》（[美]凯文·亨克斯[Kevin Henkes]著、绘；方素珍译）。故事以老鼠为主角，通过拟人化的描绘，让我们看到儿童眼睛里的家庭生活、幼儿园生活。寻常的生活场景，在儿童的眼睛里可能会有很多的担心。故事中小老鼠的所思所想，让我们看见不一样的儿童世界，也让我们思考如何与学前儿童相处。

【绘本故事内容一览】

小莉是一个个性鲜明的小鼠妹，美丽又可爱，娇气又敏感。她生活在一个充满爱的家庭里，有百般呵护她的爸爸、妈妈，还有看似唠叨其实非常慈爱的奶奶。小莉平时总有太多的担心，无论大事情、小事情还是不大不小的事情，她总是每日每夜、时时刻刻地担心……[205]

小莉是怎么解决自己的担心的？亲爱的读者，和你的孩子一起走进这个绘本，去聊聊故事中的小莉，或许你会有不一样的发现。

亲子阅读推荐二：绘本故事《床底下的怪物》（[英]珍妮·威利斯著；苏姗·华莱图）。故事将每个成长中的孩子都会遇到的恐惧独自睡觉的心理以虚拟的小怪物角色巧妙呈现。在亲子阅读的过程中，学前儿童通过故事中小怪物的心理活动，以及故事中的遭遇，会有种恍然大悟的感觉：原来，不止我们小孩怕怪物，小怪物也害怕我们人类呀，害怕是大家都会有的感受。

【绘本故事内容一览】

小丹尼斯害怕床底下有可怕的东西，不敢去睡觉。当然，丹尼斯不怕怪物，因为他自己就是个小怪物。他很害怕睡着后，人类会偷偷地躲在床底下，再爬出来抓他！虽然妈妈告诉他，人类是故事里编出来的，世界上根本就没有人类，但是他一点儿也不信。

经过和妈妈的一番“斗争”，丹尼斯终于获得了睡在床底下的机会。他想：这下安全了，就算有人类来了，肯定也想不到来床底下抓我啦！[206]

但是，丹尼斯睡在床底下，就真的安全了吗？亲爱的读者，和你的孩子一起打开这本绘本，去解锁故事的结局吧。

亲子阅读推荐三：绘本故事《爷爷一定有办法》（[加] 菲比·吉尔曼著；宋珮译）。在我们每个人的孩提时代，都曾拥有一条毛巾、布偶或一件自己很喜爱的玩具。当这些孩童时期的心爱之物老旧时，丢了它，孩子总是非常不舍。如何解决这一问题？故事以一条毯子为线索，讲述了小男孩约瑟和爷爷之间的温情故事。故事中的爷爷一次又一次地用他睿智的头脑，帮助约瑟解决了当下的问题。

【绘本故事内容一览】

睡在摇篮里的小约瑟，盖着爷爷缝制的一条蓝颜色的小毯子，非常温暖和舒服，噩梦一个也不会来。可是，约瑟渐渐地长大了，奇妙的蓝毯子太小了，也旧了。妈妈说："约瑟，看看你的毯子，又破又旧，好难看，真该把它丢了。"可是约瑟舍不得，他说："爷爷一定有办法。"

爷爷拿起毯子，翻过来，又翻过去。"嗯……"爷爷拿起剪刀开始咯吱咯吱地剪，再用针飞快地缝进、缝出，缝进、缝出。爷爷说："这材料还够做……"[207]

爷爷把旧毯子变成了什么呢？相信每一个孩子都很想知道。当我们和自己的孩子共同打开这个故事之后，纯真的童心将开启思考模式。和你的孩子一起阅读、一起讨论吧。

三、参与有趣有益的活动，学习正确应对的方法

学前儿童的年龄特点决定了他们天生是爱笑爱玩、爱问爱动的。当生活中发生突如其来的变故时，他们可能会突然变成另一个模样。家长可以利用亲子活动，用自己的参与带领学前儿童走出情绪低谷，也让其通过自己的体验，获得正确应对变故的方法——基于当下的实际情况，做能够做的事情，用积极的行动丢掉一蹶不振、自怨自艾。虽然，不同的变故可能会带来不同的麻烦。但我们总能找到一些既让自己快乐，又让自己充满力量的事情去做。例如：

（一）愉快歌唱

选择孩子熟悉会唱的歌曲，进行慢速唱、快速唱、改变音色唱、对唱、接唱，或者用身边的物品代替乐器击打不同的节奏伴唱，等等。歌唱活动本身的艺术感染力能帮助我们和学前儿童获得积极的情绪。

（二）安心阅读

当学前儿童因为某个变故异常焦虑而很难调整自己时，家长可以和孩子一起打开一本书，让学前儿童进入书中的世界，跟随书中的人物或事件逐渐平静下来，走出低落、焦躁的情绪。

（三）酣畅运动

运动需要我们将注意力集中在大肌肉动作上，大汗淋漓后的酣畅不仅能提高我们的身体素质，更是对挑战自我后的一种积极认可。当然，对于学前儿童而言，运动的方式和运动量的选择以力所能及又稍有挑战为宜。

（四）家务劳动

生活中的油盐柴米酱醋茶，每一样都是我们生存的基础，也都是我们生活的乐趣。我们周遭无论遇到怎样突如其来的变故，生活总是要继续的。家长邀请孩子做家务劳动的小帮手，煮一锅粥，请孩子参与淘洗大米；烹一壶茶，请孩子参与选择茶叶品种并自己放进器皿；炒一盘菜，请孩子参与择菜清洗……力所能及的家务会让学前儿童看到“我的意义”——年龄虽小，但对生活一样可以有自己的贡献。同时，这也可以让学前儿童在共同参与、共同承担、共同分享的过程中，理解积极行动的价值。积极的生活让学前儿童懂得：面对突如其来的变故，我能行！

在生活自理活动中，培养学前儿童做事的计划性

在快节奏的现实生活中，我们不难发现：那些学业成绩好的学生，有很多必备的学习习惯和学习品质。其中，做事的计划性是非常重要的一个内容。对于学前儿童来说，“计划是幼儿为了达到某种目的而进行的事件安排和行为选择[208]”。它包括学前儿童计划的意识和计划管理实施的能力。对于成人来讲，让学前儿童学会生活自理，不仅是他们当下的生活需要，更是他们未来的生活必备。重视并巧妙运用学前儿童生活自理活动，能有效培养他们做事的计划性。我们可以尝试以下做法：

一、重视生活自理活动对学前儿童学习的价值，建立其“计划的意识”

从学前儿童的心理特点和成长需要来说，日常生活中的吃、喝、拉、撒、睡，都是学习，甚至是每天必须面临的课题。因此，帮助学前儿童在生活自理活动中进行有意识的选择，是萌发其计划意识的起点。例如，3岁多的学前儿童，能将玩具、图书放回原处，是最初的生活自理活动。家长在开始收拾整理玩具之前，通过提问来引导学前儿童有意识地思考“我将要做什么”“我想先做什么”“需要谁来帮忙”，等等。我们倡导家长这样提问互动：

1. 还有 5 分钟就 × × 点了，宝宝需要做什么事情啦？

2. 这么多玩具，宝宝想先收哪一个？

3. 这本书宝宝明天想继续看，现在想把它放在书架的哪个地方？

4. 玩具想快快回家，宝宝需要妈妈帮忙？还是爸爸？

5. 明天上幼儿园要带的书放在哪里？

在生活自理活动中，让学前儿童关注自己的身体感受，按自己的想法进行选择。学前儿童通过日复一日的有意观察、独立思考、自主选择，逐步建立起“我的生活需要我先想怎么做”的意识。

二、尊重学前儿童对当下生活的需要，帮助其学习“计划的方法”

生活自理活动，既是学前儿童的学习对象，又是学前儿童的学习途径。不管是穿衣吃饭，还是整理自己的玩具、物品，学前儿童都会面对做事的先后顺序问题。给予学前儿童独立思考和自主决定的机会，引导学前儿童从最简单的“先做什么？后做什么？”来思考、制订自己的生活自理活动计划，学习“计划的方法”。

4 岁多的学前儿童，每晚睡觉前都需要学习脱衣裤、鞋袜。家长一般是通过示范的方法，逐一教给学前儿童脱下的方法。例如，脱袜子：用双手的大拇指贴着脚踝卡进袜口上沿，双手将袜子向下推至脚底中部，再用一只手的拇指和食指捏住袜头拉出整只袜子。学前儿童在一次又一次的练习中，理解先后的意义：合理的先后顺序能确保袜子顺利脱下。在逐一教会学前儿童学习脱鞋子、脱裤子、脱衣服的过程中，每个学前儿童的大肌肉动作和小肌肉动作协调能力不同，家长需要考虑自己的亲子互动学习进度。学前儿童掌握两种以上脱衣物的方法后，家长可从合理性、便捷性、速度性几个维度，引导其思考入睡前一系列生活自理活动的顺序。例如，脱鞋—脱袜子—脱裤子—脱衣服—盖被子睡觉。真实的生活中，学前儿童可能提出不同的脱衣顺序计划，家长应鼓励其按自己的计划去实践，通过计划执行的效果评估计划是否合理，从而理解“做事要有计划性”的含义：明确自己的目的是计划的前提，确定行动的先后顺序是计划的内容。

三、接纳学前儿童在生活自理活动中的失误，引导其理解“计划的多面”

学前儿童每一天的生活自理活动，内容几乎是相同的。但同一个学前儿童，在不同的年龄阶段，对同一个生活自理活动的需求是不同的。从“我想做”到“我会做”，再到“我能又快又好地做”。在每一个进阶的过程中，学前儿童可能因为调整了自己的生活自理活动目标，就需要改变之前的计划，所以新的计划可能出现这样或那样的问题。家长在确保学前儿童生命安全的前提下，应当接纳他们出现的各种失误，并把这样的失误作为新的学习生长点。

5岁多的学前儿童，能知道根据冷热增减衣服，是一个生活自理活动，家长通常是利用家庭出游活动的契机来实施。例如，出游前的物品准备清单中，备用衣服的考虑。学前儿童可能因为生活经验不足，做计划时会漏掉天气因素。家长不要急于否定学前儿童自己的想法，私下做好补救措施就可以了。在真实的出游活动场景中，学前儿童会因计划不周而体验骤冷骤热的身体感受，家长在保证其健康的前提下晚一步拿出自己的补救物资，再与其仔细讨论计划的多面性。在此过程中，学前儿童因真实的生活体验而印象深刻，家长也在参与中强化了学前儿童对计划的影响因素、计划的执行等多方面的理解。

王伟才：

四川省成都市高新区三岔中学体育高级教师，本科学历，高2019级年级组长、班主任、体育教师；曾获“全国中小学生良好习惯养成主题教育活动”优秀指导教师；参与地级德育课题“中学生自主管理，自我教育”的研究；制作的“画线器”在四川省第八届自制教具评选活动中获二等奖；主研的课题“新课改背景下高中体育分类分层教学”获资阳市人民政府表彰一等奖、四川省人民政府表彰二等奖。

通过新冠肺炎疫情危机，培养中学生的健康管理意识

健康管理[209]是对健康人群、亚健康人群、疾病人群的健康危险因素进行全面监测、分析、评估、预测、预防和维护的全过程。健康管理的具体做法就是为个体和群体（包括政府）提供有针对性的科学健康信息并创造条件采取行动来改善健康。

目前，中学生对于自我健康的管理意识仍然欠佳。我们来看看关于中学生健康管理的两个案例。

张××，现为高一学生。她学习一直非常努力，初中时成绩名列前茅。进入高中后，她把所有的精力都用在文化学习上，很少参加体育活动，缺少锻炼；为

了节约时间，就连一日三餐也不按时吃，主要用简单的零食应付。起初，她还能取得较好的成绩。但是，由于长期不重视锻炼，她的身体越来越差，经常生病，成绩每况愈下，由此产生了无形的心理压力，学习就像一块压在她心上的巨石。新冠肺炎疫情期间在家“抗疫保学”，她极不适应这种新的学习方式，越学越没感觉，压力越来越大，甚至产生了放弃学业的念头。

陈 ××，也是高一学生，学习非常努力，由于英语成绩不理想，在班上处于中下游水平。但该生对自己提出的要求很高，主动参加课外活动，积极参加体育锻炼，作息有规律。在家“抗疫保学”时，他努力学习，主动通过微信等渠道请教教师和同学，解决自身问题，在学习上取得了明显进步。

上述案例中，两位同学都很努力学习，但学习方式差距很大：张同学侧重文化学习，却不重视自身健康管理；而陈同学劳逸结合，有健康管理意识，全方面锻炼自己，能主动想办法解决自身问题。最后两位同学的学习成果截然不同。

那么，作为当代的中学生，在学习和生活中怎样才能做到健康管理，提升健康管理意识，让健康管理形成良性循环呢？

一、重视生活方式管理

对中学生而言，生活方式管理，就是要保持良好的生活习惯。

（一）科学作息

早睡早起、不熬夜、不打乱生活规律，科学安排，提高效率。

（二）合理膳食

每天的饮食应该富含人体必需的营养，避免摄入不利于健康的成分。按时进餐，充分咀嚼，尤其要坚持吃早餐，睡前不饱食，少喝碳酸饮料、少吃快餐，保持良好的进食心情等。

（三）适当运动

认真上好体育与健康课，积极参加学校组织的“三操一活动”，每天锻炼不少于 1 小时。无体育与健康课时，可根据自己的年龄、身体状况和环境选择适当的运动种类，量力而行，循序渐进，持之以恒。

二、重视需求管理

（一）保持良好心态

在学习和生活中积极调整心态，让自己的思想及时跟上周围环境的变化。在与他人的交往中，正确处理好人际关系，控制自己的欲望，主动适应社会。

（二）规范不良行为

做到不吸烟、不饮酒、不沾染毒品，生活有规律，娱乐有度，不喝不清洁的水，不吃过期或变质的食物，不随地吐痰，不乱扔垃圾，不践踏草坪，不毁坏树木，不浪费资源，等等。

（三）培养生活技能

学做手工、烹饪、品茗，进行限时智力游戏等。这些方式能让我们获得更加专注积极的心理体验，释放焦虑、无聊等负面心理情绪，提升生活质量。

（四）提高调适能力

每天尽量保持良好的情绪，减少不必要的担心，这是保证人体免疫系统正常运行的关键。当遇到困难时，学会自我鼓励，如可以大声说出“我一定有能力解决它，我很棒！”给予自己积极的心理暗示。

（五）交流释放情绪

可以找朋友促膝谈心或电话交流，在微信、QQ 等网络社交工具上与人聊聊天，通过多种方式有效释放自己的情绪。

（六）逐步学会独处

合理安排好时间，尝试着和自己独处。无论你是一个内向的人，还是一个喜欢社交的外向型的人，给自己一定的独处时间，对你的整体健康都是有益的。独处可以让你更加专注于培养内心的激情，寻找新的灵感，可以更好地了解自己，进行一些急需的休息和放松。

三、重视疾病管理

（一）学习健康知识

加强对常见病、传染病的预防与了解。每学年主动到有资质的医院进行一次身体检查，有条件的话，可以进行一次心理测试。

（二）做好卫生防疫

若遇疾病传染期，要保持镇定的心态。减少外出，尽量待在家里；外出时一定要正确佩戴口罩，不串门、不扎堆；勤洗手，保持房间的清洁通风，做好个人卫生防护。

（三）生病主动报告

若病情严重，要积极配合医疗机构，采取相应措施，及时进行科学的治疗；必要时积极配合隔离，防止疾病传播。

四、重视档案管理

重视健康档案管理，认真做好记录，及时对前期的管理进行总结，这是提升健康管理意识的关键。

（一）建立健康档案

档案内容包括每天的生活习惯、心理和身体的健康情况、锻炼情况、定期的体检情况等。内容可以细化到身高、体重、体温等方面。

（二）做到定时总结

针对档案数据，每个星期定时总结，对出入较大的数据，可以利用自己掌握的知识或通过网络、联系教师来帮助分析，寻找原因，找到解决的办法，并在档案上做好记录。

（三）主动交流沟通

积极同家长、教师以及同学分享健康管理情况，不断改进管理方式，从而养成良好的管理习惯，提升管理的意识，增强管理的信心。

（四）完善健康档案

每天花上一点时间检查健康档案的填写情况，在数据出入较大的地方做上小标记，便于总结。

总之，中学生面临的健康管理问题还有很多，只有提升健康管理的意识，运用科学的理论和方法处理好存在的问题，才能激发他们强烈的求知欲和创新欲，才能有助于他们青春期的正常发展，使他们真正成为对社会有用之才。

提高中学生自我锻炼的防护能力

参照《自我锻炼安全须知》的相关内容，对“中学生自我锻炼的防护能力”可以这样理解：中学生在进行自我锻炼时，采取正确安全的防护措施，有效地减小或避免伤害的可能。

在生活中，我们不难发现，中学生在锻炼过程中易发生意外事故而使身体受到伤害。例如，运动量超过承载负荷，身体消化系统损伤；场地、器材质量问题引发安全事故等。主要原因就是锻炼时，中学生的自我防护意识不到位，准备不充分，锻炼无计划，锻炼内容安排不合理等。中学生进行自我锻炼时，如何减少或避免这类事故的发生呢？这就需要提高自我锻炼的防护能力。

一、做好自我锻炼前的规划

（一）树立正确的锻炼意识

自我锻炼不仅是爱好，更具有让自己受益终身的价值。

（二）选好场地、器材

在室内要选择无阻挡的位置，收捡好杂物，最好选在客厅或书房；室外则选在平坦空旷的位置。

（三）安全排查

对锻炼场所及四周进行安全隐患排查，对自己的心理和身体状况进行评估，确认是否能参加锻炼。同时，还要检查器材质量是否合格，有无安全隐患。

（四）参照体育与健康书籍，制订自我锻炼的内容和计划安排

（五）推演自己的锻炼计划

可以通过网络或联系教师等方式来确认自我锻炼计划的可行性，必要时做出调整。

（六）选择合适的项目

学会量力而行，选择适合自己的锻炼内容。

二、学习自我防护的基本常识

1. 开始锻炼前，一定要按照锻炼计划有针对性地进行准备活动，然后再正式开始锻炼；

2. 根据安排内容需要戴上相应的护具；

3. 遵循循序渐进的原则。无论是什么样的体育运动，开始练习时都不适合进行高强度的运动，否则容易受伤；应逐渐增加强度，逐步延长运动时间；

4. 不做过于重复、单调的运动，这样易造成慢性损伤。

三、做好锻炼的自我监督

自我监督[210]就是在参加体育运动的过程中，用简单易行的医学手段，检查和观察自己的身体健康和机能的一种措施。

中学生进行自我锻炼时，可以为自己制定一个自我监督表（见附件），从主观感觉和客观检查两个方面来实施自我监督。

（一）主观感觉方面[211]

1. 一般感觉。一是正常感觉，主要表现为锻炼后疲劳消除快，功能恢复也较快，精神饱满，全身无不适感。二是不良感觉，主要表现为锻炼后四肢无力、头疼、恶心、上腹部疼痛等症状，这是运动量过大或健康状况不良的表现。在自我监督表中，要填“感觉良好”或“不良”或具体记载。

2. 运动心情。正常时，心情愉快，渴望锻炼，锻炼状态也很好；反之则会影响自我锻炼的效果，甚至给身体带来伤害。在自我监督表中，要填写“渴望训练”或“不想训练”等。

3. 睡眠。良好的睡眠是入睡快、睡得深、不做或很少做梦，睡醒后精神良好，全身有力；反之则入睡难、易醒、失眠，醒后仍感到疲劳而且嗜睡。在自我监督表中，要填写“良好”或“不良”或具体记载睡眠情况。

4. 食欲。锻炼后应该食欲良好，进食量大；若不思饮食、食量减少，并在一段时间内不能恢复正常饮食，则可能与锻炼的运动量安排不恰当有关。在自我监督表中，要填写“食欲良好”或“食欲不佳”等。

5. 排汗量。排汗量受运动量、饮水量、气温、空气湿度、衣物厚薄的影响，进行自我监督时应注意。在条件相同的情况下，排汗量明显增多，尤其是夜间睡觉时大量出冷汗，表明身体疲劳，也可能是内脏器官患病的征兆，应多加注意。在自我监督表中，要填写“排汗量一般”或“较多或明显增多”或“夜间出冷汗”等。

（二）客观检查方面[212]

1. 测脉搏。锻炼期间，每天早晨起床之前应测脉搏。一般经常进行锻炼的人，脉率较缓，表明身体功能良好。若晨脉比过去明显增加，且经过一段时间仍恢复不到原数，表明机体反应不良。在自我监督表中，要填写“减少”或“增加”或“正常”等。

2. 称体重。称体重每次要固定在某个时间进行，体重计也要固定，这样测出来才准确。最好一周进行一次。一般情况下，开始锻炼时体重会稍有减轻，一段时期后会回升。若体重持续下降，则可能是健康状况不佳或运动量过大；若体重逐渐增加，说明运动量太小，应予调整。在自我监督表中，要填写“减少”或“增加”等。

3. 测肺活量。肺活量的变化，在一定程度上可以反映呼吸功能的情况。如果没有测试设备，可以深吸气后用力连续呼气，记录呼气时长；有条件的，用设备测试最好，每周测一次。肺活量增大，功能良好；肺活量减小，功能下降。在自我监督表中，要填写“增大”或“减小”等。

自我监督可以间接地判断中学生的自我锻炼是否合理，以便及早发现和预防过度疲劳，避免对身体造成伤害。

四、做好自我锻炼后的放松运动

自我锻炼后做好放松运动，让肌肉得到放松，使机体恢复更迅速，从而促进代谢废物的排出，有助于维持身体健康。

（一）锻炼时注意间隔放松

运动间隙时放松能快速消除肌肉疲劳，防止局部负担过重而出现运动伤害，每组锻炼之间的间隔放松非常重要。

（二）运动后调整身体

剧烈运动后可躺在平坦、干燥、松软的地面休息片刻，脚放置在略高于头或与头同高的位置。休息片刻后，再进行10秒钟左右的倒立3次，这有利于下肢血液回流心脏。然后抖动四肢，先抖动、拍打小腿或前臂，然后是大腿或上臂。这样放松有利于消除疲劳、防止运动损伤。

（三）营养的摄取

及时补充运动所消耗的水分、糖分和无机盐等。其中，水分和碳水化合物应迅速在训练后30分钟内补充，以便快速恢复体力。

（四）多食碱性食物

例如，新鲜蔬菜、瓜果、豆制品、乳类、含有丰富蛋白质与维生素的动物肝脏等。食用碱性食物可以迅速降低血液酸度，平衡内环境酸碱度，从而消除疲劳。

当今，自我锻炼已成为人们生活中强身健体的新风尚。在锻炼时，中学生应该提高自我防护能力，保证防范措施到位，减少或避免运动伤害，促进身心和谐发展，提高学习和生活质量，享受健康快乐人生。

附录：自我监督表

检查日期	2月28日	2月29日	3月1日	3月2日	3月3日
自我感觉	良好				
睡　眠	8h多梦				
食　欲	良好				
运动心情	渴望锻炼				
排汗量	较多				
晨脉（次/min）	67				
体重（kg）	63				
肺活量（ml）	3900				

续表

检查日期	2月28日	2月29日	3月1日	3月2日	3月3日
锻炼内容	室内组合练习				
其　他	小腿酸疼				

说明：自我监督表可以参照“三”的内容进行填写。

涂小芳：

四川省都江堰市外国语实验学校教师，中学一级教师，文学学士，教龄15年，长期从事中学语文教学一线工作，都江堰市“优秀班主任”“优秀德育工作者”；多次赛课获成都市、都江堰市一等奖，指导学生获得省级作文比赛一等奖；多篇论文在四川省成都市、都江堰市获奖，并有多篇文章刊载于省级报刊；现参与教育部基础教育课程改革都江堰实验区关于“问道——都江堰育人模式探索”子课题的研究。

引导中学生储备家庭抗风险的应对技能

一个家庭想要平稳健康地运行，通常需要较强的抗风险能力；反过来，抗风险能力强的家庭，通常比较稳定和谐，也更有利于孩子的健康成长。孩子是未来的家庭缔造者，在青少年时期储备一定的家庭抗风险技能，无论对孩子的现在还是未来，都具有重要意义。所谓家庭风险，就是指家庭财产或成员人身遭受不同程度损失的风险。它主要是物质财富和生命健康两方面的风险，如罹患重大疾病，遭遇交通意外、火灾、失业等。对于家庭抗风险能力的问题，一般是家长考虑得比较多，而孩子作为未成年人，在家中往往是被呵护的对象，在家庭和谐稳定时，几乎不会去思考。当变故突然发生，他们往往惊慌失措，一时难以承受，若处置不当，甚至会造成心理或性格的扭曲，成为成长路上的遗憾。中学生处于健康人格和社会能力养成的关键期，为了帮助他们更好地应对可能出现的家庭风险，为将来独立的社会生活做好准备，我们可以从以下方面加以引导：

一、正确看待家庭风险，纠正认知偏差

中学生因为阅历有限，对风险的认知常有偏差，所以帮助他们正确认识风

险，是应对风险的第一步。风险，是指可能发生的危险，它的一大特点，是不确定性。有的孩子认为遭遇家庭风险的概率极低，总觉得那些意外事件离自己很远，缺乏警惕意识，特别是像家庭火灾等，很多人在生活中常常轻视甚至无视此类事故隐患。但无数的教训都告诉我们，大意是造成意外发生的主要原因。另外，还有一些孩子则总担心意外无处不在，会随时降临到自己头上，于是事事小心，处处紧张，在家庭生活中缺乏安全感。这两种态度都是不可取的，家长要让孩子明白，过犹不及，过度的畏惧风险和轻视风险一样，都不是正确的态度。

二、学习降低风险的方法，养成未雨绸缪的习惯

风险具有不确定性，但它同时也是可控可规避的，只要我们懂得一些应对方法，及早防范，是可以降低它的发生率的。对于中学生来说，有哪些降低家庭风险的方法呢？

（一）树立“安全第一”意识，首先保证自己的人身安全

学校和家长都有责任用各种方式引导中学生学习安全知识，提高安全意识。中学生尤其要注意上下学途中的交通安全，家庭中的防火、防盗，网络环境中要有防诈骗意识。

（二）养成健康的生活习惯

没有健康就没有未来。对于青少年来说，尤其要勤于参加体育锻炼，强健体魄，如果能培养一两门运动爱好并长期坚持，发生疾病的可能性会降低很多。

（三）养成理性的消费观

现今社会，攀比消费、超前消费、过度消费其实一直都在中学生中存在，甚至还越来越严重，所以才会出现卖肾买手机、裸贷这些奇葩现象。不当的消费观造成的家庭悲剧层出不穷，为防止悲剧发生，家长可以赋予孩子知晓家庭财务情况的权利，通过召开家庭会议的方式，让孩子了解家庭的实际财力，明白自己可以有什么样的消费水平。家长要以身作则，在家庭消费中做到量力而行，有计划地适度消费，并以此引导孩子树立正确的消费观。例如，根据家庭收入情况和孩子一起制订家庭每月支出细目表，对家庭的每一笔支出做好详细的记录。中学生一般都有数量不等的压岁钱、零花钱、生活费等可供个人支配的资金，引导孩子对自己的零花钱、生活费等支出情况做好记录，做好每个月甚至每周的开销计划。长此以往，孩子就能有计划、有节制地理智消费。

（四）培植创造财富的动力和信心

帮助他们学会正确地认知财富、获取财富、运用财富，当家庭财务风险发生

时，他们才能以平和的心态面对。让孩子参与一些理财活动，在实践中感知、体验、掌握一些理财技能，获得创造财富的成功感，明白财富是可以通过自己的努力获得的，即使失去了，也是可以再次创造的。例如，可以让孩子制订“压岁钱投资计划”，利用假期，让孩子通过自身的努力，在一个月内将一定数额的压岁钱翻番；或者支持孩子利用假期打工，使孩子亲身体验挣钱的辛劳，明白财富来之不易，同时培养其吃苦耐劳的精神和增加其社会经验；也可以为孩子设立单独的银行账户进行投资理财，让孩子适度学习一些专业的理财知识。通过实践，让孩子形成投资思维，锻炼投资能力，增强创造财富的信心。

人有旦夕祸福，月有阴晴圆缺，引导中学生储备一些家庭抗风险的应对技能，将为学生的成长护航，为他们的人生奠基。

面对校园霸凌，中学生应该如何应对

“霸凌”一词来自英语 bullying 的音译。在我国，一般称之为“校园欺凌”。2017 年 11 月 22 日，教育部等十一部门印发的《加强中小学生欺凌综合治理方案》指出：“中小学生欺凌是发生在校园（包括中小学校和中等职业学校）内外、学生之间，一方（个体或群体）单次或多次蓄意或恶意通过肢体、语言及网络等手段实施欺负、侮辱，造成另一方（个体或群体）身体伤害、财产损失或精神损害等的事件。”[213] 近年来，各地校园霸凌事件频频被媒体报道，国内外反映这一题材的影视作品层出不穷。2019 年，电影《少年的你》一上映便引发了社会各界在舆论平台上的热烈讨论，一定程度上折射出校园霸凌事件的普遍性和严重性。但在实际校园生活中，因为缺乏对校园霸凌的充分认识，常常出现霸凌者对自己的霸凌行为不自知、被霸凌者默默承受不思反抗、旁观者习以为常漠视不理的现象。霸凌者、被霸凌者、旁观者，如果缺乏管理和引导，他们有时甚至会互相转化角色，让霸凌行为源源不断地滋生。

身处校园之中，没有人是一座孤岛，对于可能出现的校园霸凌，中学生可以这样做：

一、树立红线意识，不霸凌他人

在校园生活中，霸凌的界定在实际操作层面较为模糊，学会辨识区分校园霸凌与同学朋友间的玩笑打闹，树立红线意识，避免霸凌与被霸凌，是自我保护的第一步。朋友间的玩笑打闹往往主观上没有恶意，有限度，知轻重，一般不会造成伤害。霸凌行为往往具有故意伤害的意图，具备欺侮性质，双方势力（地位）不对等（以大欺小、以强欺弱、以多欺少），会造成生理或心理上的伤害。

校园霸凌有以下表现形式：

1. 暴力霸凌：指肢体上的攻击行为，如拳打脚踢、掌掴拍打、推拉绊倒等；

2. 言语霸凌：用语言进行辱骂、嘲弄、恶意中伤、恐吓、胁迫、贬抑等；

3. 社交霸凌：搞小团体排挤、孤立他人，进行人际关系对立等；

4. 网络霸凌：通过各种网络媒介散播谣言，中伤他人，泄露他人隐私，进行网络排挤、网络跟踪等攻击行为；

5. 性霸凌：性侵害、性骚扰、污言秽语、嘲笑性取向、取不雅的绰号、嘲笑性别气质（娘娘腔或男人婆）等；

6. 财物霸凌：敲诈、勒索、强占他人财物等。

二、避免成为霸凌目标

1. 学会与他人交往，积极参与集体活动，广泛地团结同学，建立健康稳固的朋友圈，避免成为势单力孤的边缘人；

2. 在校园生活中奋发有为，增强自信，努力成为“强者”，而不是成为霸凌者的目标——“弱者”；

3. 及时自省，避免因言语、行为、态度失当而激怒他人。

三、遭遇霸凌行为的应对措施

一旦明确自己遭遇了校园霸凌，成为被霸凌者，首先要调整好自己的心态，不要惊慌失措，更不要害怕恐惧，而是要勇敢地、明确地、坚定地向对方表明自己的拒绝和警告；其次，可以采取适当的方式，保证自己的人身安全，提前的躲避、必要的抵挡，甚至适度的反击都是可以的；对于某些霸凌者，不予理会的冷处理也是奏效的；在个人力量不足以解决问题时，及时向教师、家长、同学求助；若因为遭遇霸凌行为已经造成了身体或心理上的损害，要坚决地通过正当途径维护自己的权益，绝不忍让退缩，姑息纵容。

若你是校园霸凌的局外人，不要成为霸凌行为的协助者和附和者，也不要做冷漠的旁观者，只有在自己的能力范围内尽可能地制止霸凌行为，才不会让自己成为下一个霸凌目标。

校园霸凌正日渐成为社会关注的热点，事实上，无论是霸凌者，还是被霸凌者，校园霸凌事件带给他们的都是消极影响。霸凌行为的产生，有复杂的社会原因，中学生可以从行为认知上、处置技巧上加以应对，希望每个孩子都远离校园霸凌。

第五节 遵纪守法

石玲：

四川省成都市第六幼儿园文庙园区教师，一级教师，本科学历，从事幼教工作20余年，擅长美术教学和游戏教学；长期研究生活教育，引导孩子们从生活中去了解世界、认识世界，发现问题、解决问题。

引导学前儿童理解警察叔叔的工作性质

考大家一个问题：“在外面遇到困难时最好寻求谁的帮助呢？”想必，爸爸、妈妈告诉过你们，有困难找警察。很多男孩子都有一个梦想，长大后成为一名光荣的人民警察，抓坏人，为人民服务，维护社会治安。那什么是警察呢？警察指的是哪些人呢？他们就是维护国家和社会治安的人员。平时，小朋友都叫他们警察叔叔，大人则称他们为“人民卫士”。孩子们观察过生活中见到的警察叔叔，他们的职责与分工各有什么不同吗？有指挥交通的，有守护边关的，还有破案抓坏人的，这是为什么呢？这是由于警种不同，每一个警种都有它的职责和使命。下面，我们就具体来了解一下每时每刻都在保护我们的警察叔叔。

一、了解警察的警种分类

警察的警种大致可以分为：治安警察、刑事警察、交通警察、户籍警察、森警、武警、外事民警、乘警、网警、维和民警等。小朋友最熟悉的是维持秩序的治安警察和在马路中间指挥交通的交通警察。

二、了解警察的主要职责

1. 治安警察的职责主要是依照国家有关法律、法规进行社会治安管理，维护社会治安秩序，处理治安案件等；还接受群众突遇的、个人无力解决的紧急危难求助。他们多数被分在每一个辖区的派出所，也有一些专门集中在各级刑警队、治安队，当人们在生活中遇到各种治安问题时，就可以去找他们寻求帮助。他们有的热情细致，解决邻里纠纷；有的断案如神，抓捕坏人。

2. 交通警察的职责主要是在道路上执行交通指挥、维护交通秩序、纠正和处罚交通违法行为、处理交通事故、维护治安秩序等。他们有的站在马路上日晒雨淋，细致地指挥交通，保证道路的畅通；有的四处巡逻，纠正各种交通违法行为，确保城市交通的安全。

三、了解治安警察和交通警察的服装及警用装备

1. 治安警察服装：衬衫颜色选用国际上警察通用的浅蓝色，警服根据民警执勤的需要，在不同气候、不同场合、执行不同任务、警用装备的携带与使用等方面做了周密的考虑。

2. 交通警察服装：海蓝色警服，白色警帽、白色腰带、黑色皮鞋，袖口标有英文“警察”字样及麦穗，左胸佩挂不锈钢警号、右胸佩挂省籍胸号，佩戴金属质领花、肩章及布质臂章。

3. 服装配饰：

胸徽

臂章

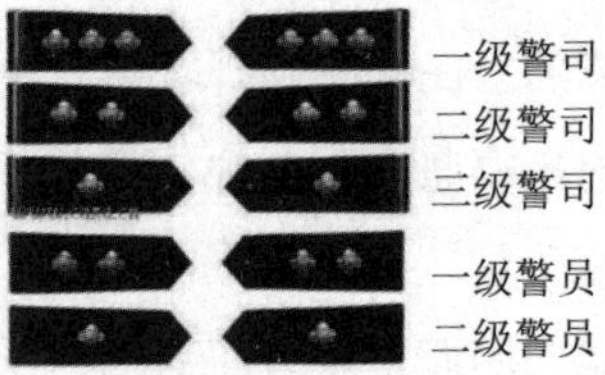

警衔

警徽

警帽

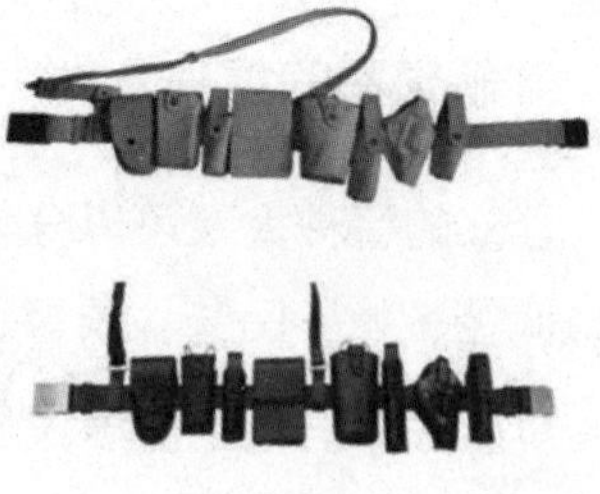

腰带

4. 警用装备：

四、自觉遵守法律法规，遇到困难找警察

1. 有陌生人给小朋友东西吃并叫其和他一起走，小朋友应大声呼救并找警察帮助；

2. 在校外被人欺负了，第一时间告诉家人并报警找警察帮助；

3. 路上被车刮伤或撞到，找警察帮助；

4. 走丢了，找不到爸爸、妈妈，找警察帮助，并能向警察说出自己及家人的相关信息；

5. 被陌生人触碰了隐私部位，第一时间告诉家人并报警找警察帮助；

6. 陌生人找小朋友带路，先拒绝，再找警察帮助。

五、向警察叔叔学习保护好自己，并遵守规则

1. 熟记三个常用的求救电话：110、120、119；

2. 知道自己家的住址，熟记爸爸、妈妈的名字及电话号码；
3. 遵守交通规则，红灯停，绿灯行，过马路走斑马线，“一停二看三通过”；
4. 不是自己的东西不据为己有，捡到财物知道交给家长、教师或警察；
5. 乘坐小汽车时，不坐副驾驶座，坐后排安全座椅；
6. 乘坐公共交通工具时，不推搡、不打闹，头和手不伸出窗外；
7. 开展亲子游戏：小交警我来当，陌生人来敲门。

引导学前儿童通过五个步骤来系统地认识警察的工作性质，也是帮助学前儿童建立法治意识、进而自觉遵纪守法的一个过程，还能让学前儿童逐步学会依靠法治的力量来保护自己。

培养学前儿童的社会公约意识

简单来说，社会公约就是社会成员之间都应该遵守的各种共同的约定。培养学前儿童的公约意识应该从规则开始，因为规则是公约的基本表现形式。所谓规则，就是规定出大家需共同遵守的制度或章程。《3—6 岁学前儿童学习与发展指南》中也明确提出，学前儿童应具备基本的安全知识和自我保护能力。2019 年底，突如其来的新冠肺炎疫情让我们必须自律宅家做好防护，不能去户外欢度新年，不能去游乐园玩，不能去超市购物等。学前儿童在家待不住，在各个房间不停跑动，不停发问：“爸爸、妈妈，我们为什么不能出门？”“还要多久才能去游乐园玩？”“我真的忍不住啦……”“我就要出去玩。”面对这样的情况，爸爸、妈妈刚开始可能会慢慢地讲道理，时间长了就没有耐心了。学前儿童还在不停地吵闹，家长这时情绪又管控不好，导致责备甚至迁怒他们，造成亲子关系不和

谐，这样会给家长和学前儿童都带来不小的情感伤害。为此我们提倡以下适宜的方法：

一、家长正面告知学前儿童目前正在发生的事情，以及国家对每个公民提出的行为准则

爸爸、妈妈可以告诉学前儿童：现在是非常时期，为了抗击疫情，国家要求我们居家防护，这是国家对每个公民的要求，也是每个公民应遵守的公共社会规则。我们不能给国家和社会添麻烦，要按照国家和社会的统一要求，做好自己该做的事情，哪怕就是一直不出门待在家里，也是一种贡献。我们不能像医生、护士，警察、军人一样为疫情而奋战前线，但我们能宅在家保护好自己，不受疫情的感染就不会把病毒传播给他人，也不会增加医护人员的工作负担，这就是我们能为抗击疫情作出的最大贡献。家是最小的国，国是最大的家，只有我们每一个人、每一个家庭都响应国家的号召，遵守共同的规则，才能团结一致，共克时艰。教育家陶行知曾经说，“生活即教育”“社会即学校”，这次特殊的疫情特别具有教育意义，这次疫情就是一个遵守社会公约的大舞台。不管是作为家长还是儿童，我们每一个社会人都应该有反思的能力，思考生活在教育我们什么，社会在教育我们什么。

1. 告知学前儿童在中国大地上正在发生的大事件，比如这个病毒叫什么；

2. 通过网络、电视让学前儿童直观了解、知道这个病毒的传播途径及感染后身体会产生的反应；

3. 在家可以多喝水、多吃水果，适当锻炼以增强自己的体质。

二、遵守规则，做一个对自己、对社会负责的人

1. 不得不外出时，家长一定要主动佩戴口罩，同时给学前儿童准备适宜的口罩，有效地阻挡病毒；

2. 回家后马上更换衣服，并用正确的方法洗手；

3. 不要去人多密集的地方；

4. 不和亲戚朋友聚会、聚餐；

5. 家里的房间每天保持开窗通风 2—3 次；

6. 家里的玩具、手机、平板、电脑等产品每日需清洁消毒。

三、争做社会好公民，向他人宣讲规则

（一）榜样效应

家长首先要起到榜样作用，外出时坚持戴口罩，打喷嚏、流鼻涕时用纸巾，外出回家后立刻洗手。学前儿童学习后能提醒爸爸、妈妈和长辈，没有特殊情况尽量不出门，出门一定坚持戴口罩。

（二）信息选择

在家长提供的信息中了解病毒，知道通过正规平台看新闻，不信谣、不传谣，同时也提醒家里的长辈不用太过担心，多关注国家的新闻报道数据。

（三）合理安排一日生活

即使不上学也要正常地作息和饮食，和家长一起在家做做运动、看看书、打扫一下卫生等，增进亲子关系。

从这三方面引导学前儿童重视规则，明白该如何遵守规则以及影响和带动他人共同遵守规则，这个过程既是学前儿童受教育的过程，也是使他们逐步形成社会公约意识的有效方法。

伍蓉：

四川省成都市高新区三岔中学教师，中学一级教师，理学学士，主要从事高中化学教学工作和学校德育处工作；成都市“优秀教师”、高新区“优秀德育工作者”；撰写的德育论文《如何利用德育渗透做好“一家之主”》荣获成都市二等奖。

引导中学生学习《网络安全法》，提升自我防范意识

当今社会网络发展迅速，中学生是网络主力军，网络已成为中学生学习和生活的重要组成部分。特别是新冠肺炎疫情期间，中学生不能到校学习，主要借助网络平台学习，接触网络的时间因而大幅增多。正处于青春期的中学生，由于缺乏社会经验，自控能力不强，自我防范意识淡薄，在面对违法伤害行为时常处于被动地位，容易受到侵害。此类案件比比皆是，触目惊心。如广西15岁女生王某独自见男网友，被灌醉后惨遭轮奸；河北18岁高三女生坐黑车失联，被证实

遇害；南京15岁中学生小姜沉迷手机游戏，被不法分子以充游戏币的名义骗走近3万元；中学生王某被一诈骗电话诱导前往江苏，并被逼勒索其母亲30万元未果；中学生王某趁放假到深圳旅游，通过某交友软件认识网友贺某，误沾染毒品……

2017年6月1日施行的《中华人民共和国网络安全法》明确指出“用法律知识保护中学生的学习空间、社交空间、心理需求，对中学生进行正面影响和保护”。[214]《网络安全法》是“为了保障网络安全，维护网络空间主权和国家安全、社会公共利益，保护公民、法人和其他组织的合法权益，促进经济社会信息化健康发展而制定的法律”。[215]

那么，如何引导中学生通过《网络安全法》的学习避免类似情况的发生，提高自我防范意识呢？

一、深刻认识自我防范意识的内涵

自我防范意识是指“自身对违法犯罪行为的防备和自觉抵御的意识，它是自我保护能力的重要组成部分”。[216]它主要包括两个方面：“一方面，指中学生通过加强文化修养和法律知识，自觉抵制各种不良行为和违法犯罪行为的引诱和侵害；另一方面，是指中学生在受到犯罪侵害后应通过法律途径，及时维护自己的合法权益。”[217]

二、深入了解自我防范意识的途径

（一）加强教育监管力度，增加安全防护意识

1. 利用网络平台宣传《网络安全法》等网络安全法律法规；

2. 学校根据《网络安全法》制定中学生安全上网相关制度；

3. 组织开展《网络安全法》主题教育系列活动。开展《网络安全法》学习主题升旗仪式，专家解读《网络安全法》；召开《网络安全法》学习主题班会，要求学生书写心得体会；邀请法律专家进行网络安全知识讲座，学生现场提问交流；

4. 信息技术教师通过信息技术课组织学习《网络安全法》。组织学生收看《网络安全法》宣传片，在潜移默化中引导学生自觉学习法律知识；进行网络安全知识相关指导，让学生在实际操作中学会如何安全上网。

（二）创造良好的上网环境，提高自我防范意识

1. 有条件的家庭，可购买上网设备在家上网，避免学生出入营业性网吧；

2. 适当控制上网时间，每次不超 1 小时，以免上网时间过长而引发各类病症；

3. 推荐健康、文明、有益的网站，及时掌握子女的网上心理动向；

4. 家长做好监督和引导，在电脑上安装一系列防止浏览不良网站的软件。

（三）认真学习法律法规，完善自我保护措施

1. 学习好《网络安全法》，抵制违法伤害行为。不随意添加陌生人的 QQ、微信、邮箱，注意区分网络与现实；不要在非官方网站上留下真实的个人信息；不玩暴力游戏，不看暴力、黄色小说；“不受不良言论和错误信息的误导，不参与有害和无用信息的制作和传播；在私下应避免和网友直接会面或参与各种联谊活动；”[218] 不使用公共 Wi-Fi 进行购物或网络支付；不轻易向别人付款或提供银行卡密码，警惕网络诈骗，抵制违法行为。

2. 遵守学校规章制度，远离违规违纪行为。以《中学生日常行为规范》《中学生守则》上的要求规范自己：“遵守网络道德和安全规定，不浏览、不制作、不传播不良信息，慎交网友，不进入营业性网吧；遵守法律法规，增强法律意识，遵守校规校纪，遵守社会公德。”[219] 远离违规违纪行为，培养法纪意识。

3. 请教经验丰富的人员，严防上当受骗。上网过程中遇到被欺骗、诈骗等情况时，向全国反诈中心处警察咨询；沉迷网络时，向专业的心理教师请教；参加网络安全法律知识讲座，向专业人员学习请教。严防各类诈骗犯罪行为，提升网络安全防范意识。

4. 拨打专业电话进行咨询，制止犯罪伤害行为。中学生王某被一诈骗电话诱导前往江苏，并被逼勒索其母亲 30 万元，其家人果断报警，防止了被骗。中学生需熟记的专业电话：12450 网警微信、110 报警、120 急救、12355 青少年心理咨询热线、4001619995 全国生命危机干预热线、12348 法律援助中心咨询热线……

网络是一把双刃剑，中学生在使用网络的过程中，应遵守学校的规章制度，遇到上当受骗情况应及时向专业人士咨询，或拨打报警电话咨询，通过《网络安全法》的学习，多方面提升自我防范意识。让我们在浩瀚的网络之海中，学会自我保护的“冲浪之术”，为创造绿色健康的网络环境贡献中学生应有的力量！

引导中学生避免言语欺凌

伤人的不一定是有形的利器，无形的言语更甚。2018 年和 2019 年热映的有关校园欺凌的电影《悲伤逆流成河》《少年的你》受到了很多中学师生、家长的关注。这两部电影主要表达了对校园欺凌现象的关注，两部电影呈现了不少言语欺凌行为。

《中国校园欺凌调查报告》指出："言语欺凌是校园欺凌的主要形式。"[220] 当今中学生面对最多的校园欺凌就是言语欺凌，高居首位，这足以引起社会各界对校园言语欺凌的重视。

言语欺凌是"通过侮辱歧视性语言直接或间接地攻击他人，致使对方人格尊严、个人名誉和心理健康等遭受侵犯，使人产生尴尬、生气羞辱或沮丧等感受的行为"。[221]

贵州师范大学心理学副教授黄亚夫认为："当语言欺凌发生时，一个群体，多次、长期对一个人进行攻击，证明这个受害者的同伴交往是不健康的。而一个人的成长，恰恰需要从健全的同伴交往中获取能量，通过这种能量，将自己嵌入到集体和社会中。语言欺凌对中学生是最严重的危害。"[222]

校园中的言语欺凌现象不胜枚举：

李某，因进入青春期满脸都是青春痘，脸上皮肤不光滑，经常受到张某的嘲笑，张某还给他起了个绰号"癞蛤蟆"，每天以喊这个绰号为乐。张某有一回再次嘲笑他"癞蛤蟆想吃天鹅肉"，引起其他同学起哄。受到刺激的李某情绪失控，将嘲笑他的张某推下楼梯，致使其摔断了腿，留下终身残疾。

2003 年 4 月，重庆市渝中区初三女生丁某因为上学迟到，被班主任叫到办公室批评教育。其间，班主任当着其他同学的面赤裸裸地贬损丁某："你学习不好，长得又不漂亮，只能当一辈子老处女，连'坐台'的资格都没有。"丁某遭此侮辱，一时想不开，写下遗书后跳楼自杀身亡。[223]

言语已经成为暴力工具，给学生带来悄然无声的伤害。那么，我们应该如何避免言语欺凌呢？

一、认识言语欺凌产生的原因

（一）来自同学的言语欺凌

1. 社会不良风气的消极影响。网络、报纸、杂志、电视的错误引导：黑帮老大满嘴脏话，明星丑闻不断，网络上的公开诋毁、谩骂、隐私公布。

2. 不当的家庭教育。家长的溺爱造成中学生以自我为中心，缺乏沟通技巧和同理心；家长以讽刺刻薄的语气责骂孩子。

3. 学生自身的个性缺陷。一些任性的学生，不顾及别人的感受，不注意讲话的时间、地点、方式、用词、语气；一些学生故意用别人的缺点、劣势、个人隐私要挟、打击别人。

（二）学校教育欠缺导致的言语欺凌

1. 心理专业教师缺口大。缺乏心理健康教育，使中学生积压在心底的烦恼、担忧、压力无从释放，从而埋下隐患。

2. 教师教育方法不当。教师冷言冷语，挖苦、讽刺、责骂“另类”学生；给某类学生贴“标签”。

言语欺凌作为一种“软暴力”，表面看来当事双方都没有受到身体上的伤害，但实际上正在对中学生造成各种各样、不同程度的心理上和精神上的伤害。

二、认识到言语欺凌的危害

1. 使中学生自尊心受挫，自信心缺乏，容易自我否定；

2. 导致中学生性格内向，学习成绩下降甚至厌学、逃学；

3. 造成中学生人际关系敏感，情感淡薄，形成逃避心理；

4. 使中学生产生抑郁恐惧心理，诱发悲观厌世、寻短自杀行为；

5. “造成中学生人格情绪障碍，导致心智失常。”[224]

三、多方努力，避免言语欺凌

（一）社会加大干预力度，形成良好的社会氛围

1. 发挥媒介功能，摒弃粗言秽语，提倡中学生文明用语；

2. 广电部门严格把控审核内容，呈现适合中学生观看的电视节目；

3. 执法部门加强对网吧、游戏厅等场所的治理，减少模仿几率。

（二）学校增加资源投入，营造和谐的育人氛围

1. 加强法律知识教育普及。开展《预防言语欺凌》法律进校园专题讲座；利用班会普及法律知识；开展反语言暴力主题班会。

2. 增强教师的个人素质培养。提高教育教学水平，正确处理师生关系，注重分析中学生的身心特点，准确掌握批评学生的语言艺术。

3. 加强学生心理健康教育。开展心理健康教育，引导中学生表达消极情绪，出现紧张与愤怒情绪时，可通过运动缓解或释放，以防极端化。

4. 加强家校沟通，形成合力。利用家长开放日、家长会、主题教育日等进行家校沟通，建立平等教育模式，培养学生的良好品格。

（三）家长起好表率作用，建立和睦家庭氛围

1. 建立融洽的家庭关系。做文明家长，建立融洽的夫妻关系，夫妻交流和颜悦色，多倾听、尊重、包容对方；建立融洽的亲子关系，多与子女沟通，严慈相济，拒绝家庭暴力。

2. 建立肯定式语言环境。中学生在成长过程中，如果遭受太多的否定和打击，会变得自卑、偏激。家长应避免使用过激语言和反作用“激励”法，多使用正面、积极、肯定的语言。

（四）学生自我调节完善，营造良好的心理状态

1. 调节情绪，淡然处之。调节好情绪，适当哭一场、放声歌唱或大声喊叫、向亲朋好友倾诉衷肠、进行剧烈的跑步运动、看娱乐节目《完美释放》等都是调节情绪的好方法。遇事不较真，保持清醒，相信自己，乐观自信，幽默处理。

2. 增强自信，优化内心。大胆表现自己，说话语气坚定；遇到不愿意做的事、不合理的要求，要大胆说出感受，表明不满态度，绝不容忍退让；被别人取绰号、嘲讽时，微笑面对，学会分辨是善意的批评还是故意贬低。

3. 培养人际交往能力。培养人际交往的技巧，提高自身涵养，克服害羞，战胜胆怯和恐惧，主动沟通；可观看与人际交往技巧相关的电影《傲慢与偏见》；可阅读书籍《中学生必须掌握的 100 个沟通技巧》。

4. 提高自身语言修养。中学生谈吐要谦逊、规范：不随意评论、批评他人，就事论事，不张扬、不贴“标签”；文明用语，不说脏话；不嘲笑他人的生理缺陷；不公开谈论别人的隐私；不取侮辱性绰号。

言语欺凌对中学生的健康成长有重大负面影响，学校、家庭、社会都要重视起来，避免中学生遭受言语欺凌，减少言语欺凌带给中学生的伤害。

邓志平：

四川省都江堰市外国语实验学校教师，中学一级教师，教育学学士，教龄15年，成都市体育骨干教师，都江堰市“教坛新秀”“优秀德育工作者”；多次赛课获成都市、都江堰市一等奖，指导青年教师赛课获成都市一等奖；多篇论文在四川省成都市、都江堰市获奖；现参与教育部基础教育课程改革都江堰实验区关于“问道——都江堰育人模式探索”子课题的研究。

引导中学生认同和主动顺应班规校纪

一个社会要和谐发展，其成员必定要遵守一定的法规制度。无规矩不能成方圆，国有国法，家有家规，班规校纪就是中学生在校学习生活时要遵守的“规矩”。学生时期遵守班规校纪、讲规矩，养成规则意识，成年后才能有法律意识，成为遵纪守法的好公民。但在班级管理中，经常有些学生明知有些事情是班规校纪不允许做的，却还是要去做，不能明目张胆地做，就偷偷摸摸地去做，甚至在接受教导和惩戒后还是屡教不改。那么，如何引导中学生认同和主动顺应班规校纪呢？我们提倡这样的做法：

一、学生和教师一起参与制定班规校纪

学生抵触班规校纪的一个重要原因，是因为感觉自己只是在被动地接受，自己只是规则的被约束者，是规则的对立面，心理上缺乏天然的亲近感，当然更谈不上认同和顺应了。如果让学生参与到规则的制定中来，让学生商议、决策哪些是可以做的，哪些是不可以做的，将之形成条款，作为自我约束的规条，让自律代替他律，学生的接受度就会高很多。学生在讨论、梳理的过程中，会反思自身行为，审视他人行为；在辨识和筛选、肯定与否定的过程中，内心会进一步强化对校园行为的认知，进一步明晰可为与不可为的分界线，潜移默化中对规则的认同感自然提高。在这个过程中，教师应以组织者和指导者的身份出现，可以提出基本的原则，保证方向的正确性和内容的完整性。

班规制定的基本原则：

（一）合法合规原则

不能违背基本的党纪国法，以及其他中学生应该遵守的规则，如《中学生日常行为规范》。

（二）合理可行原则

合乎情理，切合实际，大家都能接受，并能够明确落实。

（三）正向引导原则

以鼓励正向行为，教导和自省为主，班规校纪毕竟不是法律，可以有惩戒措施，但要有一定的宽容性。

（四）公平公正原则

班规校纪是学校里所有人的“规矩”，理应约束所有人，可以把教师也纳入其中，比如不能在校园里吸烟，不能体罚学生等。

（五）流动可变原则

学生的学习生活具有发展性，可以根据实际变化情况适时做出调整以求完善。

二、班规校纪的形式可以多样化、新颖化、个性化

僵化教条式的班规校纪固然具有庄重感和严肃性，但是也给人冷冰冰、不近人情的感觉，尤其是面对成长在多元文化中，性格多样、爱好广泛，又富有创新精神的中学生，可以允许他们对表述形式、公示方式等做出个性化设计，漫画、歌曲、班徽、班级文化墙……学生的创意是无穷的。

三、班规校纪的管理执行者应由学生民主推选

作为班级的“执法者”，由学生民主推举出他们信服的对象，这个人必须具有公正无私的素质，能服众，有威信。还有一些学生也可以作为人选。在班级管理中，我们经常会发现，那些爱违反班规校纪的同学，个性更为自由活泼，不喜欢受他人管束，这类学生往往也具有很强的自我意识，在同学当中具有一定的号召力，如果让他们来做“执法者”，有时会成为转化的良机。

总之，想要让学生主动认同和顺应班规校纪，就必须把学生放在平等的位置上，充分尊重他们、信任他们，激发他们的自律意识，教师则从在后面“赶”变为在前面“引”，帮助他们养成遵纪守法的基本素养。

引导中学生在人际交往中言谈举止不逾矩

中国是文明古国，礼仪之邦，从古至今留下了无数强调礼仪重要性的至理名言，《礼记·曲礼上》就有“人有礼则安，无礼则危。故曰：礼者不可不学也”的名句。一个人懂礼知礼、行事有礼，在社会生活中就会安稳和谐；反过来，若缺少礼仪规范，就会给自己和他人造成危害。但在学校教育中，往往重视知识文化的传授，而忽视对学生礼仪品质的培养，加之中学生模仿力强，在日常生活中，也容易受到不良环境的影响。青少年学生是文化的传承者，理应成为谈吐不凡、举止优雅的人，将来才能在社会中更好地与人交往，为自己赢得更多的尊重和机会。那么，怎样帮助中学生懂得人际交往当中的基本礼仪，避免因言谈举止不当造成误会和冲突呢？我们可以从这些方面来引导：

一、充实内在，提升涵养

一个人的言谈举止是他内在思想品质和文化素养的外在体现，只有真正有学识、有涵养的人，才能由内而外自然而然地展现出高雅得体的言行，“腹有诗书气自华”讲的就是这样的道理。对于中学生来说，首先应该通过多读书、读好书来不断修养内心，培养品性，提升思想境界。读书就是去遇见不同的人、思想、情感。读好书就是与最优秀的人交流沟通，跟最深邃的思想碰撞，和最美好的情感共鸣，与最精彩的人生相遇。我们常用“书卷气”来称赞某人具有文质彬彬的气度，“书卷气”自然来自读书，好的书籍会在潜移默化中让人拥有文雅的谈吐和得体的举止。

二、知晓人际交往的基本原则

在人际交往中，人人都应该遵循一定的原则，才能和谐共处；若逾越规矩，必然产生矛盾冲突。一般来说，人际交往原则包括以下方面：

（一）尊重原则

首先是自尊。不自尊的人在行为上自暴自弃，言谈中自轻自贱，自己都看不起自己，怎么能赢得他人的尊重？其次是尊重他人。尊重别人的生活习惯、兴趣爱好、人格和价值，不以自己的标准去强求他人。只有尊重别人才能真正得到别人的尊重。

（二）真诚原则

一个不能以真诚之心待人的人，在言谈举止上必然会让人觉得虚伪。即使他城府很深，善于伪装，也终有暴露的一天。

（三）宽容原则

在人际交往中，难免会产生一些不愉快的事情，甚至产生一些矛盾冲突。这时候就要学会宽容别人，不斤斤计较。

（四）平等互利原则

互利是双方在满足对方需要的同时，又能得到对方的报答。只满足某一方的需要，忽视甚至牺牲另一方的利益，这样的交往是不能长久的。

（五）换位思考原则

换位思考就是我们能真正地站在对方的角度来思考问题，而不是只以自己的处境、心情、好恶、需要等，来待人接物。

三、言谈举止中的注意事项

明确了人际交往中的原则，那么，在具体的人际交往中，我们在言谈举止上要注意些什么呢?

（一）要认清自己的身份

任何人，在任何场合的言谈举止，都要切合自己的特定身份。浓妆艳抹、奇装异服、谈吐粗俗、举止粗鄙显然不符合中学生的身份。例如，在自己的家庭里，对家长来说你是子女，对弟弟、妹妹来说你又成了哥哥或姐姐，用对待晚辈的方式对待长辈就不合适了，因为这是不礼貌的，是有失“分寸”的。在自己家里，你是主人，可以随心所欲；但到了亲戚朋友家，你就成了客人，如果还像在自己家里一样随意，就会给人没有教养的感觉。

（二）要分清时间场合

不同的时间场合决定了哪些话该怎样说，哪些事该怎样做。特定的场合还有特定的行为规范要求，尤其是在公共场合，比如在图书馆，大家都在安静阅读，你却大声喧哗，这显然是不合时宜的。在学校的升旗仪式上，大家都庄严肃穆，你却嬉笑打闹，这也是不对的。

（三）要有善意

所谓善意，也就是与人为善。无论是说话还是做事，都不能怀有恶意，俗话说:“良言一句三冬暖，恶语伤人六月寒。”恶意的言行往往会引发激烈的冲突，甚至造成严重的后果。在人际交往中，时常心存善意，你就会成为受欢迎的人，同样也能收获善意。

（四）要谦逊、文雅

跟人交谈时，音量要适中，平和沉稳，避免给人造成一惊一乍的感觉。注意使用礼貌用语，如称呼对方为“您”“先生”“女士”等；用“贵姓”代替“你姓什么”，用“不新鲜”“有异味”代替“发霉”“发臭”等；除了基本的“你好”“谢谢”“对不起”，多使用敬词、谦词和雅语，能体现出一个人的文化涵养。穿着打扮、身体姿势、神态表情等，要庄重得体、自然大方。

人际交往是一门学问，只有不断提升文化涵养，在生活实践中操练，知行合一，在言谈举止上不断打磨自己，才能成为文质彬彬的谦谦君子。

参考文献

[1] 于冬冬 . 基于陶行知生活教育思想的幼儿园科学教育研究 [D]. 济南：山东师范大学 . 2016:16.

[2] 皮军功 . 幼儿生活教学论 [D]. 重庆：西南大学 . 2011:54.

[3] 徐元 . 幼教空间设计中“寓教于乐”理念的探索与应用 [D]. 福州：福建师范大学 . 2014:5.

[4] 崔希娟 . 积木的不同投放对幼儿积木建构水平的影响 [D]. 上海：华东师范大学 . 2012.

[5] 360 百科 [OL]. https://baike.so.com/doc/5394493-10506392.html.

[6] 百度文库 [OL]. https://wenku.baidu.com/view/ad0c04321fd9ad51f01dc281e53a580216fc50df.html.

[7] 百度 [OL]. https://zhidao.baidu.com/question/287482089.html，2019-02-24/2020-03-20.

[8] 唐若 . 活得快乐的人，都拥有这五种心态 [OL]. 腾讯网 .https://new.qq.com/omn/20181010/20181010A01PEF.html ？ pc，2018-10-10/2020-03-20.

[9] 唐若 . 活得快乐的人，都拥有这五种心态 [OL]. 腾讯网 .https://new.qq.com/omn/20181010/20181010A01PEF.html ？ pc，2018-10-10/2020-03-20.

[10] 搜狐 [OL]. https://www.sohu.com/a/258606119_635736，2018-10-10/2020-03-20.

[11] 搜 狐 [OL]. https://www.sohu.com/a/258606119_635736，2018-10-10/2020-03-20.

[12] 百度 [OL]. https://hanyu.baidu.com/zici/s ？ wd=%E5%AF%82%E5%AF%9E&query=%E5%AF%82%E5%AF%9E&srcid=28232&from=kg0.

[13] 百度 [OL]. https://hanyu.baidu.com/s？ wd=%E7%A9%BA%E8%99%9A&from=zici.

[14] 唐若. 活得快乐的人，都拥有这五种心态 [OL]. 腾讯网 .https://new.qq.com/omn/20181010/20181010A01PEF.html ？ pc，2018-10-10/2020-03-20.

[15] 叔本华. 一个人只有在独处时才能成为自己 [OL]. 搜狐 .https://www.sohu.com/a/54829598_105772，2016-01-16/2020-03-20.

[16] 360 百科 [OL]. https://baike.so.com/doc/6339076-6552689.html.

[17] 梁娟. 幼儿园户外体育游戏指导的观察研究 [D]. 长沙：湖南师范大学. 2014:5.

[18] 刘万伦. 心理学概论 [M]. 南京：江苏人民出版社，2009：262.

[19] 周邦荣. 小学生学业失败现象调查分析 [J/OL] 教师·上：2010 年第 06 期，https://wenku.baidu.com/view/52671f84f11dc281e53a580216fc700aba6852c2.html，2019-08-21/2020-03-20.

[20] 董操，宋尚桂，王本法主编. 新编心理学（修订版）[M]. 北京：教育科学出版社，2000.01：279-280.

[21] 林崇德，杨治良，黄希庭主编. 心理学大辞典 [M]. 2003 年 12 月第一版. 上海教育出版社，458-459.

[22] 王香平. 手工活动中大班幼儿计划性的研究 [D]. 南京：南京师范大学. 2006：3-4.

[23] 杨丽珠，董光恒. 3—5 岁幼儿自我控制能力结构研究 [J]. 心理发展与教育，2005（04）：7-12.

[24] 刘占兰.《指南》中的幼儿科学探索——价值取向、目标与实施策略 [J]. 幼儿教育：教育教学，2013（06）：14-16.

[25] 百度百科 [OL]. https://baike.baidu.com/item/ 时间管理 /1858453？fr=aladdin.

[26] 百度百科 [OL]. http://www.52324.cn/173.html.

[27] 尹建莉. 好妈妈胜过好老师 [M]. 一个教育专家 16 年的教子手记：纪念版. 北京：作家出版社，2014.10（2015.09 重印）：292.

[28] 谢春霖. 有哪些“时间管理”的好方法 [c]. 知乎 App，2019-11-14 编辑.

[29] 孙云晓. 习惯决定孩子命运 [M]. 广州：新世纪出版社，2004:75.

[30] 中国社会科学院语言研究所词典编辑室. 现代汉语词典（第6版）[M]. 北京：商务印书馆，2012:1657、205.

[31] 莫雷. 教育心理学 [M]. 广州：广东高等教育出版社，2005：406.

[32] 林崇德，杨治良，黄希庭主编. 心理学大辞典 [M]. 上海：上海教育出版社，2003.

[33] 金小川. 高效利用时间的技巧 [M]. 北京：中国国际广播音像出版社，2003:3.

[34] [美] 詹姆斯·范德赞登等著，俞国良等译. 人类发展 [M]. 北京：中国人民大学出版社，2011:372-373.

[35] [法] 罗曼·罗兰著，傅雷译. 贝多芬传 [M]. 北京：华文出版社，2013:56.

[36] [美] 詹姆斯·范德赞登等著，俞国良等译. 人类发展 [M]. 北京：中国人民大学出版社，2011:370-371.

[37] Setterlund，M.B.，Niedenthal，P.M. "*Who am I ? Why am I here ?*", *Self-Esteem，Self-Clarity，and Prototype Matching. Journal of Personality and Social Psychology*，1993（65）:769-780.

[38] [美] 詹姆斯·范德赞登等著，俞国良等译. 人类发展 [M]. 北京：中国人民大学出版社，2011:379-381.

[39] 魏源. 同理心：心理咨询与治疗关系中的特质概念 [J]. 中国临床康复，2005，9（40）:80-81.

[40] 李敏. 对话心理咨询师——培养宝宝同理心从0岁开始 [J]. 时尚育儿，2008（08）:124-126.

[41] 张宜玲. 幼儿文学 [M]. 中国台湾：禾枫书局，2004:86.

[42] 林玲如. 其实我懂你的心——以绘本探究幼儿"同理心"之行动研究 [D]. 中国台湾：台东大学. 2008:13.

[43] 夏晓燕. 在吉林省Y县幼儿园角色游戏中培养大班幼儿同理心的行动研究 [D]. 沈阳：东北师范大学. 2011:10.

[44] 黄立安. 综合美术活动对幼儿创造性思维发展的影响研究 [D]. 上海：上海师范大学. 2015:02.

[45] 韩妍容，李华，蔡东霞. 运用多元智能培养幼儿的创新思维 [J]. 大庆师范学院学报，2008（06）:119-121.

[46] 陆叶. 在绘画活动中培养幼儿的创新思维 [J] 华夏教师，2019

（24）:18.

［47］陆叶.在绘画活动中培养幼儿的创新思维［J］华夏教师，2019（24）:18.

［48］百度百科［OL］. https://baike.baidu.com/item/%E5%8B%BF%E4%BB%A5%E6%81%B6%E5%B0%8F%E8%80%8C%E4%B8%BA%E4%B9%8B%EF%BC%8C%E5%8B%BF%E4%BB%A5%E5%96%84%E5%B0%8F%E8%80%8C%E4%B8%8D%E4%B8%BA/2063286？ fr=aladdin.

［49］新东方网［OL］. http://tool.xdf.cn/jdyl/result_bajin50.html.

［50］新东方网［OL］. http://tool.xdf.cn/jdyl/result_makesi58.html.

［51］百度［OL］. http://www.yuwenmi.com/ju/789139.html.

［52］孙翔云，陈英，江奇艳.网络大众论［M］.广州：中山大学出版社，2008.

［53］陈李军.国内网名研究综述［J］.文艺生活・文艺理论，2011.

［54］学生组团给钉钉打一星，祖国的花朵怒了［OL］. http://www.ijiandao.com/2b/baijia/349275.html.

［55］萧浩辉.决策科学辞典［M］.北京：人民出版社，1995.

［56］彭漪涟，马钦荣主编.逻辑学大辞典［M］.上海：上海辞书出版社，2010.

［57］谢春霖.认知红利［M］.北京：机械工业出版社，2019.

［58］郑卫，胥兴春.死亡教育：一个不可回避的幼儿教育话题［J］.重庆第二师范学院学报，2016（06）:122-125.

［59］韩映虹，孙静妍，梁霄.学前儿童生命认知现状研究［J］.天津师范大学学报（社会科学版），2011（02）：75-80.

［60］郝广才.好绘本如何好［M］.南昌：二十一世纪出版社，2009:31.

［61］黄文云.幼儿自我保护能力的培养［J］.学前教育研究，2010（03）:67.

［62］快咨询［OL］https://www.360kuai.com/pc/9c2a4753b3da32e1a？cota=4&kuai_s，2019-11-26/2020-03-20.

［63］浅淡青少年吸毒［OL］. https://www.sohu.com/a/328379312-120118188.

［64］豆丁网［OL］. https://www.docin.com/p-2207768238.html.

［65］郜云.110法律咨询网［OL］. http://www.110.com/ziliao/article-742224.

html，2018-11-14/2020-03-20.

[66]罗伯特.中国网[OL]. https://www.sohu.com/a/86200536_116897，2016-06-26/2020-03-20.

[67]谢晋导演.鲍国安等主演.鸦片战争[OL].优酷视频：1997年 https://v.youku.com/v_show/id_XNTA2NTczMjA=.html ？ refer=seo_operation.liuxiao.liux_00003303_3000_Qzu6ve_19042900.

[68]禁毒宣传短片《早餐》[OL].腾讯视频：http://v.qq.com/x/search/ ？ q=%E7%A6%81%E6%AF%92%E7%9F%A5%E8%AF%86%E5%A4%A7%E8%B5%9B.

[69]《图说天下国学书院系列》编委会.图说天下国学书院系列《论语》[M].长春：吉林出版集团有限责任公司，2007.09（2008.03 重印）:104.

[70][苏]B.A. 苏霍姆林斯基著，杜殿坤编译.给教师的建议[M].北京：教育科学出版社，1984.06（2006.11 重印）:183.

[71]胥兴春.计划性：幼儿重要的学习品质[J].今日教育（幼教金刊）. 2014（12）.

[72]刘阳.结构游戏中幼儿计划性特点研究[D].大连：辽宁师范大学. 2018.

[73]李黎波.儿童关键期的教育[J].牡丹江师范学院学报（哲学社会科学版），2004（04）:65-66.

[74][英]朱莉娅·曼尼—莫顿等著.刘峰峰等译.游戏的关键期[M].北京：北京师范大学出版社，2010:1.

[75]王小英.学前儿童的游戏与学习：内在的连结性[J].学前教育研究，2013（07）:3-7.

[76]张欢.创设情境教学法在小学语文教学中的运用[J].基础教育课程，2018（23）.

[77][苏]B.A. 苏霍姆林斯基，杜殿坤编译.给教师的建议[M].北京：教育科学出版社，1993.

[78]庄艳传.任务导学——培养英语学科核心素养的有效路径[J].教育实践与研究（A），2019（10）:46-50.

[79]中华人民共和国教育部.基础教育课程改革纲要（试行）[J].教育学报，2001（07）:17-19.

[80]吴良忠.中国皮影[M].上海：上海远东出版社，2009:2.

[81] 顾明远 . 教育大辞典 [W] . 上海：上海教育出版社，1998.

[82] 孙方 . 中华传统文化核心之学习—心学 [J] . 理论月刊 . 2015 (08) : 58-61.

[83] 曾洁 . 把博物馆“搬进”课堂 [N] . 华西都市报，2015-09-25.

[84] 曾洁 . 把博物馆“搬进”课堂 [N] . 华西都市报，2015-09-25.

[85] 田保华 . 教育有道　教育发现 [M] . 济南：山东文艺出版社，2018:107.

[86] 陈永睿 . 用国学经典打好学生精神的底子 [J] . 新课程研究 . 上旬，2015 (11) :61-63.

[87] 余文森 . 核心素养的内涵与意蕴 [J] . 今日教育，2016 (02) :32-33.

[88] 梁启超 . 新史学 [M] . 北京：商务印书馆，2014:7.

[89] 中华人民共和国教育部 . 普通高中历史课程标准 [M] . 北京：人民教育出版社，2017:4-5.

[90] [法] 卢梭 . 爱弥儿 [M] . 武汉：武汉大学出版社，2014:80.

[91] 教育部等十一部门 . 关于推进中小学生研学旅行的意见 [R] . 教基一 [2016] 8 号：103-108.

[92] [美] 余英时 . 现代儒学的回顾与展望 [M] . 北京：生活 · 读书 · 新知三联书店，2004:278.

[93] 林叶薇 . 现代艺术与儿童绘画审美特征的相似性及其借鉴和启示 [J] . 美术大观，2014.

[94] 苍皙然 . 幼儿园浸润式音乐欣赏活动研究 [D] . 哈尔滨：哈尔滨师范大学 . 2015.

[95] 核心素养研究课题组 . 中国学生发展核心素养 [J] . 中国教育学刊，2016 (10) : 1-3.

[96] 薛猛，朱超凡 . 基础教育阶段学生审美情趣养成的复杂性矛盾解析 [J] . 教育导刊，2008 (02) : 55-60.

[97] 赵淑兰 . 与美同行——浅谈小学生审美情趣的培养 [J] . 学周刊，2017 (05) : 67-68.

[98]《从一粒种子开始》内容简介 .

[99] 邵之菡 . 在古诗词诵读中培养学生的审美情趣 [J] . 现代语文，2009 (09) : 35-36.

[100] 闫伟伦 . 培养审美情趣　提高审美能力 [J] . 新课程研究，2012 (02) : 167，183.

[101] 360 百科 [OL]. https://baike.so.com/doc/5736174-5948919.html.

[102] 陈昊. 艺术享受·艺术修养·艺术教育 [J]. 上饶师范学院学报，2010(08):102-105.

[103] 陈昊. 艺术享受·艺术修养·艺术教育 [J]. 上饶师范学院学报，2010(08):102-105.

[104] 中华人民共和国教育部. 音乐课程标准 [M]. 北京：北京师范大学出版社，2011:13.

[105] 伍娜. 与你同"聆" [M]. 成都：四川文艺出版社，2014:23.

[106] 洪敏. 小学生科学探究能力现状调查及启示 [D]. 武汉：华中科技大学. 2019.

[107] 核心素养研究课题组. 中国学生发展核心素养 [J]. 中国教育学刊，2016(10):1-3.

[108] 梁晓芳. 论逻辑思维能力的培养与中学语文教学 [D]. 呼和浩特：内蒙古师范大学. 2015.

[109] 刘庆昌. 人文底蕴与科学精神——基于《中国学生发展核心素养》的思考 [J]. 教育发展研究，2017(04):41-47.

[110] 李广建. 青少年阅读心理与读书方法 [M]. 北京：海洋出版社，1993:110.

[111] 刘云艳. 幼儿好奇心发展与教育促进研究 [D]. 重庆：西南师范大学. 2004.

[112] 胡克祖. 好奇心的理论述评 [J]. 辽宁师范大学学报，2005(06):55-58.

[113] 胡克祖. 好奇心的理论述评 [J]. 辽宁师范大学学报，2005(06):55-58.

[114] 刘云艳. 幼儿好奇心发展与教育促进研究 [D]. 重庆：西南师范大学. 2004.

[115] 李惠红. 正确认识教育中科学精神的培养 [J]. 新课程·上旬，2019(01):198.

[116] [美] 吉姆·崔利斯著，沙永玲、麦奇美、麦倩宜译，朗读手册——大声为孩子读书吧 [M]. 海口：南海出版社，2009:1.

[117] 袁爱玲. 美国关于儿童好奇心及其培养的理论和研究 [J]. 心理发展与教育，1986(03):45-48.

[118] 董妍，陈勉宏，俞国良. 科学好奇心：研究进展与培养途径 [J]. 教育科学研究，2017(09):78-82+89.

［119］任鸿隽．任鸿隽谈教育［M］．沈阳：辽宁人民出版社，2015:21.

［120］邓伟志．社会学辞典［M］．上海：上海辞书出版社，2009:526.

［121］薛昱等．探究钱学森之问——科技创新人才智能分析［M］．北京：科学出版社，2019:3.

［122］孙启明．大学生科学精神培育的问题与对策［J］．北京教育（德育），2016（11）:2.

［123］刘影，王希华．咨访关系对新课改要求下师生关系的启示［J］．黑龙江教育学院学报，2011（02）:4.

［124］孔德勇，徐锡斌．学生攀比，走向怪圈［J］．学校党建与思想教育（下半月），2005（08）:2.

［125］大卫·贝克，刘凌寒．论集体知识的起源、机制与意义［M］．全球史评论，2013（00）:2.

［126］巩德成．如何搞好家庭教育与学校教育相结合［C］．全国教育科研“十五”成果论文集（第一卷）［A］，2005:3.

［127］北京市陶行知教育思想研究会．陶行知研究［M］．长沙：湖南教育出版社，1986.

［128］顾明远．教育大辞典［W］．上海：上海教育出版社，1991.

［129］姜晓，胥兴春．我国幼儿劳动教育实施现状及路径探析［J］．重庆第二师范学院报，2020（01）.

［130］［苏］B.A. 苏霍姆林斯基，唐其慈等译．把整个心灵献给孩子［M］．天津：天津人民出版社，1961.

［131］杨红梅．浅谈幼儿家庭劳动教育．［J］．教育教法探讨与实践，2016（05）.

［132］赵学勤．小学生劳动技能素质评价研究文献综述［J］．教育科学研究，1998（03）.

［133］彭丽萍．浅谈小学生劳动技能的培养［J］．课程教材教学研究：小教研究，2008（Z6）.

［134］教育部，共青团中央，全国少工委．关于加强中小学劳动教育的意见［J］．中国农村教育，2015（10）:7.

［135］刘爱玉，佟新，付伟．双薪家庭的家务性别分工：经济依赖、性别观念或情感表达［J］．社会，2015（02）:109-136.

［136］核心素养研究课题组．中国学生发展核心素养［J］．中国教育学刊，

2016（10）:1-3.

［137］张薇莉．初中生合作能力干预研究——以 T 中学为例［D］．上海：上海师范大学．2014: 9.

［138］李晓迪，范琐哲．儿童早期道德行为养成中实施仁爱教育探究［J］，延边教育学院学报，2018（04）:155.

［139］方文山．亲爱的，我们活在最好的年代［M］．北京：现代出版社，2011:122.

［140］礼仪．《辞海》［引用日期 2020-01］．

［141］黑玉凤．开展幼儿园礼仪教育的内容及措施［J］．考试周刊，2015（56）:191.

［142］刘利．浅析幼儿园礼仪教育渗透到一日生活的各个环节［J］．赤子（上中旬），2014（22）:175.

［143］顾娟．浅谈如何培养 5—6 岁幼儿关爱他人的情感［J］．科教导刊，2012（08）:237-238.

［144］王丹．谈谈如何让幼儿学会爱［J］．教师，2013（06）:14.

［145］布依艾加尔·西依提．美国家庭爱的教育之研究——居住在西安的 4 个美国家庭［D］．西安：陕西师范大学．2014:19.

［146］周军艳．爱孩子是为了分离［J］．求知导刊，2015（02）:107.

［147］韩东芳．养成教育是一个过程［J］．教育实践与研究，2011（14）:12.

［148］陈鹤琴．陈鹤琴全集［M］．南京：江苏教育出版社，1990:156.

［149］“沉默的螺旋”一词最早见于伊丽莎白·诺埃勒－诺依曼 1974 年在《传播学刊》上发表的一篇论文——《重归大众传播的强力观》，她在 1980 年《沉默的螺旋：舆论—我们的社会皮肤（*The Spiral of Silence: Public Opinion-Our Social Skin*）》一文中进一步发展了该理论。

［150］赵俊婷．德育教育，从小抓起［J］．濮阳教育学院学报，1998（03）．

［151］张丽，杜学元．谈家庭教育中儿童诚信品质的培养［A］．内蒙古师范大学学报（教育科学版），2007（02）．

［152］陈蓉．儿童说谎的成因和对策［J］．成材之路，2014（06）:76.

［153］张丽，杜学元．谈家庭教育中儿童诚信的培养［A］．内蒙古师范大学学报（教育科学版），2007（02）．

［154］张双，田迅．浅析教师“以身作则”的重要性［J］．科教文汇（上旬

刊），2011（02）:08.

［155］与他人分着享受、使用、行使 . 百度知道 .

［156］陈幗眉编著 . 学前心理学［M］. 北京：人民教育出版社，2003.

［157］寇彧，付艳，张庆鹏 . 青少年认同的亲社会行为：一项焦点群体访谈研究［J］. 社会学研究，2007（03）:154-245.

［158］做人做事有肚量，不斤斤计较［OL］. https://www.unjs.com/h/b/810229.html.

［159］［美］迈克尔·沃尔泽著 . 袁建华译 . 论宽容［M］. 上海：上海人民出版社，2000:10-11.

［160］王颖颖 . 立“宽”重“容”塑品格——幼儿园宽容教育的新思维与实践研究［J］. 课程教育研究，2016.08.22.

［161］深圳教育网 . 孩子的自信从哪里来 . 2019.11.20.

［162］王志华，黄志能编著 . 自信的力量［M］. 北京：中国言实出版社，2012.01:4.

［163］嘉祥睿乐教育 . 从小而言，如何激发孩子的探索精神 . 2017-09-02.

［164］刘慧娟 .《3—6 岁儿童学习与发展指南》科学领域的学习心得 . 2014-3-17.

［165］联合国教科文组织国际教育发展委员会编 . 学会生存——教育世界的今天和明天［M］. 北京：教育科学出版社 .1996.

［166］一切为了人与书的相遇［M］. 广西师范大学出版社，2019.

［167］［美］埃里克 .H. 埃里克森 . 同一性：青少年与危机［M］. 北京：中央编译出版社，2015:38.

［168］［美］达琪拉·达克沃斯著，洪慧芳译 . 恒毅力：人生成功的究极能力［M］. 中国台湾：天下杂志出版社，2016:62.

［169］王晓萍 . 不经风雨怎见彩虹［J］. 课程教育研究（下旬刊），2014（09）:190.

［170］高山 . 说话心理学［M］. 北京：北京燕山出版社，2019:25.

［171］吴函 . 浅谈小学数学如何培养学生良好的学习习惯［J］. 读与写（教育教学版），2019（03）:154.

［172］柳倩，周念丽，张晔 . 学前儿童健康学习与发展核心经验［M］. 南京：南京师范大学出版社，2016.

［173］柳倩，周念丽，张晔 . 学前儿童健康学习与发展核心经验［M］. 南

京：南京师范大学出版社，2016.

［174］规则意识 . 360 百科 . https://baike.so.com/doc/480120-508363.html.［引用日期 2020.3.10］

［175］童世骏 . 规则意识与道德素养 . 人民网 .2001.12.03.

［176］赵铁柱 . 浅谈学前教育中幼儿规则意识的培养［J］. 知识经济，2016，（16）.

［177］牛海彬 . 儿童的七种天性 . 百度文库［引用日期 2020.3.10］.

［178］张迎辉 . 浅谈幼儿规则意识培养的策略［J］. 学周刊，2014，27:99.

［179］微信公众号：苏州线上学习中心 . 如何管理孩子使用电子产品（巧用屏幕控制篇）.

［180］微信公众号：八卦心理研究所 . 管理孩子使用电子产品，从计划到技术，这篇统统给你 .

［181］微信公众号：苏州线上学习中心 . 如何管理孩子使用电子产品（巧用屏幕控制篇）.

［182］房安荣，王和平，杜晓新，蒋文清 . 学困生与学优生学习时间管理能力的对比研究［J］. 外国中小学教育，2003（04）:45-49.

［183］［奥］彼得·德鲁克 . 时间的管理［M］. 上海：上海财经大学出版社，2003:156.

［184］马永录 . 培养初中生学习主动性的实验研究［D］. 兰州：西北师范大学 . 2004（11）:7.

［185］刘志军 . 留守儿童的定义检讨与规模估算［J］. 广西民族大学学报，2008，30（3）:49-54.

［186］孙皓 . 让学生在社会实践活动中成长［J］. 北京教育（谱教版），2019（07）:92.

［187］刘志军 . 留守儿童的定义检讨与规模估算［J］. 广西民族大学学报，2008，30（03）:49-54.

［188］宣兆凯 . 新编社会学概论［M］. 北京：中国人事出版社，2000：160.

［189］吴艳 . 以家乡历史为基石，培养孩子热爱家乡的美德［DB/OL］. 2016-06-21.

［190］谭艳 . 利用社区资源培养幼儿爱家乡的情感［J］. 科学咨询（教育科研），2005（04）:35.

[191] 费孝通.论中国家庭结构的变动[J].天津社会科学，1982(03):2-6.

[192] 中国大百科全书[M].社会卷.北京：中国大百科全书出版社，1991:102.

[193] 向洪，邓明主编.人口管理实用辞典[M].成都：成都科技大学出版社，1990:331.

[194] 卢乐山，林崇德，王德胜主编.中国学前教育百科全书：教育理论卷[M].沈阳：沈阳出版社，1995:183.

[195] 赵新风.国旗的故事[M].青岛：青岛出版社，2009.

[196] 梁衡.爱国的理由[M].北京：中国人民大学出版社，2004.

[197] 朱兴明.家庭氛围——影响孩子成长的重要因素[J].父母必读，1992(06):8-9.

[198] 蔡汀.走进教育家苏霍姆林斯基[M].北京：教育科学出版社，2007:103.

[199] 罗新安.教育其实很容易　快乐性格施教[M].北京：光明日报出版社，2004.

[200] 徐燕.责任，一生的财富——先谈幼儿责任感的培养[J].小学科学(教师版)，2015(01):171.

[201] 王铧.榜样的力量在新生班级管理中的实践应用[J].华夏教师，2017(15):32.

[202] 陈劲松.大公无私：传统中国颇具代表性的公共精神[J].人民论坛，2018(19):26-27.

[203] 刘志军.留守儿童的定义检讨与规模估算[J].广西民族大学学报，2008，30(03):49-54.

[204] 劳勤敏."服务"是一种美德[J].中国高校后勤研究，2001(01):73-78.

[205] [美]凯文·亨克斯(Kevin Henkes).我好担心[M].石家庄：河北教育出版社，2019.

[206] [英]珍妮·威利斯.床底下的怪物[M].石家庄：河北少年儿童出版社，2016.

[207] [加]菲比·吉尔曼.爷爷一定有办法[M].济南：明天出版社，2013.

[208] 胥兴春.计划性：幼儿重要的学习品质[J].今日教育(幼教金刊)，

2014（12）:6.

［209］马军．健康管理概论［M］．北京：人民日报出版社，2006:60.

［210］刘宗达，万昌志．体育保健学［M］．桂林：广西师范大学出版社，1990:65.

［211］刘宗达，万昌志．体育保健学［M］．桂林：广西师范大学出版社，1990:66.

［212］刘宗达，万昌志．体育保健学［M］．桂林：广西师范大学出版社，1990:67-68.

［213］教育部等十一部门．加强中小学生欺凌综合治理方案［J］．中国应急管理，2017（12）:15—17.

［214］李建新．大数据背景下网络信息安全风险与防范策略研究［J］．网络安全技术与应用，2019（04）:8.

［215］符圣陆．浅析云计算环境下的网络安全等级保护［J］．现代电视技术，2018（09）:150.

［216］刘秀茹．自我防范意识是预防未成年人犯罪的根本［J］．辽宁师专学报（社会科学版），2000（02）:69.

［217］郑鑫．从预防未成年人犯罪角度看法律适用［J］．新闻天地（论文版），2007（04）:74.

［218］黄爱凤，张广钦．北京青少年网络道德观念的调查［J］．海淀走读大学学报，2004（03）:61.

［219］2019 修订版《中学生日常行为规范》第 36 条，《中学生守则》第 2 条．

［220］《中国校园欺凌调查报告》是中国应急管理学会校园安全专业委员会在中南大学举办“社会风险与校园治理”高端论坛发布的调查报告．

［221］孙元，丁彩红．个案工作在预防中学生言语欺凌行为中的应用［J］．社会工作，2009（04）:34.

［222］田沐冉，李帛尧．亮剑“侮辱性绰号”　网民有三问［N］．中国青年报，2008-11-20（10）．

［223］林国耀．校园语言暴力：插在幼小心灵上的一把刀［J］．开放潮，2005（01）:38.

［224］张利增．中学生语言暴力的调查研究［J］．当代教育科学，2010（02）:52.

后 记

2020年春，一场突如其来的新冠肺炎疫情打乱了我们平静的日子，让我们不得不暂时停下前行的步伐。除此之外，这场疫情带给我们的还有莫名的恐惧与不知所措。但是，在党中央的决策部署下，全国人民众志成城，在这场没有硝烟的战斗中发挥着各自的智慧和作用，有效抗击了疫情。出于教育工作者的职业习惯，我不由自主地多次思考：教育工作者在这场抗疫活动中该如何担当起孩子们的成长引导责任。

无独有偶，疫情期间，好几位教育出版社同仁向我提出了建议：能否在加强孩子生命教育与成长素养方面做些研究并整理、集结成书，也算是在举国上下防控疫情之际，教育工作者的冷静思考和积极参与。思想的火花往往在碰撞的瞬间产生，笔者遂以“四维培育——孩子18岁前的必备好素养”为主题展开思考，感激教育同仁振臂呼应，誓与时间赛跑，共同完成了这一抗疫时作。

本书提出“四维培育”体系构建，立足“育人先育心”之理念，这又何尝不是与笔者本人的成长经历息息相关？回顾细思，因幼时家贫，我知道只有自己好学、上进、勤谨、努力，才能改变自己的现状和命运。幸遇小学老师赏识激励，委以班干部重任，遂更加严于律己。每每挑灯夜读，疲累懈怠之时，盈润于心的是语文课张老师悄悄帮我交的粮票，让我有机会享用城里同学的食堂午餐；在名列前茅沾沾自喜之时，感怀于心的是数学课郭老师常常携其女友借家访之名送来的大白菜；进入中学，遇到一位清瘦儒雅的语文老师更是奇特，他私底下总是在其他同学面前对我赞扬有加；进入师范院校后，我笔耕不辍，常有论文刊发，源于遇到一丝不苟的班主任杨老师和才华横溢的范老师对我鼓励不断……

由己及人，“育人先育心”对孩子的成长颇有“润物细无声”之妙。培育孩子先立足丰富“育心”内涵，探索“育心”路径，强调心灵的唤醒，唤醒生命与生命的交融，心灵与心灵的沟通，唤醒家长与孩子对幸福生活的无限向往。为此，本书提出了“四维培育”：育心明理之吾尽吾心、终以无悔，育心明格之充盈自我、洗练品格，育心明德之立德树人、仁行天下以及育心动情之家国情怀、大写人生。

然而，按照尼采“手艺的严肃”之要求，我们的活儿还做得不够精致，但也正如尼采所说，“书”一旦脱稿后，便以独立的生命存在了。本书在这样一个特殊的时期能够较快集结成册，首先要衷心感谢广州大学法学院教授、博士生导师、中央电视台社会与法频道（CCTV12）“法律讲堂”（文史版）主讲人刘云生教授为本书欣然作序！

感谢中国工人出版社和众多工作人员不辞辛劳对书稿的严谨编校！感谢郭传金、邹芳、杨达、李霄羽、张梅、罗晓航、黄萍、刘凯、胡艺凡、陈俊义、陈永斌和陈建超等校长亲自参与评介、修订文章，为本书增光添彩。感激董鹏钦老师和冯健教授为书稿奔走忙碌，感激编委会专家和撰稿教师们的辛勤付出！

毋庸讳言，书中难免有疏漏不当之处，敬请行家和广大读者批评、指正！

是为后记！

罗小华

2020 年 6 月

图书在版编目（CIP）数据

四维培育：孩子18岁前的必备好素养 / 罗小华编著. —北京：中国工人出版社，2020.8
ISBN 978-7-5008-7461-4

Ⅰ. ①四… Ⅱ. ①罗… Ⅲ. ①品德教育—教育研究—中国 Ⅳ. ①G416

中国版本图书馆CIP数据核字（2020）第142721号

四维培育：孩子18岁前的必备好素养

出 版 人	王娇萍
责任编辑	刘广涛
责任印制	黄 丽
出版发行	中国工人出版社
地　　址	北京市东城区鼓楼外大街45号　邮编：100120
网　　址	http://www.wp-china.com
电　　话	（010）62005043（总编室）　（010）62005039（印制管理中心） （010）62379038（社科文艺分社）
发行热线	（010）62005996　82029051
经　　销	各地书店
印　　刷	北京美图印务有限公司
开　　本	710毫米×1000毫米　1/16
印　　张	23.75
字　　数	473千字
版　　次	2020年10月第1版　2021年7月第3次印刷
定　　价	58.00元
